毕业就当系列丛书

·造价员系列·

理论实际相联·快速适应职场的葵花宝典

理论+经验 → 基础+实务

以专家的高度·给您面对面的指导和帮助

毕业就当造价员

建筑工程

主编 程 磊

哈尔滨工业大学出版社
HARBIN INSTITUTE OF TECHNOLOGY PRESS

内 容 提 要

本书以《建设工程工程量清单计价规范》(GB 50800—2008)和《全国统一建筑工程基础定额(土建工程)》(GJD 101—95)等为依据,系统地介绍了建筑工程定额计价与清单计价的基本理论与实际应用。全书内容包括房屋构造与施工图识读、建筑工程造价基础知识、建筑工程定额计价理论、建筑工程清单计价理论、建筑工程工程量计算规则及应用、建筑工程施工图预算的编制与审查、建筑工程竣工结算与竣工决算。

本书资料翔实、层次分明、实例丰富,可供初涉建筑工程造价工作岗位的大学毕业生参考使用,也可作为建筑设计、施工、造价咨询及造价管理等相关工作人员的常备工具书。

图书在版编目(CIP)数据

毕业就当造价员:建筑工程/ 程磊主编. —哈尔滨:哈尔滨工业大学出版社,2011.5
(毕业就当系列丛书·造价员系列)
ISBN 978 - 7 - 5603 - 3259 - 8

Ⅰ.①毕… Ⅱ.①程… Ⅲ.①建筑工程 - 工程造价 Ⅳ.①TU723.3

中国版本图书馆 CIP 数据核字(2011)第 064708 号

责任编辑 郝庆多
封面设计 刘长友
出版发行 哈尔滨工业大学出版社
社　　址 哈尔滨市南岗区复华四道街 10 号　邮编 150006
传　　真 0451 - 86414749
网　　址 http://hitpress.hit.edu.cn
印　　刷 哈尔滨市石桥印务有限公司
开　　本 787mm×1092mm　1/16　印张 20.5　字数 500 千字
版　　次 2011 年 5 月第 1 版　2011 年 5 月第 1 次印刷
书　　号 ISBN 978 - 7 - 5603 - 3259 - 8
定　　价 39.00 元

(如因印装质量问题影响阅读,我社负责调换)

编 委 会

主 编　程　磊

编　委　马小平　白雅君　仲集秦　张大林
　　　　李少伟　李　娜　李晓颖　肖　伟
　　　　邵英杰　陈景润　姜维松　胡　楠
　　　　夏　琳　陶红梅　常　伟　韩舒宁
　　　　蔡忠志　裴玉栋　霍　丹

前　言

建筑工程造价是建设工程造价的重要组成部分，它通常是指进行一项工程建设所需消耗货币资金数额的总和，即一个建设项目有计划地进行固定资产再生产和形成最低量流动资金的一次性费用总和。随着我国经济的持续快速发展，建筑行业的从业人员日益增加，提高从业人员的基本素质已成为当务之急。我们着眼于加强从业人员技能及综合素质的培养，从工程造价的实际应用出发，结合多年从事工程造价实践经验及教学经验编写了本书。

本书以《建设工程工程量清单计价规范》(GB 50800—2008)和《全国统一建筑工程基础定额(土建工程)》(GJD 101—95)等为依据，以定额计价与清单计价理论为中心，循序渐进地介绍了建筑工程工程量计算规则及其在实际工程中的应用。全书深入浅出，图文并茂，实例丰富，实用性和可读性强。希望本书的出版，能够为即将走上建筑工程造价工作岗位的大学生及已经在岗的建筑工程造价工作人员提供一定的帮助。

目前，我国建设工程造价管理正处于改革和发展时期，建设工程造价的相关规范也在不断修订、调整和完善，加之编者水平有限。因此，本书难免存在不妥甚至错误之处，敬请有关专家、学者和广大读者批评指正。

编　者
2011.3

目 录

第1章 房屋构造与施工图识读 ………………………………………………… 1
   1.1 民用建筑的构造组成与分类 ………………………………………… 1
   1.2 地基与基础 ………………………………………………………………… 4
   1.3 墙体 ……………………………………………………………………………… 8
   1.4 楼板与楼地面 ………………………………………………………………… 15
   1.5 楼梯 ……………………………………………………………………………… 20
   1.6 屋顶 ……………………………………………………………………………… 26
   1.7 门与窗 …………………………………………………………………………… 38
   1.8 阳台与雨篷 ………………………………………………………………… 41
   1.9 建筑工程施工图的识读 ……………………………………………… 45

第2章 建筑工程造价基础知识 ………………………………………………… 48
   2.1 建筑工程的建设程序 ………………………………………………… 48
   2.2 建筑工程基本建设项目的组成 …………………………………… 54
   2.3 建筑工程造价分类 …………………………………………………… 56
   2.4 建筑工程造价的构成 ………………………………………………… 62
   2.5 建筑面积计价规则 …………………………………………………… 77

第3章 建筑工程定额计价理论 ………………………………………………… 83
   3.1 建筑工程施工定额 …………………………………………………… 83
   3.2 建筑工程预算定额 …………………………………………………… 90
   3.3 建筑工程单位估价表 ………………………………………………… 94
   3.4 建筑工程企业定额 …………………………………………………… 101

第4章 建筑工程清单计价理论 ………………………………………………… 104
   4.1 工程量清单的编制 …………………………………………………… 104
   4.2 工程量清单计价的编制 ……………………………………………… 106

第5章 建筑工程工程量计算规则及应用 ……………………………………… 114
   5.1 土、石方工程 …………………………………………………………… 114
   5.2 桩基础工程 ……………………………………………………………… 148

5.3	脚手架工程	157
5.4	砌筑工程	163
5.5	混凝土及钢筋混凝土工程	188
5.6	构件运输及安装工程	215
5.7	门窗及木结构工程	221
5.8	楼地面工程	232
5.9	屋面及防水工程	236
5.10	防腐、保温、隔热工程	246
5.11	装饰工程	255
5.12	金属结构制作工程	269
5.13	建筑工程垂直运输定额	280
5.14	建筑物超高增加人工、机械定额	283

第6章 建筑工程施工图预算的编制与审查 287

6.1 施工图预算的编制 287
6.2 施工图预算的审查 292

第7章 建筑工程竣工结算与竣工决算 297

7.1 工程竣工验收 297
7.2 工程竣工结算 302
7.3 工程竣工决算 306

参考文献 318

第1章 房屋构造与施工图识读

1.1 民用建筑的构造组成与分类

【基 础】

◆ **建筑物的分类与分级**

1.民用建筑的分类

(1)按功能分。

1)居住建筑。主要是指供家庭或集体生活起居用的建筑物,例如住宅、宿舍、公寓等。

2)公共建筑。主要是指供人们进行各种社会活动的建筑物,例如行政办公建筑、科研建筑、医疗建筑、托幼建筑、商业建筑、生活服务建筑、旅游建筑、体育建筑、展览建筑、交通建筑、电信建筑和园林建筑等。

(2)按层数分。

1)低层建筑,主要是指1~3层的住宅建筑。

2)多层建筑,主要是指4~6层的住宅建筑。

3)中高层建筑,主要是指7~9层的住宅建筑。

4)高层建筑,是指10层以上的住宅建筑和总高度大于24 m的公共建筑及综合性建筑。(不包括高度超过24 m的单层主体建筑)

5)超高层建筑,高度超过100 m的住宅或公共建筑为超高层建筑。

(3)按规模和数量分。

1)大量性建筑。是指建造量较多、规模不大的民用建筑,例如居住建筑和为居民服务的中小型公共建筑,例如中小学校、幼儿园、托儿所、商店、诊疗所等。

2)大型性建筑。是指单体量大而数量少的公共建筑,例如大型体育馆、火车站和航空港等。

2.民用建筑的耐火极限

建筑物的耐火等级共分为四级,是根据建筑物主要构件的燃烧性能和耐火极限来确定的,各级建筑物所用构件的燃烧性能及其耐火极限,不应低于表1.1的规定。

表1.1 建筑物构件的燃烧性能和耐火极限/h

构件名称		耐火等级			
		一级	二级	三级	四级
墙	防火墙	不燃烧体 3.00	不燃烧体 3.00	不燃烧体 3.00	不燃烧体 3.00
	承重墙	不燃烧体 3.00	不燃烧体 2.50	不燃烧体 2.00	难燃烧体 0.50
	非承重外墙	不燃烧体 1.00	不燃烧体 1.00	不燃烧体 0.50	燃烧体
	楼梯间的墙 电梯井的墙 住宅单元之间的墙 住宅分户墙	不燃烧体 2.00	不燃烧体 2.00	不燃烧体 1.50	难燃烧体 0.50
	疏散走道两侧的隔墙	不燃烧体 1.00	不燃烧体 1.00	不燃烧体 0.50	难燃烧体 0.25
	房间隔墙	不燃烧体 0.75	不燃烧体 0.50	难燃烧体 0.50	难燃烧体 0.25
柱		不燃烧体 3.00	不燃烧体 2.50	不燃烧体 2.00	难燃烧体 0.50
梁		不燃烧体 2.00	不燃烧体 1.50	不燃烧体 1.00	难燃烧体 0.50
楼板		不燃烧体 1.50	不燃烧体 1.00	不燃烧体 0.50	燃烧体
屋顶承重构件		不燃烧体 1.50	不燃烧体 1.00	燃烧体	燃烧体
疏散楼梯		不燃烧体 1.50	不燃烧体 1.00	不燃烧体 0.50	燃烧体
吊顶(包括吊顶搁栅)		不燃烧体 0.25	难燃烧体 0.25	难燃烧体 0.15	燃烧体

注:1. 除《建筑设计防火规范》(GB 50016—2006)另有规定者外,以木柱承重且以不燃烧材料作为墙体的建筑物,其耐火等级应按四级确定。
2. 二级耐火等级建筑的吊顶采用不燃烧体时,其耐火极限不限。
3. 在二级耐火等级的建筑中,面积不超过100 m² 的房间隔墙,若执行本表的规定确有困难时,可采用耐火极限不低于0.3 h 的不燃烧体。
4. 一、二级耐火等级建筑疏散走道两侧的隔墙,按本表规定执行确有困难时,可采用0.75 h 不燃烧体。

(1)燃烧性能。是指建筑构件在明火或高温作用下能否燃烧,及燃烧的难易程度。建筑构件按燃烧性能可分为以下三种。

1)非燃烧体。是指用非燃烧材料制成的构件,例如砖、石、钢筋混凝土和金属等,这类材料在空气中受到火烧或高温作用时不起火、不微燃、不碳化。

2)难燃烧体。是指用难燃烧材料制成的构件,例如沥青混凝土、板条抹灰、水泥刨花板和经防火处理的木材等,这类材料在空气中受到火烧或高温作用时难燃烧、难碳化,离开火源后,燃烧或微燃立即停止。

3)燃烧体。是指用燃烧材料制成的构件,例如木材和胶合板等,这类材料在空气中受到火烧或高温作用时立即起火或燃烧,而且离开火源继续燃烧或微燃。

(2)耐火极限。对任一建筑构件按时间-温度标准曲线进行耐火试验,从构件受到火的作用时起,到构件失去支持能力或完整性被破坏,或失去隔火作用时为止的这段时间,即为该构件的耐火极限,用小时表示。

【实 务】

◆民用建筑的构造组成与要求

房屋建筑由若干个大小不同的室内空间组合而成,然而空间的形成又需要各式各样实体来组合,这些实体被称为建筑构配件。一般民用建筑由基础、墙或柱、楼地层、楼梯、屋顶和门窗等构配件组成,各组成部分的作用及构造要求如下。

(1)基础。基础是建筑物最下面的埋在土层中的部分,它承受建筑物的全部荷载,并且把荷载传给下面的土层——地基。

基础需坚固、稳定、耐水、耐腐蚀、耐冰冻,并且不应早于地面以上部分破坏。

(2)墙或柱。对于墙承重结构的建筑,墙承受屋顶和楼地层传给它的荷载,并且把这些荷载连同自重传给基础;同时,外墙是建筑物的围护构件,抵御雨、雪、风和温差变化等对室内的影响,内墙是建筑的分隔构件,把建筑物的内部空间分隔成若干个相互独立的空间,避免使用时的互相干扰。

若建筑物采用柱作为垂直承重构件,墙填充在柱间,只起到围护和分隔的作用。

墙和柱都应稳定、坚固,墙体还应重量轻、保温(隔热)、隔声和防水。

(3)楼地层。楼地层是按序后地层的高程,楼层即楼板层,它是建筑物的水平承重构件,它将其上所有荷载连同自重传给墙或柱;同时,它还把建筑空间在垂直方向划分为若干层,并且对墙或柱起水平支撑的作用。地层是指底层地面,它承受其上部荷载并传给地基。

楼地层应稳定、坚固,地层还应具有防潮和防水等功能。

(4)楼梯。楼梯是楼房建筑中联系上下各层的垂直交通设施,供人们上下楼层和紧急疏散使用,楼梯应坚固、安全并且具有足够的疏散能力。

(5)屋顶。屋顶是建筑物的顶部承重和围护部分,它承受作用在其上的雨、雪、风、人等的荷载并且将其传给墙或柱,抵御各种自然因素,例如风、雨、雪、严寒和酷热等的影响,同时,屋顶形式对建筑物的整体形象起着非常重要的作用。

屋顶应具备足够的刚度和强度,并且能防水、排水、保温(隔热)。

(6)门窗。门的主要作用是供人们进出、搬运家具和设备、紧急时疏散用,有时兼具采光和通风的作用,窗的作用主要是采光、通风和供人眺望。

门要求有足够的高度和宽度,窗要求有足够的面积;根据门窗所处的位置不同,有时还要求它们能防水、防风沙、保温和隔声,建筑物除上述基本组成部分外,还有一些其他的配件和设施,例如阳台、雨篷、通风道、烟道、散水和勒脚等。

1.2 地基与基础

【基　　础】

◆ **地基与基础的概念**

基础是房屋建筑的重要组成部分，它承受来自建筑物上部结构传来的全部荷载，并且将这些荷载连同基础的自重一起传给地基。地基是基础下面直接承受荷载的土层。它由于承受建筑物的荷载而产生的应力和应变随着土层深度的增加而减小，在达到一定深度后即可忽略不计。直接承受荷载的土层被称为持力层，持力层以下的土层被称为下卧层，如图1.1所示。

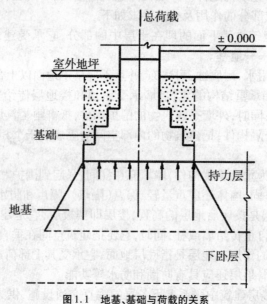

图1.1　地基、基础与荷载的关系

◆ **地基与基础的分类**

1. 地基的分类

建筑物的地基可分为天然地基和人工地基两大类。

（1）天然地基。通常位于建筑物下面的土层无需经过人工加固，而能直接承受建筑物全部荷载，并且满足变形要求的称为天然地基。

（2）人工地基。若土层的承载力较低或虽然土层较好，但是因上部荷载较大，必须对土层进行人工处理才足以承受上部荷载，并满足变形的要求。这种经人工处理的土层，称为人工地基。人工加固地基常用的方法包括压实法、换土法和打桩法三大类。

按照《建筑地基基础设计规范》（GB 50007—2002）的规定：建筑地基土（岩）可以分为岩石、碎石土、砂土、粉土、黏性土和人工填土六大类。

2. 基础的分类

基础的类型很多,按材料可分为砖基础、毛石基础、混凝土基础、毛石混凝土基础、灰土基础和钢筋混凝土基础等;按构造形式可分为条形基础、独立基础、井格基础、筏片基础、箱形基础和桩基础等。其中由砖、毛石、混凝土或毛石混凝土、灰土和三合土等材料制成的墙下条形基础或柱下独立基础又称为无筋扩展基础,适用于低层和多层民用建筑。由钢筋混凝土制成的柱下独立基础和墙下条形基础称为扩展基础,多用于地基承载力差、荷载较大、地下水位较高等条件下的大中型建筑。

【实　务】

◆ 条形基础

基础沿墙体连续设置成长条状称为条形基础,也称为带形基础,它是砌体结构建筑基础的基本形式。条形基础可用砖、毛石、混凝土和毛石混凝土等材料制作,也可用钢筋混凝土制作。

1. 砖条形基础

砖条形基础通常由垫层、大放脚和基础墙三部分组成。大放脚的做法分为间隔式和等高式两种,如图1.2所示。垫层厚度应根据上部结构的荷载和地基承载力的大小等来确定,通常不小于100 mm。砖的强度等级不低于MU10,砂浆应为强度等级不低于M5的水泥砂浆。砖基础取材容易、价格较低、施工方便,但是其强度、耐久性和抗冻性均较差,一般用于地基条件好、地下水位低、非严寒地区的5层以下砖混结构房屋。

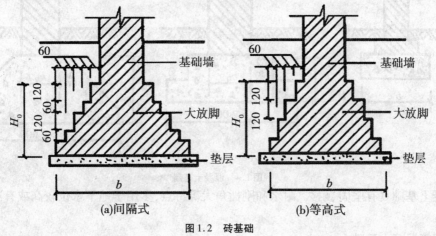

图1.2　砖基础

2. 毛石基础

毛石基础是用毛石和水泥砂浆砌筑而成的,其剖面形状多为阶梯形。为确保砌筑质量并且便于施工,基础顶面每边要比基础墙宽出100 mm以上,基础墙的宽度和每个台阶的高度不宜小于400 mm,每个台阶伸出的宽度不宜大于200 mm,如图1.3所示。毛石基础宜用于地下水位较高、冻结深度较大的低层和多层民用建筑,不宜用于有振动的房屋。

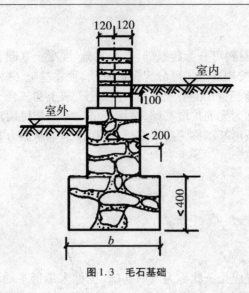

图1.3 毛石基础

3.混凝土基础

混凝土基础是用不低于C15的混凝土浇捣而成的,其剖面形式和尺寸除满足刚性角(45°)之外,不受材料规格限制,其基本形式包括矩形、阶梯形和锥形,通常情况下,为了节约混凝土常做成锥形,如图1.4所示。

当混凝土基础的体积较大时,为了节约混凝土,可在混凝土中加入适量粒径不超过300 mm,并且不大于每个台阶宽度或高度的1/3的毛石,构成毛石混凝土基础。毛石的掺量通常为总体积的20%~30%,并且应均匀分布。

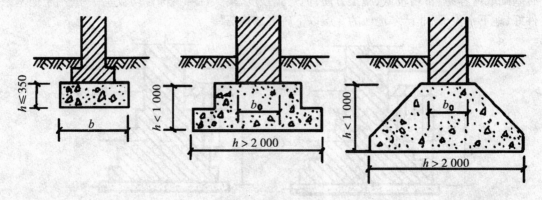

图1.4 混凝土基础

混凝土基础具有坚固、耐久、耐水和刚性角大等特点,多用于地下水位较高或有冰冻作用的建筑。

4.钢筋混凝土基础

钢筋混凝土基础因配有钢筋,所以可以做得宽而薄,其剖面形式多为扁锥形,如图1.5所示。当房屋为骨架承重或内骨架承重,并且地基条件较差时,为提高建筑物的整体性,避免各承重柱产生不均匀沉降,通常将柱下基础沿纵横方向连接起来,形成柱下条形基础或十字交叉的井格基础。

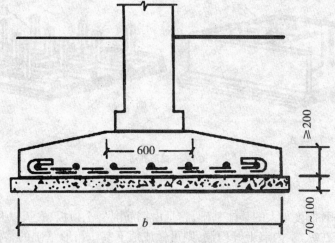

图1.5 钢筋混凝土基础

钢筋混凝土基础中混凝土的强度等级不宜低于C20。受力钢筋应通过计算确定,但是钢筋直径不宜小于10 mm,间距不宜大于200 mm,条形基础的受力筋只放置在平行于槽宽的方向。受力筋的保护层厚度,若有垫层,不宜小于35 mm,若无垫层,不宜小于70 mm,垫层通常采用C10的素混凝土,厚度为70~100 mm。

◆ 独立基础

若建筑物上部结构为框架、排架,基础通常采用独立基础。独立基础是柱下基础的基本形式。若柱为预制构件,基础浇筑成杯形,然后将柱子插入,并且用细石混凝土嵌固,称为杯形基础。独立基础常用的断面形式包括阶梯形、锥形、杯形等,如图1.6所示。

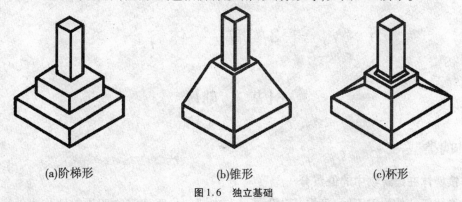

(a)阶梯形　　　　　　(b)锥形　　　　　　(c)杯形

图1.6 独立基础

当地基承载力较弱或基础埋深较大时,墙承重建筑为了节省基础材料,减少土石方工程量,也可以采用墙下独立基础,此时应在基础上设置基础梁用来支撑墙身。

◆ 筏形基础

当建筑物上部荷载较大,或地基土质很差,承载能力小,采用独立基础或井格基础不能满足要求时,可以采用筏形基础。筏形基础在构造上像倒置的钢筋混凝土楼盖,它分为板式和梁板式两种,如图1.7所示。

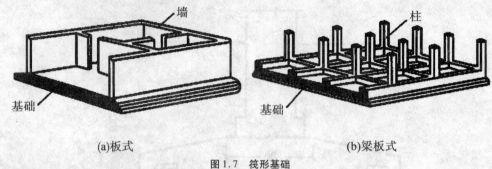

图1.7 筏形基础

◆ **箱形基础**

箱形基础是一种刚度很大的整体基础,它是由钢筋混凝土顶板、底板以及纵、横墙组成的,如图1.8所示。若在纵、横内墙上开门洞,则可做成地下室。箱形基础的整体空间刚度大,能有效地调整基底压力,并且埋深大,稳定性和抗震性好,常用做高层或超高层建筑的基础。

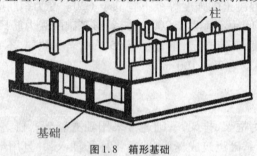

图1.8 箱形基础

1.3 墙 体

【基 础】

◆ **墙体的类型**

1. 按墙体在建筑物中的位置分

按墙体所处的位置不同,可将其分为外墙和内墙。位于建筑物四周的墙称为外墙,位于建筑物内部的墙称为内墙。外墙的主要作用是分隔室内外空间,抵御大自然的侵袭,保证室内空间舒适,所以又称外围护墙。内墙的主要作用是分隔室内空间,保证各空间正常的使用。沿建筑物长轴方向的墙称为纵墙,它分为外纵墙和内纵墙;沿建筑物短轴方向的墙称为横墙,外横墙通常称为山墙。此外,窗与窗或门与窗之间的墙称为窗间墙;窗洞下方的墙称为窗下墙;屋顶上部高出屋面的墙称为女儿墙等。

2. 按墙体受力情况分

按墙体受力情况的不同可以分为承重墙和非承重墙。直接承受其他构件传来荷载的墙称为承重墙,不承受其他构件传来荷载的墙称为非承重墙。非承重墙又可分为自承重墙、隔墙、填充墙和幕墙。自承重墙只承受自身荷载而不承受外来荷载；隔墙是指主要用作分隔内部空间而不承受外力的墙体；填充墙是指用作框架结构中的墙体；幕墙是指悬挂于骨架外部的轻质墙。

3. 按墙体材料分

按墙体所用材料的不同可以分为砖墙、石墙、土墙、混凝土墙以及利用各种材料制作的砌块墙和板材墙等。其中砖墙是我国传统的墙体材料，应用也最为广泛。

4. 按墙体构造方式分

按墙体构造方式可以分为实体墙、空体墙和组合墙三种，实体墙是指由一种材料所构成的墙体，例如普通砖墙、实心砌块墙等，空体墙也是由一种材料构成的墙体，但是材料本身具有孔洞或由一种材料组成具有空腔的墙，例如空斗墙，组合墙是由两种及两种以上的材料组合而成的墙。

【实　　务】

◆ 砖墙的构造

1. 砖墙的组砌

组砌是指砌块在砌体中的排列，组砌的关键是错缝搭接，使上下皮砖的垂直缝交错，保证砖墙的整体性。若墙面不抹灰做清水，组砌还应考虑墙面图案的美观。在砖墙的组砌中，把砖的长方向垂直于墙面砌筑的砖称为丁砖，把砖长方向平行于墙面砌筑的砖称为顺砖。上下皮之间的水平灰缝称为横缝，左右两块砖之间的垂直缝称为竖缝。组砌要求横平竖直、灰浆饱满、上下错缝、内外搭接，上下错缝长度不小于 60 mm。

(1) 实体砖墙。实体砖墙是指用黏土砖砌筑的不留空隙的砖墙，其砌筑方式如图 1.9 所示。

 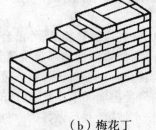 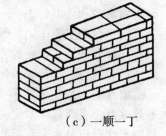

（a）全顺式　　　　　　　（b）梅花丁　　　　　　　（c）一顺一丁

图 1.9　砖墙的组砌方式

(2) 空斗墙。空斗墙是指用实心黏土砖侧砌或侧砌与平砌结合砌筑，内部形成空心的墙体。通常侧砌的砖称为斗砖，平砌的砖称为眠砖。

空斗墙同实体砖墙相比，用料省，自重轻，保温隔热好，适用于炎热、非震区的低层民用建筑。

(3) 组合墙。组合墙是指用砖和其他保温材料组合形成的墙，它可改善普通墙的热工性能，常用在我国北方寒冷地区，组合墙体的做法包括三种类型。

1) 在墙体的一侧附加保温材料。
2) 在砖墙的中间填充保温材料。
3) 在墙体中间留置空气间层。

2. 砖墙的细部构造

(1)墙脚构造。墙脚通常是指室内地面以下、基础以上的这段墙体,它包括勒脚、散水、明沟和防潮层等部分。

1)勒脚。它是指外墙接近室外地面处的表面部分。其主要作用是保护墙脚、加固墙身并且具有一定的装饰效果。根据所用材料的不同,勒脚的做法包括抹灰(例如水泥砂浆、水刷石等)、贴面(例如花岗石、大理石、水磨石等天然石材或人造石材),适当增加勒脚墙体的厚度或用石材代替砖砌成勒脚墙等。勒脚的高度主要取决于防止地面水上溅和防止室内受潮,并且适当考虑建筑立面造型的要求,常与室内地面相平或与窗台平齐。

2)明沟或散水。为了防止雨水和室外地面水沿建筑物渗入而损害基础,所以需在建筑物四周勒脚与室外地面相接处设置明沟或散水,将勒脚附近的地面水排走。

散水宽度通常为 600～1 000 mm,并且要求比采用无组织排水的屋顶檐口宽出 200 mm 左右,坡度通常为 3%～5%,外边缘比室外地面宜高出 20～30 mm,散水所用材料有混凝土、三合土、砖及石材等。

明沟宽度通常不小于 200 mm,并且使沟的中心与无组织排水时的檐口边缘线重合,沟底纵坡通常为 0.5%～1%,明沟材料做法包括混凝土浇筑或用砖石砌筑并抹水泥砂浆。

3)墙身防潮。设置防潮层的目的是防止土壤中的潮气和水分由于毛细管作用沿墙面上升,以提高墙身的坚固性和耐久性,保持室内干燥卫生。

防潮层的位置:若室内地面垫层为混凝土等密实材料,防潮层设在低于室内地坪 60 mm 处,并且要求高于室外地面 150 mm 及其以上。若室内地面垫层材料为透水材料,其位置可与室内地面平齐或高出 60 mm。若内墙两侧地面出现高差,应在墙身内设两道水平防潮层,并在土壤一侧设垂直防潮层。

防潮层的做法包括防水砂浆防潮层、油毡防潮层和细石混凝土防潮带三种。若墙脚采用石材砌筑或混凝土等不透水材料,则不必设防潮层。

(2)窗台构造。窗台是指位于窗洞口下部的墙体构造称为窗台,根据窗框的安装位置可分为内窗台和外窗台。

内窗台的主要作用是保护墙面并且可放置物品,外窗台的主要作用是排泄雨水。

外窗台按其与墙面的关系可分为悬挑窗台和不悬挑窗台。若墙面不做装修或用砂浆抹面,宜用悬挑窗台,若墙面装修材料抗污染能力较强,则可做不悬挑窗台。

窗台的构造要求如下:悬挑窗台挑出墙面不小于 60 mm,窗台下做滴水,无论是悬挑还是不悬挑窗台表面都应形成一定的排水坡度,并且做好密封处理,内窗台包括水泥砂浆抹面或预制水磨石板及木窗台板等做法。

(3)过梁构造。过梁是指位于门窗洞口上的承重构件。其主要作用是承重并将荷载传递到洞口两侧的墙体上。根据材料和构造方式的不同,可以分为钢筋混凝土过梁、平拱砖过梁及钢筋砖过梁三种。

1)钢筋混凝土过梁承载能力高,适用于较宽的门窗洞口,其中预制钢筋混凝土过梁便于施工,最为常用。钢筋混凝土过梁的截面尺寸应根据跨度及荷载计算确定。过梁的高度与砖的皮数尺寸相配合,常用 60 mm、120 mm 和 240 mm 等,过梁两端伸入墙体内的支撑长度不小于 240 mm。

钢筋混凝土过梁的截面形状有矩形和 L 形。矩形多用于内墙和外混水墙中,L 形多用于外清水墙和有保温要求的墙体中,此时应注意 L 口朝向室外。

2)平拱砖过梁是将砖侧砌而成,灰缝上宽下窄使砖向两边倾斜,两端下部伸入墙内20~30 mm,中部起拱高度约为跨度的1/50。采用平拱砖过梁时洞口宽度应不大于1.2 m,通常可用作墙厚在240 mm及以上的非承重墙门窗洞口过梁。

3)钢筋砖过梁是在砖缝中配置钢筋,形成能承受弯矩的加筋砖砌体。钢筋直径为6 mm,间距不大于120 mm,钢筋伸入墙内不小于240 mm,适用跨度通常不大于2 m。

(4)圈梁构造。圈梁是指沿建筑物外墙四周及部分内墙设置的连续封闭的梁,其主要作用是增加墙体的稳定性,提高房屋的整体刚度,减少地基因不均匀沉降而引起的墙身开裂,提高房屋的抗震能力。

圈梁的数量与房屋的高度、层数及地震烈度等有关,圈梁的位置可根据结构的要求来确定。圈梁包括钢筋混凝土和钢筋砖两种做法,其中钢筋混凝土圈梁应用最为广泛,其断面高度不小于120 mm,宽度不小于240 mm。圈梁应连续地设在同一水平面上,并且做成封闭状,若遇门窗洞口不能通过时,应增设附加圈梁以保证圈梁为一连续封闭的整体。

(5)构造柱。在房屋四角及内外墙交接处、楼梯间等部位按构造要求设置的现浇钢筋混凝土柱称为构造柱。其主要作用是与圈梁共同形成空间骨架,以增加房屋的整体刚度,提高墙体抵抗变形的能力。

(6)变形缝构造。建筑物因为温度变化、地基不均匀沉降及地震力的影响,会导致结构开裂,甚至导致破坏,设计时将建筑物分为若干相对独立的部分,允许其自由变形而设置的缝称为变形缝,它包括伸缩缝、沉降缝和防震缝三种。

1)伸缩缝。当气温变化时,墙体会由于热胀冷缩而出现不规则的裂缝。为了预防这种情况,在建筑物沿长度方向的适当位置设置竖缝,让房屋有自由伸缩的余地。这种缝称为伸缩缝或温度缝,如图1.10所示。由于基础部分受气温变化的影响较小,无需断开,但是应自基础顶面开始,将上部的结构全部断开。

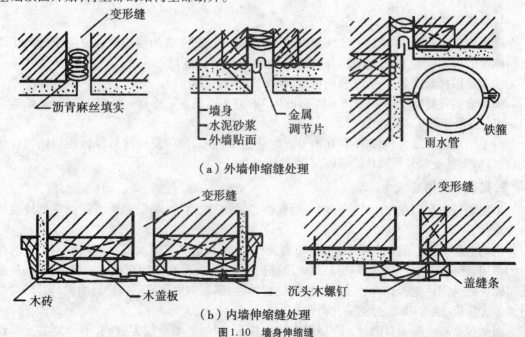

图1.10 墙身伸缩缝

2)沉降缝。当建筑物的地基承载力差别较大或建筑物相邻部分的高度、荷载或结构形式有较大不同时,为防止建筑物因不均匀的沉降而破坏,应设置沉降缝。它应自基础底面开始,将上部结构全部断开,其构造做法如图 1.11 所示。

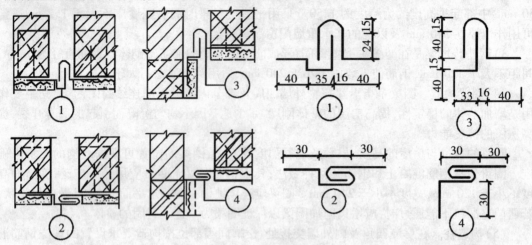

图 1.11 沉降缝的构造

3)防震缝。它是指为了防止建筑物的各部分在地震时相互撞击造成变形和破坏而设置的缝,通常在建筑平面体型复杂、高差变化较大或建筑物各部分的结构刚度及荷载相差悬殊时应考虑设置防震缝。防震缝的宽度与建筑的结构形式和地震设防烈度等因素有关,通常不小于 50 mm。墙身防震缝构造与伸缩缝基本相同,防震缝应沿建筑全高设置,但是基础一般不设缝。防震缝两侧的承重墙或柱通常做成双墙或双柱,缝内不允许有砂浆、碎砖或其他硬杂物掉入。

◆ 砌块墙的构造

1. 砌块的组砌

砌块墙在砌筑前,必须进行砌块排列设计,尽量地提高主块的使用率和避免镶砖或少镶砖。砌块的排列应使上下皮错缝,搭接长度通常为砌块长度的 1/4,并且不应小于 150 mm。若无法满足搭接长度要求,应在灰缝内设 $\Phi 4$ 钢筋网片连接。

砌块墙的灰缝宽度通常为 10~15 mm,用 M5 砂浆砌筑。若垂直灰缝大于 30 mm,则需用 C10 细石混凝土灌实。

由于砌块的尺寸大,通常不存在内外皮间的搭接问题,所以更应注意保证砌块墙的整体性,在纵横交接处和外墙转角处应咬接。

2. 砌块墙的构造

砌块墙是指利用在预制厂生产的块材所砌筑的墙体,过梁、圈梁和构造柱都是砌块墙的重要构件。

(1)过梁与圈梁。过梁是砌块墙的重要构件,它不仅起到联系梁和承受门窗洞孔上部荷载的作用,还起到调节作用。若层高与砌块高出现差异,过梁高度的变化可起调节作用,从而使得砌块的通用性更大。为加强砌块建筑的整体性,多层砌块建筑还应设置圈梁。若圈梁与过梁位置接近,通常圈梁、过梁一并考虑。

圈梁包括现浇和预制两种。现浇圈梁整体性强,对加固墙身较为有利,但是施工支模较麻烦,所以不少地区采用 U 形预制砌块代替模板,然后在凹槽内配置钢筋,并现浇混凝土。

(2)构造柱。为了加强砌块建筑的整体刚度,通常在外墙转角和必要的内、外墙交接处设置构造柱。构造柱多利用空心砌块将其上下孔洞对齐,于孔中配置 $\Phi 10 \sim 12$ 钢筋分层插入,并且用 C20 细石混凝土分层填实,如图 1.12 所示。构造柱与圈梁、基础必须有较好的连接,这有利于抗震加固。

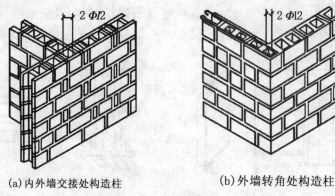

(a)内外墙交接处构造柱　　　(b)外墙转角处构造柱

图 1.12　砌块墙构造柱

◆隔墙的构造

隔墙是分隔室内空间的非承重构件。在现代建筑中,为提高平面布局的灵活性,大量采用隔墙以适应建筑功能的变化。因为隔墙不承受任何外来荷载,而且本身的重量还要由楼板或小梁来承受,所以要求隔墙具有自重轻、厚度薄、便于拆卸、具有一定的隔声能力,卫生间、厨房隔墙还应具有防水、防潮和防火等性能。

隔墙的类型按其构造方式可分为块材隔墙、板材隔墙和轻骨架隔墙。

1.块材隔墙

块材隔墙是用普通砖、空心砖和加气混凝土等块材砌筑而成的,常用的包括普通砖隔墙和砌块隔墙。

(1)普通砖隔墙。普通砖隔墙包括半砖(120 mm)和 1/4 砖(60 mm)两种。半砖隔墙用普通砖顺砌,砌筑砂浆宜大于 M2.5。在墙体高度超过 5 m 时应加固,通常沿高度每隔 0.5 m 砌入 2 根 $\Phi 4$ 钢筋,或每隔 1.2~1.5 m 设一道 30~50 mm 厚的水泥砂浆层,内放 2 根 $\Phi 6$ 钢筋。顶部与楼板相接处用立砖斜砌,填塞墙与楼板间的空隙。若隔墙上有门,要预埋铁件或将带有木楔的混凝土预制块砌入隔墙中以固定门框。

1/4 砖隔墙是由普通砖侧砌而成,由于厚度较薄、稳定性差,对砌筑砂浆强度要求较高,通常不低于 M5.0,隔墙的高度和长度不宜过大,而且常用于不设门窗洞的部位,例如厨房与卫生间之间的隔墙。若面积大又需开设门窗洞时,需采取加固措施,常用方法是在高度方向每隔 500 mm 砌入 2 根 4 钢筋,或在水平方向每隔 1 200 mm 立 C20 细石混凝土柱 1 根,并且沿垂直方向每隔 8 皮砖砌入 1 根 $\Phi 6$ 钢筋,使之与两端主墙体连接。

(2)砌块隔墙。为了减少隔墙的质量,可采用质轻块大的砌块,现在最常用的是加气混凝土砌块、粉煤灰硅酸盐砌块和水泥炉渣空心砖等砌筑的隔墙。隔墙厚度由砌块尺寸而定,通常为 90~120 mm。砌块大多具有质轻、孔洞率大、隔热性能好等优点,但是吸水性强,所以,砌筑时应在墙下先砌 3~5 皮黏土砖。

砌块隔墙厚度较薄,所以也需采取加强稳定性措施,其方法与砖隔墙类似。

2.板材隔墙

板材隔墙是指单板高度相当于房间净高,面积较大,而且不依赖于骨架,能直接装配的隔墙。目前,最常用的为条板,例如加气混凝土条板、石膏条板、碳化石灰板、蜂窝纸板和水泥刨花板等,其规格通常为长2 700~3 000 mm,宽500~800 mm,厚80~120 mm。

如图1.13所示为碳化石灰板隔墙构造。安装时,在板顶与楼板之间用木楔将条板楔紧,条板间的缝隙用水玻璃黏结剂或108胶水泥砂浆进行黏结,待安装完成后,进行表面装修。碳化石灰板具有相对密度轻、隔声性能好、安装工艺简单、施工进度快和造价低等特点。

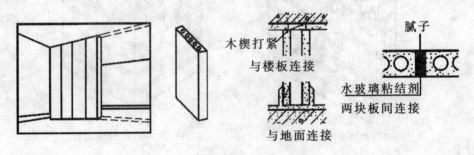

图1.13 碳化石灰板隔墙构造

3.轻骨架隔墙

轻骨架隔墙由骨架和面层组成,由于是先立墙筋(骨架)后再做面层,所以又称为立筋式隔墙。

(1)骨架。常用的骨架包括木骨架和型钢骨架,木骨架由上槛、下槛、墙筋、斜撑和横档组成,上、下槛以及墙筋断面尺寸为(45~50) mm×(70~100) mm,斜撑与横档断面相同或略小些,墙筋间距常用400 mm,横档间距与墙筋相同或可适当放大,木骨架板条抹灰面层如图1.14所示。

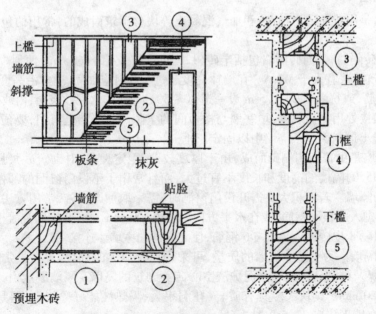

图1.14 木骨架板条抹灰面层

轻钢骨架是由各种形式的薄壁型钢制成,其主要优点是强度高、刚度大、自重轻、整体性好、易于加工和大批量生产,还可根据需要拆卸和组装。常用的薄壁型钢包括0.8~1 mm厚槽钢和工字钢。

图 1.15 为一种薄壁轻钢骨架的轻隔墙,其安装过程是先用螺钉将上槛、下槛固定在楼板上,上、下槛固定后安装钢龙骨,间距为 400~600 mm,龙骨上留有走线孔。

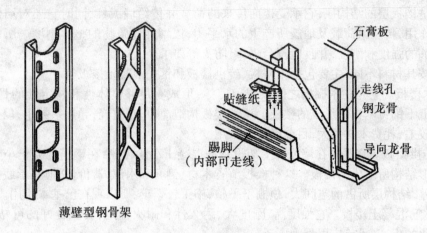

图 1.15　薄壁轻钢骨架

(2)面层。轻钢骨架隔墙的面层包括抹灰面层和人造板面层,抹灰面层常用木骨架,即传统的板条灰隔墙,人造板面层可用木骨架或轻钢骨架。

1)板条抹灰面层。它是在木骨架上钉灰板条,然后抹灰。

2)人造板材面层轻钢骨架隔墙。它的面板多为人造面板,例如胶合板、纤维板和石膏板等。胶合板、硬质纤维板等以木材为原料的板材多用木骨架,石膏面板多用石膏或轻钢骨架。它具有自重轻、厚度小、防火、防潮、易拆装并且均为干作业等特点,可直接支撑在楼板上,施工方便、速度快,应用广泛。

1.4　楼板与楼地面

【基　础】

◆**楼板层的组成**

楼板层主要由面层、结构层和顶棚三部分组成。

(1)面层。楼板层的上表面称为楼层地面,简称楼面。直接与人、家具设备等接触,起到保护结构层、承受并传递荷载、装饰等作用。

(2)结构层。位于面层和顶棚层之间,是楼板层的承重部分,由梁、板承重构件组成,简称楼板。它承受楼板层的全部荷载并传给墙或柱,所以应具有足够的强度、刚度和耐久性。

(3)顶棚。位于楼板最下表面,也是室内空间上部的装修层,称为顶棚,也称天花板。起到保护结构层和装饰等作用,构造做法包括直接抹灰和吊顶等形式。

除此以外,根据楼板层的具体功能要求有时还应设置功能层(附加层),例如保温层、隔热层、防水层、防潮层、防腐层和隔声层等,它们位于面层与结构层或结构层与顶棚之间。

◆ **楼板的类型**

楼板是楼板层的结构层,它承受楼面传来的荷载并传给墙或柱,同时它还对墙体起着水平支撑的作用,传递风荷载及地震所产生的水平力,以增加建筑物的整体刚度。所以要求楼板具有足够的强度和刚度,并且应符合隔声、防火等要求。

楼板按其材料不同,主要包括木楼板、砖拱楼板和钢筋混凝土楼板等。

(1)木楼板。它是在木搁栅之间设置剪刀撑,形成有足够整体性和稳定性的骨架,并且在木搁栅上下铺钉木板所形成的楼板。这种楼板构造简单,自重轻,导热系数小,但是耐久性和耐火性较差,耗费木材量大,目前已很少采用。

(2)砖拱楼板。它是先在墙或柱上架设钢筋混凝土小梁,然后在钢筋混凝土小梁之间用砖砌成拱形结构所形成的楼板。这种楼板节省木材、钢筋和水泥,造价低,但是承载能力和抗震能力较差,结构层所占的空间大,顶棚不平整,施工较繁琐,所以现在已基本不用。

(3)钢筋混凝土楼板。它强度高、刚度大、耐久性和耐火性好,具有良好的可塑性,而且便于工业化的生产,目前应用最为广泛。

【实　务】

◆ **钢筋混凝土楼板**

钢筋混凝土楼板按照施工方式的不同,分为现浇式、预制装配式和装配整体式。

1. 现浇式钢筋混凝土楼板

现浇式钢筋混凝土楼板是在施工现场通过支模、绑扎钢筋、浇筑混凝土及养护等工序所形成的楼板。这种楼板优点是能够自由成型、整体性强、抗震性能好,但是模板用量大、工序多、工期长、工人劳动强度大,并且施工受季节影响较大。

现浇式钢筋混凝土楼板按照受力和传力情况分为板式、梁板式、无梁式和压型钢板组合楼板。

(1)板式楼板。将楼板现浇成一块平板,四周直接支撑在墙上,这种楼板称为板式楼板。它的底面平整,便于支模施工,但是当楼板跨度大时,需增加楼板的厚度,耗费材料较多,所以板式楼板适用于平面尺寸较小的房间,例如厨房、卫生间和走廊等。

(2)梁板式楼板。若房间平面尺寸较大,为了防止楼板的跨度过大,可在楼板下设梁来减小板的跨度,这种由梁、板组成的楼板称为梁板式楼板。按梁的布置情况,梁板式楼板可以分为单梁式楼板、双梁式楼板和井式楼板。

1)若房间有一个方向的平面尺寸相对较小,可以只沿短向设梁,梁直接搁置在墙上,这种梁板式楼板属于单梁式楼板。

2)若房间两个方向的平面尺寸都较大,则需要在板下沿两个方向设梁,通常沿房间的短向设置主梁,沿长向设置次梁,此种由板和主、次梁组成的梁板式楼板属于双梁式楼板。

3)若房间的跨度超过 10 m,并平面形状近似正方形,常在板下沿两个方向设置等距离、等截面尺寸的井字形梁,这种楼板称井式楼板。它是一种特殊的双梁式楼板,梁无主次之分,通常采用正交正放和正交斜放的布置形式。由于其结构形式整齐,所以具有较强的装饰性,多用于公共建筑的门厅和大厅式的房间(例如会议室、餐厅、小礼堂和歌舞厅等)。

(3)无梁楼板。它是在楼板跨中设置柱子来减小板跨,不设梁的楼板。在柱与楼板连接处,柱顶构造分为两种:柱帽和无柱帽。若楼面荷载较小,采用无柱帽的形式;若楼面荷载较大,为了提高板的承载能力、刚度和抗冲切能力,可在柱顶设置柱帽和托板来减小板跨、增加柱对板的支托面积。无梁楼板的柱间距宜为 6 m,成方形布置。因为板的跨度较大,所以板厚不宜小于 150 mm,通常为 160~200 mm。

无梁楼板的板底平整,室内净空高度大,采光、通风条件好,以便于采用工业化的施工方式,适用于楼面荷载较大的公共建筑(例如商店、仓库、展览馆等)和多层工业厂房。

(4)压型钢板组合楼板。它是以压型钢板为衬板,在上面浇筑混凝土,这种由钢衬板和混凝土组合所形成的整体式楼板称为压型钢板组合楼板。它主要由楼面层、组合板和钢梁三部分组成。压型钢板的跨度通常为 2~3 m,铺设在钢梁上,与钢梁之间用栓钉连接,上面浇筑的混凝土厚 100~150 mm。

2. 预制装配式钢筋混凝土楼板

预制装配式钢筋混凝土楼板是指将钢筋混凝土楼板在预制厂或者施工现场进行预先制作,施工时运输安装而成的楼板。

预制装配式钢筋混凝土楼板按构造形式分为三种:实心平板、槽形板和空心板。

(1)实心平板上下板面平整,跨度通常不超过 2.4 m,厚度约为 60~100 mm,宽度为 600~1 000 mm,由于板的厚度小,隔声效果差,所以大多用作楼梯平台、走道板、搁板、阳台栏板和管沟盖板等。

(2)槽形板是一种梁板合一的构件,在板的两侧设有小梁(又叫肋),构成槽形断面。若板肋位于板的下面,槽口向下,结构合理,为正槽板;若板肋位于板的上面,槽口向上,为反槽板。

槽形板的跨度为 3~7.2 m,板宽为 600~1 200 mm,板肋高通常为 150~300 mm。由于板肋形成了板的支点,板跨减小,所以板厚较小,只有 25~35 mm。为增加槽形板的刚度和便于搁置,板的端部需设端肋与纵肋相连。若板的长度超过 6 m,需要沿着板长每隔 1 000~1 500 mm 增设横肋。

槽形板优点是自重轻、节省材料、造价低、便于开孔留洞,但是它的板底不平整、隔声效果差,通常用于对观瞻要求不高或做悬吊顶棚的房间;而反槽板的受力与经济性不如正槽板,但是板底平整,朝上的槽口内可填充轻质材料,以提高楼板的保温隔热效果。

(3)空心板是将平板沿纵向抽孔,将多余的材料去掉,形成中空的一种钢筋混凝土楼板。板中孔洞的形状包括方孔、椭圆孔和圆孔等,因为圆孔板构造合理,制作方便,所以得到广泛应用。侧缝的形式与生产预制板的侧模有关,通常分为 V 形缝、U 形缝和凹槽缝三种。

3. 装配整体式钢筋混凝土楼板

为克服现浇板消耗模板量大,预制板整体性差的缺点,可以将楼板的一部分预制安装后,再整浇一层钢筋混凝土,这种楼板称为装配整体式钢筋混凝土楼板,它按照结构及构造方法的不同可以分为密肋楼板和叠合楼板等。

(1)密肋楼板。它是在预制或者现浇的钢筋混凝土小梁之间先填充陶土空心砖、加气混凝土块和粉煤灰块等块材,然后整浇混凝土而成。这种楼板构件数量多,施工麻烦,在工程中使用的较少。

(2)叠合楼板。它是以预制钢筋混凝土薄板为永久模板并且承受施工荷载,上面整浇混凝土叠合层所形成的一种整体楼板。板中混凝土叠合层强度为 C20 级,厚度通常为 100~

120 mm。这种楼板具有良好的整体性,板中预制薄板具有结构、模板和装修等多种功能,施工简便,适用于住宅、宾馆、教学楼、办公楼和医院等建筑。

◆地坪层与楼地面的构造

1. 地坪层的构造

地坪层按照其与土壤之间的关系分为实铺地坪和空铺地坪。

(1)实铺地坪。它一般由面层、垫层和基层三个基本层次组成,它构造简单,坚固、耐久,在建筑工程中应用广泛。

(2)空铺地坪。若房间要求地面需要严格防潮或有较好的弹性,可采用空铺地坪的做法,即在夯实的地垄墙上铺设预制钢筋混凝土板或木板层。采用空铺地坪时,可以在外墙勒脚部位及地垄墙上设置通风口,方便空气对流。

2. 楼地面的构造

楼地面的名称是以面层的材料来命名的,常见的楼地面构造见表1.2。

表1.2 常用楼(地)面构造

类别	名称	简图	构造	
			地面	楼面
现浇整体类	水泥砂浆地面		(1)20厚1:2.5水泥砂浆 (2)水泥砂浆一道(内掺建筑胶)	
	细石混凝土地面		(1)40厚C20细石混凝土地面 (2)刷水泥砂浆一道(内掺建筑胶) (3)60厚C15混凝土垫层 (4)150厚5~32卵石灌M2.5混合砂浆振捣密实或3:7灰土素土夯实	(3)60厚1:6水泥浆填充层 (4)现浇钢筋混凝土楼板或预制楼板上现浇叠合层
块材镶铺类	地面砖地面		(1)8~10厚地面砖,干水泥擦缝 (2)20厚1:3干硬性水泥砂浆结合层表面撒水泥粉 (3)水泥砂浆一道(内掺建筑胶) (4)60厚C15混凝垫层 (5)素土夯实	(4)现浇钢筋混凝土楼板或预制楼板上现浇叠合层
	石材板地面		(1)20厚板材干水泥擦缝 (2)20厚1:3干硬性水泥砂浆结合层表面撒水泥粉 (3)刷水泥砂浆一道(内掺建筑 (4)60厚C15混凝土垫层 (5)素土夯实	(4)现浇钢筋混凝土楼板或预制楼板上现浇叠合层

续表1.2

类别	名称	简图	构造	
			地面	楼面
卷材类	彩色石英塑料板地面		(1)1.6~3.2厚彩色石英塑料板,用专用胶粘剂粘贴 (2)20厚1:2.5水泥砂浆压实抹光 (3)水泥砂浆一道(内掺建筑胶) (4)60厚C15混凝土垫层 (5)0.2厚浮铺塑料薄膜一层 (6)素土夯实	(4)现浇钢筋混凝土楼板或预制楼板上现浇叠合层
	地毯地面		(1)5~10,8~10厚地毯 (2)20厚1:2.5水泥砂浆压实抹光 (3)水泥砂浆一道(内掺建筑胶) (4)60厚C15混凝土垫层 (5)0.2厚浮铺塑料薄膜一层素土夯实	(4)现浇钢筋混凝土楼板或预制楼板上现浇叠合层
木地面	实铺木地面		(1)地板漆两道 (2)100×25长条松木地板(背面满刷氟化钠防腐剂) (3)50×50木龙骨@400架空20,表面刷防腐剂 (4)60厚C15混凝土垫层 (5)素土夯实	(4)现浇钢筋混凝土楼板或预制楼板上现浇叠合层
	铺贴木地板		(1)打腻子,涂清漆两道(地板成口已带油漆者无此工序) (2)10~14厚粘贴硬木企口席纹拼花地板 (3)20厚1:2.5水泥砂浆 (4)60厚C15混凝土垫层 (5)0.2厚浮铺塑料薄膜一层	(4)现浇钢筋混凝土楼板或预制楼板上现浇叠合层

◆楼地层的细部构造

1.踢脚板和墙裙

(1)踢脚板。它是地面与墙面交接处的构造处理形式,其主要作用是遮盖墙面与楼地面的接缝,防止碰撞墙面或擦洗地面时弄脏墙面。可以将踢脚板看作是楼地面在墙面上的延伸,通常采用与楼地面相同的材料,有时采用木材制作,其高度一般为120~150 mm,可以凸出墙面、凹进墙面或与墙面相平。

(2)墙裙。它是内墙面装修层在下部的处理,其主要作用是防止人们在建筑物内活动时碰撞或污染墙面,并且起一定的装饰作用。墙裙应采用具有一定强度、耐污染和方便清洗的材料。墙裙的高度和房间的用途相关,通常为900~1 200 mm,对于受水影响的房间,高度为900~2 000 mm。

2.楼地层变形缝

变形缝应设在楼地层的对应位置上。它应贯通楼地层的各个层次,并且在构造上保证楼板层和地坪层能够满足美观和变形需求。

(1)楼板层变形缝。它的宽度要与墙体变形缝一致,上部用金属板、预制水磨石板和硬塑料板等盖缝,以防止灰尘下落。顶棚处要用木板、金属调节片等做盖缝处理,盖缝板应与一侧固定,另一侧自由,保证缝两侧结构能够自由变形。

(2)地坪层变形缝。若地坪层采用刚性垫层,变形缝应从垫层到面层处断开,垫层处缝内填沥青麻丝或者聚苯板,面层处理同楼面。若地坪层采用非刚性垫层,可以不用设变形缝。

1.5 楼 梯

【基 础】

◆**楼梯的组成**

楼梯是楼房建筑中的垂直交通设施,是供人们在正常情况下的垂直交通、搬运家具和在紧急状态下的安全疏散设施。建筑中的垂直交通设施不单有楼梯,还有电梯、自动扶梯、台阶、坡道及爬梯等。

普通建筑中,当采用其他形式的垂直交通设施时,还需要设置楼梯,所以,楼梯在楼房建筑中的使用最为广泛。

楼梯通常由楼梯段、楼梯平台、和栏杆(栏板)及扶手三部分组成,如图1.16所示。它所处的空间称为楼梯间。

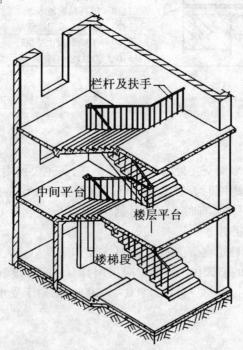

图1.16 楼梯的组成

(1)楼梯段。楼梯段是楼梯的主要使用和承重部分,它是由若干个连续的踏步组成。每个踏步又由两个互相垂直的面构成,水平面称为踏面,垂直面称为踢面。为避免人们行走楼梯段时太过疲劳,每个楼梯段上的踏步数目不得超过18级,照顾到人们在楼梯段上行走时的连续性,每个楼梯段上的踏步数目不得少于3级。

(2)楼梯平台。楼梯平台是楼梯段两端的水平段,主要是用来解决楼梯段的转向问题,并且使人们在上下楼层时能够缓冲休息。楼梯平台按照其所处的位置分为楼层平台和中间平台,与楼层相连的平台称为楼层平台,处于上下楼地层之间的平台称为中间平台。

相邻楼梯段和平台所围成的上下连通的空间称为楼梯井。它的尺寸根据楼梯施工时支模板的需要及满足楼梯间的空间尺寸来确定。

(3)栏杆(栏板)和扶手。栏杆(栏板)是设置在楼梯段和平台临空侧的围护构件,应当具有一定的强度和刚度,并且应当在上部设置供人们手扶用的扶手。在公共建筑中,若楼梯段较宽,常在楼梯段和平台靠墙一侧设置靠墙扶手。

【实　务】

◆钢筋混凝土楼梯

由于钢筋混凝土楼梯坚固、耐久、耐火,所以在民用建筑中被广泛采用。钢筋混凝土楼梯按照施工方法不同,分为现浇式和预制装配式两类。

1.现浇钢筋混凝土楼梯

现浇钢筋混凝土楼梯是把楼梯段和平台整体浇筑在一起的楼梯,虽然其消耗模板量大,施工工序多,施工速度较慢,但是整体性好、刚度大、有利于抗震,所以在现在工程中应用很广泛。它按结构形式不同,分为板式楼梯和梁板式楼梯。

(1)板式楼梯。板式楼梯是把楼梯段看作一块斜放的板,楼梯板分为有平台梁和无平台梁两种,如图1.17所示。有平台梁的板式楼梯的梯段两端放置在平台梁上,平台梁之间的距离为楼梯段的跨度。其传力过程为:楼梯段→平台梁→楼梯间墙。无平台梁的板式楼梯是将楼梯段和平台板组合成为一块折板,此时板的跨度为楼梯段的水平投影长度与平台宽度之和。这种设计增加了平台下的空间,保证了平台过道处的净空高度。

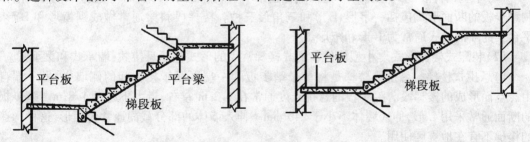

图1.17　现浇钢筋混凝土板式楼梯

板式楼梯底面平整,外形简洁,施工方便,但是当楼梯段跨度较大时,那么板的厚度较大,混凝土和钢筋用量较多,经济性差。所以,板式楼梯适用于楼梯段跨度不大(不超过3 m)、楼梯段上的荷载较小的建筑。

(2)梁板式楼梯。梁板式楼梯的楼梯段由踏步板和斜梁组成,踏步板把荷载传给斜梁,斜梁两端支撑在平台梁上,楼梯荷载的传力过程为:踏步板→斜梁→平台梁→楼梯间墙。斜梁通常设两根,位于踏步板两侧的下部,此时踏步外露,称为明步;斜梁也可以位于踏步板两侧的上部,此时踏步被斜梁包在里面,称为暗步,如图1.18所示。

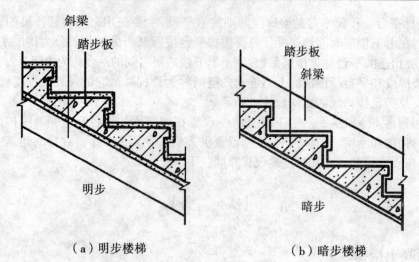

图1.18 明步楼梯和暗步楼梯

斜梁有时只设一根,通常包括两种形式:一种是在踏步板一侧设斜梁,将踏步板的另一侧搁置在楼梯间墙上;另一种是将斜梁布置在踏步板中间,踏步板向两侧悬挑。单梁式楼梯受力较复杂,但是外形轻巧、美观,多用于对建筑空间造型有较高的要求时。

梁板式楼梯的楼梯板跨度小,适用于荷载较大、层高较大的建筑,例如教学楼、商场和图书馆等。

2. 预制装配式钢筋混凝土楼梯

装配式钢筋混凝土楼梯是将组成楼梯的各个部分分成若干小构件,在预制厂或现场预制,再到现场组装。其具有提高建筑工业化程度、减少现场湿作业和加快施工速度等优点。

装配式钢筋混凝土楼梯按构件尺寸的不同和施工现场吊装能力的不同,可以分为小型构件装配式楼梯和中型及大型构件装配式楼梯两类。

(1)小型构件装配式楼梯。小型构件包括踏步板、斜梁、平台梁和平台板等单个构件,预制踏步板的断面形式包括一字形、L形和三角形三种。楼梯段斜梁通常做成锯齿形和L形,平台梁的断面形式通常为L形和矩形。

(2)装配式楼梯形式。小型构件装配式楼梯常用的形式包括悬挑式、墙承式和梁承式。

1)悬挑式楼梯。悬挑式楼梯是将单个踏步板的一端嵌固于楼梯间的侧墙中,另一端自由悬空而形成的楼梯段。踏步板的悬挑长度通常在1.2 m左右,最大不超过1.8 m。踏步板的断面通常采用L形,伸入墙体不小于240 mm。伸入墙体的部分截面通常为矩形,这种构造的楼梯不宜在地震区使用。

2)墙承式楼梯。墙承式楼梯是将一字形或L形踏步板直接搁置于两端的墙上,这种楼梯适宜于直跑式楼梯。若采用平行双跑楼梯,需要在楼梯间中部加设一道墙以支撑两侧踏步板。由于楼梯间中部增设墙后,可能会阻挡行人视线,对搬运物品也不方便。所以为保证采光并且解决行人视线被阻问题,通常在加设的墙上开设窗洞。

3)梁承式楼梯。梁承式楼梯的楼梯段由踏步板和楼梯段斜梁构成。楼梯段斜梁通常做成锯齿形或矩形。锯齿形斜梁支撑L形踏步板,矩形斜梁支撑三角形踏步板,三角形踏步板与斜梁之间用水泥砂浆由下而上逐个叠砌。

◆ 楼梯的细部构造

1. 踏步面层和防滑构造

楼梯踏步面层要满足坚固、耐磨、便于清洁、防滑和美观等方面的要求。根据楼梯的使用性质和装修标准不同,踏步面层常采用水泥砂浆、水磨石、各种人造石材以及天然石材等。

为保证人们上下楼行走方便,避免滑倒,应在踏步前缘做 2 或 3 条防滑条。防滑条采用粗糙、耐磨而且行走方便的材料,常用做法包括做防滑凹槽,抹水泥金刚砂,镶嵌金属条或硬橡胶条、缸砖等块料包口。

2. 栏杆(板)扶手构造

(1)栏杆(板)的形式与构造。栏杆通常采用空花栏杆,空花栏杆通常采用扁钢、圆钢、方钢及钢管等金属型材焊接而成,空花栏杆的间距通常不应大于 110 mm,在住宅、幼儿园和小学等建筑中不宜做易攀登的横向栏杆。

实心栏板通常采用砖、钢丝网、水泥、钢筋混凝土、有机玻璃及钢化玻璃等材料制作。若采用砖砌栏板,应在适当部位加设拉筋,并且在顶部现浇钢筋混凝土把它连成整体,以加强其刚度。

(2)扶手。楼梯扶手位于栏杆顶面,供人们上下楼梯时扶持之用。扶手通常由硬木、钢管、铝合金管、塑料和水磨石等材料做成,如图 1.19 所示。

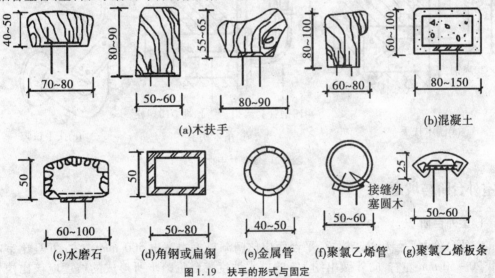

图 1.19 扶手的形式与固定

(3)栏杆与扶手及栏杆与梯段、平台的连接。

1)栏杆与扶手的连接。若采用金属栏杆与金属扶手,通常采用焊接;若采用金属栏杆,扶手为木材或硬塑料,通常在栏杆顶部设通长扁钢,用螺钉与扶手底面或侧面固定连接。

2)栏杆与梯段及平台的连接。通常的做法是在梯段和平台上预埋钢板焊接或预留孔插接。为保护栏杆增加美观,也可在栏杆下端增设套环,如图 1.20 所示。

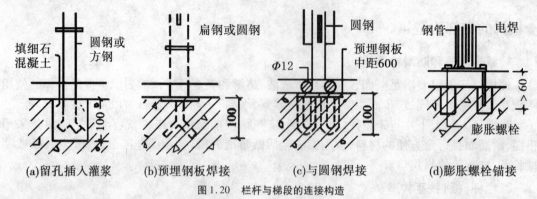

图1.20 栏杆与梯段的连接构造

(4)扶手与墙的连接。若墙体为砖墙,可在墙上预留洞,将扶手连接件伸入洞内,然后用混凝土嵌固;若墙体为钢筋混凝土,通常采用预埋钢板焊接。靠墙扶手及顶层栏杆与墙面连接,如图1.21所示。

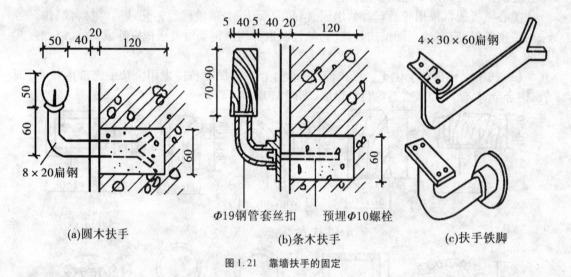

图1.21 靠墙扶手的固定

◆室外台阶与坡道

1.室外台阶

室外台阶由平台和踏步构成,平台面应比门洞口每边宽出500 mm左右,并且比室内地坪低20~50 mm左右,向外做出约1%的排水坡度。台阶踏步所形成的坡度应该比楼梯平缓,通常踏步宽度不小于300 mm,高度不大于150 mm。若室内外高差超过1 000 mm,应在台阶临空一侧设置围护栏杆或栏板等设施。

台阶要在建筑物主体工程完成后再进行施工,并且与主体结构之间留出约10 mm的沉降缝。台阶的构造与地面类似,由面层、垫层和基层等构成,面层应采用水泥砂浆、混凝土、地砖和天然石材等耐气候作用的材料。在北方冰冻地区,室外台阶还应该考虑抗冻要求,面层选择抗冻、防滑的材料,并且在垫层下设置非冻胀层或采用钢筋混凝土架空台阶,如图1.22所示。

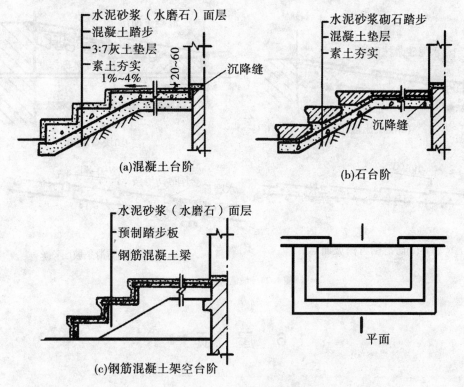

图1.22 台阶类型及构造

2. 坡道

坡道可以分为行车坡道和轮椅坡道,行车坡道又可以分为普通坡道和回车坡道。普通坡道通常设在有车辆进出的建筑(例如车库)出入口处;回车坡道通常设在公共建筑(例如办公楼、旅馆、医院等)出入口处,以使车辆能直接开行至出入口处;轮椅坡道是专供残疾人和老人使用的,通常设在公共建筑的出入口处和市政工程之中。

考虑人在坡道上行走时的安全,光滑面层坡道不应大于1:12,粗糙面层坡道(包括设置防滑条的坡道)不应大于1:6,带防滑齿坡道不应大于1:4。

坡道的构造与台阶基本相同,如图1.23所示,垫层的强度和厚度根据坡道上的荷载来确定,冰冻地区的坡道需在垫层下设置非冻胀层。

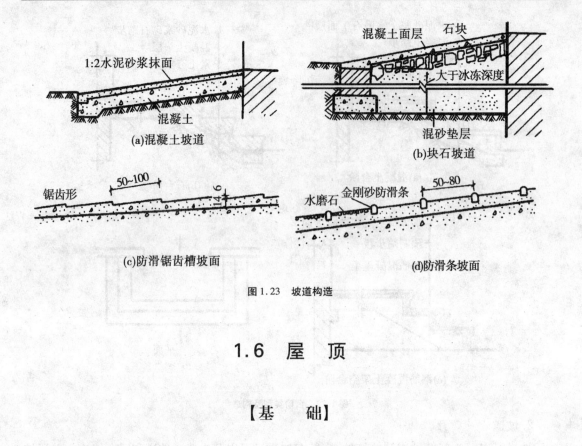

图1.23 坡道构造

1.6 屋 顶

【基 础】

◆ **屋顶的类型**

按照屋顶的排水坡度和构造形式,屋顶可以分为平屋顶、坡屋顶和曲面屋顶。

(1)平屋顶。平屋顶是指屋面排水坡度小于或等于10%的屋顶,一般的坡度为2%~3%。其主要特点是坡度平缓,上部可做成露台和屋顶花园等供人使用,同时由于平屋顶的体积小、构造简单、节约材料、造价经济,所以在建筑工程中应用最为广泛,它的形式如图1.24所示。

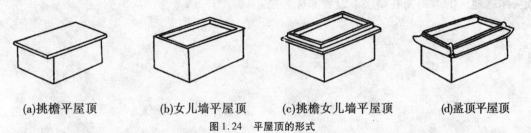

图1.24 平屋顶的形式

(2)坡屋顶。坡屋顶是指屋面排水坡度在10%以上的屋顶。坡屋顶可以分为单坡、四坡,双坡屋顶的形式,在山墙处可为悬山或硬山,稍加处理可形成卷棚顶、庑殿顶、歇山顶和圆攒山顶等,如图1.25所示。

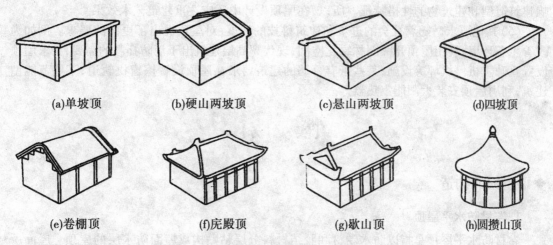

(a)单坡顶　　(b)硬山两坡顶　　(c)悬山两坡顶　　(d)四坡顶

(e)卷棚顶　　(f)庑殿顶　　(g)歇山顶　　(h)圆攒山顶

图1.25　坡屋顶的形式

(3)曲面屋顶。曲面屋顶的承重结构多为空间结构,例如薄壳结构、悬索结构、张拉膜结构和网架结构等,这些空间结构具有受力合理,节约材料的特点,但是施工复杂,造价高,通常适用于大跨度的公共建筑,曲面屋顶的形式如图1.26所示。

(a)双曲拱屋顶　　(b)砖石拱屋顶　　(c)球形网壳屋顶　　(d)V形折板屋顶

(e)筒壳屋顶　　(f)扁壳屋顶　　(g)车轮形悬索屋顶　　(h)鞍形悬索屋顶

图1.26　曲面屋顶的形式

◆屋顶的构造要求

(1)防水、排水要求。屋顶作为围护结构,最基本的功能要求是防止渗漏,所以屋顶的防水、排水设计就成为屋顶构造设计的核心。通常的做法是考虑防排结合,即要采用抗渗性好的防水材料和合理的构造来防渗,选用适当的排水坡度和排水方式,将屋面上的雨水迅速排除,以减少渗漏的可能。

(2)保温隔热要求。屋顶的另一个功能要求是保温隔热,因为良好的保温隔热性能不仅可以保证建筑物的室内气温稳定,还可以避免能源浪费及室内表面结露和受潮等。

(3)结构要求。屋顶承重结构要具有足够的强度和刚度,以承受自重、风雪荷载、积灰荷载及屋面检修荷载等。同时不允许屋顶受力后产生较大的变形,否则会使防水层开裂,造成屋面渗漏。

(4)建筑艺术要求。屋顶是建筑物外部形体的重要组成部分,它的形式在较大程度上影响建筑造型和建筑物的性格特征。所以,在屋顶设计中还应注重建筑艺术效果。

(5)其他要求。随着社会的进步和建筑科技的发展,对屋顶提出了更高的要求。例如为改善生态环境,利用屋顶开辟园林绿化空间;现代超高层建筑出于消防扑救的需要,要求屋顶设置直升飞机停机坪等设施;某些带有幕墙的建筑要求在屋顶设置擦窗机轨道;某些节能型建筑,利用屋顶安装太阳能集热器等。

【实　务】

◆ 平屋顶的构造

1. 卷材防水平屋顶

卷材防水平屋顶是指以防水卷材和胶结材料分层粘贴构成屋面防水层的屋顶。屋面所使用的卷材包括沥青防水卷材、高聚物改性沥青防水卷材和合成高分子防水卷材等。

卷材防水的特点是整体性好,抗渗性好,具有一定的延伸性和适应变形的能力,也称柔性防水,它适用于防水等级为Ⅰ~Ⅳ的屋面工程。

(1)卷材防水平屋顶的组成与构造。卷材防水平屋顶是由多层材料叠合而成,其中包括结构层、找坡层、找平层、结合层、防水层和保护层等,如图1.27所示。

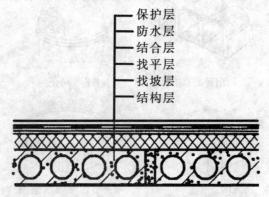

图1.27　卷材防水屋面的构造组成

1)结构层。结构层通常采用现浇或预制钢筋混凝土屋面板,若使用预制钢筋混凝土屋面板,应当用掺微膨胀剂的强度等级不低于C20的细石混凝土灌缝。若屋面板板缝大于40 mm或者上窄下宽,板缝内应设置构造钢筋。

2)找坡层。平屋顶中通常采用材料找坡(例如1:8~1:6的水泥炉渣),设置在结构层上,保温屋顶中也可用保温材料兼做找坡层。

3)找平层。它通常设在结构层和找坡层之上,满足防水层应铺贴在坚固而平整的基层上的要求,防止卷材的凹陷和断裂,其厚度和技术要求见表1.3。

表1.3 找平层厚度和技术要求

类别	基层种类	厚度/mm	技术要求
水泥砂浆找平层	整体混凝土	1~20	1:2.5~1:3(水泥:砂子)体积比,水泥强度等级不低于32.5级
	整体或板状材料保温层	20~25	
	装配式混凝土板、松散材料保温层	20~30	
细石混凝土找平层	松散材料保温层	30~35	混凝土强度等级为C20
沥青砂浆找平层	整体混凝土	15~20	质量比1:8(沥青:砂)
	装配式混凝土板、整板或板状材料保温层	20~25	

找平层宜留设分格缝,缝宽通常为20 mm,纵横间距通常不宜大于6 m,若找平层采用沥青砂浆时,不宜大于4 m,缝内嵌填密封材料。若屋面板为预制板时,分格缝应留设在板端缝处,并且应该在分格缝上附加200~300 mm 宽的卷材,用胶粘剂单边点粘。

4)结合层。它通常设在找平层之上,防水层和隔气层之下。其作用是在基层和防水层之间形成一层胶质薄膜,使卷材与基层黏结牢固。例如沥青卷材防水屋面,是涂刷一道冷底子油做结合层;改性沥青防水层和合成高分子防水层屋面,则用配套的专用基层处理剂处理。

5)防水层。它由卷材和相应的卷材黏结剂构成,卷材的铺设方向与坡度和材料有关。若屋面坡度小于3%,卷材宜平行屋脊方向,从檐口向上层层铺设;若屋面坡度较大(15%左右),考虑沥青软化点低,防水层较厚,以防发生流淌,沥青防水卷材需垂直屋脊方向,从檐口向上层层铺设。对于高聚物改性沥青防水卷材和合成高分子防水卷材,由于其耐温度变化性好,厚度较薄,不存在流淌问题,所以对铺设方向不予限制,但是任何防水卷材上下层不得相互垂直铺设。

卷材防水层与基层的黏结方法包括满粘法、空铺法、条粘法和点粘法四种。对于有排气要求,或防水层上有重物覆盖的,或基层变形较大的屋面,应该优先采用空铺法、条粘法或点粘法。但是距屋面周边800 mm 内应满粘,卷材与卷材之间的搭接也应满粘,并且各种卷材的搭接宽度应符合表1.4 的要求。

表1.4 卷材搭接宽度

搭接方向 铺贴方法 卷材种类	短边搭接宽度/mm		长边搭接宽度/mm	
	满粘法	空铺法 点粘法 条粘法	满粘法	空铺法 点粘法 条粘法
沥青防水卷材	100	150	70	100
高聚物改性沥青防水卷材	80	100	80	100
合成高分子防水卷材 胶粘剂	80	100	80	100
合成高分子防水卷材 胶粘带	50	60	50	60
合成高分子防水卷材 单缝焊	60,有效焊接宽度不小于25			
合成高分子防水卷材 双缝焊	80,有效焊接宽度10×2+空腔宽			

6)保护层。它设置在防水层上,其目的是为了保护卷材防水层,延长其使用寿命,同时降低夏季室内的温度,其构造做法应当根据防水层所用材料和屋面的利用情况而定。

①不上人屋面通常是指人不在其上活动,保护层只起保护防水层的作用。其构造做法为:沥青类防水层宜采用绿豆砂或铝银粉涂料;高聚物改性沥青和合成高分子类防水层可以采用铝箔面层、彩砂及涂料等。

②上人屋面是指屋面保护层具有保护防水层和兼做行走地面双重作用的屋面,保护层应当满足耐水、平整和耐磨的要求,其构造做法为:通常可在防水层上浇筑30~40 mm厚的C20细石混凝土,分成2 m×2 m的方格,缝内灌沥青胶;也可用沥青胶或水泥砂浆粘贴缸砖、大阶砖和细石混凝土预制板,缝内灌沥青胶。

(2)卷材防水平屋顶的细部构造。在卷材防水屋面中,特别要注意构造节点处的防渗漏问题,这些节点的构造称为细部构造,卷材防水屋面节点设计应符合下列规定。

1)按照屋面结构变形、温度变形、干缩变形和震动等因素,使节点设计能够满足基层变形的需要。

2)应当采用柔性密封、防排结合、材料防水与构造防水相结合的做法。

3)应当采用卷材、防水涂料、密封材料和刚性防水材料等互补并用的多道设防(包括设置附加层)。

(3)泛水构造。泛水是指屋顶上沿垂直面所做的防水构造,包括女儿墙泛水、高低跨泛水、管道泛水和变形缝泛水等。

泛水的构造主要有下列4个要点。

1)泛水与屋面相交处的基层须用水泥砂浆或混凝土做成 $R=50~150$ mm的圆弧或钝角,防止卷材在粘贴时因直角转弯而折断或不能铺实。

2)卷材在竖直面的粘贴高度不应小于250 mm。

3)泛水处的卷材与屋面卷材相连接,并且在底层加铺一层。

4)泛水上端应固定在墙上,并且有挡雨措施,防止卷材的下滑剥落。

(4)檐口构造。卷材防水屋面的檐口包括自由落水檐口、挑檐沟檐口、女儿墙内檐沟檐口和女儿墙外檐沟檐口四类。

挑檐和挑檐沟的构造要点是都应当注意处理好卷材的收头固定、檐口饰面及挑檐和挑檐沟板底面的滴水。对于有组织排水的檐沟,沟内应当增设附加层,并且在内侧翻上,与屋面交接处的200 mm范围应该空铺。女儿墙檐口的构造要点是檐沟和泛水的结合,女儿墙顶部通常做钢筋混凝土压顶,并且设有坡度,坡向屋面。

(5)水落口构造。水落口是屋面雨水汇集并且排至水落管的关键部位,应当保证排水通畅,不易渗漏和堵塞。外檐沟和内排水的水落口都在水平结构上开洞,采用铸铁漏斗形的定型件用水泥砂浆埋嵌牢固。水落口四周需加铺一层卷材,并且铺至漏斗口内,用沥青胶贴牢。缺口及交接处等薄弱环节用油膏嵌缝,然后用带篦铁罩压盖,如图1.28(a)所示。穿过女儿墙的水落口,采用侧向铸铁水落口,也应当加铺一层卷材,铺入水落口,50 mm以上用沥青胶贴牢,再加篦铁,如图1.28(b)所示。所有水落口处都应尽量比屋面或檐沟面低一些,有垫坡层或保温层的屋面,可以在水落口直径500 mm周围减薄,形成漏斗形,使排水通畅避免积水。

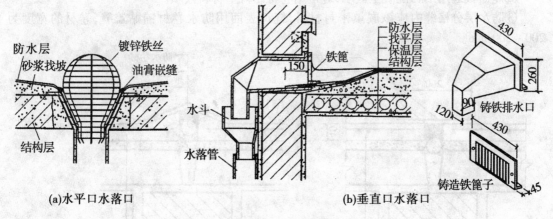

图1.28 水落口构造

2. 刚性防水平屋顶

刚性防水平屋顶是指用刚性材料做屋面防水层的屋顶。所用的防水材料包括防水砂浆、细石混凝土、配筋细石混凝土三种,这种屋顶构造简单,施工方便、造价低,但是屋面层对温度变化和结构变形比较敏感,容易产生裂缝,施工技术要求高,多用于气温变化小的我国南方地区防水等级为Ⅲ级的屋面防水,也可以用作防水等级为Ⅰ、Ⅱ级的屋面多道设防中的一道,但是不适用于设有松散材料保温层的屋面及受较大震动或冲击的屋面。

(1)刚性防水平屋顶的构造层次和基本做法。刚性防水平屋顶通常由结构层、找平层、隔离层和防水层组成。

1)结构层。结构层要求具有足够的强度和刚度,通常采用现浇钢筋混凝土屋面板。若采用预制钢筋图混凝土屋面板,应当用掺微膨胀剂的强度等级不低于C20的细石混凝土灌缝。屋面的排水坡度最好在结构层现浇或铺设时形成,坡度为2%~3%。

2)找平层。若结构层为预制钢筋混凝土板,通常应在结构层上用20 mm厚1:3水泥砂浆找平。若采用现浇钢筋混凝土屋面板或设有纸筋灰等材料,可以不设找平层。

3)隔离层。为了减少结构层变形和温度变化对防水层的不利影响,宜在防水层下设置隔离层。通常可用纸筋灰、麻刀灰和低强度等级砂浆,也可以采用薄砂层上干铺卷材等做法。若防水层中加有膨胀剂类材料,其抗裂性有所改善,也可以不做隔离层。

4)防水层。刚性防水层宜采用强度等级不低于C20的细石混凝土浇筑,其厚度不应小于40 mm,并且应配置直径为 $\Phi 4 \sim \Phi 6 (mm)$,间距100~200 mm的双向钢筋网片,钢筋保护层厚度不小于10 mm。为了提高细石混凝土的防水性能,细石混凝土中宜掺膨胀剂(UEA)、减水剂和防水剂等。

(2)刚性防水平屋顶的细部构造。刚性防水平屋顶的细部构造包括分格缝、泛水和檐口等部位的构造处理。

1)分格缝。分格缝又称分仓缝,是指刚性防水层的变形缝,设置的目的在于防止由于结构变形、温度变形及混凝土干缩等引起的防水层开裂。所以,分格缝应设置在结构变形敏感的部位及温度变形允许的范围以内。通常设在预制板的支座处,或预制板搁置方向变化处,或防水层与突出屋面结构的交接处,并且与板缝对齐,分格缝纵横间距不宜大于6 m。

分格缝分为平缝和凸缝两种,如图1.29所示,其构造要点如下。

①钢筋网片在分格缝处必须断开。

②屋面板缝用细石混凝土嵌填,缝口用卷材制衬垫材料嵌填。

③防水层分格缝内应该嵌填密封材料,缝口表面用防水卷材铺贴盖缝,卷材的宽度为 200～300 mm。

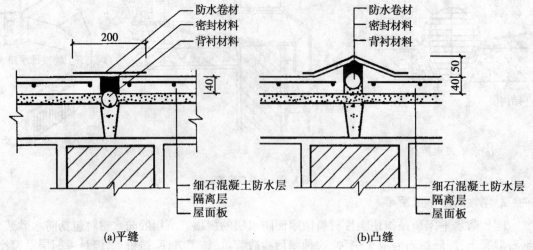

图 1.29 分格缝的构造

2)泛水。刚性防水层与山墙、女儿墙交接处应该留宽度为 30 mm 的缝隙,并且用密封材料嵌填;泛水处应当铺设卷材或涂膜附加层,其高度及收头构造与柔性防水屋面的泛水相同。

3)檐口。刚性防水屋面的檐口形式与屋顶排水方式有关,包括自由落水檐口和挑檐沟檐口等。

自由落水檐口可以直接由刚性防水层出挑形成,出挑长度通常为 300～450 mm,也可以采用檐口圈梁带挑檐板出挑,刚性防水层伸到挑檐板之外。

挑檐沟檐口的檐沟底部应当采用找坡材料垫置形成纵向排水坡度,防水层应当伸进檐沟,并且做滴水。

3. 涂膜防水平屋顶

涂膜防水是指用防水涂料涂刷在屋面基层上,经干燥或固化,在屋面基层上形成一层不透水的薄膜层,以起到防水作用的一种屋面做法。这种防水涂膜大多具有防水性好、粘结力强、耐腐蚀、耐老化、弹性好、延伸率大和施工方便等优点,主要适用于防水等级为Ⅲ级、Ⅳ级的屋面防水,也可以用作防水等级为Ⅰ级、Ⅱ级的屋面多道防水设防中的一道防水层。

常用的防水涂料包括沥青基防水涂料、高聚物改性沥青防水涂料和合成高分子防水涂料。

(1)涂膜防水平屋顶的构造层次及做法。涂膜防水平屋顶的构造层次及做法与卷材防水平屋顶基本相同,都是由结构层、找平层、找坡层、结合层、防水层和保护层等组成,并且防水层以下的各基层的做法都应当符合卷材防水的有关规定,防水涂膜层应满足如下要求。

1)防水涂膜应当分层分遍涂布,每一涂层应当厚薄均匀,表面平整,待先涂的涂层干燥成膜后才可涂布后一遍涂料。

2)防水涂膜层通常应当由两层或两层以上的涂层组成。

3)某些防水涂料(例如氯丁胶乳沥青涂料)需铺设胎体增强材料,以增强涂层的贴附覆盖能力和抗变形能力。若屋面坡度小于 15%,可以平行于屋脊铺设,若屋面坡度大于 15%,应当垂直屋脊铺设,并且由屋面最低处向上操作。胎体增强材料的搭接长度应该满足长边不小于50 mm,短边不小于70 mm。若采用两层胎体增强材料,上下层不得相互垂直铺设,搭接缝应当错开,其间距不应小于幅宽的1/3。

涂膜防水屋面应当设置保护层,其材料可以采用细砂、云母、蛭石、浅色涂料、水泥砂浆或块材等。若采用水泥砂浆或块材,应当在涂膜与保护层之间设置隔离层,水泥砂浆保护层的厚度不宜小于20 mm。

(2)涂膜防水平屋顶的细部构造。涂膜防水屋面的细部构造包括泛水、檐口、天沟、檐沟和分格缝等部位,其构造要求和做法类似于卷材防水屋面,具体构造要点如下。

1)在节点部位都应当加铺有胎体增强材料的附加层。

2)天沟、檐沟与屋面交接处的附加层宜空铺,空铺的宽度宜为200~300 mm。

3)水落口周围与屋面交接处应做密封处理,并且加铺两层有胎体增强材料的附加层,涂膜伸入水落口的深度不应小于50 mm。

4)涂膜防水层的收头应当用防水涂料多遍涂刷或用密封材料封严,压顶应做防水处理。

◆ 坡屋顶的构造

坡屋顶是由一些坡度相同的斜面相互交接而成。斜面相交形成的阳角称为脊(例如正脊、斜脊),阴角称为沟(例如天沟、斜天沟)。

1. 坡屋顶的承重结构

坡屋顶的承重结构与平屋顶有明显的不同,其结构层顶面坡度较大,直接形成屋顶的排水坡度。常见的结构形式包括檩式、板式和椽式,下述主要介绍檩式和板式结构。

(1)檩式结构。檩式结构是在屋架或山墙上支撑檩条,檩条上支撑屋面板或椽条的结构系统,常见的形式如下。

1)屋架承重。若房屋的内横墙较少,需要有较大的使用空间时,通常采用三角形桁架来架设檩条,以承受屋顶荷载,如图1.30(a)所示。

2)山墙承重。若房屋横墙间距较小,可以将横墙上部砌成三角形,直接搁置檩条以承受屋顶荷载,这种方式称为硬山搁檩,如图1.30(b)所示。

3)梁架承重。它是我国民间传统的结构形式,由木柱和木梁组成,如图1.30(c)所示。这种结构的墙只起到围护和分隔的作用,不承重,所以有"墙倒,屋不坍"之称。

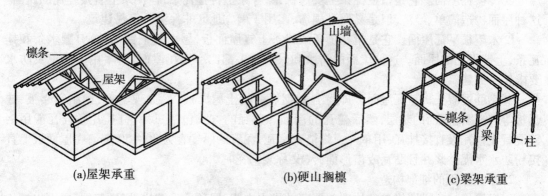

图1.30 坡屋顶的承重结构

(2)板式结构。板式结构是将钢筋混凝土屋面板直接搁置在上部为三角形的横墙、屋架或斜梁上的支撑方式。这种承重方式构造简单,节省木材,并且可提高房屋的耐久性和防火性,近年来常用于民用住宅或风景园林建筑的屋顶,如图1.31所示。

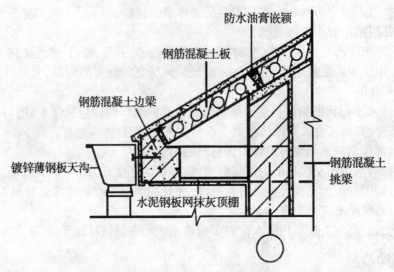

图1.31 钢筋混凝土板式结构瓦屋顶

2. 坡屋顶的屋面构造

坡屋面是利用各种瓦材做防水层,靠瓦与瓦之间的搭盖来达到防水的目的。目前常用的屋面材料包括平瓦、波形瓦、油毡瓦和金属压型板等。

瓦屋面的名称随瓦的种类而定,例如平瓦屋面、波瓦屋面和油毡瓦屋面等。基层的做法则随瓦的种类和房屋的质量要求而定。在檩式结构中,瓦材通常铺设在由檩条、椽条、屋面板和挂瓦条等组成的基层上;在板式结构中,瓦材可以通过水泥钉、泥背或挂瓦条等直接固定在各类钢筋混凝土板上。

(1)平瓦屋面。平瓦包括黏土瓦和水泥瓦两种,其外形按排水要求设计和制作。每片瓦尺寸为(380~420)mm×(230~250)mm,相互搭接后的有效尺寸约为330 mm×200 mm,每平方米约需15块瓦。平瓦屋面适用于防水等级为Ⅱ级、Ⅲ级、Ⅳ级的屋面防水,适宜的排水坡度为20%~50%。

1)平瓦屋面的基本构造。根据基层的不同包括三种常见的做法。

①冷摊瓦屋面。它是指在檩条上安装椽条,椽条上钉挂瓦条,挂瓦条上直接挂瓦的屋面。这种屋面构造简单、经济,但是易飘进雨雪,多用于南方地区非保温及简易建筑。

②木望板平瓦屋面。它是指在檩条或椽条上钉屋面板,屋面板上铺油毡,钉顺水条和挂瓦条,上铺平瓦的屋面。这种屋面的防水和保温效果都比冷摊瓦屋面好,多用于质量及防水要求较高的建筑。

③钢筋混凝土板盖瓦屋面。即将各类钢筋混凝土屋面板(例如现浇板、预制空心板、挂瓦板等)作为瓦屋面的基层,然后盖瓦的屋面。盖瓦的方式包括三种:钉挂瓦条挂瓦或用钢筋混凝土挂瓦板直接挂瓦;用草泥或煤渣灰窝瓦,泥背的厚度宜为30~50 mm;在屋面板上直接粉防水水泥砂浆并且贴瓦或齿形面砖(又称装饰瓦)。

2)平瓦屋面的细部构造。

①纵墙檐口。纵墙檐口的构造与屋顶的排水方式、屋顶承重结构、屋面基层、屋面出檐长度的大小等有关,分为无组织排水和有组织排水。

a.无组织排水檐口。其常见的做法有以下几种:砖挑檐、木望板挑檐、椽挑檐、附木挑檐和挑檐木挑檐等;对于钢筋混凝土板式结构坡屋顶,可由现浇钢筋混凝土屋面板直接悬挑。

砖挑檐是在檐口处将砖逐层向外出挑60 mm,每层两皮砖,高约120 mm,通常出挑总长度不大于墙厚的一半。屋面板挑檐是利用木望板或钢筋混凝土板直接悬挑,其中木望板较薄,出挑长度不宜大于300 mm,但是钢筋混凝土屋面板的出挑长度可大于500 mm。椽挑檐是将椽条直接出挑,出挑长度通常为300~500 mm,檐口处可将椽条外露或钉封檐板。挑檐木挑檐是从横墙中出挑,构造做法要注意挑檐木的防腐,并且保证压入墙内的长度大于出挑长度的两倍。附木挑檐是利用屋架下弦的附木出挑,支撑出挑的屋檐,其挑出长度可达500~800 mm。瓦头挑出封檐板的长度宜为50~70 mm,檐口下部可做檐口顶棚,常用的做法包括露缝板条、硬质纤维板和板条抹灰等。

b. 有组织排水檐口。它包括外挑檐沟和女儿墙封檐两种,其做法包括镀锌铁皮檐沟和现浇钢筋混凝土檐沟等。

②山墙檐口。

a. 悬山。檩条和屋面板挑出山墙的檐部称为悬山,为使该处的屋面有整齐的收头和不漏水,通常用封山板(也称博风板)封住,并且将该处瓦片用混合砂浆窝牢,同时用掺麻刀的混合砂浆抹出"瓦楞线"。

b. 硬山。山墙砌至屋面收头或山墙高出屋面形成女儿墙的做法称为硬山,若山墙与屋面平齐,瓦片要盖过山墙并且用掺麻刀的混合砂浆抹出"瓦出线";若山墙高出屋面,墙和屋面的交接处要做泛水,常见的做法包括细石混凝土泛水、水泥石灰麻刀砂浆泛水、小青瓦坐浆泛水和镀锌铁皮泛水等。

(2)金属压型板屋面。金属压型钢板是以镀锌钢板为基料,经轧制成型并且敷以各种防腐涂层和彩色烤漆而成的轻质屋面板。这种屋面板具有自重轻,施工方便,抗震好,装饰性和耐久性强的特点,而且规格种类繁多,例如中间填充保温材料的夹心板,具有防水、保温和承重三重功效。常用于装饰要求较高的大空间建筑,其适用的防水等级为Ⅱ级。

1)金属压型板屋面的基本构造。压型钢板与檩条的连接固定应采用带防水垫圈的镀锌螺栓(螺钉)在波峰固定。若压型钢板波高超过35 mm,压型钢板应通过钢支架与檩条相连,檩条多为槽钢和工字钢等。

2)金属压型板屋面的细部构造。若压型钢板屋面采用无组织排水,多用压型钢板直接出挑,其出挑长度不宜大于300 mm。挑檐板与墙板之间应设封檐板密封,以提高屋面围护效果。

若压型钢板屋面采用有组织排水,应当在檐口处设置檐沟,檐沟可采用钢板或与屋面板同样的材料制作,压型钢板伸入檐沟的长度不小于150 mm,并且用镀锌螺栓固定。

山墙泛水及山墙包角都采用与屋面金属压型板同一材料进行封盖处理。

(3)波形瓦屋面。波形瓦包括瓦垄铁、石棉水泥瓦及玻璃钢瓦等系列产品,分为大波瓦、中波瓦和小波瓦。其适宜的排水坡度为10%~50%,常用33%。

波瓦可直接固定在檩条上,每块瓦应固定在三根檩条上,瓦的端部搭接也必须在檩条上,搭接长度不小于100 mm。横向相邻两瓦搭接,应当按主导风向,大波瓦和中波瓦不少于半个波,小波瓦应当不少于一个波。铺瓦时应由檐口铺向屋脊,屋脊处盖脊瓦并且用麻刀灰或纸筋灰嵌缝。

瓦的铺设,大面积宜采用不切角长边错缝法铺设。若采用切角铺设,应当切去第二块开始的重叠角(玻璃钢瓦可不切),切角时的对角缝隙不宜大于5 mm。

(4)油毡瓦屋面。油毡瓦是以玻璃纤维为胎基,经浸涂石油沥青后面层压天然各色彩砂,背面撒以隔离材料制成的瓦状片材,形状分为方形和半圆形,如图1.32所示。它具有质量轻、柔性好、耐酸碱和不褪色等特点,适用于坡屋面的防水层,也可做多层防水层的面层。

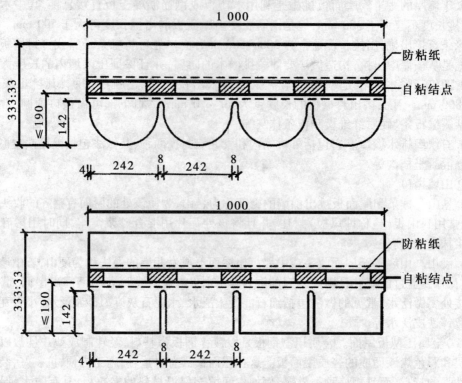

图1.32 油毡瓦的规格

油毡瓦适用于排水坡度大于20%的坡屋面,通常用油毡钉固定(例如木基层),或用水泥钉固定(例如混凝土基层上的水泥砂浆找平层)。

◆屋顶的保温与隔热

1.屋顶的保温

屋面保温材料应当具有吸水率低、表观密度和导热系数较小、并且具有一定强度的性能,保温材料按照物理特性分为下列三大类。

1)散料类保温材料,例如膨胀珍珠岩、膨胀蛭石、炉渣和矿渣等。

2)整浇类保温材料,例如水泥膨胀珍珠岩和水泥膨胀蛭石等。

3)板块类保温材料,例如采用加气混凝土、泡沫混凝土、膨胀珍珠岩混凝土、膨胀蛭石混凝土等加工成的保温块材或板材,或者聚苯乙烯泡沫塑料保温板。

(1)平屋顶的保温构造。

1)保温层位于结构层与防水层之间,这种做法保温层位于低温一侧,符合热工学原理,而且符合保温层搁置在结构层上的力学要求,此外上面的防水层避免了雨水向保温层渗透,有利于维持保温层的保温效果,同时,构造简单、施工方便,所以,在工程中得到了广泛的应用。

2)保温层位于防水层之上,这种做法与传统保温层的铺设顺序相反,所以又称为倒铺保温层。在倒铺保温层时,保温材料要选择不吸水、耐气候性强的材料,例如聚氨酯或者聚苯乙烯泡沫塑料保温板等有机保温材料。由于有机保温材料质量轻,直接铺在屋顶最上部时,容易受雨水冲刷,被风吹起,所以,有机保温材料上部应当用混凝土、卵石或砖等较重的覆盖层压住。

倒铺保温层屋顶的防水层不会受到外界影响,保证了防水层的耐久性,但是保温材料受限制。

3)保温层与结构层结合,保温层与结构层结合的做法包括以下三种。

①保温层设在槽形板的下面,这种做法,室内的水汽会进入保温层中降低保温效果。

②保温层放在槽形板朝上的槽口内。

③将保温层与结构层融为一体,例如配筋的加气混凝土屋面板,这种构件既能承重,又具有保温效果,简化了屋顶的构造层次,施工方便,但是屋面板的强度低、耐久性差。

(2)坡屋顶的保温构造,坡屋顶的保温分为顶棚保温和屋面保温两种。

1)顶棚保温。顶棚保温是在坡屋顶的悬吊顶棚上加铺木板,上面干铺一层油毡做隔汽层,再在油毡上面铺设轻质保温材料,例如聚苯乙烯泡沫塑料保温板、木屑、膨胀珍珠岩、膨胀蛭石和矿棉等。

2)屋面保温。传统的屋面保温是在屋面铺草秸、将屋面做成麦秸泥青灰顶、或将保温材料设在檩条之间。由于这些做法工艺落后,目前基本已不使用。现在工程中,通常是在屋面压型钢板下铺钉聚苯乙烯泡沫塑料保温板,或者直接采用带有保温层的夹芯板。

2. 屋顶的隔热

(1)平屋顶的隔热。平屋顶隔热的构造做法主要包括通风隔热、蓄水隔热、植被隔热和反射降温等。

1)通风隔热。通风隔热是在屋顶设置通风间层,利用空气的流动带走大部分的热量,从而达到隔热降温的目的,通风隔热屋面有以下两种做法。

①在结构层与悬吊顶棚之间设置通风间层,在外墙上设置进气口与排气口。

②设架空屋面。

2)蓄水隔热。蓄水隔热就是在平屋顶上面设置蓄水池,利用水的蒸发带走大量的热量,从而起到降温隔热的作用。蓄水隔热屋面的构造与刚性防水屋面基本相同,仅仅是增设了分仓壁、泄水孔、过水孔和溢水孔。这种屋面具有一定的隔热效果,但是使用中的维护费用较高。

3)植被隔热。在平屋顶上种植植物,利用植物光合作用时所吸收热量和植物对阳光的遮挡功能来达到隔热的目的。这种屋面在满足隔热要求的同时,还能够提高绿化面积,对于净化空气,改善城市整体空间景观都很有意义,所以在现在的中高层以下建筑中应用越来越多。

4)反射降温。反射降温是在屋面铺浅色的砾石或刷浅色涂料等,利用浅色材料的颜色和光滑度对热辐射的反射作用,将屋面的太阳辐射热反射出去,从而达到降温隔热的作用。现在,卷材防水屋面采用的新型防水卷材,例如高聚物改性沥青防水卷材和合成高分子防水卷材的正面覆盖的铝箔,即是利用反射降温的原理,来保护防水卷材的。

(2)坡屋顶的隔热。坡屋顶通常利用屋顶通风来隔热,分为屋面通风和吊顶棚通风两种做法。

1)屋面通风。在屋顶檐口设置进风口,屋脊设置出风口,利用空气的流动带走间层的热量,从而降低屋顶的温度。

2)吊顶棚通风。利用吊顶棚和坡屋面之间的空间作为通风层,在坡屋顶的歇山、山墙或屋面等位置设置进风口,它的隔热效果显著,是坡屋顶最常用的隔热形式。

1.7 门 与 窗

【基 础】

◆ **门的分类**

(1)按门在建筑物中所处的位置分为内门和外门。内门位于内墙上,应当满足分隔要求,例如隔声、隔视线等;外门位于外墙上,应当满足围护要求,例如保温、隔热、防风沙和耐腐蚀等。

(2)按门的使用功能分为一般门和特殊门。特殊门具有特殊的功能,构造复杂,通常用于对门有特别的使用要求时,例如保温门、防盗门、防火门和防射线门等。

(3)按门的框料材质分为木门、铝合金门、塑钢门、彩板门、玻璃钢门和钢门等,木门拥有自重轻、开启方便、隔声效果好、外观精美、加工方便等优点,目前在民用建筑中大量采用。

(4)按门扇的开启方式分为平开门、弹簧门、推拉门、折叠门、转门、卷帘门和升降门等。

◆ **窗的分类**

(1)按使用材料可分为木窗、钢窗、铝合金窗、塑钢窗和玻璃钢窗等多种,木窗制作方便、经济、密封性能好、保温性高,但是相对透光面积小,防火性能差,耐久性能低,易变形损坏。钢窗密封性能差、保温性能低、耐久性差,易生锈。所以目前木窗、钢窗已很少应用,而被铝合金窗和塑钢窗所取代。因为铝合金和塑钢窗具有质量轻、耐久性好、刚度大、变形小、不生锈、开启方便和美观等优点,但是成本较高。

(2)按开启方式分类。

1)平开窗分为内开和外开,构造简单,制作、安装、维修、开启等都比较方便,是现在常见的一种开启方式,但是平开窗有易变形的缺点。

2)推拉窗。窗扇沿导槽可左右推拉、不占空间、但是通风面积减小,铝合金窗和塑钢窗通常采用这种开启方式。

3)悬窗。依悬转轴的位置不同分为三种:上悬窗、中悬窗和下悬窗,为防止雨水飘入室内上悬窗必须外开,中悬窗上半部内开、下半部外开,下悬窗必须内开。中悬窗有利通风、开启方便,适用于高窗;下悬窗开启时会占用室内较多的空间。

4)立转窗。窗扇可绕竖向轴转动,竖轴可设在窗扇中心也可以略偏于窗扇一侧,通风效果较好。

5)固定窗。只用于采光、观察和围护。

【实　务】

◆门的构造

1. 平开木门

平开木门是普通建筑中最常用的一种，它主要由门框、门扇、亮子和五金配件等组成。

2. 铝合金门

铝合金门的门框、门扇都用铝合金型材制作，避免了其他金属门易锈蚀、密封性能差和保温性能差的不足。为了改善铝合金门的热桥散热，可在其内部夹泡沫塑料等材料。由于生产厂家不同，门框、门扇及配件型材种类繁多。

◆窗的构造

1. 平开木窗

木窗的组成如图 1.33 所示，双层平开木窗的构造如图 1.34 所示。

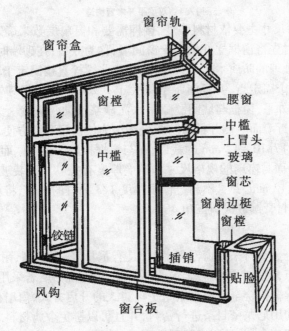

图 1.33　木窗的组成

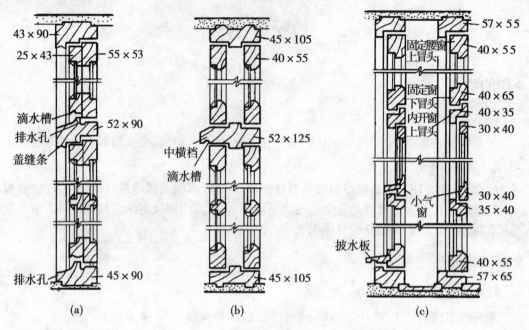

图1.34 双层平开木窗构造

（1）窗框。其断面尺寸主要依材料强度、接榫需要和窗扇层数来确定。安装方式分为立口和塞口两种。施工时先将窗框立好后砌于窗间墙，称为立口；在砌墙时先留出洞口，再用长钉将窗框固定在墙内预埋的防腐木砖上，也可以用膨胀螺栓直接固定于墙上的施工方法称为塞口，其每边至少有两个固定点、并且间距不应大于1.2 m。窗框相对外墙位置可分为以下三种情况：内平、居中、外平，窗框与墙间缝隙用水泥砂浆或油膏嵌缝。为防腐耐久、防蛀、防潮变形，一般木窗框靠近墙面一侧开槽做防腐处理。为使窗扇开启方便，同时又要关闭严密，通常在窗框上做深度约为10～12 mm的裁口，在与窗框接触的窗扇侧面做斜面。

（2）窗扇。扇料断面与窗扇的规格尺寸和玻璃厚度有关。为安装玻璃并且保证严密，在窗扇外侧做深度为8～12 mm，并且不超过窗扇厚度1/3为宜的铲口，将玻璃用小铁钉固定在窗扇上，然后用玻璃密封膏镶嵌成斜三角。

2. 铝合金窗

铝合金窗是以铝合金型材来做窗框和扇框，具有重量轻、强度高、耐腐蚀、密封性较好和便于工业化生产的优点，但是普通铝合金窗的隔声和热工性能差，若采用断桥铝合金窗技术，热工性能可以得到改善。铝合金窗多采用水平推拉式的开启方式，窗扇在窗框的轨道上滑动开启。窗扇与窗框之间用尼龙密封条进行密封，并且可以避免金属材料之间相互摩擦。玻璃卡在铝合金窗框料的凹槽内，并且用橡胶压条固定。

铝合金窗通常采用塞口的方法安装，固定时，窗框与墙体之间采用预埋铁件、燕尾铁脚、膨胀螺栓或射钉固定等方式连接，如图1.35所示。

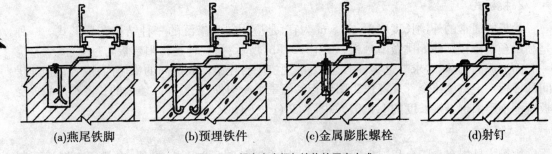

图1.35 铝合金窗框与墙体的固定方式

3. 塑钢窗

塑钢窗是以PVC为主要原料制成的空腹多腔异型材,中间设置薄壁加强型钢(简称加强筋),经加热焊接而成的。具有导热系数低、耐弱酸碱、无需油漆,并且有良好的气密性、水密性和隔声性等优点,是国家住建部推荐的节能产品,目前在建筑中被广泛地推广采用。塑钢共挤窗为新型产品,其窗体采用塑钢共挤的技术,使内部的钢管与窗体紧密地结合在一起,具有强度高、刚度好、抗风压变形能力强等优点,目前已在一些建筑中投入使用。

1.8 阳台与雨篷

【基　础】

◆阳台的类型

阳台按其与外墙的相对位置可以分为挑阳台、凹阳台和半凹半挑阳台;按其在建筑物平面位置可以分为中间阳台和转角阳台;按其使用功能可以分为生活性阳台和服务性阳台,例如与居室等相连供人们纳凉、观景的阳台为生活性阳台,用于储物、晒衣的阳台为服务性阳台;依围护构件的设置情况可以分为半封闭和全封闭阳台,半封闭阳台设置栏杆只起到安全保护和装饰作用。在北方冬季有时考虑温度较低常设置栏板和窗,形成封闭式的围护结构,如图1.36所示。

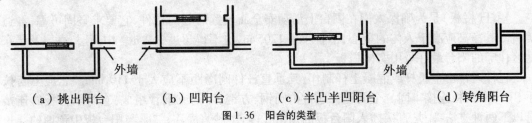

(a) 挑出阳台　　(b) 凹阳台　　(c) 半凸半凹阳台　　(d) 转角阳台

图1.36　阳台的类型

◆阳台的结构布置

1. 墙承式

墙承式是指将阳台板支撑在墙上,板的跨度通常与相连房间开间一致,其结构简单、施工方便,多用于凹阳台,如图1.37(a)所示。

2. 挑板式

挑板式通常的外挑长度以 1~1.5 m 为宜,是应用较为广泛的一种结构布置形式。一种是利用预制楼板延伸外挑做阳台板,如图 1.37(b)所示;另一种是将阳台板与过梁、圈梁整浇一起而形成的,此时要求与过梁、圈梁垂直的现浇阳台托梁伸入房间的横墙内,或者将相连房间的楼板一定宽度或全部现浇作为阳台板的配重平衡构件,托梁伸入墙内的长度和房间现浇板宽不小于阳台悬挑长度的 1.5 倍,如图 1.37(c)、(d)所示。

3. 挑梁式

挑梁式是指在与阳台相连房间的两道内墙设置预制(或现浇)挑梁,在挑梁上铺设预制(或现浇)的阳台板。有时考虑挑梁端部外露,若影响美观,可在端部设一道横梁(面梁),如图 1.37(d)所示。

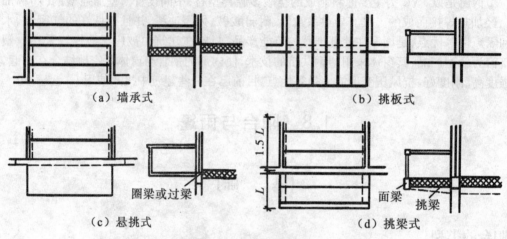

图 1.37 阳台的结构形式

【实 务】

◆阳台的构造

1. 栏杆(栏板)与扶手

栏杆(栏板)是为确保人们在阳台上活动安全而设置的竖向构件,它要求坚固可靠,舒适美观。其净高应高于人体的重心,不宜小于 1.05 m,也不得超过 1.2 m。中高层、高层及严寒地区住宅的阳台最好采用实体栏板。

栏杆通常由金属杆或混凝土杆制作,其垂直杆件间净距不应大于 110 mm。它应上与扶手、下与阳台板连接牢固。金属栏杆通常由圆钢、方钢、扁钢或钢管组成,它与阳台板的连接有以下两种方法:一是直接插入阳台板的预留孔内,用砂浆灌注;二是与阳台板中预埋的通长扁钢焊牢。扶手与金属栏杆的连接,根据扶手材料的不同分为焊接和螺栓连接等。预制钢筋混凝土栏杆可以直接插入扶手和边梁上的预留孔中,也可以通过预埋件焊接固定,阳台栏杆(栏板)与扶手的构造如图 1.38 所示。

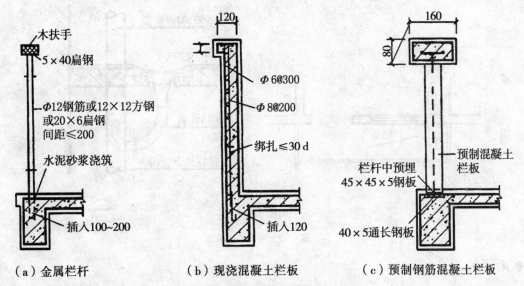

图1.38 阳台栏杆(栏板)与扶手的构造

栏板包括钢筋混凝土栏板和玻璃栏板等。钢筋混凝土栏板可以与阳台板整浇在一起,也可以在地面预制成(300~600)mm×1 100 mm的预制板,通过预埋铁件相互焊牢及与阳台板或边梁焊牢。玻璃栏板具有一定的通透性和装饰性,已逐渐地应用于住宅建筑的阳台。

2.阳台排水

为排除阳台上的雨水和积水,阳台应采取必要的排水措施。阳台排水分为以下两种:外排水和内排水。阳台外排水适用于低层和多层建筑,具体做法是在阳台一侧或两侧设置排水口,阳台地面向排水口做成1%~2%的坡度,排水口内埋设$\Phi40 \sim \Phi50$镀锌钢管或塑料管(又称水舌),外挑长度不少于80 mm,防止雨水溅到下层阳台,如图1.39(a)所示。内排水适用于高层建筑和高标准建筑,具体做法是在阳台内设置排水立管和地漏,将雨水直接排入地下管网,确保建筑的立面美观,如图1.39(b)所示。

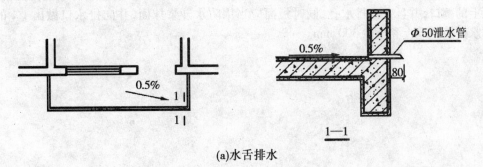

(a)水舌排水

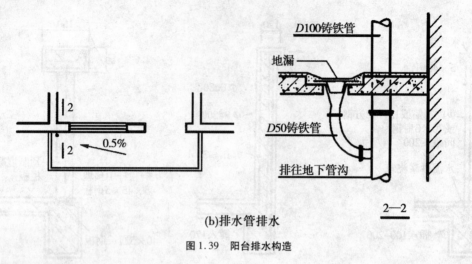

(b)排水管排水

图1.39 阳台排水构造

◆雨篷的构造

雨篷是建筑入口处和顶层阳台上部用以遮挡雨雪、保护外门免受雨淋的构件,建筑入口处的雨篷还具有标石引导作用,同时也代表着建筑物本身的规模、空间文化的理性精神。所以,主入口雨篷设计和施工尤为重要。当代建筑的雨篷形式多样,根据材料和结构可以分为钢筋混凝土雨篷、钢结构悬挑雨篷、玻璃采光雨篷和软面折叠多用雨篷等。

1.钢筋混凝土雨篷

传统的钢筋混凝土雨篷,若挑出长度较大,则雨篷由梁、板、柱三部分组成,其构造与楼板相同;若挑出长度较小,则雨篷与凸阳台一样做成悬臂构件,通常由雨篷梁和雨篷板组成,如图1.40所示。雨篷梁可兼做门过梁,高度通常不小于300 mm,宽度同墙厚。雨篷板的悬挑长度一般为900~1 500 mm,宽出门洞500 mm以上,可形成变截面的板,但是根部厚度应不小于洞口跨度的1/8,并且不小于100 mm,端部不小于50 mm。雨篷在构造上要解决好两个问题:一是抗倾覆,保证使用安全;二是立面美观和排水,通常在板边砌砖或现浇混凝土形成向上的翻口,并且留出排水孔,同时板面应当用防水砂浆抹面,并向排水口做出1%的坡度,防水砂浆顺墙上卷至少300 mm。

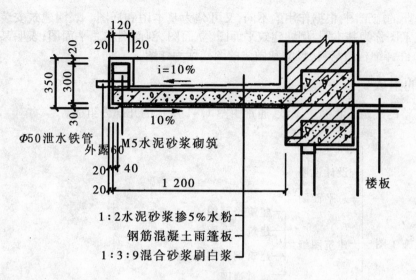

图 1.40 钢筋混凝土雨篷构造

2. 钢结构悬挑雨篷

钢结构悬挑雨篷由支撑系统、骨架系统和板面系统组成,它具有结构与造型简单、轻巧、施工便捷、灵活的特点,而且富有现代感,在现代建筑中使用越来越广泛。

3. 玻璃采光雨篷

玻璃采光雨篷是用阳光板、钢化玻璃做雨篷面板的新型透光雨篷。其具有结构轻巧、造型美观、透明新颖和富有现代感等特点,同时也是现代建筑中广泛采用的一种雨篷。

1.9 建筑工程施工图的识读

【基　　础】

◆**施工图的概念**

建筑设计人员,按照国家的建筑方针政策,设计规范、设计标准,结合有关资料(例如建设地点的水文、地质、气象、资源和交通运输条件等)及建设项目委托人提出的具体要求,在经过批准的初步(或扩大初步)设计的基础上,运用制图学原理,采用国家统一规定的图例、符号和线型等来表示拟建建筑物、构筑物及建筑设备各部位之间空间关系及其实际形状尺寸的图样,并且用于拟建项目施工和编制工程量清单计价文件或施工图预算的一整套图纸,就称为施工图。

◆**施工图的种类**

根据专业的不同,建筑工程施工图分为总平面布置图、建筑图和安装图三大部分。总平面布置图是总图运输施工图的组成之一,建筑图又称土建图(包括建筑和结构),安装图包括给排水(含消防)、采暖、通风和电气施工图等。

每个专业的施工图,根据作用的不同,又可分为基本图和详图。表明建筑安装工程全局性内容的施工图称为基本图,例如建筑平面图、立面图、剖面图和总平面图;表明某一局部或某一构(配)件详细构造材料、尺寸和做法的图样称为详图。

◆施工图的组成

一套完整的建筑工程施工图纸,通常由图 1.41 所示的几部分组成。

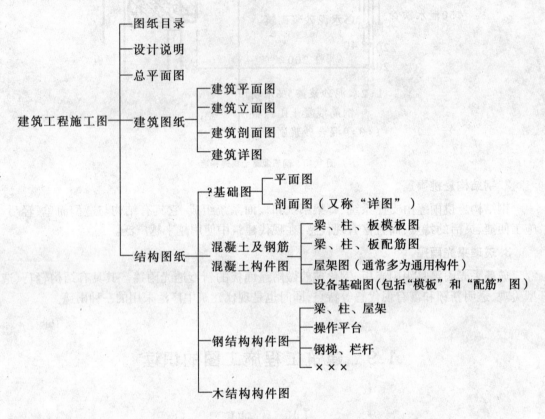

图 1.41　建筑工程施工图组成框图

◆建筑工程施工图纸的排列次序

建筑工程施工图纸的排列次序,各设计单位不完全相同,但是一般来说,其排列次序可用程序式表示为:图纸目录→设计总说明→建筑总平面图→建筑图→结构图→给排水图→暖通空调图→电气工程图→建筑智能系统安装图……。一般是全局性图纸在前,局部性图纸在后;先施工的图纸在前,后施工的图纸在后。

【实　务】

◆建筑工程施工图识图步骤

建筑工程施工图纸都是由图纸目录、设计说明、建筑平面图、立面图、剖面图、结构平面图(包括基础平面布置图、楼层平面布置图和屋盖平面图等)及建筑和结构详图组成的。一个建设项目的施工图纸,由于结构、规模、性质和用途等不同,其数量多少也就不同,以建造一栋

4 000~5 000 m² 的砖混结构住宅楼来说,图纸的张数就有20多张至30张。所以,当拿到一个建设项目的施工图纸时,就必须按照一定的步骤进行阅读,形成系统的概念,从而有利于下一步工程量计算等,反之欲速则不达。对于建筑工程施工图的识图步骤也可以用程序式表达为:查看图纸目录→阅视设计说明→阅视建筑平面图、立面图、剖面图→阅视基础平面图→阅视楼层、屋盖结构图→阅视详图→建筑、结构平、立、剖面图及门窗表等对照起来阅读。

◆**建筑工程施工图识图方法**

无论是工业或民用建筑项目的施工图识图,都不是通过阅读某一张或某一种图纸就可以达到指导施工和编制工程量清单或概预算计算工程量的目的,而最有效的方法是系统地、有联系地、综合地识图,即基本图与详图结合起来识读;建筑图与结构图结合起来识读;平面图、立面图和剖面图结合起来识读;设计说明、建筑用料表、门窗以及过梁表等结合起来阅读。总的来说,对建筑施工图的识图方法可以用图1.42表示。

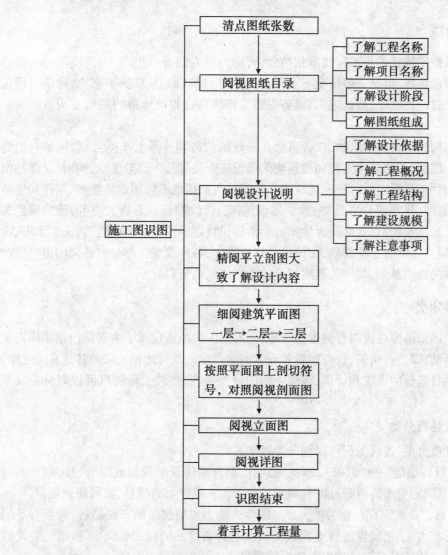

图1.42 建筑工程施工图识读方法

第 2 章 建筑工程造价基础知识

2.1 建筑工程的建设程序

【基 础】

◆ **建筑工程的概念**

建筑工程是指建筑艺术与工程技术相结合,营造出供人们进行生产、生活或其他活动的环境、空间、房屋或场所,但是一般情况下主要是指建(构)筑物。从广义上来说,建筑工程也可以是指一切经过勘察设计、建筑施工、设备安装生产活动过程而建造的房屋及构筑物的总称。

房屋建筑和构筑物合称建筑物,二者虽然在设计的构造和外形上千差万别,但是它们都是由基础、结构、围护、装饰装修工程和建筑物附属设施安装等几大部分组成,同时,又都是由若干个相同的工种工程所组成。房屋建筑通常是指为人们提供不同用途的生产、工作和生活的空间场所,例如厂房(车间)、办公楼、教学楼、影剧院、饭(酒)店和百货大厦等,除房屋建筑以外的建筑物都是构筑物,它通常是为生产或生活提供特定的使用功能而建造,例如水塔、水池、水井、烟囱、隧道等都属于构筑物,在国民经济建设中,各种建筑物都是向各部门提供生产能力或使用效益的物质基础,属于长期耐用性的生产或生活资料。

◆ **建筑工程的分类**

建筑工程是国家基本建设内容的重要组成部分,是国民经济建设中为各部门增添固定资产的一种经济活动,即进行建筑、设备购置和安装的生产活动及与此相关联的其他有关工作。为有利于建设项目造价的确定和管理,按照不同的分类方法,建筑工程项目可以划分为以下几类。

1. 按照建设性质分类

按照建设性质分类,建筑工程可以划分为以下五类。

(1)新建项目。是指"平地起家",即从无到有,新开始建设的项目或原有固定资产基础很小,经扩大后其固定资产价值超过原有固定资产价值三倍以上的项目,都属新建项目。

(2)扩建项目。是指原有企业为扩大产品的生产能力或增加新的产品品种,对原有车间的建筑面积进行扩大,工艺装置进行增添或更换及进行新产品的厂房(车间)和工艺装置的建设及其附属设施的扩充等工作过程而建设的项目。

(3)改建项目。是指原有企业为提高产品的质量、节约能源、降低消耗、改变产品结构、更改产品的花色、品种、规格及改进生产工艺流程而对厂房、设备、管路和线路等进行整体技术改造的项目。

(4)恢复项目。是指由于某种原因(例如火灾、水灾、地震或战争等)使原有企业或部分设备、厂房损坏报废,而后按照原有规模又进行投资建设的项目。

(5)迁建项目。是指为改变工业结构布局,按照原有产品品种和生产规模由甲地迁移到乙地的建筑项目。

2. 按经济用途分类

建筑工程项目按照经济用途可以划分为生产性建设项目和非生产性建设项目两大类。

(1)生产性建设项目。是指直接为物质生产部门服务的建设项目,其内容具体如下:

1)工业建设。是指工矿企业建设项目中的生产车间、油田、矿井、实验室、仓库、办公室及其他工业用建筑物、构筑物的建造,生产用机器设备的购置及安装,生产用的工具、器具、仪器的购置等。

2)建筑业建设。是指施工企业的仓库、办公室、建筑生产用和施工用的建筑物的建设,及设备、工具、器具等的购置。

3)农、林、水利、气象建设。是指农场、牧场、拖拉机站、林场、渔场等有关农、林、牧、副、渔生产的仓库、修理间、办公室、水库、防洪、排涝、灌溉、气象站建设,及为满足生产用的机械、设备、渔轮、工器具的购置及安装。

4)交通邮电建设。是指铁路(含专用铁路)、公路、桥梁、涵洞、航道、隧道、码头等建设,及车辆、船舶、飞机等设备的购置;邮电事业的房屋(例如邮政局、所)建设,以及设备、工器具的购置;长途电缆、长途明线、微波、电台、市内电话和电讯用房屋的建设,设备、工具、器具的购置与安装。

5)商业和物资供应建设。是指百货商店、石油储库、冷藏库和商业、物资用仓库等建设,及贸易采购用的交通工具(例如汽车、摩托车、轻骑、自行车等)及其他固定资产购置。

6)地质资源勘探建设。是指地质资源勘探(包括普查)用的仓库、办公室及其他工程建设,及勘探用的机械、设备、工具、器具、仪器等购置。

(2)非生产性建设项目。是指直接用于满足人民物质文化生活需要的建设,其内容具体如下:

1)文教卫生建设。是指独立的学校、影剧院、文化馆、俱乐部、图书馆、通讯社、报社、出版社、书店、体育场(馆)、广播电台(站)、独立医院、卫生院、诊疗所、门诊部、托儿所、幼儿园、疗养院用房屋的建设及设备、器械、仪器的购置。

2)科学研究建设。是指独立的各种研究院、试验室、检验所等建设项目。

3)公用事业建设。是指城市公用给排水管道工程、污水处理工程、煤气或天然气管道工程、水源工程、防洪工程、道路、桥梁、电车、公共汽车、渡轮、旅馆、宾馆、理发厅、浴池、环境绿化等工程的建设。

4)住宅建设。是指专供居住使用的房屋及其附属设施的建设,例如职工宿舍、家属宿舍等。

5)其他建设。是指各级行政机关和社会团体的建设以及不属以上各类的其他非生产性建设。

注:报社、通讯社和出版社的印刷厂,大专院校附设的实验工厂建设,应列入"工业建设"

项目。

科学研究单位附设的试验工厂建设应列入"工业建设"项目。

工厂附设的职工子弟小学、卫生所和托儿所应列入"文教卫生建设"项目。

3. 按建设规模分类。

建筑工程固定资产投资,按照上级批准的建设项目总规模或总投资,可以划分为大型建设项目、中型建设项目和小型建设项目三类,更新改造措施项目分为限额以上和限额以下两类。限额以上项目是指能源、交通、原材料工业项目总投资5 000万元以上,其他项目总投资3 000万元以上的建设工程。

一个建设项目只能属于大、中、小型的一种类型,有关建筑材料工业建设项目大、中、小型标准划分,见表2.1。

表2.1 建材工业建设项目大中小型标准划分

项目	计算单位	大型	中型	小型
水泥	年产量 万吨	>100	20~100（特种水泥>5）	<20（特种水泥<5）
平板玻璃厂	年产量 万重量箱	>90	45~90	<45
玻璃纤维厂	年产量 吨	>5 000	1 000~5 000	<1 000
石灰石矿	年产量 万吨	>100	50~100	<50
石棉矿	年产量 万吨	>1	0.1~1	<0.1
石墨矿	年产量 万吨	>1	0.3~1	<0.3
石膏矿	年产量 万吨	>30	10~30	<10
其他建材工业	总投资 万	>2 000	1 000~2 000	<1 000

注:根据前述文件基本建设项目大中型划分标准目前未变,但原国家计委审批限额有所调整,根据国务院国发(1984)138号文件批转《国家计委关于改进计划体制若干暂行规定》和国务院国发(1987)23号文件《国务院关于放宽固定资产审批权限和简化审批手续的通知》,按总投资额划分的大中型项目,原国家计委审批限额由1 000万元以上提高到:能源、交通、原材料工业项目5 000万元以上,其他项目3 000万元以上。

◆建筑工程的内容

广义的建筑工程包括以下内容。

(1)各类房屋建筑工程和列入房屋建筑工程的供水、供暖、卫生、通风和燃气设备等的安装工程及列入建筑工程的各种管道、电力、电信和电缆导线的敷设工程。

(2)设备基础、支柱、工作台、烟囱、水塔、水池、灰塔、造粒塔、排气塔(筒)和栈桥等建筑工程及各种炉窑的砌筑工程和金属结构工程。

(3)为施工而进行的场地平整工程和总图竖向工程,工程和水文地质勘察,原有建筑物和障碍物的拆除及建筑场地完工后的清理和绿化工程。

(4)矿井开凿、井巷延伸、露天矿剥离,石油、天然气钻井,修筑铁路、公路、桥梁、隧道、涵洞、机场、港口、码头、水库、堤坝、灌渠及防洪工程等。

对一项房屋建筑工程来说,它的工程内容主要包括地基与基础工程,砌筑工程,混凝土及钢筋混凝土工程,门窗及木结构工程,楼地面工程,屋面及防水工程,防腐、保温、隔热工程及装饰油漆、裱糊工程等。

【实　务】

◆ 建筑工程的建设程序

建筑工程的建设程序又称为"基本建设程序"或"基本建设工作程序"。

基本建设程序是指拟建项目从设想、论证、评估、决策、设计、施工到验收、投入生产或交付使用整个过程中各项工作进行的先后顺序，这个顺序反映了建设工作的客观规律，是建设项目科学决策和顺利进行的重要保证。对于这一科学规律可以认识和完善它，但是不能改变和违反它。

基本建设项目的全过程划分为以下几个阶段。

(1)计划任务书。

(2)建设地点的选择。

(3)设计文件。

(4)建设准备。

(5)计划安排。

(6)施工。

(7)生产准备。

(8)竣工验收、交付生产。

改革开放以来，我国社会主义经济建设获得了重大发展，对外全方位改革开放，对内逐步淡化计划经济，建立健全和强化社会主义市场经济，加大了拟建项目前期工作的力度。同时，国家相继出台了许多关于规范工程建设管理工作的经济法规，例如"建筑法""招标投标法""合同法"和"价格法"等，使建设工程工作程序更加完善。目前，一般建设工程的工作程序如图2.1所示。

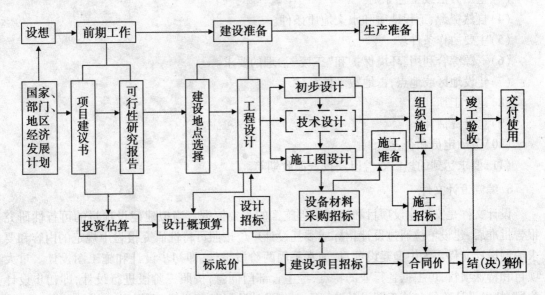

图2.1　建筑工程建设程序框图

1. 提出项目建议书

由国务院各部门、各省、自治区、直辖市、计划单列省辖市以及各企(事)业单位,根据国民经济和社会发展的长远规划、行业(部门)发展规划和地区发展规划,经过周密地调查研究和预测分析,向国家主管部门编报拟建工程项目的轮廓设想和建议立项的技术经济文件,称为项目建议书。它是建筑工程建设程序中的最初阶段,是国家确定建设项目的决策依据,其主要内容如下。

(1)项目建设的目的、意义和依据。
(2)产品需求的市场预测和产品销售。
(3)产品方案、生产方法、工艺原则和建设规模。
(4)资源情况、建设条件及协作关系等的初步分析。
(5)环境保护及"三废"治理的设想。
(6)工厂组织和劳动定员,资金来源和投资估算。
(7)工厂建设地点、占地面积和建设进度安排。
(8)投资经济效果、社会效益和投资回收年限的初步估计等。

2. 进行可行性研究

可行性研究是指对工程项目的投资兴建在技术上是否先进,经济上是否合理,效益上是否合算进行科学论证的方法。它是建设项目前期工作的一项重要工作,是工程项目建设决策的重要依据,必须运用科学研究的成果,对拟建项目的经济效果和社会效益进行综合分析、论证和评价。可行性研究报告的内容随项目性质和行业的不同而有所差别,不同行业各有侧重,但是基本内容是相同的,通常一个大型新建工业项目的可行性研究报告应包括以下几个方面的内容。

(1)建设的目的和依据。
(2)建设规模和产品方案。
(3)生产方法或工艺原则。
(4)自然资源、工程地质和水文地质条件。
(5)主要协作条件。
(6)资源综合利用、环境保护和"三废"治理的要求。
(7)建设地区或地点,占地数量估算。
(8)建设工期。
(9)总投资估算。
(10)劳动定员和企业组织。
(11)要求达到的经济效益以及投资回收期等。

3. 编制设计文件

设计文件是安排建设项目和组织工程施工的主要依据。当拟建建设项目的可行性研究报告批准后,建设单位通过设计招标或委托设计单位按照可行性研究报告中规定的内容和要求编制设计文件。大中型建设项目,通常采用两阶段设计,即初步设计和施工图设计。重大项目和特殊项目,可根据各行业的特点,经主管部门同意,按照三阶段进行设计,即初步设计阶段、技术设计阶段和施工图设计阶段。初步设计阶段编制设计概算,技术设计阶段编制修正概算,施工图设计阶段编制施工图预算。经批准的初步设计概算,是控制建设项目总投资的主要依据。

4. 建设前期准备工作

建设前期的准备工作主要包括建设用地征购、拆迁和场地平整;工程、水文地质勘察;完成施工用水、电、路三通工程;组织施工招标,选择施工单位;办理建设项目施工许可证和组织设计文件审查、编制材料计划和组织大型专用设备采购订货预安排等工作。

5. 编制年度建设计划

根据批准的初步设计总概算和建设工期,合理地编制年度建设计划及投资运用支出计划。年度计划安排的建设内容,要和当年分配的投资、材料和设备相适应,配套项目要同时安排,相互衔接。

6. 建设施工

年度建设计划经主管部门批准后,便可以督促总承包单位进行编制施工进度计划和施工组织设计等工作,并且进行全面施工。

7. 生产准备

工业建设项目生产准备工作的主要内容包括组建生产经营管理机构;制定相关制度和规定;招收和培训生产人员,组织生产人员参加设备安装、调试和工程验收;签订原材料、燃料、水、电、气及协作产品等的供应运输协议;组织工具、器具、备品和备件的制造或订货;进行其他必需的准备工作。

8. 竣工验收、交付使用

建设项目按照设计文件规定的内容全部施工完成后,工业项目经负荷试运转和试生产考核,能够生产合格产品;非工业项目符合设计要求,能够满足正常的使用功能,便可及时组织验收。建设项目竣工验收,是工程建设程序的最后一步,是投资成果转入生产或服务的标志。所以,国家规定建设项目,按照批准的设计文件所规定的内容建完,都要及时地组织验收、交付使用,对促进建设项目及时投产、发挥投资效益和总结建设经验等都具有重要的作用。

9. 后评价

建设项目后评价是指工程项目竣工投产、生产经营一段时间后,对项目的立项决策、设计、施工、竣工投产和生产运营等全过程进行系统的总结评价的一种技术经济活动,是固定资产投资管理的一项重要内容。通过建设项目后评价达到肯定成绩、总结经验、找出差距、研究问题、吸取教训、提出建议、改进工作及不断提高项目决策水平和投资效果的目的。

2.2 建筑工程基本建设项目的组成

【基　础】

◆**基本建设项目的组成**

每项基本建设工程都由许多部分组成。为了便于编制各种基本建设的施工组织设计和概、预算文件，必须对每项基本建设工程进行项目划分。基本建设工程可以划分为：建设项目、单项工程、单位工程、分部工程和分项工程，建设项目的分解示意图如图2.2所示。

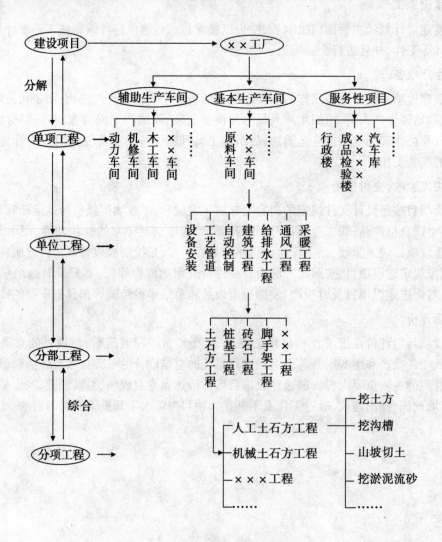

图2.2　建设项目的分解示意图

【实　　务】

◆ 建设项目

建设项目是指按照总体设计范围内进行建设的一切工程项目的总称。它通常包括在厂区总图布置上表示的所有拟建工程；与厂区外各协作点相连接的所有相关工程，例如输电线路、给水排水工程、铁路、公路专用线和通讯线路；与生产相配套的厂外生活区内的一切工程。

为了使列入国家计划的建设项目迅速而有秩序地进行施工工作，由建设项目投资主管部门指定或组建一个承担组织建设项目的筹备和实施的法人及其组织机构，就称为建设单位。建设单位在行政上具有独立的组织形式，经济上实行独立核算，有权与其他经济实体建立经济往来关系，有批准的可行性研究和总体设计文件，能单独地编制建设工程计划，并且通过各种发包承建形式将建设项目付之实现。

一般来说，建设项目是指总体建设工程的物质内容，而建设单位是指该总体建设工程的组织者代表。新建项目及其建设单位通常都是同一个名称，例如工业建设中××化工厂、××机械厂、××造纸厂，民用建设中的××工业大学、××商业大厦、××住宅小区等；对于扩建、改建和技术改造项目，则常常以老企业名称作为建设单位，以××扩建工程、××改建工程作为建设项目的名称，例如上海××化工厂氟制冷剂扩建工程等。

一个建设项目的工程造价在初步设计或技术设计阶段，通常是由承担设计任务的设计单位编制设计总概算或修正概算来确定的。

◆ 单项工程

具有独立的设计文件，竣工后可以独立发挥生产能力、使用效益的工程，称为单项工程，也称工程项目。它是建设项目的组成部分，例如工业建设中的各种生产车间、仓库、构筑物等；民用建设中的综合办公楼、住宅楼和影剧院等，都是能够发挥设计规定效益的单项工程。单项工程造价是通过编制综合概预算确定的。

单项工程不仅是具有独立存在意义的一个完整工程，还是一个极为复杂的综合组成体，通常由多个单位工程所构成。

◆ 单位工程

具有独立设计，可以单独组织施工，但是竣工后不能独立发挥效益的工程，称为单位工程。

为了便于组织施工，通常根据工程的具体情况和独立施工的可能性，把一个单项工程划分为若干个单位工程，这样便于按设计专业计算各单位工程的造价。

建筑工程中的一般土建工程、室内给排水工程、室内采暖工程、通风空调工程和电气照明工程等，均各属一个单位工程。单位工程造价是通过编制单位工程概预算书来确定的，它是编制单项工程综合概预算和考核建筑工程成本的依据。

◆ 分部工程

在单位工程中，按部位、材料和工种进一步分解出来的工程，称为分部工程。例如建筑工程中的一般土建工程,按照部位、材料结构和工种的不同,大体可以划分为:土石方工程、桩基工程、砖石工程、混凝土及钢筋混凝土工程、金属结构工程、木做工程、楼地面工程、屋面工程和装饰工程等,其中的每一部分,均称为一个分部工程。分部工程是由许许多多的分项工程构成的。分部工程费用是单位工程造价的组成部分,是通过计算各个分项直接工程费来确定的,即:

$$\text{分部工程费} = \sum (\text{分项工程费}) = \sum (\text{分项工程量} \times \text{相应分项工程单价}) \quad (2.1)$$

◆分项工程

从对建筑产品估价的要求来看,分部工程依然很大,不能满足估价的需要,因为在每一分部工程中,影响工料消耗大小的因素仍然很多。例如,同样都是"砌砖"工程,由于所处的部位不同——砖基础、砖墙;厚度不同——半砖、一砖、一砖半厚等,则每一单位"砌砖"工程所消耗的砂浆、砖、人工和机械等数量有较大的差别,所以,还必须把分部工程按照不同的施工方法、不同的构造、不同的规格等,加以更细致的分解,划分为通过简单的施工过程就能生产出来,并且可以用适当的计量单位计算工料消耗的基本构造要素,例如"砖基础"等,则称为分项工程。

分项工程是分部工程的组成部分。它没有独立存在的意义,它只是为了便于计算建筑工程造价而分解出来的假定"产品"。在不同的建(构)筑物工程中,完成相同计量单位的分项工程,所需要的人工、材料和机械等的消耗量,基本上是相同的。所以,分项工程单位,是最基本的计算单位。分项工程单位价值是通过该分项工程工、料、机消耗数量与其三种消耗量的相应单价的乘积之和确定的。

2.3 建筑工程造价分类

【基　础】

◆建筑工程造价的概念

建筑工程造价是建筑工程的建造价格的简称。它是建筑工程价值的货币表现,是以货币形式反映的建筑工程施工活动中耗费的各种费用总和。建筑工程造价是建设工程造价的组成部分,所以建筑工程造价具有以下两种不同含义。

(1)建筑工程造价就是建设工程的建造价格,即建设一项工程预期开支或实际开支的全部固定资产投资费用,也就是一项工程通过建设而形成相应的固定资产、无形资产、流动资产、递延资产和其他资产所需一次性费用的总和。显然,这是从投资者——业主的角度来定义的。投资者选定一个建设项目,为了获得预期的效益,就需要通过项目策划、评估、决策、立项,然后进行勘察设计、设备材料供应招标订货、工程施工招标、施工建造,直至竣工验收等一系列投资活动,而在这些投资活动中所耗费的全部费用的总和,就构成了建筑工程造价或建设工程造价(简称工程造价)。从这个意义上讲,建筑工程造价就是建设工程项目固定资产投资。

(2)建筑工程造价是指工程价格。即为建成一项工程,预计或实际在土地市场、设备市场、技术劳务市场及承发包市场等交易活动中所形成的建筑安装工程价格和建设工程总价格(建筑安装工程造价+设备、工器具造价+其他造价+建设期贷款利息+铺底流动资金)。其他造价是指土地使用费、勘察设计费、研究试验费、工程保险费、工程建设监理费、总承包管理费、引进技术和进口设备其他费等等。显然,这是以社会主义商品经济和市场经济为前提的,它通过招投标或承发包等交易方式,在进行多次估价的基础上,最终由竞争形成的市场价格。

通常,人们将工程造价的第二种含义称为工程承发包价格或合同价格,可以肯定,承发包价格是工程造价中一种重要的、也是最典型的价格形式。它是在建筑市场通过招标投标,由需求主体——投资者和供给主体——承包商共同认可的价格。由于建筑安装工程价格在项目固定资产中占有相当多的份额,是工程建设中最活跃的部分,而且建筑安装企业又是工程项目的实施者和建筑市场重要的市场主体之一,所以工程造价的第二种含义,具有重要的现实意义。

工程造价的两种含义,是从不同的角度把握同一事物的本质。对建设工程投资者来说,面对社会主义市场经济条件下的工程造价就是项目投资,是"购买"项目要付出的价格;同时也是投资者在作为市场供给主体"出售"项目时定价的基础。对承包商、设备材料供应商和规划、勘察设计等机构来说,工程造价是他们作为市场供给主体出售商(产)品和劳务价格的总和,或者是特指范围的工程造价,例如建筑工程造价,安装工程造价,市政工程造价和园林绿化工程造价等。

建设工程造价的两种含义既共生于一个统一体,但是又相互有区别。最主要的区别在需求主体和供给主体在建设市场追求的经济利益不同,所以管理的性质和目标也不同。从管理性质看,前者属于投资管理范畴,后者属于价格管理范畴,但是二者又互相交叉。从管理目标来看,投资者在进行项目决策和项目实施中,首先关心的是决策的正确性。投资是为实现预期效益而垫付资金的一种经济行为,项目决策中投资数额的大小、功能和价格(成本)比是投资决策的最重要的依据。其次,在项目实施中完善工程项目功能,提高工程质量,降低工程成本,缩短建设工期,按期或提前交付使用,是投资者始终关注的问题。所以,节约投资费用、降低工程造价是投资者始终如一的追求。作为工程价格,承包商所关注的是利润,因此,他追求的是较高的工程造价。不同的管理目标,反映不同主体的经济利益,但是它们都要受支配价格运动的诸多经济规律的影响和调节。它们之间的矛盾正是市场的竞争机制和利益风险机制的必然反映。

区别工程造价两种含义的理论意义,在于为投资者和以承包商为代表的供应商的市场行为提供理论依据。当政府提出降低工程造价时,他是站在投资者的角度充当着市场需求主体的角色;当承包商提出要提高工程造价、提高利润率,并且获得更多的实际利润时,他是要实现一个市场供给主体的管理目标。这是市场运行机制的必然,不同的利益主体绝不能混为一谈。同时,区别工程造价两种含义的现实意义,还在于为实现不同的管理目标,不断地充实工程造价的管理内容,完善管理方法,为更好地实现各自的目标服务,进而有利于推动全面的经济增长。

◆建筑工程造价的特点

建筑工程造价具有以下几个特点。

（1）造价的大额性。土木建筑工程表现为结构复杂、工程庞大，需要投入众多的人力、物力和财力，而且施工周期长，所以造价高昂，动辄几百万、几千万、几亿或几十亿元，特大型工程的造价可达几百亿或几千亿元人民币。工程造价的大额性不仅关系到工程建设各有关方面的重大经济利益，同时还会对宏观经济产生重大影响。这就决定了工程造价在国民经济建设中的特殊地位，也说明了工程造价管理的重要意义。

（2）造价的个别性和差异性。任何一项建设工程都有特定的规模、用途和功能，所以，对每一项工程的结构、造型、空间分割、设备配置和内外装饰等都有具体的要求，这就使工程内容和实物形态都具有个别性和差异性。建筑产品（工程）的差异性决定了建筑工程造价的个别性。同时，由于每一项工程所处的地区、地段及地理环境的不同，使得这一特点更加突出。

（3）造价的动态性。任何一项建设工程从立项到竣工交付使用，都有一个较长的建设周期，在这一期间内，可能会出现许多影响工程造价的因素，例如设计变更、设备材料价格、人工工资标准、机械台班单价、利率和汇率的变化等。这些变化必然会影响到工程造价。所以工程造价在整个建设期内通常都是处于不确定状态，只有项目竣工结（决）算后，才能最终确定它的实际造价。

【实　务】

◆按用途分类

建筑工程造价按照用途分为标底价格、投标价格、中标价格、直接发包价格、合同价格和竣工结算价格。

1. 标底价格

标底价格是招标人的期望价格，不是交易价格。招标人以此作为衡量投标人投标价格的尺度，也是招标人一种控制投资的手段。

编制标底价可以由招标人自行操作，也可以委托招标代理机构操作，由招标人做出决策。

2. 投标价格

投标人为了得到工程施工承包的资格，按照招标人在招标文件中的要求进行估价，然后根据投标策略确定投标价格，以争取中标并且通过工程的实施取得经济效益。所以投标报价是卖方的要价，若中标，这个价格就是合同谈判和签订合同确定工程价格的基础。

若设有标底，在投标报价时要研究招标文件中评标时如何使用标底。

（1）以靠近标底者得分最高，此时报价就勿需追求最低标价。

（2）标底价仅作为招标人的期望，但是仍要求低价中标，此时，投标人就要努力采取措施，既使标价最具竞争力（最低价），又使报价不低于成本，即能获得理想的利润。由于"既能中标，又能获利"是投标报价的原则，所以投标人的报价必须以雄厚的技术和管理实力做后盾，编制出既有竞争力，又能盈利的投标报价。

3. 中标价格

《招标投标法》第四十条规定:"评标委员会应当按照招标文件确定的评标标准和方法,对投标文件进行评审和比较;设有标底的,应当参考标底。"所以评标的依据一是招标文件,二是标底(若设有标底)。

《招标投标法》第四十一条规定,中标人的投标应该符合下列两个条件之一。一是"能最大限度地满足招标文件中规定的各项综合评价标准";二是"能够满足招标文件的实质性要求,并且经评审的投标价格最低,但是投标价低于成本的除外",第二项条件主要是说投标报价。

4. 直接发包价格

直接发包价格是由发包人与指定的承包人直接接触,通过谈判达成协议签订施工合同,而无需像招标承包定价方式那样,通过竞争定价。直接发包方式计价只适用于不宜进行招标的工程,例如军事工程、保密技术工程、专利技术工程以及发包人认为不宜招标但又不违反《招标投标法》第三条规定的其他工程。

直接发包方式计价首先提出协商价格意见的可能是发包人或其委托的中介机构,也可能是由承包人提出价格意见交发包人或其委托的中介组织进行审核。无论由哪方提出协商价格意见,都要通过谈判协商,签订承包合同,确定为合同价。

直接发包价格是以审定的施工图预算为基础,由发包人与承包人商定增减价的方式定价。

5. 合同价格

《建设工程施工发包与承包计价管理办法》第十二条规定:合同价可采用以下方式:

(1) 固定价。合同总价或者单价在合同约定的风险范围内不可调整。
(2) 可调价。合同总价或者单价在合同实施期内,根据合同约定的办法调整。
(3) 成本加酬金。
(1) 固定合同价。它可以分为固定合同总价和固定合同单价。

1) 固定合同总价。它是指承包整个工程的合同价款总额已经确定,在工程实施中不再因物价上涨而变化,所以,固定合同总价应该考虑价格风险因素,也需在合同中明确规定合同总价包括的范围。这类合同价可以使发包人对工程总开支做到大体心中有数,在施工过程中可以更有效地控制资金的使用。但是对承包人来说,要承担较大的风险,例如物价波动、气候条件恶劣、地质地基条件及其他意外困难等,所以合同价款通常会高些。

2) 固定合同单价。它是指合同中确定的各项单价在工程实施期间不因价格变化而调整,而是在每月(或每阶段)工程结算时,根据实际完成的工程量结算,在工程全部完成时以竣工图的工程量最终结算工程总价款。

(2) 可调合同价。

1) 可调总价。合同中确定的工程合同总价在实施期间可随价格的变化而调整。发包人和承包人在商订合同时,以招标文件的要求及当时的物价计算出合同总价。若在执行合同期间,由于通货膨胀引起成本增加达到某一限度时,合同总价则做相应的调整。可调合同价使发包人承担了通货膨胀的风险,承包人则承担其他风险,通常适合于工期较长(例如1年以上)的项目。

2)可调单价。合同单价可调,通常在工程招标文件中规定。在合同中签订的单价,根据合同约定的条款,若在工程实施过程中物价发生变化,可做相应调整。有的工程在招标或签约时,由于某些不确定因素而在合同中暂定某些分部分项工程的单价,在工程结算时,根据实际情况和合同约定对合同单价进行调整,确定实际结算单价。

常用的可调价格的调整方法包括以下几种。

①按主材计算价差。发包人在招标文件中列出需要调整价差的主要材料表及其基期价格(通常采用当时当地工程造价管理机构公布的信息价或结算价),工程在竣工结算时按照竣工当时当地工程造价管理机构公布的材料信息价或结算价,与招标文件中列出的基期价进行比较计算材料差价。

②主料按抽料法计算价差,其他材料按系数计算价差。主要材料按照施工图预算计算的用量和竣工当月当地工程造价管理机构公布的材料结算价或信息价与基价对比计算差价。其他材料按照当地工程造价管理机构公布的竣工调价系数计算方法计算差价。

③按工程造价管理机构公布的竣工调价系数及调价计算方法计算差价。

另外,还有调值公式法和实际价格结算法。

调值公式通常包括固定部分、材料部分和人工部分三项,若工程规模和复杂性增大,公式也会变得复杂。调值公式如下:

$$P = P_0\left(a_0 + a_1 \frac{A}{A_0} + a_2 \frac{B}{B_0} + a_3 \frac{C}{C_0} + \cdots\right) \tag{2.2}$$

式中　P——调值后的工程价格;

P_0——合同价款中工程预算进度款;

a_0——固定要素的费用在合同总价中所占比重,这部分费用在合同支付中不能调整;

a_1、a_2、a_3……——代表有关各项变动要素的费用(例如人工费、钢材费用、水泥费用、运输费用等)在合同总价中所占比重,$a_0 + a_1 + a_2 + a_3 + \cdots = 1$;

A_0、B_0、C_0……——签订合同时与 a_1、a_2、a_3…对应的各种费用的基期价格指数或价格;

A、B、C……——在工程结算月份与 a_1、a_2、a_3…对应的各种费用的现行价格指数或价格。

各部分费用在合同总价中所占比重在许多标书中要求承包人在投标时提出,并且在价格分析中予以论证。或者由发包人在招标文件中规定一个允许范围,由投标人在此范围内选定。

实际价格结算法。有些地区规定对钢材、木材和水泥等三大材的价格按照实际价格结算的方法,工程承包人可凭发票按实报销。这种方法操作方便,但是也导致承包人忽视降低成本。为避免副作用,地方建设主管部门要定期地公布最高结算限价,同时合同文件中应规定发包人有权要求承包人选择更廉价的供应来源。

采用哪种方法,应按照工程价格管理机构的规定,经双方协商后在合同的专用条款中约定。

(3)成本加酬金确定的合同价。合同中确定的工程合同价,其工程成本部分按照现行的计价依据计算,酬金部分则按照工程成本乘以通过竞争确定的费率计算,将两者相加,确定出合同价,通常分为以下几种形式。

1)成本加固定百分比酬金确定的合同价。这种合同价是发包人对承包人支付的人工、材料和施工机械使用费、措施费及施工管理费等按照实际直接成本全部据实补偿,同时按照实际直接成本的固定百分比付给承包人一笔酬金,作为承包方的利润,其计算方法如下:

$$C = C_a(1 + P) \tag{2.3}$$

式中 C——总造价；
C_a——实际发生的工程成本；
P——固定的百分数。

由式可知，总造价 C 将随工程成本 C_a 而水涨船高，不能鼓励承包商关心缩短工期和降低成本，对建设单位是不利的，现在已很少采用这种承包方式。

2) 成本加固定酬金确定的合同价。工程成本实报实销，但是酬金是事先商定的一个固定数目，其计算公式如下：

$$C = C_a + F \tag{2.4}$$

式中 F 代表酬金，通常按照估算的工程成本的一定百分比确定，数额是固定不变的。这种承包方式虽然不能鼓励承包商关心降低成本，但是从尽快地取得酬金出发，承包商将会关心缩短工期。为了鼓励承包单位更好地工作，也有在固定酬金以外，再根据工程质量、工期和降低成本情况另加奖金的。奖金所占比例的上限可大于固定酬金，以充分地发挥奖励的积极作用。

3) 成本加浮动酬金确定的合同价。这种承包方式要事先商定工程成本和酬金的预期水平。若实际成本正好等于预期水平，工程造价就是成本加固定酬金；若实际成本低于预期水平，则增加酬金；若实际成本高于预期水平，则减少酬金，这三种情况可用计算公式表示如下：

$$\begin{aligned} &C_a = C_0, \text{则 } C = C_a + F \\ &C_a < C_0, \text{则 } C = C_a + F + \triangle F \\ &C_a > C_0, \text{则 } C = C_a + F - \triangle F \end{aligned} \tag{2.5}$$

式中 C_0——预期成本；
$\triangle F$——酬金增减部分，可以是一个百分数，也可以是一个固定的绝对数。

采用这种承包方式，若实际成本超支而减少酬金，以原定的固定酬金数额为减少的最高限度。即在最坏的情况下，承包人将得不到任何酬金，但是不必承担赔偿超支的责任。

从理论上讲，这种承包方式既对承发包双方都没有太多风险，又能促使承包商关心降低成本和缩短工期；但是在实践中准确地估算预期成本比较困难，所以要求当事双方具有丰富的经验并且掌握充分的信息。

4) 目标成本加奖罚确定的合同价。在只有初步设计和工程说明书即迫切要求开工的情况下，可根据粗略估算的工程量和适当的单价表编制概算，作为目标成本；随着详细设计的逐步具体化，工程量和目标成本可加以调整，另外规定一个百分数作为酬金；在最后结算时，若实际成本高于目标成本并且超过事先商定的界限(例如5%)，则减少酬金，若实际成本低于目标成本(同样有一个幅度界限)，则加给酬金，计算公式如下：

$$C = C_a + P_1 C_0 + P_2(C_0 - C_a) \tag{2.6}$$

式中 C_0——目标成本；
P_1——基本酬金百分数；
P_2——奖罚百分数。

此外，还可另加工期奖罚。

这种承包方式不仅可以促使承包商关心降低成本和缩短工期，而且目标成本是随设计的进展而加以调整才确定下来的，所以建设单位和承包商双方都不会承担多大风险。当然也要求承包商和建设单位的代表都需具有比较丰富的经验和掌握充分的信息。

在工程实践中,合同计价方式采用固定价还是可调价方式,应根据建设工程的特点,业主对筹建工作的设想及对工程费用、工期和质量的要求等,综合考虑后进行确定。

◆按计价方法分类

建筑工程造价按计价方法可以分为估算造价、概算造价和施工图预算造价等。关于这几类工程造价,本书后续章节将做详细介绍。

2.4 建筑工程造价的构成

【基础】

◆我国现行工程造价的构成

我国现行工程造价的构成主要划分为设备及工器具购置费用、建筑安装工程费用、工程建设其他费用、预备费、建设期贷款利息和固定资产投资方向调节税等几项,具体构成内容如图2.3所示。

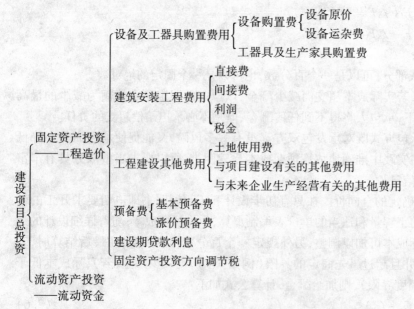

图2.3 我国现行工程造价的构成

◆设备及工、器具购置费用的构成

1. 设备购置费的构成

设备购置费由设备原价和设备运杂费构成。

设备原价是指国产设备或进口设备的原价;设备运杂费是指除设备原价以外的关于设备采购、运输、途中包装及仓库保管等方面支出费用的总和。

(1)国产设备原价的构成。国产设备原价通常是指设备制造厂的交货价或订货合同价,它包括国产标准设备原价和国产非标准设备原价。

1)国产标准设备原价。国产标准设备是按照主管部门颁布的标准图纸及技术要求,由我国设备生产厂批量生产、符合国家质量检测标准的设备。国产标准设备原价包括带有备件的原价和不带备件的原价两种。国产标准设备通常有完善的设备交易市场,所以可通过查询相关交易市场价格或向设备生产厂家询价得到国产标准设备原价。

2)国产非标准设备原价。国产非标准设备是国家尚无定型标准,各设备生产厂不能在工艺过程中采用批量生产,只能按照订货要求并且根据具体的设计图纸制造的设备。非标准设备因为单件生产、无定型标准,所以无法获取市场交易价格,只能按照其成本构成或者相关技术参数估算其价格。按照成本计算估价法,非标准设备的原价包括材料费、加工费、辅助材料费、专用工具费、废品损失费、外购配套件费、包装费、利润、税金和非标准设备设计费等。

(2)进口设备原价的构成。进口设备的原价是进口设备的抵岸价,通常是由进口设备到岸价(CIF)及进口从属费构成。进口设备的到岸价,是指抵达买方边境港口或者边境车站的价格。在国际贸易中,交易双方所使用的交货类别不同,则交易价格的构成内容也有所不同。进口从属费用包括银行财务费、外贸手续费、进口关税、消费税和进口环节增值税等,进口车辆还需缴纳车辆购置税。

1)进口设备到岸价的构成。

①货价。它是装运港船上交货价(FOB),设备货价分为原币货价和人民币货价,原币货价一律折算成美元表示,人民币货价按照原币货价乘以外汇市场美元兑换人民币汇率中间价来确定。

②国际运费。它是从装运港(站)到达我国目的港(站)的运费。我国进口设备大部分采用海洋运输,小部分采用铁路运输,个别采用航空运输。

③运输保险费。对外贸易货物运输保险是由保险人(保险公司)与被保险人(出口人或进口人)订立保险契约,在被保险人交付一定的保险费后,保险人根据保险契约的规定对货物在运输过程中发生的承保责任范围内的损失给予经济上的补偿,它是一种财产保险。

2)进口从属费的构成。

①银行财务费。它是在国际贸易结算中,中国银行为进出口商提供金融结算服务所收取的费用。

②外贸手续费。它是按对外经济贸易部规定的外贸手续费率计取的费用,外贸手续费率通常取1.5%。

③关税,它是由海关对进出国境或关境的货物和物品征收的一种税。

④消费税。消费税仅对部分进口设备(例如轿车、摩托车等)征收。

⑤进口环节增值税。它是对从事进口贸易的单位和个人,在进口商品报关进口后征收的税种。

⑥车辆购置税,进口车辆需缴进口车辆购置税。

(3)设备运杂费的构成。

1)运费和装卸费。国产设备由设备制造厂交货地点起至工地仓库(或施工组织设计指定的需要安装设备的堆放地点)止所发生的运费和装卸费;进口设备则由我国到岸港口或边境车站起至工地仓库(或施工组织设计指定的需安装设备的堆放地点)止所发生的运费和装卸费。

2)包装费。它是指在设备原价中没有包含的,为运输而进行的包装支出的各种费用。

3)设备供销部门的手续费。

4)采购与仓库保管费。它是指采购、验收、保管和收发设备所发生的各种费用,包括设备采购人员、保管人员和管理人员的工资、工资附加费、办公费、差旅交通费,设备供应部门办公和仓库所占固定资产使用费、工具用具使用费、劳动保护费、检验试验费等。

2. 工具、器具及生产家具购置费的构成

工具、器具及生产家具购置费,是指新建或扩建项目初步设计规定的,保证初期正常生产必须购置的没有达到固定资产标准的设备、仪器、工卡模具、器具、生产家具和备品备件等的购置费用。

◆建筑安装工程费用的构成

1. 直接费。 直接费由直接工程费和措施费组成。

(1)直接工程费。直接工程费是指施工过程中耗费的构成工程实体的各项费用,它包括人工费、材料费和施工机械使用费。

1)人工费。它是指直接从事建筑安装工程施工的生产工人开支的各项费用。其内容包括基本工资、工资性补贴、生产工人辅助工资、职工福利费和生产工人劳动保护费等。

2)材料费。它是指施工过程中耗费的构成工程实体的原材料、辅助材料、构配件、零件和半成品的费用。其内容包括材料原价、材料运杂费、运输损耗费、采购及保管费和检验试验费。其中,检验试验费包括自设试验室进行试验所耗用的材料和化学药品等费用。它不包括新结构、新材料的试验费和建设单位对具有出厂合格证明的材料进行检验,对构件做破坏性试验及其他特殊要求检验试验的费用。

3)施工机械使用费。它是指施工机械作业所发生的机械使用费及机械安拆费和场外运费。施工机械台班单价包括折旧费、大修理费、经常修理费、安拆费及场外运费、人工费、燃料动力费和养路费及车船使用税。其中,人工费是指机上司机(司炉)和其他操作人员的工作日人工费及上述人员在施工机械规定的年工作台班以外的人工费。

(2)措施费。措施费是指为完成工程项目施工,在施工前和施工过程中非工程实体项目的费用,其内容包括以下几方面。

1)安全、文明施工费。它是指按照国家现行的建筑施工安全、施工现场环境与卫生标准和有关规定,购置和更新施工安全防护用具及设施、改善安全生产条件和作业环境所需要的费用。它由《建筑安装工程费用项目组成》中措施费所含的环境保护费、文明施工费、安全施

工费和临时设施费组成。

2）夜间施工增加费。它是指因夜间施工所发生的夜班补助费、夜间施工降效、夜间施工照明设备摊销及照明用电等费用。

3）二次搬运费,它是指因施工场地狭小等特殊情况而发生的二次搬运费用。

4）冬雨季施工增加费。它是指在冬季、雨季施工期间,为了确保工程质量,采取保温、防雨措施所增加的材料费、人工费和设施费用,及因工效和机械作业效率降低所增加的费用。

5）大型机械设备进出场及安拆费。它是指机械整体或分体自停放场地运至施工现场或由一个施工地点运至另一个施工地点,所发生的机械进出场运输及转移费用,及机械在施工现场进行安装、拆卸所需的人工费、材料费、机械费、试运转费和安装所需的辅助设施的费用。

6）混凝土、钢筋混凝土模板及支架费。它是指混凝土施工过程中需要的各种钢模板、木模板、支架等的支、拆、运输费用及模板、支架的摊销（或租赁）费用,模板及支架分为自有和租赁两种。

7）脚手架费。它是指施工需要的各种脚手架搭、拆、运输费用及脚手架的摊销（或租赁）费用,脚手架同样分为自有和租赁两种。

8）已完成工程及设备保护费。它是指竣工验收前,对已完工程及设备进行保护所需费用。

9）施工排水、降水费。

①施工排水费是指为确保工程在正常条件下施工,采取各种排水措施所发生的各种费用。

②施工降水费是指为确保工程在正常条件下施工,采取各种降水措施所发生的各种费用。

2. 间接费

间接费由以下两种费用组成。

1）规费。是指政府和有关权力部门规定必须缴纳的费用（简称规费）。其内容包括工程排污费、社会保障费（包括养老保险费、失业保险费和医疗保险费）、住房公积金和危险作业意外伤害保险。

2）企业管理费是指建筑安装企业组织施工生产和经营管理所需费用。其内容包括管理人员工资、办公费、差旅交通费、固定资产使用费、工具用具使用费、劳动保险费、工会经费、职工教育经费、财产保险费、财务费、税金和其他费用,其中,其他费用包括技术转让费、技术开发费、业务招待费、绿化费、广告费、公证费、法律顾问费、审计费和咨询费等。

3. 利润

利润是指施工企业完成所承包工程获得的盈利。

4. 税金

税金是指国家税法规定的应计入建筑安装工程造价内的营业税、城市维护建设税及教育费附加等。

（1）营业税。它是按计税营业额乘以营业税税率确定。其中,建筑安装企业营业税税率为3%。计税营业额是含税营业额,是指从事建筑、安装、修缮、装饰及其他工程作业收取的全部收入,它包括建筑、修缮、装饰工程所用原材料及其他物资和动力的价款。当安装的设备的价值作为安装工程产值时,也包括所安装设备的价款。但是建筑安装工程总承包方将工程分包或转包给他人的,其营业额中不包括付给分包或转包方的价款,营业税的纳税地点为应税劳务的发生地。

(2)城市维护建设税。纳税人所在地为市区的,按营业税的7%征收;纳税人所在地为县城镇,按营业税的5%征收;纳税人所在地为农村的,按营业税的1%征收,城建税的纳税地点与营业税纳税地点相同。

(3)教育费附加。教育费附加一律按营业税的3%征收,建筑安装企业的教育费附加要与其营业税同时缴纳。即使办有职工子弟学校的建筑安装企业,也应当先缴纳教育费附加,教育部门再根据企业的办学情况,酌情返还给办学单位,作为对办学经费的补助。

◆工程建设其他费用的构成

1.固定资产其他费用

固定资产其他费用是固定资产费用的一部分。固定资产费用是项目投产时将直接形成固定资产的建设投资,它包括工程费用及在工程建设其他费用中按照规定将形成固定资产的费用,后者称为固定资产其他费用,工程建设其他费用包括以下内容。

(1)建设管理费。建设管理费是指建设单位从项目筹建开始直至工程竣工验收合格或交付使用为止发生的项目建设管理费用,它的内容包括以下几个方面。

1)建设单位管理费。它是建设单位发生的管理性质的开支。它包括工作人员工资、工资性补贴、施工现场津贴、职工福利费、住房基金、基本养老保险费、基本医疗保险费、失业保险费、工伤保险费、办公费、差旅交通费、劳动保护费、工具用具使用费、固定资产使用费、必要的办公及生活用品购置费、必要的通信设备及交通工具购置费、零星固定资产购置费、招募生产工人费、技术图书资料费、业务招待费、设计审查费、工程招标费、合同契约公证费、法律顾问费、咨询费、完工清理费、竣工验收费、印花税和其他管理性质开支。

2)工程监理费。它是建设单位委托工程监理单位实施工程监理的费用。依法必须实行监理的建设工程施工阶段的监理收费实行政府指导价;其他建设工程施工阶段的监理收费和其他阶段的监理与相关服务收费实行市场调节价。

(2)建设用地费。任何一个建设项目都固定在一定的地点与地面相连接,所以必须占用一定量的土地,也就必然会发生为获得建设用地而支付的费用,即土地使用费。它是指通过划拨方式取得土地使用权而支付的土地征用及迁移补偿费,或者通过土地使用权出让方式取得土地使用权而支付的土地使用权出让金。

1)土地征用及迁移补偿费。它是指建设项目通过划拨方式取得无限期的土地使用权,依照《中华人民共和国土地管理法》等规定所支付的费用。其内容包括土地补偿费,青苗补偿费和被征用土地上的房屋、水井、树木等附着物补偿费,安置补助费,缴纳的耕地占用税或城镇土地使用税、土地登记费和征地管理费,征地动迁费,水利水电工程水库淹没处理补偿费。

2)土地使用权出让金。它是指建设项目通过土地使用权出让方式,取得有限期的土地使用权,依照《中华人民共和国城镇国有土地使用权出让和转让暂行条例》规定支付的土地使用权出让金。

①明确国家是城市土地的唯一所有者,并且分层次、有偿、有限期地出让、转让城市土地,第一层次是城市政府将国有土地使用权出让给用地者,该层次是由城市政府垄断经营。出让对象可以是有法人资格的企事业单位,也可以是外商。第二层次及以下层次的转让则发生在使用者之间。

②城市土地的出让和转让可采用协议、招标和公开拍卖等方式。

③在有偿出让和转让土地时,政府对地价不做统一规定,但是应坚持的原则包括地价对目前的投资环境不产生大的影响;地价与当地的社会经济承受能力相适应;地价要考虑已投入的土地开发费用、土地市场供求关系、土地用途和使用年限。

④关于政府有偿出让土地使用权的年限,各地可根据时间和区位等各种条件做不同的规定。根据《中华人民共和国城镇国有土地使用权出让和转让暂行条例》,土地使用权出让最高年限按以下用途确定:居住用地 70 年;工业用地 50 年;教育、科技、文化、卫生和体育用地 50 年;商业、旅游和娱乐用地 40 年;综合或者其他用地 50 年。

⑤土地有偿出让和转让,土地使用者和所有者都要签约,明确使用者对土地享有的权利和对土地所有者应承担的义务。

a. 有偿出让和转让使用权,但是要向土地受让者征收契税。

b. 转让土地若有增值,要向转让者征收土地增值税。

c. 在土地转让期间,国家要区别不同地段、不同用途,向土地使用者收取土地占用费。

(3)可行性研究费。可行性研究费是指在建设项目前期工作中,编制和评估项目建议书(或预可行性研究报告)、可行性研究报告所需的费用。

(4)研究试验费。研究试验费是指为建设项目提供和验证设计参数、数据和资料等所进行的必要的试验费用及设计规定在施工中必须进行试验、验证所需的费用,它包括自行或者委托其他部门研究试验所需人工费、材料费、试验设备及仪器使用费等。

(5)勘察设计费。勘察设计费是指委托勘察设计单位进行工程水文地质勘察、工程设计所发生的各项费用。它包括工程勘察费、初步设计费(基础设计费)、施工图设计费(详细设计费)和设计模型制作费。

(6)环境影响评价费。环境影响评价费是指按照《中华人民共和国环境保护法》和《中华人民共和国环境影响评价法》等规定,为全面、详细评价本建设项目对环境可能产生的污染或造成的重大影响所需的费用。它包括编制环境影响报告书(含大纲)、环境影响报告表及对环境影响报告书(含大纲)、环境影响报告表进行评估等所需的费用。

(7)场地准备及临时设施费。建设项目场地准备费是指建设项目为达到工程开工条件进行的场地平整和对建设场地余留的有碍于施工建设的设施进行拆除清理的费用。建设单位临时设施费是指为满足施工建设需要而供到场地界区的、未列入工程费用的临时水、电、路、气、通信等其他工程费用和建设单位的现场临时建(构)筑物的搭设、维修、拆除、摊销或建设期间租赁费用,及施工期间专用公路或桥梁的加固、养护、维修等费用。

(8)引进技术和引进设备其他费。

1)引进项目图纸资料翻译复制费、备品备件测绘费。

2)出国人员费用,包括买方人员出国设计联络、出国考察、联合设计、培训等所发生的旅费、生活费等。

3）来华人员费用,包括卖方来华工程技术人员的现场办公费用、往返现场交通费用、接待费用等。

4）银行担保及承诺费是指引进项目由国内外金融机构出面承担风险和责任担保所发生的费用,及支付贷款机构的承诺费用。

(9)工程保险费。工程保险费是指建设项目在建设期间根据需要对建筑工程、安装工程、机器设备和人身安全进行投保而发生的保险费用。它包括建筑安装工程一切险、引进设备财产保险和人身意外伤害险等。

(10)联合试运转费。联合试运转费是指新建项目或新增加生产能力的工程,在交付生产前按照批准的设计文件所规定的工程质量标准和技术要求,进行整个生产线或装置的负荷联合试运转或局部联动试车所发生的费用净支出(试运转支出大于收入的差额部分费用)。试运转支出包括试运转所需原材料、燃料及动力消耗、低值易耗品、其他物料消耗、工具使用费、机械使用费、保险金、施工单位参加试运转人员工资,及专家指导费等;试运转收入包括试运转期间的产品销售收入和其他收入。联合试运转费不包括应由设备安装工程费用开支的调试及试车费用,及在试运转中暴露出来的因施工原因或设备缺陷等发生的处理费用。

(11)特殊设备安全监督检验费。特殊设备安全监督检验费是指在施工现场组装的锅炉及压力容器、压力管道、消防设备、燃气设备、电梯等特殊设备和设施,由安全监察部门按照有关安全监察条例和实施细则及设计技术要求进行安全检验,应由建设项目支付的、向安全监察部门缴纳的费用。

(12)市政公用设施费。市政公用设施费是指使用市政公用设施的建设项目,按照项目所在地省一级人民政府有关规定,建设或缴纳的市政公用设施建设配套费用及绿化工程补偿费用。

2.无形资产费用

无形资产费用是直接形成无形资产的建设投资,主要是指专利及专有技术使用费。

专利及专有技术使用费的主要内容包括国外设计和技术资料费,引进有效专利、专有技术使用费和技术保密费;国内有效专利、专有技术使用费;商标权、商誉和特许经营权费用等。

3.其他资产费用

其他资产费用是指建设投资中除形成固定资产和无形资产以外的部分,主要包括生产准备及开办费等。

生产准备及开办费是指建设项目为保证正常生产(或营业、使用)而发生的人员培训费、提前进厂费及投产使用必备的生产办公、生活家具用具及工器具等购置费用,它包括:

(1)人员培训费及提前进厂费,包括自行组织培训或委托其他单位培训的人员工资、工资性补贴、职工福利费、差旅交通费、劳动保护费和学习资料费等。

(2)为了保证初期正常生产(或营业、使用)所必需的生产办公、生活家具用具购置费。

(3)为了保证初期正常生产(或营业、使用)必须的第一套不够固定资产标准的生产工具、器具、用具购置费,它不包括备品备件费。

◆ 预备费和建设期贷款利息的构成

1. 预备费

（1）基本预备费。基本预备费是指针对在项目实施过程中可能发生的难以预料的支出，需要事先预留的费用，又称工程建设不可预见费。它主要指设计变更及施工过程中可能增加工程量的费用，基本预备费通常由以下三部分构成。

1）在批准的初步设计范围内，技术设计、施工图设计及施工过程中所增加的工程费用；设计变更、工程变更、材料代用、局部地基处理等增加的费用。

2）一般自然灾害造成的损失和预防自然灾害所采取的措施费用。实行工程保险的工程项目，该费用应适当地降低。

3）竣工验收时为鉴定工程质量对隐蔽工程进行必要的挖掘和修复的费用。

（2）涨价预备费。涨价预备费是指针对建设项目在建设期间内由于材料、人工、设备等价格可能发生变化引起工程造价变化，而事先预留的费用，又称为价格变动不可预见费。它的内容包括人工、设备、材料、施工机械的价差费，建筑安装工程费及工程建设其他费用调整，利率、汇率调整等增加的费用。

2. 建设期利息

建设期利息包括向国内银行或其他非银行金融机构贷款、出口信贷、外国政府贷款、国际商业银行贷款及在境内外发行的债券等在建设期间应计的借款利息。

【实　　务】

◆ 设备及工、器具购置费用的计算

1. 设备购置费的计算

设备购置费 = 设备原价 + 设备运杂费　　　　　　　　　　　　　　　　　　　(2.7)

（1）国产设备原价的计算。国产设备原价通常根据生产厂或供应商的询价、报价、合同价确定，或采用一定的方法计算确定，它包括国产标准设备原价和国产非标准设备原价。

1）国产标准设备原价。国产标准设备原价分为带有备件的原价和不带备件的原价两种。在计算时，通常采用带有备件的原价。

2）国产非标准设备原价。非标准设备因为单件生产、无定型标准，所以无法获取市场交易价格，只能按其成本构成或者相关技术参数估算其价格。非标准设备原价有多种不同的计算方法，例如定额估价法、成本计算估价法、分部组合估价法及系列设备插入估价法等。无论采用哪种方法都应使非标准设备计价接近实际出厂价，计算方法要简单方便。常用的估算方法是成本计算估价法。按成本计算估价法，非标准设备的原价由以下各项组成。

①材料费，其计算公式为：

材料费 = 材料净重 × (1 + 加工损耗系数) × 每吨材料综合价　　　　　　　　(2.8)

②加工费，其计算公式为：

加工费 = 设备总重量(t) × 设备每吨加工费　　　　　　　　　　　　　　　　(2.9)

③辅助材料费,其计算公式为:

辅助材料费 = 设备总重量 × 辅助材料费指标 (2.10)

④专用工具费,按①~③项之和乘以一定百分比计算。

⑤废品损失费,按①~④项之和乘以一定百分比计算。

⑥外购配套件费,按设备设计图纸所列的外购配套件的名称、型号、规格、数量和重量,根据相应的价格加运杂费计算。

⑦包装费,按以上①~⑥项之和乘以一定百分比计算。

⑧利润,按①~⑤项加第⑦项之和乘以一定利润率计算。

⑨税金,它主要指增值税,计算公式为:

增值税 = 当期销项税额 - 进项税额 (2.11)

当期销项税额 = 销售额 × 适用增值税率(%) (2.12)

式中,销售额为①~⑧项之和。

⑩非标准设备设计费。按国家规定的设计费收费标准计算。

综上所述,单台非标准设备原价的计算公式为:

单台非标准设备原价 = {[(材料费 + 加工费 + 辅助材料费) × (1 + 专用工具费率) × (1 + 废品损失费率) + 外购配套件费] × (1 + 包装费率) - 外购配套件费} × (1 + 利润率) + 销项税额 + 非标准设备设计费 + 外购配套件费 (2.13)

(2)进口设备原价的计算。进口设备的原价通常是由进口设备到岸价(CIF)及进口从属费构成。

1)进口设备到岸价的计算。

进口设备到岸价(CIF) = 离岸价格(FOB) + 国际运费 + 运输保险费 = 运费在内价(CFR) + 运输保险费 (2.14)

①货价。进口设备货价按有关生产厂商询价、报价、订货合同价计算。

②国际运费。进口设备国际运费的计算公式为:

国际运费(海、陆、空) = 原币货价(FOB) × 运费率(%) (2.15)

国际运费(海、陆、空) = 单位运价 × 运量 (2.16)

其中,运费率或单位运价按照有关部门或进出口公司的规定执行。

③运输保险费。其计算公式为:

运输保险费 = $\dfrac{原币货价(FOB) + 国外运费}{1 - 保险费率(\%)}$ × 保险费率(%) (2.17)

其中,保险费率按照保险公司规定的进口货物保险费率计算。

2)进口从属费的计算。

进口从属费 = 银行财务费 + 外贸手续费 + 关税 + 消费税 + 进口环节增值税 + 车辆购置税 (2.18)

①银行财务费,其计算公式为:

银行财务费 = 离岸价格(FOB) × 人民币外汇汇率 × 银行财务费率 (2.19)

②外贸手续费,其计算公式为:

外贸手续费 = 到岸价格(CIF) × 人民币外汇汇率 × 外贸手续费率 (2.20)

③关税,其计算公式为:

$$关税 = 到岸价格(CIF) \times 人民币外汇汇率 \times 进口关税税率 \quad (2.21)$$

到岸价格作为关税的计征基数时,通常又称为关税完税价格。进口关税税率分为优惠和普通两种。优惠税率适用于和我国签订关税互惠条款的贸易条约或协定的国家的进口设备;普通税率适用于和我国未签订关税互惠条款的贸易条约或协定的国家的进口设备。进口关税税率按照我国海关总署发布的进口关税税率计算。

④消费税。其计算公式为:

$$应纳消费税税额 = \frac{到岸价格(CIF) \times 人民币外汇汇率 + 关税}{1 - 消费税税率(\%)} \times 消费税税率(\%) \quad (2.22)$$

其中,消费税税率根据规定的税率计算。

⑤进口环节增值税。我国增值税条例规定,进口应税产品均按组成计税价格和增值税税率直接计算应纳税额。即:

$$进口环节增值税额 = 组成计税价格 \times 增值税税率(\%) \quad (2.23)$$

$$组成计税价格 = 关税完税价格 + 关税 + 消费税 \quad (2.24)$$

其中增值税税率根据规定的税率计算。

⑥车辆购置税。其计算公式为:

$$进口车辆购置税 = (关税完税价格 + 关税 + 消费税) \times 车辆购置税率(\%) \quad (2.25)$$

(3)设备运杂费的计算,设备运杂费的计算公式为:

$$设备运杂费 = 设备原价 \times 设备运杂费率(\%) \quad (2.26)$$

2. 工具、器具及生产家具购置费的构成及计算

通常以设备购置费为计算基数,按照部门或行业规定的工具、器具及生产家具费率计算,计算公式为:

$$工具、器具及生产家具购置费 = 设备购置费 \times 定额费率 \quad (2.27)$$

◆建筑安装工程费用的计算

1. 直接费的计算

直接费由直接工程费和措施费组成。

(1)直接工程费。直接工程费包括人工费、材料费和施工机械使用费。

1)人工费。

$$人工费 = \sum (工日消耗量 \times 日工资单价) \quad (2.28)$$

2)材料费。

$$材料费 = \sum (材料消耗量 \times 材料基价) + 检验试验费 \quad (2.29)$$

$$材料基价 = [(供应价格 + 运杂费) \times (1 + 运输损耗率\%)] \times (1 + 采购保管费率\%) \quad (2.30)$$

$$检验试验费 = \sum (单位材料量检验试验费 \times 材料消耗量) \quad (2.31)$$

3)施工机械使用费。

$$\text{施工机械使用费} = \sum (\text{施工机械台班消耗量} \times \text{机械台班单价}) \tag{2.32}$$

式中,台班单价由台班折旧费、台班大修费、台班经常修理费、台班安拆费及场外运费、台班人工费、台班燃料动力费和台班养路费及车船使用税构成。

(2)措施费,措施费的内容包括以下几方面。

1)安全、文明施工费。建筑工程安全防护、文明施工措施费用是由《建筑安装工程费用项目组成》中措施费所含的环境保护费、文明施工费、安全施工费、临时设施费组成。

①环境保护费。其计算公式为:

$$\text{环境保护费} = \text{直接工程费} \times \text{环境保护费费率}(\%) \tag{2.33}$$

$$\text{环境保护费费率}(\%) = \frac{\text{本项费用年度平均支出}}{\text{全年建安产值} \times \text{直接工程费占总造价比例}(\%)} \tag{2.34}$$

②文明施工费。其计算公式为:

$$\text{文明施工费} = \text{直接工程费} \times \text{文明施工费费率}(\%) \tag{2.35}$$

$$\text{文明施工费费率}(\%) = \frac{\text{本项费用年度平均支出}}{\text{全年建安产值} \times \text{直接工程费占总造价比例}(\%)} \tag{2.36}$$

③安全施工费。其计算公式为:

$$\text{安全施工费} = \text{直接工程费} \times \text{安全施工费费率}(\%) \tag{2.37}$$

$$\text{安全施工费费率}(\%) = \frac{\text{本项费用年度平均支出}}{\text{全年建安产值} \times \text{直接工程费占总造价比例}(\%)} \tag{2.38}$$

④临时设施费。临时设施费的构成包括周转使用临建费、一次性使用临建费及其他临时设施费,相关计算公式为:

$$\text{临时设施费} = (\text{周转使用临建费} + \text{一次性使用临建费}) \times [1 + \text{其他临时设施所占比例}(\%)] \tag{2.39}$$

$$\text{周转使用临建费} = \sum \left[\frac{\text{临建面积} \times \text{每平方米造价}}{\text{使用年限} \times 365 \times \text{利用率}(\%)} \times \text{工期(天)} \right] + \text{一次性拆除费} \tag{2.40}$$

$$\text{一次性使用临建费} = \sum \{\text{临建面积} \times \text{每平方米造价} \times [1 - \text{残值率}(\%)]\} + \text{一次性拆除费} \tag{2.41}$$

2)夜间施工增加费。其计算公式为:

$$\text{夜间施工增加费} = \left(1 - \frac{\text{合同工期}}{\text{定额工期}}\right) \times \frac{\text{直接工程费中的人工费合计}}{\text{平均日工资单价}} \times \text{每工日夜间施工费开支} \tag{2.42}$$

3)二次搬运费,其计算公式为:

$$\text{二次搬运费} = \text{直接工程费} \times \text{二次搬运费费率}(\%) \tag{2.43}$$

$$\text{二次搬运费费率} = \frac{\text{年平均二次搬运费费率}(\%)}{\text{全年建安产值} \times \text{直接工程费占总造价比例}(\%)} \tag{2.44}$$

4)冬雨季施工增加费。其计算公式为:

$$\text{冬雨季施工增加费} = \text{直接工程费} \times \text{冬雨季施工增加费费率}(\%) \tag{2.45}$$

$$\text{冬雨季施工增加费费率}(\%) = \frac{\text{年平均冬雨季施工增加费开支额}}{\text{全年建安产值} \times \text{直接工程费占总造价的比例}(\%)} \tag{2.46}$$

5) 大型机械设备进出场及安拆费。其计算公式为:

$$\text{大型机械进出场及安拆费} = \frac{\text{一次进出场及安拆费} \times \text{年平均按拆次数}}{\text{年工作台班}} \quad (2.47)$$

6) 混凝土、钢筋混凝土模板及支架费,模板及支架分为自有和租赁两种,采取不同的计算方法。

①自有模板及支架费的计算。

$$\text{模板及支架费} = \text{模板摊销量} \times \text{模板价格} + \text{支、拆、运输费} \quad (2.48)$$

$$\text{摊销量} = \text{一次使用量} \times (1 + \text{施工损耗}) \times \left[\frac{1 + (\text{转转次数} - 1) \times \text{补损率}}{\text{周转次数}} - \frac{(1 - \text{补损率}) \times 50\%}{\text{周转次数}}\right] \quad (2.49)$$

②租赁模板及支架费的计算。

$$\text{租赁费} = \text{模板使用量} \times \text{使用日期} \times \text{租赁价格} + \text{支、拆、运输费} \quad (2.50)$$

7) 脚手架费。脚手架同样分为自有和租赁两种,采取不同的计算方法。

①自有脚手架费的计算。

$$\text{脚手架搭拆费} = \text{脚手架摊销量} \times \text{脚手架价格} + \text{搭、拆、运输费} \quad (2.51)$$

$$\text{脚手架摊销量} = \frac{\text{单位一次使用费} \times (1 - \text{残值率})}{(\text{耐用期}/\text{一次使用期})} \quad (2.52)$$

②租赁脚手架费的计算。

$$\text{租赁费} = \text{脚手架每日租金} \times \text{搭设周期} + \text{搭、拆、运输费} \quad (2.53)$$

8) 已完成工程及设备保护费,已完工程及设备保护费的计算公式如下。

$$\text{已完工程及设备保护费} = \text{成品保护所需机械费} + \text{材料费} + \text{人工费} \quad (2.54)$$

9) 施工排水、降水费。

①施工排水费的计算公式为:

$$\text{施工排水费} = \sum \text{排水机械台班费} \times \text{排水周期} + \text{排水使用材料费、人工费} \quad (2.55)$$

②施工降水费的计算公式为:

$$\text{施工降水费} = \sum \text{降水机械台班费} \times \text{降水周期} + \text{降水使用材料费、人工费} \quad (2.56)$$

2. 间接费的计算

$$\text{间接费} = \text{取费基数} \times \text{间接费费率} \quad (2.57)$$

$$\text{间接费费率}(\%) = \text{规费费率}(\%) + \text{企业管理费费率}(\%) \quad (2.58)$$

间接费的取费基数有三种,分别是:以直接费为计算基础,以人工费和机械费合计为计算基础,及以人工费为计算基础。

1) 以直接费为计算基础。

$$\text{规费费率}(\%) = \frac{\sum \text{规费缴纳标准} \times \text{每万元发承包价计算基数}}{\text{每万元发承包价中的人工费含量}} \times \text{人工费占直接费的比例}(\%) \quad (2.59)$$

$$\text{企业管理费费率}(\%) = \frac{\text{生产工人年平均管理费}}{\text{年有效施工天数} \times \text{人工单价}} \times \text{人工费占直接费比例}(\%) \quad (2.60)$$

2)以人工费和机械费合计为计算基础。

$$规费费率(\%) = \frac{\sum 规费缴纳标准 \times 每万元发承包价计算基数}{每万元发承包价中的人工费含量和机械费含量} \times 100\% \quad (2.61)$$

$$企业管理费费率(\%) = \frac{生产工人年平均管理费}{年有效施工天数 \times (人工单价 + 每一工日机械使用费)} \times 100\% \quad (2.62)$$

3)以人工费为计算基础。

$$规费费率(\%) = \frac{\sum 规费缴纳标准 \times 每万元发承包价计算基数}{每万元发承包价中的人工费含量} \times 100\% \quad (2.63)$$

$$企业管理费费率(\%) = \times 100\% \quad (2.64)$$

3. 利润的计算

利润的计算因计算基础的不同而不同。

(1)以直接费为计算基础:

$$利润 = (直接费 + 间接费) \times 相应利润率(\%) \quad (2.65)$$

(2)以人工费和机械费为计算基础:

$$利润 = 直接费中的人工费和机械费合计 \times 相应利润率(\%) \quad (2.66)$$

(3)以人工费为计算基础:

$$利润 = 直接费中的人工费合计 \times 相应利润率(\%) \quad (2.67)$$

4. 税金的计算

$$应纳税额 = (直接费 + 间接费 + 利润) \times 综合税率(\%) \quad (2.68)$$

综合税率的计算因企业所在地的不同而不同。

1)纳税地点在市区的企业:

$$税率(\%) = \frac{1}{1 - 3\% - (3\% \times 7\%) - (3\% \times 3\%)} - 1 \quad (2.69)$$

2)纳税地点在县城、镇的企业:

$$税率(\%) = \frac{1}{1 - 3\% - (3\% \times 5\%) - (3\% \times 3\%)} - 1 \quad (2.70)$$

3)纳税地点不在市区、县城、镇的企业:

$$税率(\%) = \frac{1}{1 - 3\% - (3\% \times 1\%) - (3\% \times 3\%)} - 1 \quad (2.71)$$

◆工程建设其他费用的计算

1. 固定资产其他费用

(1)建设管理费。

建设单位管理费按照以下公式计算:

$$建设单位管理费 = 工程费用 \times 建设单位管理费费率 \quad (2.72)$$

建设单位管理费费率按照建设项目的不同性质、不同规模来确定。有的建设项目按照建设工期和规定的金额计算建设单位管理费。例如采用监理,建设单位部分管理工作量可转移至监理单位。监理费应根据委托的监理工作范围及监理深度在监理合同中商定或是按照当地或所属行业部门有关规定计算;若建设单位采用工程总承包方式,其总包管理费由建设单位与总包单位根据总包工作范围在合同中商定,从建设管理费中支出。

(2)建设用地费,建设用地费包括土地征用及迁移补偿费和土地使用权出让金。

1)土地征用及迁移补偿费。其总和一般不得超过被征土地年产值的30倍,土地年产值则按该地被征用前三年的平均产量和国家规定的价格计算。

2)土地使用权出让金。土地使用权出让金依照《中华人民共和国城镇国有土地使用权出让和转让暂行条例》规定支付。

(3)可行性研究费。可行性研究费应依据前期研究委托合同,或参照有关规定计算。

(4)研究试验费,研究试验费按照设计单位依据本工程项目的需要提出的研究试验内容和要求计算。

(5)勘察设计费,勘察设计费应按照有关规定计算。

(6)环境影响评价费,环境影响评价费可参照有关规定计算。

(7)场地准备及临时设施费,场地准备及临时设施费的相关计算内容如下。

1)场地准备和临时设施应尽量与永久性工程统一考虑。建设场地的大型土石方工程应进入工程费用中的总图运输费用中。

2)新建项目的场地准备和临时设施费应依据实际工程量估算,或按工程费用的比例计算,改扩建项目通常只计拆除清理费。

场地准备和临时设施费 = 工程费用 × 费率 + 拆除清理费 (2.73)

3)发生拆除清理费时可按新建同类工程造价或主材费、设备费的比例计算,凡可回收材料的拆除工程采用以料抵工方式冲抵拆除清理费。

4)该项费用不包括已列入建筑安装工程费用中的施工单位临时设施费用。

(8)引进技术和引进设备其他费。

1)引进项目图纸资料翻译复制费、备品备件测绘费,可根据引进项目的具体情况计列或按引进货价(FOB)的比例估列;引进项目发生备品备件测绘费时按具体情况估列。

2)出国人员费用根据合同或协议规定的出国人次、期限及相应的费用标准计算。生活费按照财政部、外交部规定的现行标准计算,旅费按中国民航公布的票价计算。

3)来华人员费用根据引进合同或协议有关条款及来华技术人员派遣计划进行计算。来华人员接待费用可按每人次费用指标计算,引进合同价款中已包括的费用内容不得重复计算。

4)银行担保及承诺费应按照担保或承诺协议计取。投资估算和概算编制时可以按照担保金额或承诺金额为基数乘以费率计算。

(9)工程保险费。根据不同的工程类别,分别以其建筑、安装工程费乘以建筑、安装工程保险费率计算,民用建筑占建筑工程费的0.2%~0.4%;其他建筑占建筑工程费的0.3%~0.6%;安装工程占建筑工程费的0.3%~0.6%。

(10)特殊设备安全监督检验费。特殊设备安全监督检验费按照建设项目所在省(自治区、直辖市)安全监察部门的规定标准计算。如没有具体规定,在编制投资估算和概算时可以按照受检设备现场安装费的比例估算。

(11)市政公用设施费,市政公用设施费按照工程所在地人民政府规定标准计列。

◆ 无形资产费用

1. 无形资产费用

无形资产费用主要是指专利及专有技术使用费,在专利及专有技术使用费计算时应注意以下问题。

(1)按照专利使用许可协议和专有技术使用合同的规定计列。

(2)专有技术的界定应以省、部级鉴定批准为依据。

(3)项目投资中只计需要在建设期支付的专利及专有技术使用费。协议或合同规定在生产期支付的使用费应该在生产成本中核算。

(4)一次性支付的商标权、商誉及特许经营权费按照协议或合同的规定计列。协议或合同规定在生产期支付的商标权或特许经营权费应该在生产成本中核算。

(5)为项目配套的专用设施投资,包括专用铁路线、专用公路、专用通信设施、送变电站、地下管道和专用码头等,若由项目建设单位负责投资但是产权不归属本单位的,应做无形资产处理。

2. 其他资产费用

其他资产费用主要是指生产准备及开办费等,其相关计算内容如下。

$$生产准备费 = 设计定员 \times 生产准备费指标(元/人) \tag{2.74}$$

(1)新建项目以设计定员为基数计算,改扩建项目以新增设计定员为基数计算。

(2)生产准备及开办费可采用综合的生产准备费指标进行计算,也可以按照费用内容的分类指标计算。

◆ 预备费和建设期贷款利息的计算

1. 预备费

(1)基本预备费。

$$基本预备费 = (工程费用 + 工程建设其他费用) \times 基本预备费费率 \tag{2.75}$$

基本预备费费率的取值应执行国家及有关部门的规定。

(2)涨价预备费。涨价预备费通常根据国家规定的投资综合价格指数,以估算年份价格水平的投资额为基数,采用复利方法计算,其计算公式为:

$$PF = \sum_{t=1}^{n} I_t [(1+f)^m (1+f)^{0.5} (1+f)^{t-1} - 1] \tag{2.76}$$

式中　PF——涨价预备费;

n——建设期年份数;

I_t——建设期中第 t 年的投资计划额,包括工程费用、工程建设其他费用及基本预备费,即第 t 年的静态投资;

f——年均投资价格上涨率;

m——建设前期年限。(从编制估算到开工建设,单位:年)

2. 建设期利息

若总贷款是分年均衡发放,建设期利息的计算可以按照当年借款在年中支用考虑,即当年贷款按半年计息,上年贷款按照全年计息,其计算公式为。

$$q_j = (P_1 + \frac{1}{2}A_J) \times i \tag{2.77}$$

式中　q_j——建设期第j年应计利息;

　　　P_{j-1}——建设期第$(j-1)$年末累计贷款本金与利息之和;

　　　A_j——建设期第j年贷款金额;

　　　i——年利率。

在国外贷款利息的计算中,还应包括国外贷款银行根据贷款协议向贷款方以年利率的方式收取的手续费、管理费和承诺费;及国内代理机构经国家主管部门批准的以年利率的方式向贷款单位收取的转贷费、担保费和管理费等。

2.5　建筑面积计价规则

【基　　础】

◆**建筑面积计算规则**

《建筑工程建筑面积计算规范》(GB/T50353—2005)对建筑工程建筑面积的计算做出了具体的规定和要求,其主要内容如下。

(1)单层建筑物的建筑面积,应按照其外墙勒脚以上结构外围水平面积计算,并且应符合下列规定。

1)单层建筑物高度在2.20 m及以上者应计算全部面积;高度不足2.20 m者应计算1/2面积。

2)利用坡屋顶内空间时净高超过2.10 m的部位应计算全面积;净高1.20~2.10 m的部位应计算1/2面积;净高不足1.20 m的部位不应计算面积。

注:建筑面积的计算是以勒脚以上外墙结构外边线计算,勒脚是墙根部很矮的一部分墙体加厚,不能代表整个外墙结构,所以要扣除勒脚墙体加厚的部分。

(2)单层建筑物内设有局部楼层者,局部楼层的二层及以上楼层,有围护结构的应按其围护结构外围水平投影面积计算,无围护结构的应按其结构底板水平投影面积计算。层高在2.20 m及以上者应计算全面积;层高不足2.20 m者应计算1/2面积。

注:1.单层建筑物应按不同的高度确定其面积的计算。其高度指室内地面标高至屋面板板面结构标高之间的垂直距离。遇有以屋面板找坡的平屋顶单层建筑物,其高度指室内地面标高至屋面板最低处屋面结构标高之间的垂直距离。

　　2.坡屋顶内空间建筑面积计算,可参照《住宅设计规范》(GB50096—1999)有关规定,将坡屋顶的建筑按不同净高确定其面积的计算,净高指楼面或地面至上部楼板底面或吊顶底面之间的垂直距离。

(3)多层建筑物首层应按其外墙勒脚以上结构外围水平投影面积计算;二层及以上楼层

应按其外墙结构外围水平投影面积计算。层高在 2.20 m 及以上者应计算全面积；层高不足 2.20 m 者应计算 1/2 面积。

注：多层建筑物的建筑面积应按不同的层高分别计算。层高是指上下两层楼面结构标高之间的垂直距离。建筑物最底层的层高，有基础底板的指基础底板上表面结构标高至上层楼面的结构标高之间的垂直距离；没有基础底板的指地面标高至上层楼面结构标高之间的垂直距离。最上一层的层高是指楼面结构标高至屋面板板面结构标高之间的垂直距离，如有以屋面板找坡的屋面，层高指楼面结构标高至屋面板最低处板面结构标高之间的垂直距离。

(4)多层建筑坡屋顶内和场馆看台下，当设计加以利用时净高超过 2.10 m 的部位应计算全面积；净高在 1.20～2.10 m 的部位应计算 1/2 面积；当设计不利用或室内净高不足 1.20 m 时不应计算面积。

注：多层建筑坡屋顶内和场馆看台下的空间应视为坡屋顶内的空间，设计加以利用时，应按其净高确定其面积的计算。设计不利用的空间，不应计算建筑面积。

(5)地下室、半地下室(车间、商店、车站、车库、仓库等)，包括相应的有永久性顶盖的出入口，应按其外墙上口(不包括采光井、外墙防潮层及其保护墙)外边线所围水平面积计算。层高在 2.20 m 及以上者应计算全面积；层高不足 2.20 m 者应计算 1/2 面积。

注：地下室、半地下室应以其外墙上口外边线所围水平面积计算。原计算规则规定按地下室、半地下室上口外墙外围水平面积计算，文字上不甚严密，"上口外墙"容易理解为地下室、半地下室的上一层建筑的外墙。由于上一层建筑外墙与地下室墙的中心线不一定完全重叠，多数情况是凸出或凹进地下室外墙中心线。

(6)坡地的建筑物吊脚架空层(图 2.4)、深基础架空层，设计加以利用并有围护结构的，层高在 2.20 m 及以上的部位应计算全面积；层高不足 2.20 m 的部位应计算 1/2 面积。设计加以利用、无围护结构的建筑吊脚架空层，应按其利用部位水平面积的 1/2 计算；设计不利用的深基础架空层、坡地吊脚架空层、多层建筑坡屋顶内、场馆看台下的空间不应计算面积。

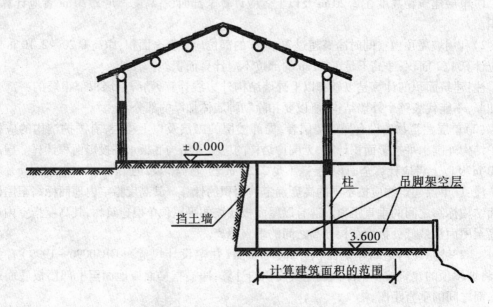

图 2.4 坡地建筑吊脚架空层

(7)建筑物的门厅、大厅按一层计算建筑面积。门厅、大厅内设有回廊时,应按其结构底板水平面积计算。层高在 2.20 m 及以上者应计算全面积;层高不足 2.20 m 者应计算 1/2 面积。

(8)建筑物间有围护结构的架空走廊,应按其围护结构外围水平面积计算。层高在 2.20 m 及以上者应计算全面积;层高不足 2.20 m 者应计算 1/2 面积,有永久性顶盖无围护结构的应按其结构底板水平面积的 1/2 计算。

(9)立体书库、立体仓库、立体车库,无结构层的应按一层计算,有结构层的应按其结构层面积分别计算。层高在 2.20 m 及以上者应计算全面积;层高不足 2.20 m 者应计算 1/2 面积。

注:立体车库、立体仓库、立体书库不规定是否有围护结构,均按是否有结构层计算,应区分不同的层高确定建筑面积计算的范围,改变过去按书架层和货架层计算面积的规定。

(10)有围护结构的舞台灯光控制室,应按其围护结构外围水平面积计算。层高在 2.20 m 及以上者应计算全面积;层高不足 2.20 m 者应计算 1/2 面积。

(11)建筑物外有围护结构的落地橱窗、门斗、挑廊、走廊、檐廊,应按其围护结构外围水平面积计算。层高在 2.20 m 及以上者应计算全面积;层高不足 2.20 m 者应计算 1/2 面积,有永久性顶盖无围护结构的应按其结构底板水平面积的 1/2 计算。

(12)有永久性顶盖无围护结构的场馆看台应按其顶盖水平投影面积的 1/2 计算。

注:"场馆"实质上是指"场"(如:足球场、网球场等)看台上有永久性顶盖部分。"馆"应是有永久性顶盖和围护结构的,应按单层或多层建筑相关规定计算面积。

(13)建筑物顶部有围护结构的楼梯间、水箱间、电梯机房等,层高在 2.20 m 及以上者应计算全面积;层高不足 2.20 m 者应计算 1/2 面积。

注:如遇建筑物屋顶的楼梯间是坡屋顶,应按坡屋顶的相关规定计算面积。

(14)设有围护结构不垂直于水平面而超出底板外沿的建筑物,应按其底板面的外围水平面积计算。层高在 2.20 m 及以上者应计算全面积;层高不足 2.20 m 者应计算 1/2 面积。

注:设有围护结构不垂直于水平面而超出底板外沿的建筑物是指向建筑物外倾斜的墙体,若遇有向建筑物内倾斜的墙体,应视为坡屋顶,应按坡屋顶有关规定计算面积。

(15)建筑物内的室内楼梯间、电梯井、观光电梯井、提物井、管道井、通风排气竖井、垃圾道、附墙烟囱应按建筑物的自然层计算。

注:室内楼梯间的面积计算,应按楼梯依附的建筑物的自然层数计算并在建筑物面积内。

遇跃层建筑,其共用的室内楼梯应按自然层计算面积;上、下两错层户室共用的室内楼梯,应选上一层的自然层计算面积(图 2.5)。

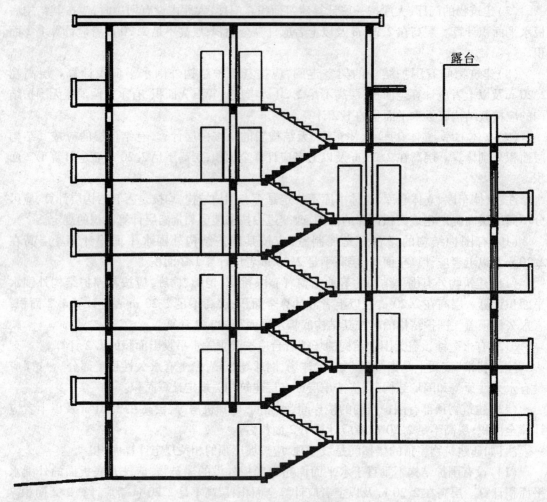

图2.5 户室错层剖面示意图

(16)雨篷结构的外边线至外墙结构外边线的宽度超过2.10 m者,应按雨篷结构板水平投影面积的1/2计算。

注:雨篷均以其宽度超过2.10 m或不超过2.10 m衡量,超过2.10 m者应按雨篷的结构板水平投影面积的1/2计算,有柱雨篷和无柱雨篷计算应一致。

(17)有永久性顶盖的室外楼梯,应按建筑物自然层水平投影面积的1/2计算。

注:室外楼梯,最上层楼梯无永久性顶盖,或不能完全遮盖楼梯的雨篷,上层楼梯不计算面积,上层楼梯可视为下层楼梯的永久性顶盖,下层楼梯应计算面积。

(18)建筑物的阳台均应按其水平投影面积的1/2计算。

注:建筑物的阳台,不论是凹阳台、挑阳台、封闭阳台、不封闭阳台均按其水平投影面积的一半计算。

(19)有永久性顶盖无围护结构的车棚、货棚、站台、加油站、收费站等,应按其顶盖水平投影面积的1/2计算。

注:车棚、货棚、站台、加油站、收费站等的面积计算,由于建筑技术的发展,出现许多新型结构,如柱不再是单纯的直立的柱,而出现∨形柱、∧形柱等不同类型的柱,给面积计算带来

许多争议。为此,《建筑工程建筑面积计算规范》(GB/T50353—2005)中不以柱来确定面积的计算,而依据顶盖的水平投影面积计算。在车棚、货棚、站台、加油站、收费站内设有有围护结构的管理室、休息室等,另按相关规定计算面积。

(20)高低联跨的建筑物,应以高跨结构外边线为界分别计算建筑面积;其高低跨内部连通时,其变形缝应计算在低跨面积内。

(21)以幕墙作为围护结构的建筑物,应按幕墙外边线计算建筑面积。

(22)建筑物外墙外侧有保温隔热层的,应按保温隔热层外边线计算建筑面积。

(23)建筑物内的变形缝,应按其自然层合并在建筑物面积内计算。

注:此处所指建筑物内的变形缝是与建筑物相连通的变形缝,即暴露在建筑物内,在建筑物内可以看得见的变形缝。

(24)下列项目不应计算面积。

1)建筑物通道。(骑楼、过街楼的底层)

2)建筑物内设备管道夹层。

3)建筑物内分隔的单层房间,舞台及后台悬挂幕布、布景的天桥、挑台等。

4)屋顶水箱、花架、凉棚、露台、露天游泳池。

5)建筑物内的操作平台、上料平台、安装箱和罐体的平台。

6)勒脚、附墙柱、垛、台阶、墙面抹灰、装饰面、镶贴块料面层、装饰性幕墙、空调室外机搁板(箱)、飘窗、构件、配件、宽度在2.10 m及以内的雨篷以及与建筑物内不相连通的装饰性阳台、挑廊。

注:突出墙外的勒脚、附墙柱垛、台阶、墙面抹灰、装饰面、镶贴块料面层、装饰性幕墙、空调室外机搁板(箱)、飘窗、构件、配件、宽度在2.10 m及内的雨篷以及与建筑物内不相连通的装饰性阳台、挑廊等均不属于建筑结构,不应计算建筑面积。

7)无永久性顶盖的架空走廊、室外楼梯和用于检修、消防等的室外钢楼梯、爬梯。

8)自动扶梯、自动人行道。

注:自动扶梯(斜步道滚梯),除两端固定在楼层板或梁之外,扶梯本身属于设备,为此扶梯不宜计算建筑面积。水平步道(滚梯)属于安装在楼板上的设备,不应单独计算建筑面积。

9)独立烟囱、烟道、地沟、油(水)罐、气柜、水塔、贮油(水)池、贮仓、栈桥、地下人防通道、地铁隧道。

【实　务】

◆建筑面积计算在实际工作中的作用

(1) 建筑面积是一项重要的技术经济指标。

(2) 建筑面积是计算结构工程量或确定某些费用指标的基础。

(3) 建筑面积作为结构工程量的计算基础，不仅重要，而且还是一项需要细心计算和认真对待的工作，任何粗心大意都会造成计算上的错误，不仅会造成结构工程量计算上的偏差，还会直接影响概预算造价的准确性，造成人力、物力和国家建设资金的浪费。

(4) 建筑面积与使用面积、结构面积、辅助面积之间存在着一定的比例关系。设计人员在进行建筑或结构设计时，都应该在计算建筑面积的基础上再分别计算出结构面积、有效面积以及例如土地利用系数、平面系数等经济技术指标。有了建筑面积，才有可能计量单位建筑面积的技术经济指标。

(5) 建筑面积的计算对于建筑施工企业实行内部经济承包责任制、投标报价、编制施工组织设计、配备施工力量、成本核算以及物资供应等，都具有重要的意义。

第3章 建筑工程定额计价理论

3.1 建筑工程施工定额

【基　　础】

◆ **施工定额的概念**

施工定额是以同一性质的施工过程或工序为测定对象,确定建筑安装工人在正常的施工条件下,为完成单位合格产品所需劳动、机械和材料消耗的数量标准。建筑安装企业定额通常称为施工定额。它是施工企业直接用于建筑工程施工管理的一种定额,是由劳动定额、机械台班使用定额和材料消耗定额组成的,是最基本的定额。

1. 劳动定额的概念与作用

(1)劳动定额的概念。劳动定额又称人工定额,它是建筑安装工人在正常的施工(生产)条件下、在一定的生产技术和生产组织条件下、在平均先进水平的基础上制定的。它表明每个建筑安装工人生产单位合格产品所必须消耗的劳动时间,或在单位时间所生产的合格产品的数量。

(2)劳动定额的作用。劳动定额的作用主要表现在组织生产和按劳分配两个方面,通常两者是相辅相成的,即生产决定分配,分配促进生产。当前对企业基层推行的各种形式的经济责任制的分配形式,都是以劳动定额作为核算基础的。

2. 机械台班使用定额的概念和表现形式

(1)机械台班使用定额的概念。在建筑安装工程中,有些工程产品或工作是由工人来完成的,有些是由机械来完成的,有些则是由人工和机械共同配合完成的。由机械或人机配合来完成的产品或工作中,就包含一个机械工作时间。

机械台班使用定额是在正常的施工条件下,合理地劳动组合和使用机械,完成单位合格产品或某项工作所必须消耗机械工作时间,它包括准备与结束时间、基本工作时间、辅助工作时间、不可避免的中断时间及使用机械的工人生理需要与休息时间。

(2)机械台班使用定额的表现形式。机械台班使用定额的形式按照表现形式的不同,可以分为时间定额和产量定额。

1)机械时间定额是指在合理的劳动组织与使用机械条件下,完成单位合格产品所必须的工作时间,它包括有效工作时间(正常负荷下的工作时间和降低负荷下的工作时间)、不可避免的中断时间和不可避免的无负荷工作时间。机械时间定额以"台班"表示,即一台机械工作一个作业班时间(8 h)。

$$单位产品机械时间定额(台班) = \frac{1}{台班产量} \tag{3.1}$$

由于机械必须由工人小组配合,所以完成单位合格产品的时间定额,同时列出人工时间定额,即

$$单位产品人工时间定额(工日) = \frac{小组成员总人数}{台班产量} \tag{3.2}$$

2)机械产量定额是指在合理劳动组织与合理使用机械条件下,机械在每个台班时间内应完成合格产品的数量,机械时间定额和机械产量定额互为倒数关系。

复式表示法如下:

$$\frac{人工时间定额}{机械台班产量} 或 \frac{人工时间定额}{机械台班产量} 台班车次 \tag{3.3}$$

3. 材料消耗定额的概念与组成

(1)材料消耗定额的概念。材料消耗定额是在正常的施工(生产)条件下,在节约和合理使用材料的情况下,生产单位合格产品所必须消耗的一定品种、规格的材料、半成品和配件等的数量标准。

材料消耗定额是编制材料需要量计划、运输计划、供应计划、计算仓库面积、签发限额领料单及经济核算的根据。制定合理的材料消耗定额,是组织材料的正常供应,保证生产顺利的进行,及合理利用资源,减少积压和浪费的必要前提。

(2)施工中材料消耗的组成。施工中材料的消耗,可以分为必须的材料消耗和损失的材料两类。

必须消耗的材料,是在合理用料的条件下,生产合格产品所需消耗的材料。它包括直接用于建筑和安装工程的材料、不可避免的施工废料及不可避免的材料损耗。

必须消耗的材料属于施工的正常消耗,是确定材料消耗定额的基本数据。其中:直接用于建筑和安装工程的材料,编制材料净用量定额;不可避免的施工废料和材料损耗,编制材料损耗定额。

材料各种类型的损耗量之和称为材料损耗量,除去损耗量之后净用于工程实体上的数量称为材料净用量,材料净用量与材料损耗量之和称为材料总消耗量,损耗量与总消耗量之比称为材料损耗率,总消耗量也可用下式计算。

$$总消耗量 = \frac{净用量}{1 - 损耗率} \tag{3.4}$$

$$总消耗量 = 净用量 \times (1 + 损耗率) \tag{3.5}$$

为了简便,通常将损耗量与净用量之比,作为损耗率。即:

$$损耗率 = \frac{损耗量}{净用量} \times 100\% \tag{3.6}$$

【实　务】

◆劳动定额的编制

1. 分析基础资料,拟定编制方案

(1)影响工时消耗因素的确定。

技术因素。包括完成产品的类别;材料与构配件的种类和型号等级;机械和机具的种类、型号和尺寸;产品质量等。

组织因素。包括操作方法和施工的管理与组织;工作地点的组织;人员的组成和分工;工资和奖励制度;原材料和构配件的质量及供应的组织;气候条件等。

以上各种因素的具体情况应利用因素确定表加以确定和分析,见表3.1。

表3.1 因素确定表

施工过程名称		建筑机械名称	工地名称	工程概况	观察时间		气温
砌三层里外混水墙		×公司×施工队	×厂宿舍楼	三层楼每层两单元,带壁橱、阁楼、浴室长27.6 m,宽14 m,高3.0 m	×××年10月23日		15~17 ℃
施工队(组)人员组成			瓦工队共28人,其中:一级工10人,二级工12人,五级工4人,六级工2人;男24人,女4人;50岁以上6人;高中生2人,初中生18人,小学以下8人				
施工方法和机械装备			手工操作,里架子,配备2~5 t塔吊一台,翻斗一辆				
完成定额情况	定额项目	单位	完成产品数量	实际工时消耗/工时	定额工时消耗/工日		完成定额/%
					单位	总计	
	瓦工砌 1 1/2 砖混水外墙	m³	96	64.20	0.45	43.20	67.29
	瓦工砌 1 砖混水内墙		48	32.10	0.47	22.56	70.28
	瓦工砌 1/2 砖隔断墙		16	10.70	0.72	11.52	107.66
	壮工运输和调制砂浆			105.00		63.04	60.04
	按定额加工					39.55	
	总计		160	212.00		179.87	84.84
影响工时消耗的组织和技术因素	(1)该宿舍楼系三层混水墙到顶,墙体厚度不一,建筑面积小,操作比较复杂。 (2)砖的质量不好,选砖比较费时。 (3)低级工比例过大,浪费工时现象比较普遍。 (4)高级工比例小,低级工做高级工活比较普遍,技壮工配合不好。 (5)工作台位置和砖的位置,不便于工人操作。 (6)瓦工损伤操作台,不符合动作经济原则,取砖和砂浆动作幅度很大,极易疲劳。 (7)劳动纪律不太好,有些青年工人工作时间聊天、打闹。						
填表人				填表日期			
备注							

(2)计时观察资料的整理。对每次计时观察的资料进行整理之后,都要对整个施工过程的观察资料进行系统的分析、研究和整理。

整理观察资料的方法通常是采用平均修正法。它是一种在对测时数列进行修正的基础上,求出平均值的方法。修正测时数列,就是剔除或修正那些偏高或偏低的可疑数值,目的是保证不受偶然性因素的影响。

若测时数列受到产品数量的影响,采用加权平均值则是比较适当的。因为采用加权平均值可以在计算单位产品工时消耗时,考虑到每次观察中产品数量变化的影响,从而使我们获得可靠的值。

(3)日常积累资料的整理和分析。日常积累的资料主要分为四类:一类是现行定额的执行情况及存在问题的资料;再一类是企业和现场补充定额资料,例如因现行定额漏项而编制的补充定额资料,由于解决采用新技术、新结构、新材料和新机械而产生的定额缺项所编制的补充定额资料;第三类是已采用的新工艺和新的操作方法的资料;第四类是现行的施工技术规范、操作规程、安全规程和质量标准等。

(4) 拟定定额的编制方案,编制方案的内容包括以下几项。
1) 提出对拟编定额的定额水平总的设想。
2) 拟定定额分章、分节、分项的目录。
3) 选择产品和人工、材料、机械的计量单位。
4) 设计定额表格的形式和内容。

2. 确定正常的施工条件

拟定施工的正常条件包括以下几方面。

(1) 拟定工作地点的组织。在拟定工作地点的组织时,要特别注意使人在操作时不受妨碍,所使用的工具和材料应按照使用顺序放置于工人最便于取用的地方,以减少疲劳和提高工作效率,工作地点应该保持清洁和秩序井然。

(2) 拟定工作组成。拟定工作组成是指将工作过程按照劳动分工的可能划分为若干工序,以达到合理地使用技术工人。它可以采用两种基本方法:一种是把工作过程中简单的工序,划分给技术熟练程度较低的工人去完成;一种是分出若干个技术程度较低的工人,去帮助技术程度较高的工人工作。后一种方法就把个人完成的工作过程,变成小组完成的工作过程。

(3) 拟定施工人员编制。拟定施工人员编制即确定小组人数、技术工人的配备以及劳动的分工和协作。原则是使每个工人都能充分地发挥作用,均衡地担负工作。

3. 确定劳动定额消耗量的方法

时间定额是在拟定基本工作时间、辅助工作时间、不可避免中断时间、准备与结束的工作时间,及休息时间的基础上制定的。

(1) 拟定基本工作时间。基本工作时间在必需消耗的工作时间中占的比重最大。在确定基本工作时间时,必须细致、精确。基本工作时间消耗通常应根据计时观察资料来确定。其做法是,首先确定工作过程每一组成部分的工时消耗,然后再综合出工作过程的工时消耗。若组成部分的产品计量单位和工作过程的不符,就需先求出不同计量单位的换算系数,进行产品计量单位的换算,然后再相加,求得工作过程的工时消耗。

(2) 拟定辅助工作时间和准备与结束工作时间。辅助工作和准备与结束工作时间的确定方法与基本工作时间相同。但是,若这两项工作时间在整个工作班工作时间消耗中所占比重不超过5%~6%,则可归纳为一项,以工作过程的计量单位表示,确定出工作过程的工时消耗。

若在计时观察时不能取得足够的资料,也可采用工时规范或经验数据来确定。若具有现行的工时规范,可以直接利用工时规范中规定的辅助和准备与结束工作时间的百分比来计算。

(3) 拟定不可避免的中断时间。在确定不可避免中断时间的定额时,必须注意只有由工艺特点所引起的不可避免中断才可列入工作过程的时间定额。

不可避免中断时间可以根据测时资料通过整理分析获得,也可以根据经验数据或工时规范,以占工作日的百分比表示此项工时消耗的时间定额。

(4) 拟定休息时间。休息时间应根据工作班作息制度、经验资料、计时观察资料,及对工作的疲劳程度做全面的分析来确定。同时,应考虑尽可能利用不可避免中断时间作为休息时间。

从事不同工作的工人,疲劳程度有很大差别。为了合理地确定休息时间,通常要对从事各种工作的工人进行观察、测定,及进行生理和心理方面的测试,以便确定其疲劳程度。国内外按照工作轻重和工作条件好坏,将各种工作划分为不同的级别。例如我国某地区工时规范将体力劳动分为以下六类:最沉重、沉重、较重、中等、较轻和轻便。

划分出疲劳程度的等级,就可以合理地规定休息需要的时间,按六个等级确定其休息时间见表3.2。

表3.2 休息时间占工作日的比重

疲劳程度	轻便	较轻	中等	较重	沉重	最沉重
等级	1	2	3	4	5	6
占工作日比重%	4.16	6.25	8.33	11.45	16.7	22.9

(5)拟定定额时间。确定的基本工作时间、辅助工作时间、准备与结束工作时间、不可避免中断时间和休息时间之和,就是劳动定额的时间定额,它和产量定额互成倒数。

利用工时规范,可以计算劳动定额的时间定额,计算公式为:

作业时间 = 基本工作时间 + 辅助工作时间 (3.7)

规范时间 = 准备与结束工作时间 + 不可避免的中断时间 + 休息时间 (3.8)

工序作业时间 = 基本工作时间 + 辅助工作时间 = 基本工作时间/[1 - 辅助时间(%)] (3.9)

$$定额时间 = \frac{作业时间}{1 - 规范时间(\%)} \quad (3.10)$$

◆ 机械台班使用定额的编制

1. 确定正常的施工条件

拟定机械工作正常条件,主要是拟定工作地点的合理组织和合理的工人编制。

工作地点的合理组织,是指对施工地点机械和材料的放置位置、工人从事操作的场所,做出科学合理的平面布置和空间安排。它要求施工机械和操纵机械的工人在最小范围内移动,但是又不阻碍机械运转和工人操作;使机械的开关和操纵装置尽可能集中地装置在操纵工人的近旁,以节省工作时间和减轻劳动强度;最大限度发挥机械的效能,减少工人的手工操作。

拟定合理的工人编制,是指根据施工机械的性能和设计能力,工人的专业分工和劳动工效,合理地确定操纵机械的工人和直接参加机械化施工过程的工人的编制人数,它要求保持机械的正常生产率和工人正常的劳动工效。

2. 确定机械1h纯工作正常生产率

在确定机械正常生产率时,必须首先确定出机械纯工作1h的正常生产率。

机械纯工作时间,是指机械的必需消耗时间。机械1h纯工作正常生产率,是指在正常施工组织条件下,具有必需的知识和技能的技术工人操纵机械1h的生产率。

根据机械工作特点的不同,机械1h纯工作正常生产率的确定方法,也有所不同。对于循环动作机械,确定机械纯工作1h正常生产率的计算公式为:

$$\genfrac{}{}{0pt}{}{机械一次循环的}{正常延续时间} = \sum \left(\genfrac{}{}{0pt}{}{循环各组成部分}{正常延续时间} \right) - 交叠时间 \quad (3.11)$$

$$\genfrac{}{}{0pt}{}{机械纯工作1h}{循环次数} = \frac{60 \times 60(s)}{一次循环的正常延续时间} \quad (3.12)$$

$$\frac{\text{机械纯工作1 h}}{\text{正常生产率}} = \frac{\text{机械纯工作1 h}}{\text{正常循环次数}} \times \frac{\text{一次循环生产}}{\text{的产品数量}} \quad (3.13)$$

对于连续动作机械,确定机械纯工作1 h正常生产率应根据机械的类型和结构特征,以及工作过程的特点来进行。其计算公式为:

$$\text{连续动作机械纯工作1 h正常生产率} = \frac{\text{工作时间内生产的产品数量}}{\text{工作时间(h)}} \quad (3.14)$$

工作时间内的产品数量和工作时间的消耗数据,要通过多次现场观察和机械说明书来取得。

对于同一机械进行作业属于不同的工作过程,例如挖掘机所挖土壤的类别不同,碎石机所破碎的石块硬度和粒径不同,都应分别确定其纯工作1 h的正常生产率。

3. 确定施工机械的正常利用系数

施工机械的正常利用系数是机械在工作班内对工作时间的利用率。它和机械在工作班内的工作状况有着密切的关系。所以,要确定机械的正常利用系数。首先要拟定机械工作班的正常工作状况,保证合理利用工时。

确定机械正常利用系数,需要计算工作班正常状况下准备与结束工作,机械启动、机械维护等工作所必须消耗的时间,以及机械有效工作的开始与结束时间。进而计算出机械在工作班内的纯工作时间和机械正常利用系数。机械正常利用系数的计算公式为:

$$\text{机械正常利用系数} = \frac{\text{机械在一个工作班内纯工作时间}}{\text{一个工作班延续时间(8 h)}} \quad (3.15)$$

4. 计算施工机械台班定额

计算施工机械台班定额是编制机械定额工作的最后一步。在确定了机械工作正常条件、机械1小时纯工作正常生产率和机械正常利用系数之后,采用下列公式计算施工机械的产量定额:

$$\text{施工机械台班产量定额} = \text{机械1 h纯工作正常生产率} \times \text{工作班纯工作时间} \quad (3.16)$$

或

$$\text{施工机械台班产量定额} = \text{机械1 h纯工作正常生产率} \times \text{工作班延续时间} \times \text{机械正常利用系数} \quad (3.17)$$

$$\text{施工机械时间定额} = \frac{1}{\text{机械台班产量定额指标}} \quad (3.18)$$

◆材料消耗定额的编制

1. 材料消耗定额的制定方法

材料消耗定额必须在充分地研究材料消耗规律的基础上制定。科学的材料消耗定额是材料消耗规律的正确反映。材料消耗定额是通过施工生产过程中对材料消耗进行观测、试验及根据技术资料的统计和计算等方法制定的。

(1)观测法,观测法也称现场测定法,是在合理地使用材料的条件下,在施工现场按照一定程序对完成合格产品的材料耗用量进行测定,通过分析和整理,最后得出一定的施工过程单位产品的材料消耗定额。

利用现场测定法主要是编制材料损耗定额,但是也可以提供编制材料净用量定额的数据。其优点是能通过现场的观察和测定,取得产品产量和材料消耗的情况,为编制材料定额提供技术根据。

观测法的首要任务是选择典型的工程项目,其施工技术、组织及产品质量,都要符合技术规范的要求;材料的品种、型号和质量也应符合设计要求;产品检验合格,操作工人能合理地使用材料和保证产品的质量。

在观测前要充分做好准备工作,例如选用标准的运输工具和衡量工具,采取减少材料损耗的措施等。

观测的结果,要取得材料消耗的数量和产品数量的数据资料。

观测法是在现场实际施工中进行的。它的优点是真实可靠,能发现一些问题,也能消除一部分消耗材料不合理的浪费因素。但是,用此方法制定材料消耗定额,由于受到一定的生产技术条件和观测人员的水平等限制,仍然不能把所消耗材料不合理的因素都揭露出来。而且也有可能把生产和管理工作中的某些与消耗材料有关的缺点保存下来。

对观测取得的数据资料要进行分析和研究,区分哪些是合理的,哪些是不合理的,哪些是不可避免的,以制定出在通常情况下都可以达到的材料消耗定额。

(2)试验法。试验法是在材料试验室中进行试验和测定数据。例如,以各种原材料为变量因素,求得不同强度等级混凝土的配合比,进而计算出每立方米混凝土的各种材料耗用量。

试验法主要是用来编制材料净用量定额。通过试验,能够对材料的结构、化学成分和物理性能及按强度等级控制的混凝土、砂浆配比做出科学的结论,为编制材料消耗定额提供有技术根据的、比较精确的计算数据,但是,试验法不能取得在施工现场实际条件下,由于各种客观因素对材料耗用量影响的实际数据。

试验室试验必须符合国家有关标准规范,计量时要使用标准容器和称量设备,质量要符合施工与验收规范要求,以保证获得可靠的定额编制依据。

(3)统计法。统计法是通过对现场进料、用料的大量统计资料进行分析和计算,获得材料消耗的数据。该方法由于不能分清材料消耗的性质,所以不能作为确定材料净用量定额和材料损耗定额的精确依据。

对积累的各分部分项工程结算的产品所耗用材料的统计分析,是根据各分部分项工程拨付材料数量、剩余材料数量及总共完成产品数量来进行计算。

采用统计法,必须要保证统计和测算的耗用材料和相应产品一致。在施工现场中的某些材料,通常难以区分用在各个不同部位上的准确数量。所以,要有意识地加以区分,才能得到有效的统计数据。

用统计法制定材料消耗定额可以采取以下两种方法。

(1)经验估算法。它是指以有关人员的经验或以往同类产品的材料实耗统计资料为依据,通过研究分析并且考虑有关影响因素的基础上制定材料消耗定额的方法。

(2)统计法。它是对某一确定的单位工程拨付一定的材料,待工程完工后,根据已完产品数量和领退材料的数量,进行统计和计算的一种方法。它的优点是不需要专门人员测定和实验。由统计得到的定额具有一定的参考价值,但是其准确程度较差,应对其进行分析研究后才能采用。

(3)理论计算法。理论计算法是根据施工图,运用一定的数学公式,直接计算材料耗用量。计算法只能计算出单位产品的材料净用量,材料的损耗量仍然要在现场通过实测取得。采用该方法必须对工程结构、图纸要求、材料特性和规格、施工及验收规范、施工方法等先进行了解和研究,计算法适用于不易产生损耗,而且容易确定废料的材料,例如木材、钢材、砖瓦和预制构件等材料。因为这些材料根据施工图纸和技术资料从理论上都可以计算出来,不可避免的损耗也具有一定的规律可找。

理论计算法是材料消耗定额制定方法中比较先进的方法。但是,用该方法制定材料消耗定额,要求掌握一定的技术资料和各方面的知识,及具有较丰富的现场施工经验。

2. 周转性材料消耗量的计算

在编制材料消耗定额时,某些工序定额、单项定额和综合定额中涉周转性材料的确定和计算,例如劳动定额中的架子工程和模板工程等。

周转性材料在施工过程中不属于通常的一次性消耗材料,而是可多次周转使用,经过修理、补充才逐渐地消耗尽的材料,例如模板、钢板桩和脚手架等,实际上它亦是作为一种施工工具和措施。在编制材料消耗定额时,应按照多次使用、分次摊销的办法确定。

周转性材料消耗的定额量是每使用一次摊销的数量,其计算就必须考虑一次使用量、周转使用量、回收价值和摊销量之间的关系。

3.2 建筑工程预算定额

【基　　础】

◆ **预算定额的概念**

预算定额是指在合理的施工组织设计、正常的施工条件下,生产一定计量单位合格分项工程或构件所需耗费的人工、材料和施工机械台班数量的标准,预算定额是工程建设管理工作中的一项重要技术经济法规,是进行设计方案比较、编制建筑工程施工图预算和确定工程造价的重要依据。

◆ **建筑工程预算定额的内容**

目前,我国尚无全国统一建筑工程预算定额,只有原建设部于1995年12月以建标[1995]736号通知发布的《全国统一建筑工程基础定额》,该定额从其功能作用方面来说,实质上就是预算定额,所以,这里以该定额为例对建筑工程预算定额的内容予以说明。

《全国统一建筑工程基础定额》(土建工程)GJD 101—95的内容,主要由以下几部分组成。

1. 颁发文件

原建设部以"建标[1995]736号"文件向各省、自治区、直辖市建委(建设厅)、有关计委、国务院各有关部门通知称:自1995年12月15日起《全国统一建筑工程基础定额》(土建工程)GJD 101—95和《全国统一建筑工程预算工程量计算规则》GJDGZ 101—95开始施行,原建设部1992年印发的《全国统一建筑装饰工程预算定额》停止执行。《全国统一建筑工程基础定额》(土建工程)和《全国统一建筑工程预算工程量计算规则》由原建设部负责解释和管理,由中国计划出版社出版、发行。

2. 目录

《全国统一建筑工程基础定额》目录共分为十五章,如下。

第一章　土石方工程。

第二章　桩基础工程。

第三章　脚手架工程。
第四章　砌筑工程。
第五章　混凝土及钢筋混凝土工程。
第六章　构件运输及安装工程。
第七章　门窗及木结构工程。
第八章　楼地面工程。
第九章　屋面及防水工程。
第十章　防腐、保温、隔热工程。
第十一章　装饰工程。
第十二章　金属结构制作工程。
第十三章　建筑工程垂直运输定额。
第十四章　建筑物超高增加人工、机械定额。
第十五章　附录。

3. 总说明

总说明主要阐述了《全国统一建筑工程基础定额》（土建工程）的含义、功能作用、适用范围、编制依据和定额消耗量（人工、材料、机械）的确定方法等。

4. 分部工程

分部工程是指定额中的各章工程。各分部工程主要包括说明和定额表两大部分，有的分部工程还包括有附录等内容。各分部工程中的每一分项工程，都由分项工程名称、工作内容和定额表组成。分项工程工作内容扼要说明了该分项工程主要工序的施工操作过程和先后顺序；定额表内有各子目名称、计量单位、人工、材料、机械台班的消耗数量及各个子目的定额编号等，有的定额表下还有附注。

5. 附录

附录的用途主要是为编制建筑工程地区单位估价表提供方便，《全国统一建筑工程基础定额》（土建工程）GJD 101—95 中的附录主要包括以下内容。

（1）混凝土配合比表。
（2）耐酸、防腐及特种砂浆、混凝土配合比表。
（3）抹灰砂浆配合比表。
（4）砌筑砂浆配合比表。

6. 工程量计算规则

工程量计算规则的内容主要是统一了各分部分项工程实物数量的计算方法和计量单位等。

【实　　务】

◆建筑工程预算定额的使用方法

1. 定额的编号

为了方便套用定额项目和便于检查定额项目单价选套得是否正确,在编制建筑工程预算书时,在预算表的"估价号"栏内必须填写子项或细项工程的定额编号。《全国统一建筑工程基础定额》(土建工程)GJD 101—95 的定额采用两符号编号法,即×-×××。在《全国统一建筑工程基础定额》(土建工程)颁发以前,建筑工程预算定额由各省、自治区、直辖市主管部门制订,所以,各省、自治区、直辖市所编建筑工程预算定额的项目编号各不相同,各地区所编建筑工程预算定额项目编号的几种常见方法说明如下。

(1)三符号编号法。它是指用分部工程——分项工程——子目(细项),或分部工程——项目所在定额页数——子目(细项)等三个号码进行定额编号,其表示形式如下。

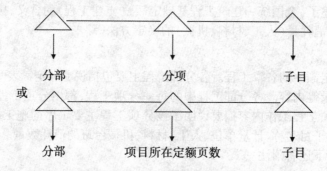

(2)两符号编号法。它是指采用分部工程——子目两个符号来表示子目(工程项目)的定额编号,即

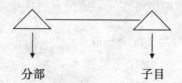

《全国统一建筑工程基础定额》(土建工程)GJD 101—95,以及《全国统一安装工程预算定额》GYD 201—213,就是采用两符号编号法。

2. 选用定额单价的方法

选用预算定额单价,首先应查阅定额目录,找出相应的分部工程(通常多用第一章、第二章、第三章……表示),再找出所需要套用的分项工程(用阿拉伯数字1,2,3,…,表示)和该分项工程所在页数,即可查到所要套用的分项或子项工程预算单价。

在查找定额时,应首先确定要套用的分项或子项工程属于哪个分部工程,然后从目录上找到这个分项或子项工程所在页数,经核对工程名称、内容,若全部吻合,就可以确定使用这个定额预算单价。

3. 套用定额单价的方法

按上述查阅预算定额的方法,找到该分项工程所在页数,若经核对分项工程的项目与施工图规定内容相同,则可以直接套用,但是如果不相同时该怎么办呢?这时,在定额规定允许换算的情况下,应先进行换算后再套用,并且在定额编号的右下角标注"换"字样,如"8 - ×换"。例如,《陕西省建筑工程综合预算定额》第三章"砖石工程"说明第四条称"砖、石墙定额中的砌体砂浆,以 M5 混合浆列入,砖石基础以 M5 水泥砂浆列入,若设计与此不同,应按附表一换算",换算表见表 3.3。

表3.3 砌筑砂浆单价和水泥用量换算表 单位:m³

项目	单位	混合砂浆								
		砂浆强度等级								
		M2.5		M5		M7.5		M10		M15
基价	元	82.82	86.82	83.90	86.82	96.98	87.58	105.10	99.68	114.16
水泥 32.5	kg	200		206		266		325		
水泥 42.5	kg		200		200		203		249	340
净砂	m³	1.02	1.02	1.02	1.02	1.01	1.03	0.98	1.02	0.98
石灰膏	kg	100	100	96	100	84	97	25	101	10
水	m³	0.26	0.26	0.26	0.26	0.27	0.26	0.28	0.28	0.29

项目	单位	水泥砂浆								
		砂浆强度等级								
		M2.5		M5		M7.5		M10	M15	M20
基价	元	73.82	77.83	73.82	77.83	73.82	77.83	82.93	77.83	127.86 107.55	139.84
水泥 32.5	kg	200		200		200		242	430		
水泥 42.5	kg		200		200		200		200	318	443
净砂	m³	1.02	1.02	1.02	1.02	1.02	1.02	0.98	1.02	0.97 0.98	0.97
水	m³	0.26	0.27	0.26	0.27	0.26	0.27	0.28	0.27	0.33 0.33	0.33

对于定额中规定不允许换算的分项工程,绝不能随意换算,但是可参照相类似的分项工程单价套用,若没有相类似的分项工程单价可参照,应编制补充预算单价。

◆ **预算定额单价的换算方法**

预算定额单价换算,简称定额换算。它是指将预算定额中规定的内容和施工图纸要求的内容不相一致的部分,进行调整更换,取得一致的过程。在实际工作中换算最多的内容是混凝土等级与砂浆等级,这两种材料基价的换算公式为:

$$\text{换算后的预算基价} = \text{定额基价} - (\text{应换出半成品数量} \times \text{应换出半成品单价}) + (\text{应换入半成品单价} \times \text{应换入半成品单价}) \quad (3.19)$$

或

$$\text{换算后的预算基价} = \text{定额基价} \pm \text{应换算半成品数量} \times (\text{应换入单价} - \text{应换出单价}) \quad (3.20)$$

注:上式中"±"是指由低标号换高标号时用"+",反之用"-"。

3.3 建筑工程单位估价表

【基 础】

◆**单位估价表和单位估价汇总表的概念**

预算定额是规定建筑安装企业在正常条件下，完成一定计量单位合格分项或子项工程的人工、材料和机械台班消耗数量的标准，将预算定额中的三种"量"（人工、材料、机械）与三种"价"（工资单价、材料预算单价、机械台班单价）相结合，计算出一个以货币形式表达完成一定计量单位合格分项或子项工程的价值指标（单价）的许多表格，并且将其按照一定的分类（例如土石方工程、桩基工程、砖石工程……）汇总在一起，则称为单位估价表。

地区单位估价表可以说是国家统一预算定额在这个地区的翻版（不排除对国家统一预算定额不足的补充），它只是将国家统一预算定额中的三种价全部更换为本地区的三种价，所以地区单位估价表除"基价"与原定额不相同外，其余内容与国家统一预算定额是完全相同的（不排除补充部分）。所以，一个地区的单位估价表与原定额篇幅一样很大，为了使用方便和缩小篇幅，将单位估价表中的相应内容略去，仅将其中的"基价"按照一定的方法汇集起来就称为"单位估价汇总表"或"价目表"。某地区"单位估价表"及某地区"价目表"见表3.4 及表3.5。

表3.4 某地区单位估价表（2003 版）
一、台式及仪表机床   计量单位：台

		定额编号		1-1	1-2	1-3
		项目		设备重量（t以内）		
				0.3	0.7	1.5
		基价/元		91	230	353
其中		人工费/元		44.98	116.84	190.68
		材料费/元		8.25	72.65	103.90
		机械费/元		36.71	40.45	58.82
		名称	单位	单价/元	消耗量	
人工		综合工日	工日	26.00	1.730	4.494	7.334
材料		钩头成对斜垫铁 0#~3#钢 1#	kg	11.50	—	2.201	3.301
		平垫铁 0#~3#钢 1#	kg	3.86	—	1.778	2.489
		普通钢板 0#~3#δ1.6~1.9	kg	3.15	0.140	0.140	0.315
		镀锌铁丝 8#~12#	kg	4.62	—	0.392	0.392
		电焊条结422φ3.2	kg	3.35	—	0.147	0.147
		黄铜皮 δ0.08~0.3	kg	21.55	0.070	0.071	0.175
		木板	m³	1 139.00	0.001	0.006	0.010

续表3.4

	名称	单位	单价/元	消耗量		
材料	煤油	kg	3.09	0.882	1.323	1.838
	机油	kg	3.60	0.071	0.106	0.177
	黄油 钙基酯	kg	7.16	0.071	0.106	0.177
	香蕉水	kg	9.79	0.070	0.070	0.070
	聚酯乙烯泡沫塑料	kg	21.66	—	0.039	0.039
	水泥32.5级	kg	0.271	—	43.645	53.795
	砂子	m³	49.40	—	0.081	0.102
	碎石	m³	32.90	—	0.075	0.094
	棉纱头	kg	9.23	0.077	0.077	0.077
	白布	m	8.55	0.071	0.071	0.107
	破皮	kg	5.39	0.074	0.111	0.184
	其他材料费	元	1.00	0.266	2.422	3.430
机械	叉式装载机5t	台班	262.44	0.140	0.140	0.210
	交流弧焊机21kV·A	台班	53.03	—	0.070	0.070

表3.5 某地区价目表(2001版)
一、台式及仪表机床　　　　　　　　　　　　　　　　　　　　　　计量单位:台

定额编号		1-1	1-2	1-3
项目名称		设备重量(t以内)		
		0.3	0.7	1.5
基价/元		118.75	288.93	435.71
其中	人工费/元	43.93	114.10	186.18
	材料费/元	12.06	104.76	148.08
	机械费/元	62.76	70.07	101.45

◆单位估价表与预算定额的关系

单位估价表是预算定额中三种量的货币形式的价值表现,预算定额是编制单位估价表的依据。目前,我国大多数地区的建筑工程预算定额,都已按照编制单位估价表的方法,编制成带有"基价"的预算定额。所以,它与单位估价表一样,可以直接作为编制工程预算的计价依据。但是,这种基价,通常都是以省会所在地的三种价计算的,而对省会所在地以外的另一个地区(专署级)来说,是不相适应的(特别是基价中的材料费),所以,省会所在地以外各地区,为编制结合本地区(专署级)特点的预算单价,还要以本省现行的预算定额为依据编制出本地区(专署级)的单位估价表,但是也有些地区规定,预算定额中的"基价"在全省通用,省会所在地以外各地(市、区)不另编制单位估价表,在编制预算时采用规定的系数进行"基价"调整。

【实　务】

◆ 单位估价表的编制方法

1. 编制依据

(1)《全国统一建筑工程基础定额》(土建工程)GJD 101—95 或地区建筑工程预算定额。
(2) 建筑工人工资等级标准及工资级差系数。
(3) 建筑安装材料预算价格。
(4) 施工机械台班预算价格。
(5) 有关编制单位估价表的规定等。

2. 编制步骤

(1) 准备编制依据资料。
(2) 制订编制表格。
(3) 填写表格并且运算。
(4) 编写说明、装订、报批。

3. 编制方法

编制单位估价表,就是将预算定额中规定的三种量,通过一定的表格形式转变为三种价的过程。其编制方法可以用下列计算公式表示:人工费 = 分项工程定额工日 × 相应等级工资单价 　　　　　　　　　　　　　　　　　　　　　　　　　　　　　　　　　　　　　(3.21)

材料费 = $\sum$（分项工程材料消耗量 × 相应材料预算单价）　　　　　　(3.22)

机械费 = $\sum$（分项工程施工机械台班消耗量 × 相应施工机械台班预算单价）　(3.23)

分项工程预算单价 = 人工费 + 材料费 + 机械费　　　　　　　　　　(3.24)

上述计算公式中三种量是通过预算定额获得的,三种价的计算说明如下。

(1) 工人工资。它又称劳动工资,是指建筑安装工人为社会创造财富而按照"各尽所能、按劳分配"的原则所获得的合理报酬,其内容包括基本工资及国家政策规定的各项工资性质的津贴等。

我国现行工人劳动报酬计取的基本形式分为计件工资制和计时工资制两种。执行按照预算定额计取工资的制度称为计件工资制。计件工资就是完成合格分项或子项工程单位产品所支付的规定平均等级的定额工资额。按日计取工资的制度称为计时工资制。它是指做完八小时的劳动时间按实际等级所支付的劳动报酬,八小时为一个工日,又称为日工资。

无论是计时工资还是计件工资都是按照工资等级来支付工资的。但是在现行预算定额里不分工资等级一律以综合工日计算,而仅给每个等级定一个合理的工资参考标准(见表 3.7),即等级工资,我国建筑安装工人工资的构成内容见表 3.6。

第3章 建筑工程定额计价理论

表3.6 建筑安装工人工资构成内容

工资类别	工资名称	工资类别	工资名称
基本工资	岗位工资 技能工资 年功工资	职工福利费	按规定标准支付的职工福利费,如书报费、取暖费、洗理费等
工资性补贴	物价补贴,煤、燃气补贴,交通补贴、住房补贴,流动施工津贴	劳动保护费	劳动保护用品购置及修理费 徒工服装补贴 防暑降温费及保健费用
辅助工资	非作业日支付给工人应得工资和工资性补贴		

表3.6中建筑安装工程生产工人工资单价构成内容,在各部门和各地区并不完全相同,但是最根本的一点都是执行岗位技能工资制度,以便更好地体现按劳取酬和适应中国特色社会主义市场经济的需要,基本工资中的岗位工资和技能工资,根据国家主管部门制定的"全民所有制大中型建筑安装企业岗位技能工资试行方案"规定,工人岗位工资标准设8个岗次,见表3.7所示。技能工资分初级技术工、中级技术工、高级技术工、技师和高级技师五类工资标准26档,见表3.8所示。

表3.7 全民所有制大中型建筑安装企业工人岗位工资参考标准
（六类地区）

	岗次	1	2	3	4	5	6	7	8
1	标准一	119	102	86	71	58	48	39	32
2	标准二	125	107	90	75	62	51	42	34
3	标准三	131	113	96	80	66	55	45	36
4	标准四	144	124	105	88	72	59	48	38
5	适用岗位								

表3.8 全民所有制大中型建筑安装企业技能工资参考标准
（六类地区）

档次	1	2	3	4	5	6	7	8	9	10	11	12	13	14	15	16	17	18	19	20	21	22	23	24	25	26
标准一	50	56	62	68	75	82	89	96	103	110	117	124	132	140	148	156	164	172	180	188	196	204	212	220	229	238
标准二	52	58	65	72	79	86	93	100	108	116	124	132	140	148	156	164	172	180	189	198	207	216	225	234	243	252
标准三	54	61	68	75	82	89	97	105	113	121	129	137	145	153	162	171	180	189	198	207	216	225	235	245	255	265
标准四	57	64	72	80	88	96	105	114	123	132	141	150	159	168	177	186	195	204	214	224	234	244	254	264	272	284
工人	初级技术工人						中级技术工人									高级技术工人										
	非技术工人															技师										
																				高级技师						

建筑安装工人基本工资决定于工资等级级别、工资标准、岗位和技术素质等,但是,《全国统一建筑工程基础定额》(土建工程)GJD 101—95 对人工规定"不分工种、技术等级,一律以综合工日表示。内容包括基本用工、超运距用工、人工幅度差和辅助用工"。所以,建筑工程单位估价表中"人工费"的确定方法可用计算公式表示为:

$$\text{人工费} = \text{定额综合工日数量} \times \text{日工资标准} \tag{3.25}$$

式中

$$\text{日工资标准} = \text{月工资标准} \div \text{月平均法定工作日} \tag{3.26}$$

根据国家主管部门规定,月平均法定工作日为 20.83 天。

(2)材料费。它是指分项工程施工过程中耗费的构成工程实体的原材料、辅助材料、构配件、零件和半成品的费用,建筑工程单位估价表中的材料费按定额中各种材料消耗指标乘以相应材料预算价格求得,其计算公式为:

$$\text{材料费} = \sum (\text{定额材料消耗指标} \times \text{相应材料预算价格}) \tag{3.27}$$

材料预算价格,是指材料由其来源地(或交货地点)到达工地仓库(施工工地内存放材料的地方)后所发生的全部费用的总和,即材料原价(或供应价)、材料运杂费、材料运输损耗费、材料采购及保管费和材料检验试验费等。材料预算价格的计算公式为:

$$P = A + B + C + D + E \tag{3.28}$$

式中　P——材料预算价格;

　　　A——材料供应价格(包括材料原价、供销部门经营费和包装材料费);

　　　B——材料运输费(包括运输费、装卸费、中转费、运输损耗及其他附加费);

　　　C——材料运输损耗费[$(A+B) \times$ 损耗费费率(%)]

　　　D——材料采购及保管费[$(A+B+C) \times$ 材料采购及保管费费率(%)];

　　　E——检验试验费(某种材料检验试验数量 $\times$ 相应单位材料检验试验费)

注:检验试验费发生时计算,不发生时不计算(并非每种材料都必须发生此项费用)。

建筑安装工程材料预算价格各项费用在市场经济条件下,可按下述方法确定:

1)材料原价。它是指材料的出厂价格或国有商业的批发价格。

①国家、部门统一管理的材料,按照国家、部门统一规定的价格计算。

②地方统一管理的材料,按照地方物价部门批准的价格计算。

③凡由专业公司供应的材料,按照专业公司的批发、零售价综合计算。

④市场采购材料,按照出厂(场)价、市场价等综合取定计算。

⑤同一种材料,由于产地、生产厂家的不同而有几种价格时,应根据不同来源地及厂家的供货数量比例,按照加权平均综合价计算。其计算公式如下:

$$P_m = k_1 P_1 + k_2 P_2 + k_3 P_3 \cdots\cdots + k_n P_n \tag{3.29}$$

2)供销机构手续费。它是指按照我国现行建设物资供应体制对某些材料不能直接从生产厂家订货采购,而必须通过当地物资机构才能获得而支出的费用。不经物资供应机构的材料,不计算此项费用,供销机构手续费按下式计算:

$$\text{供销机构手续费} = \text{材料原价} \times \text{供销机构手续费率}(\%) \tag{3.30}$$

供销机构手续费率,若国家没有统一规定,由各地供销机构自行确定。

3)包装材料费。它是指为了便于材料的运输或保护材料不受机械损伤而进行包装所发生的费用,包括袋装、箱装、裸装,及水运、陆运中的支撑、篷布等所耗用的材料和工作费用。由生产厂家包装的材料,其包装费已计入材料原价内,不再另行计算,但是包装物有回收价值者,应扣除包装物回收值,材料原价中未包括包装物的包装费计算公式如下:

包装材料费 = 包装材料原值 − 包装材料回收价值　　　　　　　　　　　(3.31)

式中

$$包装材料回收价值 = \frac{包装材料原值 \times 回收比率 \times 回收价值率}{包装器材标准容量}$$　　　(3.32)

4)材料运输费。建筑安装材料运输费又称运杂费。它是指材料由来源地或交货地点起,运到工地仓库或施工现场堆放地点止,全部运输过程所发生的运输、调车、出入库、堆码、装卸和合理的运输损耗等费用。在编制材料预算价格时,若同一种材料有多个来原地,应采用加权平均的方法确定其平均运输距离或平均运输费用,其计算公式如下：

①加权平均运输距离计算公式为：

$$S_m = \frac{S_1 P_1 + S_2 P_2 + S_2 P_3 + \cdots S_n P_n}{P_1 + P_2 + P_3 + \cdots P_n}$$　　　　　　　(3.33)

式中　S_m——加权平均运距；

$S_1、S_2、S_3 \cdots S_n$——自各交货地点至卸货中心地点的运距；

$P_1、P_2、P_3 \cdots P_n$——各交货地点启运的材料占该种材料总量的比重。

②加权平均运输费计算公式为：

$$Y_p = \frac{Y_1 Q_1 + Y_2 Q_2 + Y_3 Q_3 + \cdots Y_n Q_n}{Q_1 + Q_2 + Q_3 + \cdots Q_n}$$　　　　　　　(3.34)

式中　Y_P——加权平均运费；

$Y_1、Y_2、Y_3 \cdots Y_n$——自交货地点至卸货中心地点的运费；

$Q_1、Q_2、Q_3 \cdots Q_n$——各交货地点启运的同一种材料数量。

5)材料采购及保管费。它是指材料供应部门为组织材料采购、供应和保管过程中所需支出的各项费用之和。其内容包括采购费、仓储费、工地保管费和仓储损耗(费)。材料采购及保管费计算公式为：

材料采购及保管费 = 材料运至中心仓库价值 × 采购及保管费费率(%)　　(3.35)

或

材料采购及保管费 = (材料原价 + 供销部门手续费 + 包装费 + 运输费 + 运输损耗) × 材料采购及保管费率　　(3.36)

材料采购及保管费率,当前各省、自治区、直辖市在计算时,一般都按2% ~ 2.5%,也有一些地区按3%计算。

6)材料预算价格。材料预算价格编制的全过程应采用材料预算价格计算表进行,其格式见表3.9。其计算公式为：

材料预算价格 = [(材料原价 + 供销部门手续费 + 包装费 + 运输费 + 运输损耗 + 市内运费) × (1 + 采购保管费率)] − 包装品回收价值 = [材料供应价格 + 市内运费] × (1 + 采购保管费率) − 包装品回收价值　　(3.37)

式中材料供应价格 = 材料原价 + 供销部门手续费 + 包装费 + 长途运费　　(3.38)

表3.9 材料预算价格计算表(格式)

序号	材料名称及规格	单位	发货地点	发货地点及条件	原价依据	单位毛重	运输费用计算表号	每吨运费	供销部门手续费率/%	材料预算价格							
										材料原价	供销部门手续费	包装费	运输费	运到中心仓库价格	采购及保管费	回收金额	合计
1	2	3	4	5	6	7	8	9	10	11	12	13	14	15	16	17	18
	一、硅酸盐水泥																
	普通硅酸盐水泥32.5级 袋装	t	韩城厂	中心仓库	省物价局(2006)045	50±01	001	61.25	3	85.00	2.55	60.00	61.25	208.80	5.45	48.00	166.25
	普通硅酸盐水泥42.5级 袋装	t	潼关厂	中心仓库	…	…	002	63.08	3	92.00	2.76	60.00	63.08	217.89	5.46	48.00	175.35
	⋮																
	二、钢材类																
	⋮																

7)材料预算价格表。为了使用的方便,在材料预算价格计算表的基础上,还应编制材料预算价格汇总表,并且装订成册。材料预算价格汇总表的格式没有统一规定,可结合本地区的实际自行制定。材料预算价格表的编制方法,是按照所制定的表格内容,以材料预算价格计算表为依据,分门别类地将计算表中的主要资料——材料名称、规格型号、计量单位和预算价格等,抄写到汇总表相应的栏目内。

(3)施工机械台班预算价格。它反映施工机械在一个台班运转中所支出和分摊的各种费用之和,也称预算单价。施工机械以"台班"为使用计量单位,一台机械工作八小时为一台班。施工机械台班预算价格组成内容,如图3.1所示。

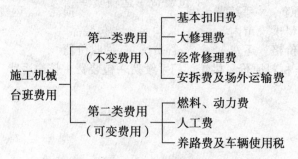

图3.1 施工机械台班费用组成

施工机械台班价格中第一类费用的特点是无论机械运转的情况如何,都需要支出,是一种比较固定的经常性费用，按照全年所需分摊到每一台班中去。所以，在施工机械台班定额中，该类费用诸因素及合计数是直接以货币形式表示的，这种货币指标适用于任何地区，所以，在编制施工机械台班使用费计算表，确定台班预算单价时，不能任意改动也不必重新计算，直接从施工机械台班定额中转抄所列的价值即可。

施工机械台班价格中第二类费用的特点是只有在机械运转作业时才会发生，所以也称一次性费用。该类费用在施工机械台班定额中以台班实物消耗量指标表示，例如人工以"工日"表示；电力以"kW/h"表示；汽油、柴油、煤等以"kg"表示，所以，在编制机械台班单价时，第二类费用必须按照定额规定的各种实物量指标分别乘以地区人工日工资标准，燃料等动力资源的预算价格，其计算公式为：

第二类相应费用 = 定额实物量指标 × 地区相应实物价格　　　　　　　　(3.39)

养路费以及车辆使用税，应根据地区有关部门的规定进行计算，并列入机械台班价格中。

编制单位估价表的三种价，各省、自治区、直辖市均有现成资料。这三种价中，除材料预算价格在当地（省级）以外的其他地区（专署级）各有差异外，其余的两种价——人工工资单价和机械台班单价，在一个地区（省级）的范围内基本上都是相同的。所以在编制某一个地区（专署级）的单位估价表时，通常都不必重新计算，按照地区（省级）的规定计列即可。

◆单位估价表的使用方法

单位估价表是按照预算或综合预算定额分部分项工程的排列次序编制的，其内容及分项工程编号与预算定额或综合预算定额相同，其使用方法也与预算或综合预算定额的使用方法基本一样。但是由于单位估价表是地区（指一个城市或一个专署）性的，所以它具有地区的特点；又由于单位估价表只是为了编制工程预算划价而制定，它的应用范围和内容，又不如预算或综合预算定额广泛。所以，使用时首先要查阅所使用的单位估价表是通用的还是专业的；其次要查阅总说明，了解它的适用范围和适用对象，查阅分部（章）工程说明，了解它包括和未包括的内容；再次，要核对分项工程的工作内容是否与施工图设计要求相符合，若有不同，是否允许换算等。

3.4 建筑工程企业定额

【基　　础】

◆企业定额的概念及用途

企业定额是指建筑安装企业根据本企业的技术水平和管理水平，并结合有关工程造价资料编制完成单位合格产品所必需的人工、材料和施工机械台班的消耗量，及其他生产经营要素消耗的数量标准。它反映企业的施工生产和生产消费之间的数量关系，是施工企业生产力水平的体现，每个企业都应拥有反映自己企业能力的企业定额。企业的技术和管理水平不同，企业定额的定额水平也就不同。所以，企业定额是施工企业进行施工管理和投标报价的基础和依据，从一定意义上讲，它是企业的商业秘密，是企业参与市场竞争的核心竞争能力的具体表现。

目前大部分施工企业均以国家或行业制定的预算定额作为进行施工管理、工料分析和计算施工成本的依据。随着市场化改革的不断深入和发展，施工企业可以预算定额和基础定额为参照，逐步地建立起反映企业自身施工管理水平和技术装备程度的企业定额。

企业定额按其功能作用的不同，通常包括劳动消耗量定额、材料消耗量定额和施工机械台班使用定额和这几种定额的单位估价表等。

◆企业定额的作用

(1)它是企业计划管理的依据。
(2)它是组织和指挥施工生产的有效工具。
(3)它是计算工人劳动报酬的依据。
(4)它是企业激励工人的条件。
(5)它有利于推广先进技术。
(6)它是编制施工预算，加强企业成本管理的基础。
(7)它是施工企业进行工程投标、编制工程投标报价的基础和主要依据。

◆企业定额的性质和特点

企业定额是仅供一个建筑安装企业内部经营管理使用的定额。它的影响范围涉及企业内部管理的许多方面，包括企业生产经营管理活动的人力、物力、财力计划安排、组织协调和调控指挥等各个环节。企业定额是根据本企业的现有条件和可能挖掘的潜力、建筑市场的需求和竞争环境，根据国家有关法律、法规和规范、政策，自行编制的适用于本企业实际情况的定额。所以，可以说企业定额是适应社会主义市场经济竞争和市场竞争形成建筑产品价格，并且具有突出个性特点的定额，企业定额个性特点主要表现在以下几个方面。

(1)其各项平均消耗水平比社会平均水平低，与同类企业和同一地区的企业之间存在着突出的先进性。
(2)在某些方面突出表现了企业的装备优势、技术优势和经营管理优势。
(3)所有匹配的单价都是动态的，具有突出的市场性。
(4)与施工方案能全面接轨。

【实　务】

◆企业定额的编制

1. 企业定额的编制原则

(1)平均先进性原则。平均先进是就定额的水平而言，定额水平，是指规定消耗在单位产品上的劳动、材料和机械数量的多少，是按照一定施工程序和工艺条件下规定的施工生产中活劳动和物化劳动的消耗水平。平均先进水平是指在正常的施工条件下，大多数施工队组和大多数生产者经过努力能够达到和超过的水平。

企业定额应以企业平均先进水平为基准进行制定。使多数单位和员工经过努力，能够达到或超过企业平均先进水平，以保持定额的先进性和可行性。

(2)简明适用性原则。简明适用就企业定额的内容和形式而言，要方便于企业定额的贯彻和执行。制定企业定额的目的就在于适用于企业的内部管理，具有可操作性。

定额的简明性和适用性,既有联系,又有区别。编制施工定额时应全面地加以贯彻。若二者发生矛盾,定额的简明性应服从适用性的要求。

贯彻定额的简明适用性原则,关键是做到定额项目设置完全,项目划分粗细适当。还应正确选择产品和材料计量单位,适当利用系数,并且辅以必要的说明和附注。总之,贯彻简明适用性原则,要努力使施工定额达到项目齐全、粗细适当、步距合理的效果。

(3)独立自主的原则。企业独立自主地制定定额,主要是指自主地确定定额水平,自主地划分定额项目,自主地根据需要增加新的定额项目。但是,企业定额毕竟是一定时期内企业生产力水平的反映,它不可也不应该割断历史。所以,它应是对原有国家、部门和地区性施工定额的继承和发展。

(4)保密原则。企业定额的指标体系和标准要严格保密,建筑市场强手林立,竞争激烈。就企业现行的定额水平,工程项目在投标中若被竞争对手获取,会使企业陷入十分被动的境地,给企业带来不可估量的损失。所以,企业要有自我保护意识和相应的加密措施。

2. 企业定额的编制方法

编制企业定额最关键的工作是确定人工、材料和机械台班的消费量,计算分项工程单价或综合单价。

(1)人工消耗量的确定。人工消耗量的确定,首先是根据企业的环境,拟定正常的施工作业条件,分别计算测定基本用工和其他用工的工日数,进而拟定施工作业的定额时间。

(2)材料消耗量的确定。材料消耗量的确定是通过对企业历史数据的统计分析、理论计算、实验试验和实地考察等方法计算确定材料包括周转材料的净用量和损耗量,进而拟定材料消耗的定额指标。

(3)机械台班消耗量确定。机械台班消耗量的确定,同样需要根据企业的环境,拟定机械工作的正常施工条件,确定机械工作效率和利用系数,进而拟定施工机械作业的定额台班与机械作业相关的工人小组的定额时间。

第4章 建筑工程清单计价理论

4.1 工程量清单的编制

【基　　础】

◆ **工程量清单的概念**

工程量清单是指表现拟建工程的分部分项工程项目、措施项目、其他项目、规费项目和税金项目的名称和相应数量的明细清单。它包括分部分项工程量清单、措施项目清单、其他项目清单、规费项目清单和税金项目清单。

◆ **工程量清单的基本规定**

（1）工程量清单应由具有编制能力的招标人或受其委托，具有相应资质的工程造价咨询人编制。

（2）采用工程量清单方式招标，工程量清单必须作为招标文件的组成部分，其准确性和完整性由招标人负责。

（3）工程量清单是工程量清单计价的基础，应作为编制招标控制价、投标报价、计算工程量、支付工程款、调整合同价款、办理竣工结算及工程索赔等的依据。

（4）工程量清单应由分部分项工程量清单、措施项目清单、其他项目清单、规费项目清单、税金项目清单组成。

（5）编制工程量清单的依据。

1)《建设工程工程量清单计价规范》(GB 50500—2008)。

2) 国家或省级、行业建设主管部门颁发的计价依据和办法。

3) 建设工程设计文件。

4) 与建设工程项目有关的标准、规范、技术资料。

5) 招标文件及其补充通知、答疑纪要。

6) 施工现场情况、工程特点及常规施工方案。

7) 其他相关资料。

【实　　务】

◆ **分部分项工程量清单**

（1）分部分项工程量清单应包括项目编码、项目名称、项目特征、计量单位和工程量。

（2）分部分项工程量清单应根据《建设工程工程量清单计价规范》(GB 50500—2008)附

录规定的项目编码、项目名称、项目特征、计量单位和工程量计算规则进行编制。

(3)分部分项工程量清单的项目编码,应采用十二位阿拉伯数字表示。一至九位应按《建设工程工程量清单计价规范》(GB 50500—2008)附录的规定设置,十至十二位应根据拟建工程的工程量清单项目名称设置,同一招标工程的项目编码不得有重码。

(4)分部分项工程量清单的项目名称应按《建设工程工程量清单计价规范》(GB 50500—2008)附录的项目名称结合拟建工程的实际确定。

(5)分部分项工程量清单中所列工程量应按《建设工程工程量清单计价规范》(GB 50500—2008)附录中规定的工程量计算规则计算。

(6)分部分项工程量清单的计量单位应按《建设工程工程量清单计价规范》(GB 50500—2008)附录中规定的计量单位确定。

(7)分部分项工程量清单项目特征应按《建设工程工程量清单计价规范》(GB 50500—2008)附录中规定的项目特征,结合拟建工程项目的实际予以描述。

(8)编制工程量清单出现《建设工程工程量清单计价规范》(GB 50500—2008)附录中未包括的项目,编制人应做补充,并报省级或行业工程造价管理机构备案,省级或行业工程造价管理机构应汇总报往住房和城乡建设部标准定额研究所。

补充项目的编码由《建设工程工程量清单计价规范》(GB 50500—2008)附录的顺序码与B和三位阿拉伯数字组成,并应从×B001起顺序编制,同一招标工程的项目不得重码。工程量清单中需附有补充项目的名称、项目特征、计量单位、工程量计算规则、工程内容。

◆措施项目清单

(1)措施项目清单应根据拟建工程的实际情况列项。通用措施项目可按表4.1选择列项,专业工程的措施项目可按《建设工程工程量清单计价规范》(GB 50500—2008)附录中规定的项目选择列项。若出现未列的项目,可根据工程实际情况补充。

表4.1 通用措施项目一览表

序号	项目名称
1	安全文明施工(含环境保护、文明施工、安全施工、临时设施)
2	夜间施工
3	二次搬运
4	冬雨季施工
5	大型机械设备进出场及安拆
6	施工排水
7	施工降水
8	地上、地下设施,建筑物的临时保护设施
9	已完工程及设备保护

(2)措施项目中可以计算工程量的项目清单宜采用分部分项工程量清单的方式编制,列出项目编码、项目名称、项目特征、计量单位和工程量计算规则;不能计算工程量的项目清单,以"项"为计量单位。

◆其他项目清单

(1)其他项目清单宜按照下列内容列项。

1）暂列金额。
2）暂估价。包括材料暂估价、专业工程暂估价。
3）计日工。
4）总承包服务费。
（2）出现第（1）条未列的项目，可根据工程实际情况补充。

◆规费项目清单

（1）规费项目清单应按照下列内容列项。
1）工程排污费。
2）工程定额测定费。
3）社会保障费。包括养老保险费、失业保险费、医疗保险费。
4）住房公积金。
5）危险作业意外伤害保险。
（2）出现第（1）条未列的项目，应根据省级政府或省级有关权力部门的规定列项。

◆税金项目清单

（1）税金项目清单应包括下列内容。
1）营业税。
2）城市维护建设税。
3）教育费附加。
（2）出现第（1）条未列的项目，应根据税务部门的规定列项。

4.2 工程量清单计价的编制

【基　　础】

◆工程量清单计价的概念

工程量清单计价是指投标人完成由招标人提供的工程量清单所需的全部费用，包括分部分项工程费、措施项目费、其他项目费、规费和税金。

◆工程量清单计价的基本规定

（1）采用工程量清单计价，建设工程造价由分部分项工程费、措施项目费、其他项目费、规费和税金组成。
（2）分部分项工程量清单应采用综合单价计价。
（3）招标文件中的工程量清单标明的工程量是投标人投标报价的共同基础，竣工结算的工程量按发、承包双方在合同中约定应予计量且实际完成的工程量确定。
（4）措施项目清单计价应根据拟建工程的施工组织设计，可以计算工程量的措施项目，应按分部分项工程量清单的方式采用综合单价计价；其余的措施项目可以"项"为单位的方式计价，应包括除规费、税金外的全部费用。

(5)措施项目清单中的安全文明施工费应按照国家或省级、行业建设主管部门的规定计价,不得作为竞争性费用。

(6)其他项目清单应根据工程特点和◆招标控制价中的第(6)条、◆投标价中的第(6)条、◆竣工结算中的第(6)条的规定计价。

(7)招标人在工程量清单中提供了暂估价的材料和专业工程属于依法必须招标的,由承包人和招标人共同通过招标确定材料单价与专业工程分包价。

若材料不属于依法必须招标的,经发、承包双方协商确认单价后计价。

若专业工程不属于依法必须招标的,由发包人、总承包人与分包人按有关计价依据进行计价。

(8)规费和税金应按国家或省级、行业建设主管部门的规定计算,不得作为竞争性费用。

(9)采用工程量清单计价的工程,应在招标文件或合同中明确风险内容及其范围(幅度),不得采用无限风险、所有风险或类似语句规定风险内容及其范围(幅度)。

【实 务】

◆招标控制价

(1)国有资金投资的工程建设项目应实行工程量清单招标,并应编制招标控制价。招标控制价超过批准的概算时,招标人应将其报原概算审批部门审核。投标人的投标报价高于招标控制价的,其投标应予以拒绝。

(2)招标控制价应由具有编制能力的招标人,或受其委托具有相应资质的工程造价咨询人编制。

(3)招标控制价应根据下列依据编制。

1)《建设工程工程量清单计价规范》(GB 50500—2008)。

2)国家或省级、行业建设主管部门颁发的计价定额和计价办法。

3)建设工程设计文件及相关资料。

4)招标文件中的工程量清单及有关要求。

5)与建设项目相关的标准、规范、技术资料。

6)工程造价管理机构发布的工程造价信息;工程造价信息没有发布的参照市场价。

7)其他的相关资料。

(4)分部分项工程费应根据招标文件中的分部分项工程量清单项目的特征描述及有关要求,按上述第(3)条的规定确定综合单价计算,综合单价中应包括招标文件中要求投标人承担的风险费用。

招标文件提供了暂估单价的材料,按暂估的单价计入综合单价。

(5)措施项目费应根据招标文件中的措施项目清单按◆工程量清单计价的基本规定中的第(4)、(5)条和◆招标控制价中的第(3)条的规定计价。

(6)其他项目费应按下列规定计价。

1)暂列金额应根据工程特点,按有关计价规定估算。

2)暂估价中的材料单价应根据工程造价信息或参照市场价格估算;暂估价中的专业工程金额应分不同专业,按有关计价规定估算。

3)计日工应根据工程特点和有关计价依据计算。

4)总承包服务费应根据招标文件列出的内容和要求估算。

(7)规费和税金应按◆工程量清单计价的基本规定中的第(8)条的规定计算。

(8)招标控制价应在招标时公布,不应上调或下浮,招标人应将招标控制价及有关资料报送工程所在地工程造价管理机构备查。

(9)投标人经复核认为招标人公布的招标控制价未按照本规范的规定进行编制的,应在开标前5天向招投标监督机构或(和)工程造价管理机构投诉。

招投标监督机构应会同工程造价管理机构对投诉进行处理,发现确有错误的,应责成招标人修改。

◆投标价

(1)除《建设工程工程量清单计价规范》(GB 50500—2008)强制性规定外,投标价由投标人自主确定,但不得低于成本。

投标价应由投标人或受其委托具有相应资质的工程造价咨询人编制。

(2)投标人应按招标人提供的工程量清单填报价格。填写的项目编码、项目名称、项目特征、计量单位、工程量必须与招标人提供的一致。

(3)投标报价应根据下列依据编制。

1)《建设工程工程量清单计价规范》(GB 50500—2008)。

2)国家或省级、行业建设主管部门颁发的计价办法。

3)企业定额,国家或省级、行业建设主管部门颁发的计价定额。

4)招标文件、工程量清单及其补充通知、答疑纪要。

5)建设工程设计文件及相关资料。

6)施工现场情况、工程特点及拟定的投标施工组织设计或施工方案。

7)与建设项目相关的标准、规范等技术资料。

8)市场价格信息或工程造价管理机构发布的工程造价信息。

9)其他的相关资料。

(4)分部分项工程费应依据《建设工程工程量清单计价规范》(GB 50500—2008)综合单价的组成内容,按招标文件中分部分项工程量清单项目的特征描述确定综合单价计算。

综合单价中应考虑招标文件中要求投标人承担的风险费用。

招标文件中提供了暂估单价的材料,按暂估的单价计入综合单价。

(5)投标人可根据工程实际情况结合施工组织设计,对招标人所列的措施项目进行增补。

措施项目费应根据招标文件中的措施项目清单及投标时拟定的施工组织设计或施工方案按◆工程量清单计价的基本规定中的第(4)条的规定自主确定。其中安全文明施工费应按照◆工程量清单计价的基本规定中的第(5)条的规定确定。

(6)其他项目费应按下列规定报价。

1)暂列金额应按招标人在其他项目清单中列出的金额填写。

2)材料暂估价应按招标人在其他项目清单中列出的单价计入综合单价;专业工程暂估价应按招标人在其他项目清单中列出的金额填写。

3)计日工按招标人在其他项目清单中列出的项目和数量,自主确定综合单价并计算计日工费用。

4)总承包服务费根据招标文件中列出的内容和提出的要求自主确定。

(7)规费和税金应按◆工程量清单计价的基本规定中的第(8)条的规定确定。

(8)投标总价应当与分部分项工程费、措施项目费、其他项目费和规费、税金的合计金额一致。

◆工程合同价款的约定

(1)实行招标的工程合同价款应在中标通知书发出之日起30天内,由发、承包双方依据招标文件和中标人的投标文件在书面合同中约定。

不实行招标的工程合同价款,在发、承包双方认可的工程价款基础上,由发、承包双方在合同中约定。

(2)实行招标的工程,合同约定不得违背招、投标文件中关于工期、造价、质量等方面的实质性内容。招标文件与中标人投标文件不一致的地方,以投标文件为准。

(3)实行工程量清单计价的工程,宜采用单价合同。

(4)发、承包双方应在合同条款中对下列事项进行约定;合同中没有约定或约定不明的,由双方协商确定;协商不能达成一致的,按《建设工程工程量清单计价规范》(GB 50500—2008)执行。

1)预付工程款的数额、支付时间及抵扣方式。

2)工程计量与支付工程进度款的方式、数额及时间。

3)工程价款的调整因素、方法、程序、支付及时间。

4)索赔与现场签证的程序、金额确认与支付时间。

5)发生工程价款争议的解决方法及时间。

6)承担风险的内容、范围及超出约定内容、范围的调整办法。

7)工程竣工价款结算编制与核对、支付及时间。

8)工程质量保证(保修)金的数额、预扣方式及时间。

9)与履行合同、支付价款有关的其他事项等。

◆工程计量与价款支付

(1)发包人应按照合同约定支付工程预付款。支付的工程预付款,按照合同约定在工程进度款中抵扣。

(2)发包人支付工程进度款,应按照合同约定计量和支付,支付周期同计量周期。

(3)工程计量时,若发现工程量清单中出现漏项、工程量计算偏差,及工程变更引起工程量的增减,应按承包人在履行合同义务过程中实际完成的工程量计算。

(4)承包人应按照合同约定,向发包人递交已完工程量报告。发包人应在接到报告后按合同约定进行核对。

(5)承包人应在每个付款周期末,向发包人递交进度款支付申请,并附相应的证明文件。除合同另有约定外,进度款支付申请应包括下列内容。

1)本周期已完成的工程价款。

2)累计已完成的工程价款。

3)累计已支付的工程价款。

4)本周期已完成计日工金额。

5)应增加和扣减的变更金额。

6)应增加和扣减的索赔金额。

7) 应抵扣的工程预付款。
8) 应扣减的质量保证金。
9) 根据合同应增加和扣减的其他金额。
10) 本付款周期实际应支付的工程价款。

(6) 发包人在收到承包人递交的工程进度款支付申请及相应的证明文件后,发包人应在合同约定时间内核对和支付工程进度款。发包人应扣回的工程预付款,与工程进度款同期结算抵扣。

(7) 发包人未在合同约定时间内支付工程进度款,承包人应及时向发包人发出要求付款的通知,发包人收到承包人通知后仍不按要求付款,可与承包人协商签订延期付款协议,经承包人同意后延期支付。协议应明确延期支付的时间和从付款申请生效后按同期银行贷款利率计算应付款的利息。

(8) 发包人不按合同约定支付工程进度款,双方又未达成延期付款协议,导致施工无法进行时,承包人可停止施工,由发包人承担违约责任。

◆索赔与现场签证

(1) 合同一方向另一方提出索赔时,应有正当的索赔理由和有效证据,并应符合合同的相关约定。

(2) 若承包人认为非承包人原因发生的事件造成了承包人的经济损失,承包人应在确认该事件发生后,按合同约定向发包人发出索赔通知。

发包人在收到最终索赔报告后并在合同约定时间内,未向承包人做出答复,视为该项索赔已经认可。

(3) 承包人索赔按下列程序处理。
1) 承包人在合同约定的时间内向发包人递交费用索赔意向通知书。
2) 发包人指定专人收集与索赔有关的资料。
3) 承包人在合同约定的时间内向发包人递交费用索赔申请表。
4) 发包人指定的专人初步审查费用索赔申请表,符合上述第(1)条规定的条件时予以受理。
5) 发包人指定的专人进行费用索赔核对,经造价工程师复核索赔金额后,与承包人协商确定并由发包人批准。
6) 发包人指定的专人应在合同约定的时间内签署费用索赔审批表,或发出要求承包人提交有关索赔的进一步详细资料的通知,待收到承包人提交的详细资料后,按本条第4)、5)款的程序进行。

(4) 若承包人的费用索赔与工程延期索赔要求相关联时,发包人在做出费用索赔的批准决定时,应结合工程延期的批准,综合做出费用索赔和工程延期的决定。

(5) 若发包人认为由于承包人的原因造成额外损失,发包人应在确认引起索赔的事件后,按合同约定向承包人发出索赔通知。

承包人在收到发包人索赔通知后并在合同约定时间内,未向发包人做出答复,视为该项索赔已经认可。

(6) 承包人应发包人要求完成合同以外的零星工作或非承包人责任事件发生时,承包人应按合同约定及时向发包人提出现场签证。

(7) 发、承包双方确认的索赔与现场签证费用与工程进度款同期支付。

◆ 工程价款调整

（1）招标工程以投标截至日前28天，非招标工程以合同签订前28天为基准日，其后国家的法律、法规、规章和政策发生变化影响工程造价的，应按省级或行业建设主管部门或其授权的工程造价管理机构发布的规定调整合同价款。

（2）若施工中出现施工图纸（含设计变更）与工程量清单项目特征描述不符的，发、承包双方应按新的项目特征确定相应工程量清单项目的综合单价。

（3）因分部分项工程量清单漏项或非承包人原因的工程变更，造成增加新的工程量清单项目，其对应的综合单价按下列方法确定。

1) 合同中已有适用的综合单价，按合同中已有的综合单价确定。

2) 合同中有类似的综合单价，参照类似的综合单价确定。

3) 合同中没有适用或类似的综合单价，由承包人提出综合单价，经发包人确认后执行。

（4）因分部分项工程量清单漏项或非承包人原因的工程变更，引起措施项目发生变化，造成施工组织设计或施工方案变更，原措施费中已有的措施项目，按原措施费的组价方法调整；原措施费中没有的措施项目，由承包人根据措施项目变更情况，提出适当的措施费变更，经发包人确认后调整。

（5）因非承包人原因引起的工程量增减，该项工程量变化在合同约定幅度以内的，应执行原有的综合单价；该项工程量变化在合同约定幅度以外的，其综合单价及措施项目费应予以调整。

（6）若施工期内市场价格波动超出一定幅度时，应按合同约定调整工程价款；合同没有约定或约定不明确的，应按省级或行业建设主管部门或其授权的工程造价管理机构的规定调整。

（7）因不可抗力事件导致的费用，发、承包双方应按以下原则分别承担并调整工程价款。

1) 工程本身的损害、因工程损害导致第三方人员伤亡和财产损失以及运至施工场地用于施工的材料和待安装的设备的损害，由发包人承担。

2) 发包人、承包人人员伤亡由其所在单位负责，并承担相应费用。

3) 承包人的施工机械设备损坏及停工损失，由承包人承担。

4) 停工期间，承包人应发包人要求留在施工场地的必要的管理人员及保卫人员的费用，由发包人承担。

5) 工程所需清理、修复费用，由发包人承担。

（8）工程价款调整报告应由受益方在合同约定时间内向合同的另一方提出，经对方确认后调整合同价款。受益方未在合同约定时间内提出工程价款调整报告的，视为不涉及合同价款的调整。

收到工程价款调整报告的一方应在合同约定时间内确认或提出协商意见，否则，视为工程价款调整报告已经确认。

（9）经发、承包双方确定调整的工程价款，作为追加（减）合同价款与工程进度款同期支付。

◆ 竣工结算

（1）工程完工后发、承包双方应在合同约定时间内办理工程竣工结算。

（2）工程竣工结算由承包人或受其委托具有相应资质的工程造价咨询人编制，由发包人或受其委托具有相应资质的工程造价咨询人核对。

(3)工程竣工结算应依据。

1)《建设工程工程量清单计价规范》(GB 50500—2008)。

2)施工合同。

3)工程竣工图纸及资料。

4)双方确认的工程量。

5)双方确认追加(减)的工程价款。

6)双方确认的索赔、现场签证事项及价款。

7)投标文件。

8)招标文件。

9)其他依据。

(4)分部分项工程费应依据双方确认的工程量、合同约定的综合单价计算;如发生调整的,以发、承包双方确认调整的综合单价计算。

(5)措施项目费应依据合同约定的项目和金额计算;如发生调整的,以发、承包双方确认调整的金额计算,其中安全文明施工费应按◆工程量清单计价的基本规定中第(5)条的规定计算。

(6)其他项目费用应按下列规定计算。

1)计日工应按发包人实际签证确认的事项计算。

2)暂估价中的材料单价应按发、承包双方最终确认价在综合单价中调整;专业工程暂估价应按中标价或发包人、承包人与分包人最终确认价计算。

3)总承包服务费应依据合同约定金额计算,如发生调整的,以发、承包双方确认调整的金额计算。

4)索赔费用应依据发、承包双方确认的索赔事项和金额计算。

5)现场签证费用应依据发、承包双方签证资料确认的金额计算。

6)暂列金额应减去工程价款调整与索赔、现场签证金额计算,如有余额归发包人。

(7)规费和税金应按◆工程量清单计价的基本规定中第(8)条的规定计算。

(8)承包人应在合同约定时间内编制完成竣工结算书,并在提交竣工验收报告的同时递交给发包人。

承包人未在合同约定时间内递交竣工结算书,经发包人催促后仍未提供或没有明确答复的,发包人可以根据已有资料办理结算。

(9)发包人在收到承包人递交的竣工结算书后,应按合同约定时间核对。

同一工程竣工结算核对完成,发、承包双方签字确认后,禁止发包人又要求承包人与另一个或多个工程造价咨询人重复核对竣工结算。

(10)发包人或受其委托的工程造价咨询人收到承包人递交的竣工结算书后,在合同约定时间内,不核对竣工结算或未提出核对意见的,视为承包人递交的竣工结算书已经认可,发包人应向承包人支付工程结算价款。

承包人在接到发包人提出的核对意见后,在合同约定时间内,不确认也未提出异议的,视为发包人提出的核对意见已经认可,竣工结算办理完毕。

(11)发包人应对承包人递交的竣工结算书签收,拒不签收的,承包人可以不交付竣工工程。

承包人未在合同约定时间内递交竣工结算书的,发包人要求交付竣工工程,承包人应当交付。

(12)竣工结算办理完毕,发包人应将竣工结算书报送工程所在地工程造价管理机构备案。竣工结算书作为工程竣工验收备案、交付使用的必备文件。

(13)竣工结算办理完毕,发包人应根据确认的竣工结算书在合同约定时间内向承包人支付工程竣工结算价款。

(14)发包人未在合同约定时间内向承包人支付工程结算价款的,承包人可催告发包人支付结算价款。如达成延期支付协议的,发包人应按同期银行同类贷款利率支付拖欠工程价款的利息。如未达成延期支付协议,承包人可以与发包人协商将该工程折价,或申请人民法院将该工程依法拍卖,承包人就该工程折价或者拍卖的价款优先受偿。

◆工程计价争议处理

(1)在工程计价中,对工程造价计价依据、办法以及相关政策规定发生争议事项的,由工程造价管理机构负责解释。

(2)发包人以对工程质量有异议,拒绝办理工程竣工结算的,已竣工验收或已竣工未验收但实际投入使用的工程,其质量争议按该工程保修合同执行,竣工结算按合同约定办理;已竣工未验收且未实际投入使用的工程及停工、停建工程的质量争议,双方应就有争议的部分委托有资质的检测鉴定机构进行检测,根据检测结果确定解决方案,或按工程质量监督机构的处理决定执行后办理竣工结算,无争议部分的竣工结算按合同约定办理。

(3)发、承包双方发生工程造价合同纠纷时,应通过下列办法解决。

1)双方协商。

2)提请调解,工程造价管理机构负责调解工程造价问题。

3)按合同约定向仲裁机构申请仲裁或向人民法院起诉。

(4)在合同纠纷案件处理中,需做工程造价鉴定的,应委托具有相应资质的工程造价咨询人进行。

第5章 建筑工程工程量计算规则及应用

5.1 土、石方工程

【基　础】

◆ 基础定额说明

1. 人工土石方

(1)土壤分类。详见表5.1,表列Ⅰ、Ⅱ类为定额中一、二类土壤(普通土);Ⅲ类为定额中三类土壤(坚土);Ⅳ类为定额中四类土壤(砂砾坚土)。人工挖地槽、地坑定额深度最深为6 m,超过6 m时,可另做补充定额。

表5.1　土壤及岩石(普氏)分类表

定额分类	普氏分类	土壤及岩石名称	天然湿度下平均容重/$(kg \cdot m^{-3})$	极限压碎强度/$(kg \cdot cm^{-2})$	用轻钻孔机钻进1 m耗时/min	开挖方法及工具	紧固系数 f
一、二类土壤	Ⅰ	砂	1 500	—	—	用尖锹开挖	0.5~0.6
		砂壤土	1 600				
		腐殖土	1 200				
		泥炭	600				
一、二类土壤	Ⅱ	轻壤和黄土类土	1 600	—	—	用锹开挖并少数用镐开挖	0.6~0.8
		潮湿而松散的黄土,软的盐渍土和碱土	1 600				
		平均15 mm以内的松散而软的砾石	1 700				
		含有草根的实心密实腐殖土	1 400				
一、二类土壤	Ⅱ	含有直径在30 mm以内根类的泥炭和腐殖土	1 100	—	—	用锹开挖并少数用镐开挖	0.6~0.8
		掺有卵石、碎石和石屑的砂和腐殖土	1 650				
		含有卵石或碎石杂质的胶结成块的填土	1 750				
		含有卵石、碎石和建筑料杂质的砂壤土	1 900				

续表5.1

定额分类	普氏分类	土壤及岩石名称	天然湿度下平均容重/$(kg \cdot m^{-3})$	极限压碎强度/$(kg \cdot cm^{-2})$	用轻钻孔机钻进1 m耗时/min	开挖方法及工具	紧固系数 f
三类土壤	Ⅲ	肥黏土其中包括石炭纪、侏罗纪的黏土和冰黏土	1 800	—		用尖锹并同时用镐开挖(30%)	0.8~1.0
		重壤土、粗砾石,粒径为15~40 mm的碎石和卵石	1 750				
		干黄土和掺有碎石或卵石的自然含水量黄土	1 790				
		含有直径大于30 mm根类的腐殖土或泥炭	1 400				
		掺有碎石或卵石和建筑碎料的土壤	1 900				
四类土壤	Ⅳ	土含碎石重黏土其中包括侏罗纪和石英纪的硬黏土	1950	—		用尖锹并同时用镐和撬棍开挖(30%)	1.0~1.5
		含有碎石、卵石、建筑碎料和重达25kg的顽石(总体积10%以内)等杂质的肥黏土和重壤土	1950				
		冰渍黏土,含有重量在50kg以内的巨砾,其含量为总体积10%以内	2000				
		泥板岩	2000				
		不含或含有重达10kg的顽石	1950				1.0~1.5
松石	Ⅴ	含有重量在50 kg以内的巨砾(占体积10%以上)的冰渍石	2 100	小于200	小于3.5	部分用手凿工具,部分用爆破来开挖	1.5~2.0
		砂藻岩和软白垩岩	1 800				
		胶结力弱的砾岩	1 900				
		各种不坚实的片岩	2 600				
		石膏	2 200				
次坚石	Ⅵ	凝灰岩和浮石	1 100	200~400	3.5	用爆破方法开挖	2~4
		松软多孔和裂隙严重的石灰岩和介质石灰岩	1 200				
		中等硬变的片岩	2 700				
		中等硬变的泥灰岩	2 300				
	Ⅶ	石灰石胶结的带有卵石和沉积岩的砾石	2 200	400~600	6.0		4~6
		风化的和有大裂缝的黏土质砂岩	2 000				
		坚实的泥板岩	2 800				
		坚实的泥灰岩	2 500				
	Ⅷ	砾质花岗岩	2 300	600~800	8.5		6~8
		泥灰质石灰岩	2 300				
		黏土质砂岩	2 200				
		砂质云母片岩	2 300				
		硬石膏	2 900				

续表 5.1

定额分类	普氏分类	土壤及岩石名称	天然湿度下平均容重/(kg·m^{-3})	极限压碎强度/(kg·cm^{-2})	用轻钻孔机钻进 1 m 耗时/min	开挖方法及工具	紧固系数 f
普坚石	IX	严重风化的软弱的花岗岩、片麻岩和正长岩	2 500	800~1 000	11.5	用爆破方法开挖	8~10
		滑石化的蛇纹岩	2 400				
		致密的石灰岩	2 500				
		含有卵石、沉积岩的渣质胶结的砾岩	2 500				
		砂岩	2 500				
		砂质石灰质片岩	2 500				
		菱镁矿	3 000				
	X	白云石	2 700	1 000~1 200	15.0		10~12
		坚固的石灰岩	700				
		大理石	2 700				
		石灰胶结的致密砾石	2 600				
		坚固砂质片岩	2 600				
特坚石	XI	粗花岗岩	2 800	1 200~1 400	18.5	用爆破方法开挖	12~14
		非常坚硬的白云岩	2 900				
		蛇纹岩	2 600				
		石灰质胶结的含有火成岩之卵石的砾石	2 800				
		石英胶结的坚固砂岩	2 700				
		粗粒正长岩	2 700				
	XII	具有风化痕迹的安山岩和玄武岩	2 700	1 400~1 600	22.0		14~16
		片麻岩	2 600				
		非常坚固的石灰岩	2 900				
		硅质胶结的含有火成岩之卵石的砾石	2 900				
		粗石岩	2 600				
	XIII	中粒花岗岩	3 100	1 600~1 800	27.5		16~18
		坚固的片麻岩	2 800				
		辉绿岩	2 700				
		玢岩	2 500				
		坚固的粗面岩	2 800				
		中粒正长岩	2 800				
	XIV	非常坚硬的细粒花岗岩	3 300	1 800~2 000	32.5		18~20
		花岗岩麻岩	2 900				
		闪长岩	2 900				
		高硬度的石灰岩	3 100				
		坚固的玢岩	2 700				
	XV	安山岩、玄武岩、坚固的角页岩	3 100	2 000~2 500	46.0		20~25
		高硬度的辉绿岩和闪长岩	2 900				
		坚固的辉长岩和石英岩	2 800				
	XVI	拉长玄武岩和橄榄玄武岩	3 300	大于 2 500	大于 60		大于 25
		特别坚固的辉长辉绿岩、石英石和玢岩	3 300				

(2)人工土方定额是按干土编制的,如挖湿土时,人工乘以系数1.18。干湿的划分,应根据地质勘测资料以地下常水位为准划分,地下常水位以上为干土,以下为湿土。

(3)人工挖孔桩定额,适用于在有安全防护措施的条件下施工。

(4)定额中不包括地下水位以下施工的排水费用,发生时另行计算。挖土方时如有地表水需要排除时,亦应另行计算。

(5)支挡土板定额项目分为密撑和疏撑,密撑是指满支挡土板;疏撑是指间隔支挡土板,实际间距不同时,定额不做调整。

(6)在有挡土板支撑下挖土方时,按实挖体积,人工乘系数1.43。

(7)挖桩间土方时,按实挖体积(扣除桩体占用体积),人工乘以系数1.5。

(8)人工挖孔桩,桩内垂直运输方式按人工考虑。如深度超过12 m时,16 m以内按12 m项目人工用量乘以系数1.3;20 m以内乘以系数1.5计算。同一孔内土壤类别不同时,按定额加权计算,如遇有流砂、淤泥时,另行处理。

(9)场地竖向布置挖填土方时,不再计算平整场地的工程量。

(10)石方爆破定额是按炮眼法松动爆破编制的,不分明炮、闷炮,但闷炮的覆盖材料应另行计算。

(11)石方爆破定额是按电雷管导电起爆编制的,如采用火雷管爆破时,雷管应换算,数量不变。扣除定额中的胶质导线,换为导火索,导火索的长度按每个雷管2.12 m计算。

2. 机械土石方

(1)岩石分类,详见表5.1。表列Ⅴ类为定额中松石,Ⅵ-Ⅷ类为定额中次坚石;Ⅸ、Ⅹ类为定额中普坚石;Ⅺ-类为特坚石。

(2)推土机推土、推石碴,铲运机铲运土重车上坡时,如果坡度大于5%时,其运距按坡度区段斜长乘以坡度系数计算,坡度系数见表5.2。

表5.2 坡度系数

坡度/%	5~10	15以内	20以内	25以内
系数	1.75	2.0	2.25	2.50

(3)汽车、人力车、重车上坡降效因素,已综合在相应的运输定额项目中,不再另行计算。

(4)机械挖土方工程量,按机械挖土方90%,人工挖土方10%计算,人工挖土部分按相应定额项目人工乘以系数2。

(5)土壤含水率定额是以天然含水率为准制定。

含水率大于25%时,定额人工、机械乘以系数1.15,若含水率大于40%时另行计算。

(6)推土机推土或铲运机铲土土层平均厚度小于300 mm时,推土机台班用量乘以系数1.25;铲运机台班用量乘以系数1.17。

（7）挖掘机在垫板上进行作业时,人工、机械乘以系数1.25,定额内不包括垫板铺设所需的工料、机械消耗。

（8）推土机、铲运机,推、铲未经压实的积土时,按定额项目乘以系数0.73。

（9）机械土方定额是按三类土编制的,如实际土壤类别不同时,定额中机械台班量乘以表5.3中的系数。

表5.3 机械台班系数

项目	一、二类土壤	四类土壤
推土机推土方	0.84	1.18
铲运机铲运土方	0.84	1.26
自行铲运机铲土方	0.86	1.09
挖掘机挖土方	0.84	1.14

（10）定额中的爆破材料是按炮孔中无地下渗水、积水编制的,炮孔中若出现地下渗水、积水时,处理渗水或积水发生的费用另行计算。定额内未计爆破时所需覆盖的安全网、草袋、架设安全屏障等设施,发生时另行计算。

（11）机械上下行驶坡道土方,合并在土方工程量内计算。

（12）汽车运土运输道路是按一、二、三类道路综合确定的,已考虑了运输过程中道路清理的人工,如需要铺筑材料时,另行计算。

◆基础定额工程量计算规则

1.土方工程

（1）一般规定。

1）土方体积,均以挖掘前的天然密实体积为准计算。如遇有必须以天然密实体积折算时,可按表5.4所列数值换算。

表5.4 土方体积折算表

虚方体积	天然密实度体积	夯实后体积	松填体积
1.00	0.77	0.67	0.83
1.30	1.00	0.87	1.08
1.50	1.15	1.00	1.25
1.20	0.92	0.80	1.00

2）挖土一律以设计室外地坪标高为准计算。

（2）平整场地及碾压工程量计算。

1)人工平整场地是指建筑场地挖、填土方厚度在±30 cm以内及找平。挖、填土方厚度超过±30 cm以外时,按场地土方平衡竖向布置图另行计算。

2)平整场地工程量按建筑物外墙外边线每边各加2 m,以平方米计算。

3)建筑场地原土碾压以平方米计算,填土碾压按图示填土厚度以立方米计算。

(3)挖掘沟槽、基坑土方工程量计算。

1)沟槽、基坑划分。

①凡图示沟槽底宽在3 m以内,且沟槽长大于槽宽3倍以上的,为沟槽。

②凡图示基坑底面积在20 m²以内的为基坑。

③凡图示沟槽底宽3 m以外,坑底面积20 m²以外,平整场地挖土方厚度在30 cm以外,均按挖土方计算。

2)计算挖沟槽、基坑、土方工程量需放坡时,放坡系数按表5.5规定计算。

表5.5 放坡系数表

土壤类别		一、二类土	三类土	四类土
放坡起点/m		1.20	1.50	2.00
人工挖土		1:0.5	1:0.33	1:0.25
机械挖土	坑内作业	1:0.33	1:0.25	1:0.10
	坑上作业	1:0.75	1:0.67	1:0.33

注:1. 沟槽、基坑中土的类别不同时,分别按其放坡起点、放坡系数、依不同土的厚度加权平均计算。
　　2. 计算放坡时,在交接处的重复工程量不予扣除,原槽、坑作基础垫层时,放坡自垫层上表面开始计算。

3)挖沟槽、基坑需支挡土板时,其宽度按图示沟槽、基坑底宽,单面加10 cm,双面加20 cm计算。挡土板面积,按槽、坑垂直支撑面积计算,支挡土板后,不得再计算放坡。

4)基础施工所需工作面,按表5.6规定计算。

表5.6 基础施工所需工作面宽度

基础材料	每边各增加工作面宽度/mm
砖基础	200
浆砌毛石、条石基础	150
混凝土基础垫层支模板	300
混凝土基础支模板	300
基础垂直面做防水层	800(防水层面)

5)挖沟槽长度,外墙按图示中心线长度计算;内墙按图示基础底面之间净长线长度计算;内外突出部分(垛、附墙烟囱等)体积并入沟槽土方工程量内计算。

6)人工挖土方深度超过1.5 m时,按表5.7增加工日。

表5.7 人工挖土方超深增加工日

深2 m以内	深4 m以内	深6 m以内
5.55工日	17.60工日	26.16工日

7)挖管道沟槽按图示中心线长度计算,沟底宽度,设计有规定的,按设计规定尺寸计算,设计无规定的,可按表5.8规定宽度计算。

表5.8 管道地沟沟底宽度计算

管径/mm	铸铁管、钢管 石棉水泥管	混凝土、钢筋混凝土、 预应力混凝土管	陶土管
50~70	0.60	0.80	0.70
100~200	0.70	0.90	0.80
250~350	0.80	1.00	0.90
400~450	1.00	1.30	1.10
500~600	1.30	1.50	1.40
700~800	1.60	1.80	—
900~1 000	1.80	2.00	—
1 100~1 200	2.00	2.30	—
1 300~1 400	2.20	2.60	—

注:1.按上表计算管道沟土方工程量时,各种井类及管道(不含铸铁给排水管)接口等处需加宽增加的土方量不另行计算,底面积大于20 m²的井类,其增加工程量并入管沟土方内计算。

2.铺设铸铁给排水管道时其接口等处土方增加量,可按铸铁给排水管道地沟土方总量的2.5%计算。

8)沟槽、基坑深度,按图示槽、坑底面至室外地坪深度计算;管道地沟按图示沟底至室外地坪深度计算。

(4)人工挖孔桩土方工程量计算。

按图示桩断面积乘以设计桩孔中心线深度计算。

(5)井点降水工程量计算。井点降水区别轻型井点、喷射井点、大口径井点、电渗井点、水平井点,按不同井管深度的井管安装、拆除,以根为单位计算,使用按套、天计算。

井点套组成。

轻型井点:50根为1套;喷射井点:30根为1套;大口径井点:45根为1套;电渗井点阳极:30根为1套;水平井点:10根为1套。

井管间距应根据地质条件和施工降水要求,依施工组织设计确定,施工组织设计没有规定时,可按轻型井点管距0.8~1.6 m,喷射井点管距2~3 m确定。

使用天应以每昼夜24 h为一天,使用天数应按施工组织设计规定的使用天数计算。

2. 石方工程

岩石开凿及爆破工程量,按不同石质采用不同方法计算。

(1)人工凿岩石,按图示尺寸以立方米计算。

(2)爆破岩石按图示尺寸以立方米计算,其沟槽、基坑深度、宽度允许超挖量,次坚石为 200 mm,特坚石为 150 mm,超挖部分岩石并入岩石挖方量之内计算。

3. 土石方运输与回填工程

(1)土(石)方回填。土(石)方回填土区分夯填、松填,按图示回填体积并依下列规定,以立方米计算。

1)沟槽、基坑回填土,沟槽、基坑回填体积以挖方体积减去设计室外地坪以下埋设砌筑物(包括基础垫层、基础等)体积计算。

2)管道沟槽回填,以挖方体积减去管径所占体积计算。管径在 500 mm 以下的不扣除管道所占体积;管径超过 500 mm 以上时,按表 5.9 规定扣除管道所占体积计算。

表5.9 管道扣除土方体积表

管道直径/mm	钢管	铸铁管	混凝土管
501~600	0.21	0.24	0.33
601~800	0.44	0.49	0.60
801~1 000	0.71	0.77	0.92
1 001~1 200	—	—	1.15
1 201~1 400	—	—	1.35
1 401~1 600	—	—	1.55

3)房心回填土,按主墙之间的面积乘以回填土厚度计算。

4)余土或取土工程量,可按下式计算:

余土外运体积 = 挖土总体积 - 回填土总体积 (5.1)

当计算结果为正值时,为余土外运体积,负值时为取土体积。

5)地基强夯按设计图示强夯面积,区分夯击能量,夯击遍数以 m^2 计算。

(2)土方运距计算规则。

1)推土机推土运距,按挖方区重心至回填区重心之间的直线距离计算。

2)铲运机运土运距,按挖方区重心至卸土区重心加转向距离 45 m 计算。

3)自卸汽车运土运距,按挖方区重心至填土区(或堆放地点)重心的最短距离计算。

◆ **清单工程量计算规则**

1. 土方工程

工程量清单项目设置及工程量计算规则,应按表 5.10 的规定执行。

表5.10 土方工程(010101)

项目编码	项目名称	项目特征	计量单位	工程量计算规则	工程内容
010101001	平整场地	1.土壤类别 2.弃土运距 3.取土运距	m²	按设计图示尺寸以建筑物首层面积计算	1.土方挖填 2.场地找平 3.运输
010101002	挖土方	1.土壤类别 2.挖土平均厚度 3.弃土运距		按设计图示尺寸体积计算	1.排地表水 2.土方开挖 3.挡土板支拆 4.截桩头 5.基底钎探 6.运输
010101003	挖基础土方	1.土壤类别 2.基础类别 3.垫层底宽、底面积 4.挖土深度 5.弃土运距	m³	按设计图示尺寸以基础垫层底面积乘以挖土深度计算	
010101004	冻土开挖	1.冻土厚度 2.弃土运距		按设计图示尺寸开挖面积乘以厚度以体积计算	1.打眼、装药、爆破 2.开挖 3.清理 4.运输
010101005	挖淤泥、流砂	1.挖掘深度 2.弃淤泥、流砂距离		按设计图示位置、界限以体积计算	1.挖淤泥、流砂 2.弃淤泥、流砂
010101006	管沟土方	1.土壤类别 2.管外径 3.挖沟平均深度 4.弃土运距 5.回填要求	m	按设计图示以管道中心线长度计算	1.排地表水 2.土方开挖 3.挡土板支拆 4.运输 5.回填

2.石方工程

工程量清单项目设置及工程量计算规则,应按表5.11的规定执行。

表5.11 石方工程(010102)

项目编码	项目名称	项目特征	计量单位	工程量计算规则	工程内容
010102001	预裂爆破	1. 岩石类别 2. 单孔深度 3. 单孔装药量 4. 炸药品种、规格 5. 雷管品种、规格	m	按设计图示以钻孔总长度计算	1. 打眼、装药、放炮 2. 处理渗水、积水 3. 安全防护、警卫
010102002	石方开挖	1. 岩石类别 2. 开凿深度 3. 弃渣运距 4. 光面爆破要求 5. 基底摊座要求 6. 爆破石块直径要求	m³	按设计图示尺寸以体积计算	1. 打眼、装药、放炮 2. 处理渗水、积水 3. 解小 4. 岩石开凿 5. 摊座 6. 清理 7. 运输 8. 安全防护、警卫
010102003	管沟石方	1. 岩石类别 2. 管外径 3. 开凿深度 4. 弃渣运距 5. 基底摊座要求 6. 爆破石块直径要求	m	按设计图示以管道中心线长度计算	1. 石方开凿、爆破 2. 处理渗水、积水 3. 解小 4. 摊座 5. 清理、运输、回填 6. 安全防护、警卫

3. 土石方运输与回填

工程量清单项目设置及工程量计算规则,应按表5.12的规定执行。

表5.12 土石方回填(编码:010103)

项目编码	项目名称	项目特征	计量单位	工程量计算规则	工程内容
010103001	土(石)方回填	1. 土质要求 2. 密实度要求 3. 粒径要求 4. 夯填(碾压) 5. 松填 6. 运输距离	m³	按设计图示尺寸体积计算 注:1. 场地回填:回填面积乘以平均回填厚度 2. 室内回填:主墙间净面积乘以回填厚度 3. 基础回填:挖方体积减去设计室外地坪以下埋设的基础体积(包括基础垫层及其他构筑物)	1. 挖土(石)方 2. 装卸、运输 3. 回填 4. 分层碾压、夯实

【实 务】

◆土、石方工程工程量计算常用资料

1. 大型土(石)方工程工程量计算

(1)大型土(石)方工程工程量横截面计算法。

横截面计算方法适用于地形起伏变化较大或形状狭长地带。首先,根据地形图及总平面图,将要计算的场地划分成若干个横截面,相邻两个横截面距离视地形变化而定。在起伏变化大的地段,布置密一些(即距离短一些),反之则可适当长一些。变化大的地段再加测断面,然后,实测每个横截面特征点的标高,量出各点之间距离(若测区已有比较精确的大比例尺地形图,也可在图上设置横截面,用比例尺直接量取距离,按等高线求算高程,方法简捷,但是其精度没有实测的高),按比例尺把每个横截面绘制到厘米方格纸上,并且套上相应的设计断面,则自然地面和设计地面两轮廓线之间的部分,就是需要计算的施工部分。

具体的计算步骤如下。

1)划分横截面。根据地形图(或直接测量)及竖向布置图,将要计算的场地划分横截面 $A-A'$,$B-B'$,$C-C'$……划分原则为取垂直等高线或垂直主要建筑物边长,横截面之间的间距可不等,地形变化复杂的间距宜小,反之宜大一些,但是不宜超过 100 m。

2)划截面图形。按比例划制每个横截面自然地面和设计地面的轮廓线。设计地面轮廓线之间的部分,就是填方和挖方的截面。

3)计算横截面面积。按照表 5.13 中的面积计算公式,计算每个截面的填方或挖方截面积。

表 5.13 常用横截面计算公式

图示	面积计算公式
	$F = h(b + \eta h)$
	$F = h\left[b + \dfrac{h(m+n)}{2}\right]$
	$F = b\dfrac{h_1 + h_2}{2} + nh_1 h_2$
	$f = h_1 \dfrac{a_1 + a_2}{2} + h_2 \dfrac{a_2 + a_3}{2} + h_3 \dfrac{a_3 + a_4}{2} + h_4 \dfrac{a_4 + a_5}{2}$
	$F = \dfrac{1}{2}a(h_0 + 2h + h_n)$ $h = h_1 + h_2 + h_3 + \cdots\cdots + h_n$

4)根据截面面积计算土方量,计算公式如下:

$$V = \frac{1}{2}(F_1 + F_2) \times L \qquad (5.2)$$

式中 V——相邻两截面间的土方量(m^3);

F_1、F_2——相邻两截面的挖(填)方截面积(m^2);

L——相邻两截面间的间距(m)。

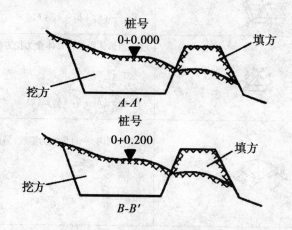

图 5.1 相邻两截面示意图

5)按土方量汇总(表 5.14):图 5.1 中截面 $A-A'$ 所示,设桩号 $0+0.000$ 的填方横截面积为 2.70 m^2,挖方横截面积为 3.80 m^2;截面 $B-B'$,桩号 $0+0.200$ 的填方横断面积为 2.25 m^3,挖方横截面面积为 6.65 m^2,两桩间的距离为 30 m,则其挖填方量各为:

$$V_{挖方}/\text{m}^3 = \frac{1}{2} \times (3.80 + 6.65) \times 30 = 156.75$$

$$V_{填方}/\text{m}^3 = \frac{1}{2} \times (2.70 + 2.25) \times 30 = 74.25$$

表 5.14 土方量汇总

断面	填方面积/m^2	挖方面积/m^2	截面间距/m	填方体积/m^3	挖方体积/m^3
$A-A'$	2.70	3.80	30	40.5	57
$B-B'$	2.25	6.65	30	33.75	99.75
合计				74.25	156.75

(2)大型土(石)方工程工程量方格网计算法。

1)根据需要平整区域的地形图(或直接测量地形)划分方格网。方格的大小视地形变化的复杂程度及计算要求的精度不同而异,通常方格的大小为 20 m × 20 m(也可 10 m × 10 m)。然后按照设计(总图或竖向布置图)要求,在方格网上套划出方格角点的设计标高(即施工后需达到的高度)和自然标高(原地形高度)。设计标高与自然标高之差即施工高度,"-"表示挖方,"+"表示填方。

2)若方格内相邻两角一为填方、一为挖方,则按比例分配计算出两角之间不挖不填的"零"点位置,并标于方格边上。再将各"零"点用直线连起来,即可将建筑场地划分为填方区和挖方区。

3)土石方工程量的计算公式可参照表5.15。若遇陡坡等突然变化起伏地段,由于高低悬殊,需视具体情况另行补充计算。

表5.15 方格网点常用计算公式

序号	图示	计算方式
1		方格内四角全为挖方或填方。 $V = \dfrac{a^2}{4}(h_1 + h_2 + h_3 + h_4)$
2		三角锥体当三角锥体全为挖方和填方。 $F = \dfrac{a^2}{4}$ $V = \dfrac{a^2}{6}(h_1 + h_2 + h_3)$
3		方格网内,一对角线为零线,另两角点一为挖方,一为填方。 $F_{挖} = F_{填} = \dfrac{a^2}{2}$ $V_{挖} = \dfrac{a^2}{6}h_1 ; V_{填} = \dfrac{a^2}{6}h_2$
4		方格网内,三角为挖(填)方,一解为填(挖)方。 $b = \dfrac{ah_4}{h_1 + h_4} ; c = \dfrac{ah_4}{h_3 + h_4}$ $F_{填} = \dfrac{1}{2}bc ; F_{挖} = a^2 - \dfrac{1}{2}bc$ $V_{填} = \dfrac{h_4}{6}bc = \dfrac{a^2 h^3}{6(2h_1 + h_4)(h_3 + h_4)}$ $V_{挖} = \dfrac{a^2}{6}(2h_1 + h_2 + 2h_3 - h_4) + V_{填}$
5		方格网内,两角为挖,两角为填。 $b = \dfrac{ah_1}{h_1 + h_4} ; c = \dfrac{ah_2}{h_2 + hS_3} \quad d = a - b ; c = a - c$ $F_{挖} = \dfrac{1}{2}(b+c)a ; F_{填} = \dfrac{1}{2}(d+c)a;$ $V_{挖} = \dfrac{a}{4}(h_1 + h_2)\dfrac{b+c}{2}$ $= \dfrac{a}{8}(b+c)(h_1 + h_2);$ $V_{填} = \dfrac{a}{4}(h_3 + h_4)\dfrac{a+c}{2}$ $= \dfrac{a}{8}(d+c)(h_3 + h_4)$

4)将挖方区、填方区的所有方格计算出的工程量列表汇总,即为建筑场地的土石挖、填方工程总量。

2. 挖沟槽土石方工程量计算

外墙沟槽：$V_{挖} = S_{断} \times L_{外中}$ (5.3)

内墙沟槽：$V_{挖} = S_{断} \times L_{基底净长}$ (5.4)

管道沟槽：$V_{挖} = S_{断} \times L_{中}$ (5.5)

其中沟槽断面包括以下几种形式。

(1) 钢筋混凝土基础有垫层时。

1) 两面放坡，如图5.2(a)所示。

$S_{断} = (b + 2c + mh) \times h + (b' + 2 \times 0.1) \times h'$ (5.6)

2) 不放坡无挡土板，如图5.2(b)所示。

$S_{断} = (b + 2c) \times h + (b' + 2 \times 0.1) \times h'$ (5.7)

3) 不放坡加两面挡土板，如图5.2(c)所示。

$S_{断} = (b + 2c + 2 \times 0.1) \times h + (b' + 2 \times 0.1) \times h'$ (5.8)

4) 一面放坡一面挡土板，如图5.2(d)所示。

$S_{断} = (b + 2c + 0.1 + 0.5mh) \times h + (b' + 2 \times 0.1) \times h'$ (5.9)

(2) 基础有其他垫层时。

1) 两面放坡，如图5.2(e)所示。

$S_{断} = (b' + mh) \times h + b' \times h'$ (5.10)

2) 不放坡无挡土板，如图5.2(f)所示。

$S_{断} = b' \times (h + h')$ (5.11)

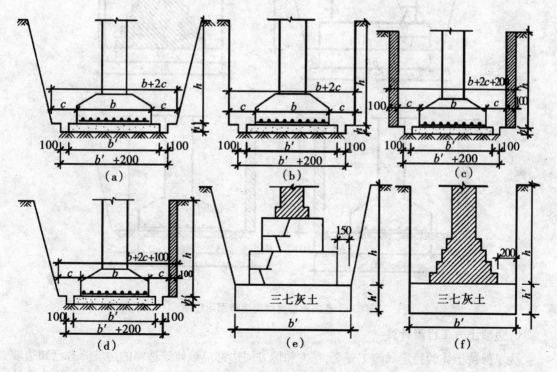

图5.2 基础有垫层时沟槽断面示意图

(3)基础无垫层时。

1)两面放坡,如图5.3(a)所示。

$$S_{断} = [(b+2c)+mh] \times h \tag{5.12}$$

2)不放坡无挡土板,如图5.3(b)所示。

$$S_{断} = (b+2c) \times h \tag{5.13}$$

3)不放坡加两面挡土板,如图5.3(c)所示。

$$S_{断} = (b+2c+2\times0.1) \times h \tag{5.14}$$

4)一面放坡一面挡土板,如图5.3(d)所示。

$$S_{断} = (b+2c+0.1+0.5mh) \times h \tag{5.15}$$

式中　$S_{断}$——沟槽断面面积;

　　　m——放坡系数;

　　　c——工作面宽度;

　　　h——从室外设计地面至基底深度,即垫层上基槽开挖深度;

　　　h'——基础垫层高度;

　　　b——基础底面宽度;

　　　b'——垫层宽度。

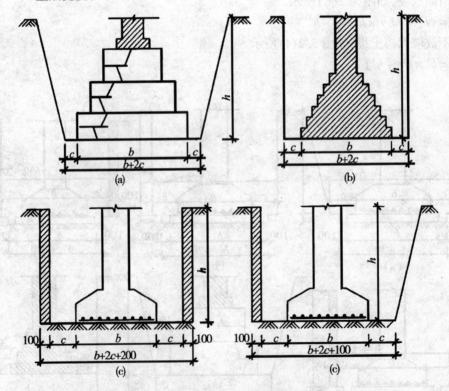

图5.3　基础无垫层时沟槽断面示意图

3.边坡土方工程量计算

为了保持土体的稳定和施工安全,挖方和填方周边都应该修筑适当的边坡。若已知边坡高度h,所需边坡底宽b即等于mh(m为坡度系数)。若边坡高度较大,可在满足土体稳定的条件下,根据不同的土层及其所受的压力,将边坡修成折线形,以减小土方工程量,如图 5.4 所示。

边坡的坡度系数(边坡宽度:边坡高度)根据不同的填挖高度(深度)、土的物理性质和工程重要性,在设计文件中应明确规定。常用的挖方边坡坡度和填方高度限值,见表 5.16 和表 5.17。

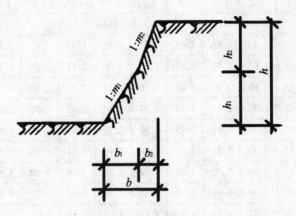

图 5.4　土体边坡表示方法

表 5.16　水文地质条件良好时永久性土工构筑物挖方的边坡坡度

项次	挖方性质	边坡坡度
1	在天然湿度、层理均匀、不易膨胀的黏土、粉质黏土、粉土和砂土(不包括细砂、粉砂)内挖方,深度不超过 3 m	1:1 ~ 1:1.25
2	土质同上,深度为 3 ~ 12 m	1:1.25 ~ 1:1.50
3	干燥地区内土质结构未经破坏的干燥黄土及类黄土,深度不超过 12 m	1:0.1 ~ 1:1.25
4	在碎石和泥灰岩土内的挖方,深度不超过 12 m,根据土的性质、层理特性和挖方深度确定	1:0.5 ~ 1:1.5

表 5.17　填方边坡为 1:1.5 时的高度限值

项次	土的种类	填方高度/m	项次	土的种类	填方高度/m
1	黏土类土、黄土、类黄土	6	4	中砂和粗砂	10
2	粉质黏土、泥灰岩土	6 ~ 7	5	砾石和碎石土	10 ~ 12
3	粉土	6 ~ 8	6	易风化的岩石	12

4. 石方开挖爆破每立方米耗炸药量

石方开挖爆破每立方米耗炸药量见表 5.18。

表 5.18　石方开挖爆破每立方米耗炸药量表　　　　　　单位:kg

炮眼种类		炮眼耗药量				平眼及隧洞耗药量			
泡眼深度		1 ~ 1.5 m		1.5 ~ 2.5 m		1 ~ 1.5 m		1.5 ~ 2.5 m	
岩石种类		软石	坚石	软石	坚石	软石	坚石	软石	坚石
炸药种类	梯恩梯	0.30	0.25	0.35	0.30	0.35	0.30	0.40	0.35
	露天铵梯	0.40	0.35	0.45	0.40	0.45	0.40	0.50	0.45
	岩石铵梯	0.45	0.40	0.48	0.45	0.50	0.48	0.53	0.50
	黑炸药	0.50	0.55	0.55	0.60	0.55	0.60	0.65	0.68

5. 每米沟槽土方数量

(1)每米沟槽(边坡1:0.25)土方的数量见表5.19。

表5.19 每米沟槽(坡度1:0.25)土方的数量表

槽宽/m	底宽/m											
	1.0	1.1	1.2	1.3	1.4	1.5	1.6	1.7	1.8	1.9	2.0	2.1	2.2
	土方量/m³											
1.0	1.25	1.35	1.45	1.55	1.65	1.75	1.85	1.95	2.05	2.15	2.25	2.35	2.45
1.1	1.40	1.51	1.62	1.73	1.84	1.95	2.06	2.17	2.28	2.39	2.50	2.61	2.72
1.2	1.56	1.35	1.80	1.92	2.04	2.16	2.28	2.40	2.52	2.64	2.76	2.88	3.00
1.3	1.72	1.83	1.98	2.11	2.24	2.37	2.50	2.63	2.76	.289	3.02	3.15	3.28
1.4	1.89	2.03	2.17	2.31	2.45	2.59	2.73	2.87	3.01	3.15	3.29	3.43	3.57
1.5	2.06	2.21	2.36	2.51	2.66	2.81	2.96	3.11	3.26	3.41	3.56	—	—
1.6	2.24	2.40	2.56	2.72	2.88	3.04	3.20	3.36	3.52	3.68	3.84	3.71	3.86
1.7	2.42	2.59	2.76	2.93	3.10	3.27	3.44	3.61	3.78	3.95	4.12	4.00	4.16
1.8	2.61	2.79	2.97	3.15	3.33	3.51	3.69	3.87	4.05	4.23	4.41	4.29	4.46
1.9	2.80	2.99	3.18	3.37	3.56	3.75	3.94	4.13	4.32	4.51	4.70	4.59	4.77
2.0	3.00	3.20	3.40	3.60	3.80	4.00	4.20	4.40	4.60	4.80	5.00	4.89	5.08
2.1	3.20	3.41	3.62	3.83	4.04	4.25	4.46	4.67	4.88	5.09	5.30	5.20	5.40
2.2	3.40	3.63	3.85	4.07	4.29	4.51	4.73	4.95	5.17	5.39	5.61	5.51	5.72
2.3	3.62	3.85	4.08	4.31	4.54	4.77	5.00	5.23	5.46	5.69	5.92	5.83	6.05
2.4	3.84	4.08	4.32	4.56	4.80	5.04	5.26	5.52	5.76	6.00	6.24	6.15	6.38
2.5	4.06	4.31	4.56	4.81	5.06	5.31	5.56	5.81	6.06	6.31	6.56	6.48	6.72
2.6	4.29	4.55	4.81	5.07	5.33	5.59	5.85	6.11	6.37	6.63	6.89	6.81	7.06
2.7	4.52	4.79	5.06	5.33	5.60	5.87	6.14	6.41	6.68	6.95	7.22	7.15	7.41
2.8	4.76	5.04	5.32	5.60	5.88	6.16	6.44	6.72	7.00	7.28	7.56	7.49	7.76
2.9	5.00	5.29	5.58	5.87	6.16	6.45	6.74	7.03	7.32	7.61	7.90	7.84	8.12
3.0	5.25	5.55	5.85	6.15	6.45	6.75	7.05	7.35	7.65	7.95	8.25	8.19	8.48
3.1	5.50	5.81	6.12	6.43	6.74	7.05	7.36	7.67	7.98	8.29	8.60	8.55	8.85
3.2	5.76	6.08	6.40	6.72	7.04	7.36	7.68	8.00	8.32	8.64	8.96	8.91	9.22
3.3	6.02	6.35	6.68	7.01	7.34	7.67	8.00	8.33	8.66	8.99	9.32	9.28	9.60
3.4	6.29	6.63	6.97	7.31	7.65	7.99	8.33	8.67	9.01	9.35	9.69	9.65	9.98
3.5	6.56	6.91	7.26	7.61	7.96	8.31	8.66	9.01	9.36	9.71	10.06	10.03	10.37
3.6	6.84	7.20	7.56	7.92	8.28	8.64	9.00	9.36	9.72	10.08	10.44	10.41	10.76
3.7	7.12	7.49	7.86	8.23	8.60	8.97	9.34	9.71	10.08	10.45	10.82	10.80	11.16
3.8	7.41	7.79	8.17	8.55	8.93	9.31	9.69	10.07	10.45	10.83	11.21	11.19	11.56
3.9	7.70	8.09	8.48	8.87	9.26	9.65	10.04	10.43	10.82	11.21	11.60	11.59	11.97

续表 5.19

槽宽/m	底宽/m												
	1.0	1.1	1.2	1.3	1.4	1.5	1.6	1.7	1.8	1.9	2.0	2.1	2.2
	土方量/m³												
4.0	8.00	8.40	8.80	9.20	9.60	10.00	10.40	10.80	11.20	11.60	12.00	11.99	12.38
4.1	8.30	8.71	9.12	9.53	9.94	10.35	10.76	11.17	11.58	11.99	12.40	12.40	12.80
4.2	8.61	9.03	9.45	9.87	10.29	10.71	11.13	11.55	11.97	12.39	12.81	12.81	13.22
4.3	8.92	9.35	9.78	10.21	10.64	11.07	11.50	11.93	12.36	12.79	13.22	13.23	13.65
4.4	9.24	9.68	10.12	10.56	11.00	11.44	11.88	12.32	12.76	13.20	13.64	13.65	14.08
4.5	9.56	10.01	10.46	10.91	11.36	11.81	12.26	12.71	13.16	13.61	14.06	14.08	14.52
4.6	9.89	10.35	10.81	11.27	11.73	12.10	12.65	13.11	13.57	14.00	14.49	14.51	14.96
4.7	10.00	10.69	11.16	11.63	12.10	12.57	13.04	13.51	13.98	14.45	14.92	14.95	15.41
4.8	10.56	11.04	11.52	12.00	12.48	12.96	13.44	13.92	14.40	14.88	15.36	15.39	15.86
4.9	10.60	11.39	11.88	12.37	12.86	13.35	13.84	14.33	14.82	15.31	15.80	15.84	16.32
5.0	11.25	11.75	12.25	12.75	13.25	13.75	14.25	14.75	15.25	15.75	16.25	16.29	16.78

槽宽/m	底宽/m												
	2.3	2.4	2.5	2.6	2.7	2.8	2.9	3.0	3.1	3.2	3.3	3.4	3.5	3.6
	土方量/m³												
1.0	2.55	2.65	2.75	2.85	2.92	3.05	3.15	3.25	3.35	3.45	3.55	3.65	3.75	3.85
1.1	2.83	2.94	3.05	3.16	3.27	3.38	3.49	3.60	3.71	3.32	3.93	4.04	4.15	4.26
1.2	3.12	3.24	3.36	3.48	3.60	3.72	3.84	3.96	4.08	4.20	4.32	4.44	4.56	4.68
1.3	3.41	3.54	3.67	3.80	3.93	4.06	4.19	4.32	4.45	4.58	4.71	4.84	4.97	5.10
1.4	3.71	3.85	3.99	4.13	4.27	4.41	4.55	4.69	4.83	4.97	5.11	5.25	5.39	5.53
1.5	4.01	4.16	4.31	4.46	4.61	4.76	4.91	5.06	5.21	5.36	5.51	5.66	5.41	5.96
1.6	4.32	4.48	4.64	4.80	4.96	5.12	5.28	5.44	5.60	5.76	5.92	6.08	6.24	6.40
1.7	4.63	4.80	4.97	5.14	5.31	5.48	5.85	5.82	5.99	6.16	6.33	6.50	6.67	6.84
1.8	4.95	5.13	5.31	5.49	5.67	5.85	6.03	6.21	6.39	6.57	6.75	5.93	7.11	7.29
1.9	5.27	5.46	5.65	5.84	6.03	6.22	6.41	6.60	6.79	6.98	7.17	7.36	7.55	7.74
2.0	5.60	5.80	6.00	6.20	6.40	6.60	6..80	7.00	7.20	7.40	7.60	7.80	8.00	8.20
2.1	5.93	6.14	6.35	6.56	6.77	6.98	7.19	7.40	7.61	7.82	8.03	8.24	8.45	8.66
2.2	6.27	6.49	6.71	6.93	7.15	7.37	7.59	7.81	8.03	8.25	8.47	8.69	8.91	9.13
2.3	6.61	6.84	7.07	7.30	7.53	7.76	7.99	8.22	8.45	8.68	8.91	9.14	9.37	9.60
2.4	6.96	7.20	7.44	7.68	7.92	8.16	8.40	8.64	8.88	9.12	9.36	9.60	9.84	10.08
2.5	7.31	7.56	7.81	8.06	8.31	8.56	8.81	9.06	9.31	9.56	9.8	10.06	10.31	10.56
2.6	7.67	7.93	8.19	8.45	8.71	8.97	9.23	9.49	9.75	10.0	10.27	10.53	10.79	11.05
2.7	8.03	8.30	8.57	8.84	9.11	9.33	9.65	9.02	10.01	10.27	10.73	11.00	11.27	11.54
2.8	8.40	8.68	8.96	9.24	9.52	9.80	10.08	10.36	10.64	10.92	11.20	11.48	11.76	12.04

续表5.19

槽宽/m	底宽/m													
	2.3	2.4	2.5	2.6	2.7	2.8	2.9	3.0	3.1	3.2	3.3	3.4	3.5	3.6
	土方量/m³													
2.9	8.77	9.06	9.35	9.64	9.93	10.22	10.5	10.80	11.00	11.38	11.67	11.96	12.25	12.54
3.0	9.15	9.45	9.75	10.05	10.35	10.65	10.95	11.25	11.55	11.85	12.15	12.45	12.75	13.05
3.1	9.53	9.84	10.15	10.46	10.77	11.08	11.39	11.70	12.01	12.32	12.63	12.94	13.25	13.56
3.2	9.92	10.24	10.56	10.88	11.20	11.52	11.34	12.16	12.48	12.30	13.12	13.44	13.76	14.08
3.3	10.31	10.64	10.97	11.30	11.63	11.96	12.29	12.62	12.95	13.28	13.6	13.94	14.27	14.30
3.4	10.71	11.05	11.39	11.73	12.07	12.41	12.75	13.09	13.43	13.77	14.11	14.45	14.79	15.13
3.5	11.11	11.46	11.81	12.16	12.51	12.86	13.21	13.56	13.91	14.26	14.61	14.96	15.31	15.66
3.6	11.52	11.88	12.24	12.60	12.96	13.32	13.68	14.04	14.40	14.76	15.12	15.48	15.84	16.20
3.7	11.03	12.30	12.67	13.04	13.41	13.78	14.15	14.52	14.89	15.26	15.63	16.00	16.37	16.74
3.8	12.35	12.73	13.11	13.49	13.87	14.25	14.63	15.01	15.39	15.77	16.15	16.63	16.91	17.29
3.9	12.77	13.16	13.55	13.94	14.33	14.72	15.11	15.50	15.89	16.28	16.67	17.06	17.45	17.84
4.0	13.20	13.60	14.00	14.40	14.80	15.20	15.60	16.00	16.40	16.80	17.20	17.60	18.00	18.40
4.1	13.63	14.04	14.45	14.86	15.27	15.68	16.09	16.50	16.91	17.32	17.73	18.14	18.55	18.96
4.2	14.07	14.49	14.91	15.33	15.75	16.17	16.59	17.01	17.43	17.85	18.28	18.70	19.12	19.54
4.3	14.51	14.94	15.37	15.80	16.23	16.66	17.09	17.52	17.95	18.38	18.81	19.24	19.67	20.10
4.4	14.96	15.40	15.84	15.28	16.72	17.16	17.60	18.04	18.48	18.92	19.36	19.80	20.44	20.68
4.5	15.41	15.86	16.31	16.76	17.21	17.66	18.11	18.56	19.01	19.46	19.91	20.36	20.81	21.26
4.6	15.87	16.33	16.79	17.25	17.71	18.17	18.63	19.09	19.55	20.01	20.47	20.93	21.39	21.85
4.7	16.33	16.80	17.27	17.74	18.21	18.68	19.15	19.62	20.09	20.56	21.03	21.50	21.97	22.44
4.8	16.80	17.28	17.76	18.24	18.72	19.20	19.68	20.16	20.64	21.12	21.60	22.08	22.56	23.04
4.9	17.27	17.76	18.25	18.74	19.23	19.72	20.21	20.70	21.19	21.18	22.17	22.66	23.15	23.61
5.0	17.75	18.25	18.75	19.25	19.75	20.25	20.75	21.25	21.75	22.25	22.75	23.25	23.75	24.25

(2)每米沟槽(坡度1:0.33)的土方数量见表5.20。

表5.20　每米沟槽(坡度1:0.33)的土方数量表

槽宽/m	底宽/m												
	1.0	1.1	1.2	1.3	1.4	1.5	1.6	1.7	1.8	1.9	2.0	2.1	2.2
	土方量/m³												
1.0	1.33	1.43	1.53	1.63	1.73	1.83	1.93	2.03	2.13	2.23	2.33	2.43	2.53
1.1	1.50	1.61	1.72	1.83	1.94	2.05	2.16	2.27	2.38	2.49	2.60	2.71	2.82
1.2	1.67	1.79	1.91	2.03	2.15	2.27	2.39	2.51	2.63	2.75	2.87	2.99	3.11
1.3	1.86	1.99	2.12	2.25	2.38	2.51	2.64	2.77	2.90	3.03	3.16	3.29	3.42
1.4	2.04	2.18	2.32	2.46	2.60	2.74	2.88	3.02	3.16	3.30	3.44	3.58	3.72

第5章 建筑工程工程量计算规则及应用

续表 5.20

槽宽 /m	底宽/m												
	1.0	1.1	1.2	1.3	1.4	1.5	1.6	1.7	1.8	1.9	2.0	2.1	2.2
	土方量/m³												
1.5	2.24	2.39	2.54	2.69	2.84	2.99	3.14	3.29	3.44	3.59	3.74	3.89	4.04
1.6	2.45	2.61	2.77	2.93	3.09	3.25	3.41	3.57	3.73	3.89	4.05	4.21	4.37
1.7	2.65	2.82	2.44	3.16	3.33	3.50	3.67	3.84	4.01	4.18	4.35	4.52	4.69
1.8	2.87	3.05	3.23	3.41	3.59	3.77	3.95	4.13	4.31	4.49	4.67	4.85	5.03
1.9	3.09	3.28	3.47	3.66	3.85	4.04	4.23	4.42	4.61	4.80	4.99	5.18	5.37
2.0	3.32	3.52	3.72	3.92	4.12	4.32	4.52	4.72	4.92	5.12	5.32	5.52	5.72
2.1	3.56	3.77	3.98	4.19	4.40	4.61	4.82	5.03	5.24	5.45	5.66	5.87	6.08
2.2	3.80	4.02	4.24	4.46	4.68	4.90	5.12	5.34	5.56	5.78	6.00	6.22	6.44
2.3	4.05	4.28	4.51	4.74	4.97	5.20	5.43	5.66	5.89	6.12	6.35	6.58	6.81
2.4	4.30	4.54	4.78	5.02	5.26	5.50	5.74	5.98	6.22	6.46	6.70	6.94	7.18
2.5	4.56	4.81	5.06	5.31	5.56	5.81	6.06	6.31	6.56	6.81	7.06	7.31	7.56
2.6	4.84	5.10	5.36	5.62	5.88	6.14	6.40	6.66	6.92	7.18	7.44	7.70	7.96
2.7	5.10	5.37	5.64	5.91	6.18	6.45	6.72	6.99	7.26	7.53	7.80	8.07	8.34
2.8	5.39	5.67	5.95	6.23	6.51	6.79	7.07	7.35	7.63	7.91	8.10	5.39	5.67
2.9	5.67	5.96	6.25	6.54	6.83	7.12	7.41	7.70	7.99	8.28	8.57	5.67	5.96
3.0	5.97	6.27	6.57	6.87	7.17	7.47	7.77	8.07	8.37	8.67	8.97	9.27	9.57
3.1	6.27	6.58	6.89	7.20	7.51	7.82	8.13	8.44	8.75	9.06	9.37	9.68	9.99
3.2	6.58	6.90	7.22	7.54	7.86	8.18	8.50	8.82	9.14	9.46	9.78	10.10	10.42
3.3	6.89	7.22	7.55	7.88	8.21	8.54	8.87	9.20	9.53	9.86	10.19	10.52	10.85
3.4	7.21	7.55	7.89	8.23	8.57	8.91	9.25	9.59	9.93	10.29	10.61	10.95	11.29
3.5	7.54	7.89	8.24	8.59	8.94	9.29	9.64	9.99	10.34	10.69	11.04	11.39	11.74
3.6	7.88	8.24	8.60	8.96	9.32	9.68	10.04	10.40	10.76	11.12	11.48	11.84	12.20
3.7	8.22	8.59	8.96	9.33	9.70	10.07	10.44	10.81	11.18	11.55	11.92	12.29	12.66
3.8	8.57	8.95	9.33	9.71	10.09	10.47	10.85	11.23	11.61	11.99	12.37	12.75	13.13
3.9	8.92	9.31	9.70	10.09	10.48	10.87	11.26	11.65	12.04	12.43	12.82	13.21	13.60
4.0	9.28	9.68	10.08	10.48	10.88	11.28	11.68	12.08	12.48	12.88	13.28	13.68	14.08
4.1	9.65	10.06	10.47	10.88	11.29	11.70	12.11	12.52	12.93	13.34	13.75	14.16	14.57
4.2	10.02	10.44	10.86	11.28	11.70	12.12	12.54	12.96	13.38	13.80	14.22	14.64	15.06
4.3	10.40	10.83	11.26	11.69	12.12	12.55	12.98	13.41	13.84	14.27	14.70	15.13	15.56
4.4	10.79	11.23	11.67	12.11	12.55	12.99	13.43	13.87	14.31	14.75	15.19	15.63	16.07
4.5	11.18	11.63	12.08	12.53	12.98	13.43	13.88	14.33	14.78	15.23	15.68	16.13	16.58
4.6	11.58	12.04	12.50	12.96	13.42	13.88	14.34	14.80	15.26	15.72	16.18	16.64	17.10
4.7	11.99	12.46	12.93	13.40	13.87	14.34	14.81	15.28	15.75	16.22	16.69	17.16	17.63
4.8	12.40	12.88	13.36	13.84	14.32	14.80	15.28	15.76	16.24	16.72	17.30	17.68	18.16
4.9	12.82	13.31	13.80	14.29	14.78	15.27	15.76	16.25	16.74	17.23	17.72	18.21	18.70
5.0	13.25	13.75	14.25	14.75	15.25	15.75	16.25	16.75	17.25	17.75	18.25	18.75	19.25

续表 5.20

槽宽/m	底宽/m											
	2.3	2.4	2.5	2.6	2.7	2.8	2.9	3.0	3.1	3.2	3.3	3.4
	土方量/m³											
1.0	2.63	2.73	2.83	2.93	3.03	3.13	3.23	3.33	3.43	3.53	3.63	3.73
1.1	2.93	3.04	3.15	3.26	3.37	3.48	3.59	3.70	3.81	3.92	4.03	4.14
1.2	3.23	3.35	3.47	3.59	3.71	3.83	3.95	4.07	4.19	4.31	4.43	4.55
1.3	3.55	3.68	3.81	3.44	4.07	4.20	4.33	4.46	4.59	4.72	4.85	4.98
1.4	3.86	4.00	4.14	4.28	4.42	4.56	4.70	4.84	4.98	5.12	5.26	5.40
1.5	4.19	4.34	4.49	4.64	4.79	4.94	5.09	5.24	5.39	5.54	5.69	5.84
1.6	4.53	4.69	4.85	5.01	5.17	5.33	5.49	5.65	5.81	5.97	6.13	6.29
1.7	4.86	5.03	5.20	5.37	5.54	5.71	5.88	6.05	6.22	6.39	6.66	6.73
1.8	5.21	5.39	5.57	5.75	5.93	6.11	6.29	6.47	6.65	6.83	7.01	7.19
1.9	5.56	5.75	5.94	6.13	6.32	6.51	6.70	6.89	7.08	7.27	7.46	7.65
2.0	5.92	6.12	6.32	6.52	6.72	6.92	7.12	7.32	7.52	7.72	7.92	8.12
2.1	6.29	6.50	6.71	6.92	7.13	7.34	7.55	7.76	7.97	8.18	8.39	8.60
2.2	6.66	6.88	7.10	7.32	7.54	7.76	7.98	8.19	8.42	8.64	8.36	9.08
2.3	7.04	7.27	7.50	7.73	7.06	8.19	8.42	8.62	8.88	9.11	9.34	9.57
2.4	7.42	7.66	7.90	8.14	8.33	8.62	8.86	9.10	9.34	9.58	9.82	10.06
2.5	7.81	8.06	8.31	8.56	8.81	9.06	9.31	9.56	9.81	10.06	10.31	10.56
2.6	8.48	8.48	8.74	9.00	9.26	9.52	9.78	10.04	10.30	10.56	10.32	11.08
2.7	8.61	8.88	9.15	9.42	9.60	9.96	10.23	10.50	10.77	11.04	11.31	11.58
2.8	5.95	6.23	6.51	6.79	7.07	7.35	7.63	7.91	8.19	11.55	11.33	12.11
2.9	6.25	6.54	6.83	7.12	7.41	7.70	7.99	8.28	8.57	12.05	12.54	12.63
3.0	9.87	10.17	10.47	10.77	11.07	11.37	11.67	11.97	12.27	12.57	12.87	13.17
3.1	10.30	10.61	10.92	11.23	11.54	11.85	12.16	12.47	12.78	13.09	13.40	13.71
3.2	10.74	11.06	11.38	11.70	12.02	12.34	12.66	12.98	13.31	13.62	13.94	14.26
3.3	11.18	11.51	11.84	12.17	12.50	12.83	13.16	13.49	13.82	14.15	14.48	14.81
3.4	11.03	11.97	12.31	12.65	12.99	13.33	13.67	14.01	14.35	14.69	15.03	15.37
3.5	12.09	12.44	12.79	13.14	13.49	13.84	14.19	14.54	14.89	15.24	15.59	15.94
3.6	12.56	12.92	13.28	13.64	14.00	14.36	14.72	15.08	15.44	15.30	16.16	16.52
3.7	13.03	13.40	13.77	14.14	14.51	14.88	15.25	15.62	15.99	16.36	16.73	17.10
3.8	13.51	13.89	14.27	14.65	15.03	15.41	15.79	18.17	16.55	16.93	17.31	17.69
3.9	13.99	14.38	14.77	15.16	15.55	15.94	16.33	16.72	17.11	17.50	17.89	18.28
4.0	14.48	14.88	15.28	15.68	16.08	16.48	16.88	17.28	17.68	18.08	18.48	18.88
4.1	14.98	15.39	15.80	16.21	16.62	17.08	17.44	17.85	18.26	18.67	19.08	19.49
4.2	15.48	15.90	16.32	16.74	17.16	17.58	18.00	18.42	18.84	19.26	19.68	20.10
4.3	15.99	16.42	16.85	17.28	17.71	18.14	18.57	19.59	19.43	19.86	20.29	20.72

续表 5.20

槽宽 /m	底宽/m											
	2.3	2.4	2.5	2.6	2.7	2.8	2.9	3.0	3.1	3.2	3.3	3.4
	土方量/m³											
4.4	16.51	16.95	17.39	17.83	18.27	18.71	19.15	19.59	20.63	20.47	20.91	21.35
4.5	17.03	17.48	17.93	18.38	18.83	19.28	19.73	20.18	20.63	21.08	21.53	21.98
4.6	15.56	18.02	18.48	18.94	19.40	19.86	20.32	20.78	21.24	21.70	22.16	22.62
4.7	18.10	18.57	19.04	19.51	19.98	20.45	20.92	21.39	21.86	22.33	22.80	23.27
4.8	18.64	19.12	19.60	20.08	20.56	21.04	21.52	22.00	22.48	22.96	23.44	23.92
4.9	19.19	19.68	20.17	20.66	21.15	21.64	22.13	22.62	23.11	23.60	24.09	24.58
5.0	19.75	20.25	20.75	21.25	21.75	22.25	22.75	23.25	23.75	24.25	24.75	25.25

(3) 每米沟槽(边坡 1:0.50)的土方数量见表 5.21。

表 5.21 每米沟槽(边坡 1:0.50)的土方数量表

槽宽 /m	底宽/m											
	1.0	1.1	1.2	1.3	1.4	1.5	1.6	1.7	1.8	1.9	2.0	2.1	2.2
	土方量/m³											
1.0	1.50	1.60	1.70	1.80	1.90	2.00	2.10	2.20	2.30	2.40	2.50	2.60	2.70
1.1	1.71	1.82	1.93	2.04	2.15	2.26	2.37	2.48	2.59	2.70	2.81	2.92	3.03
1.2	1.92	2.04	2.16	2.28	2.40	2.52	2.64	2.76	2.88	3.00	3.12	3.24	3.36
1.3	2.15	2.28	2.41	2.54	2.67	2.80	2.93	3.06	3.19	3.32	3.45	3.58	3.71
1.4	2.38	2.52	2.66	2.80	2.94	3.08	3.22	3.36	3.50	3.64	3.78	3.92	4.06
1.5	2.63	2.78	2.93	3.08	3.23	3.38	3.53	3.68	3.83	3.98	4.13	4.28	4.43
1.6	2.88	3.04	3.20	3.36	3.52	3.68	3.84	4.00	4.16	4.32	4.48	4.64	4.80
1.7	3.15	3.32	3.49	3.66	3.83	4.00	4.17	4.34	4.51	4.68	4.85	5.02	5.19
1.8	3.42	3.60	3.78	3.96	4.14	4.32	4.50	4.68	4.86	5.04	5.22	5.40	5.58
1.9	3.71	3.90	4.09	4.28	4.47	4.66	4.85	5.04	5.23	5.42	5.61	5.80	5.99
2.0	4.00	4.20	4.40	4.60	4.80	5.00	5.20	5.40	5.60	5.80	6.00	6.20	6.40
2.1	4.31	4.52	4.73	4.94	5.15	5.36	5.57	5.78	5.99	6.20	6.41	6.62	6.83
2.2	4.62	4.84	5.06	5.28	5.50	5.72	5.94	6.16	6.38	6.60	6.82	7.04	7.26
2.3	4.95	5.18	5.41	5.64	5.87	6.10	6.33	6.56	6.79	7.02	7.25	7.48	7.71
2.4	5.28	5.52	5.76	6.00	6.24	6.48	6.72	6.96	7.20	7.44	7.68	7.92	8.16
2.5	5.63	5.88	6.13	6.38	6.63	6.88	7.13	7.38	7.63	7.88	8.13	8.38	8.63
2.6	5.98	6.24	6.50	6.76	7.02	7.28	7.54	7.80	8.06	8.32	8.58	8.84	9.10
2.7	6.35	6.62	6.89	7.16	7.43	7.70	7.97	8.24	8.51	8.78	9.50	9.32	9.59
2.8	6.72	7.00	7.28	7.56	7.84	8.12	8.40	8.68	8.96	9.24	9.52	9.80	10.08
2.9	7.11	7.40	7.69	7.98	8.27	8.56	8.85	9.14	9.43	9.72	10.01	10.30	10.59

续表5.21

槽宽/m	底宽/m												
	1.0	1.1	1.2	1.3	1.4	1.5	1.6	1.7	1.8	1.9	2.0	2.1	2.2
	土方量/m³												
3.0	7.50	7.80	8.10	8.40	8.70	9.00	9.30	9.60	9.90	10.20	10.50	10.80	11.10
3.1	7.91	8.22	8.53	8.84	9.15	9.46	9.77	10.08	10.39	10.70	11.01	11.32	11.63
3.2	8.32	8.64	8.92	9.28	9.60	9.92	10.24	10.56	11.88	11.20	11.52	11.84	12.16
3.3	8.75	9.08	9.41	9.74	10.07	10.40	10.73	11.06	11.39	11.72	12.015	12.38	12.71
3.4	9.18	9.52	9.86	10.20	10.54	10.88	11.22	11.56	11.90	12.24	12.58	12.92	13.26
3.5	9.63	9.98	10.33	10.68	11.03	11.38	11.73	12.08	12.43	12.78	13.13	13.48	13.83
3.6	10.08	10.44	10.80	11.16	11.52	11.88	12.24	12.60	12.96	13.32	13.68	14.04	14.40
3.7	10.56	10.92	11.29	11.66	12.03	12.40	12.77	13.14	13.51	13.88	14.25	14.62	14.99
3.8	11.01	11.40	11.78	12.16	12.54	12.92	13.30	13.68	14.06	14.44	14.82	15.20	15.58
3.9	11.51	11.90	12.29	12.68	13.07	13.46	13.85	14.24	14.63	15.02	15.41	15.80	16.19
4.0	12.00	12.40	12.80	13.20	13.60	14.00	14.40	14.80	15.20	15.60	16.00	16.40	16.80
4.1	12.51	12.92	13.33	13.74	14.15	14.56	14.97	15.38	15.79	16.幻	16.61	17.02	17.43
4.2	13.02	13.44	13.86	14.28	14.70	15.12	15.54	15.96	16.38	16.80	17.22	17.64	18.06
4.3	13.55	13.98	14.41	14.84	15.27	15.71	16.13	16.56	16.99	17.42	17.85	18.28	18.71
4.4	14.08	14.52	14.96	15.40	15.84	16.28	16.72	17.16	17.60	18.04	18.48	18.92	19.36
4.5	14.63	15.08	15.53	15.98	16.43	16.88	17.33	17.78	18.23	18.68	19.13	19.58	20.03
4.6	15.18	15.64	16.10	16.56	17.02	17.48	17.94	18.40	18.86	19.32	19.78	20.24	20.70
4.7	15.75	16.22	16.69	17.16	17.63	18.10	18.57	19.04	19.51	19.98	20.45	20.92	21.39
4.8	16.32	16.80	17.28	17.76	18.24	18.72	19.20	19.68	20.16	20.64	21.12	21.60	22.08
4.9	16.91	17.40	17.89	18.38	18.87	19.36	19.85	20.34	20.83	21.32	21.81	22.30	22.79
5.0	17.50	18.00	18.50	19.01	19.50	20.00	20.51	21.00	21.50	22.00	22.50	23.00	23.50

槽宽/m	底宽/m											
	2.3	2.4	2.5	2.6	2.7	2.8	2.9	3.0	3.1	3.2	3.3	3.4
	土方量/m³											
1.0	2.80	2.90	3.00	3.10	3.20	3.30	3.40	3.50	3.60	3.70	3.80	3.90
1.1	3.14	3.25	3.36	3.47	3.58	3.69	3.80	3.91	4.02	4.13	4.24	4.35
1.2	3.48	3.60	3.72	3.84	3.96	4.08	4.20	4.32	4.44	4.56	4.68	4.80
1.3	3.84	3.97	4.10	4.23	4.36	4.49	4.62	4.75	4.88	5.01	5.14	5.27
1.4	4.20	4.34	4.48	4.62	4.76	4.90	5.04	5.18	5.32	5.46	5.60	5.74
1.5	4.58	4.73	4.88	5.03	5.18	5.33	5.48	5.63	5.78	5.93	6.08	6.23
1.6	4.96	5.12	5.28	5.44	5.60	5.76	5.92	6.08	6.24	6.40	5.56	6.72
1.7	5.36	5.53	5.70	5.87	6.04	6.21	6.38	6.55	6.72	6.89	7.06	7.23
1.8	5.76	5.94	6.12	6.30	6.48	6.66	6.84	7.02	7.20	7.38	7.56	7.74

续表 5.21

槽宽/m	底宽/m											
	2.3	2.4	2.5	2.6	2.7	2.8	2.9	3.0	3.1	3.2	3.3	3.4
	土方量/m³											
1.9	6.18	6.37	6.56	6.75	6.94	7.13	7.32	7.51	7.70	7.89	8.08	8.27
2.0	6.60	6.80	7.00	7.20	7.40	7.60	7.80	8.00	8.20	8.40	8.60	8.80
2.1	7.04	7.25	7.46	7.67	7.88	8.09	8.30	8.51	8.72	8.93	9.14	9.35
2.2	7.48	7.70	7.92	8.14	8.36	8.58	8.80	9.02	9.24	9.46	9.68	9.90
2.3	7.94	8.17	8.40	8.63	8.86	9.09	9.32	9.55	9.78	10.01	10.24	10.47
2.4	8.40	8.64	8.88	9.12	9.36	9.60	9.84	10.08	10.32	10.56	10.80	10.04
2.5	8.88	9.13	9.38	9.63	9.88	10.13	10.38	10.63	10.88	11.13	11.38	11.63
2.6	9.36	9.62	9.88	10.14	10.40	10.66	10.92	11.18	11.44	11.70	11.96	12.22
2.7	9.86	10.13	10.40	10.67	10.94	11.21	11.48	11.75	12.02	12.29	12.56	12.83
2.8	10.36	10.64	10.92	11.20	11.48	11.76	12.04	12.32	12.60	12.88	13.16	13.44
2.9	10.88	11.17	11.46	11.75	12.04	12.33	12.62	12.91	13.20	13.49	13.78	14.07
3.0	11.40	11.70	12.00	12.30	12.60	12.90	13.00	13.50	19.80	14.10	14.40	14.70
3.1	11.94	12.25	12.56	12.87	13.18	13.49	13.80	14.11	14.42	14.73	15.04	15.35
3.2	12.48	12.80	13.12	13.44	13.76	14.08	14.40	14.72	15.04	15.36	15.68	16.00
3.3	13.04	13.37	13.70	14.03	14.36	14.69	15.02	15.35	15.68	16.01	16.34	16.67
3.4	13.60	13.94	14.28	14.62	14.96	15.30	15.64	15.98	16.32	16.66	17.00	17.34
3.5	14.18	14.53	14.88	15.23	15.58	15.93	16.28	16.63	16.98	17.33	17.68	18.03
3.6	14.76	15.12	15.48	15.84	16.20	16.56	16.92	17.28	17.64	18.00	18.36	18.72
3.7	15.36	15.73	16.10	16.47	16.84	17.21	17.58	17.95	18.32	18.69	19.06	19.43
3.8	15.96	16.34	16.72	17.10	17.48	17.86	18.24	18.62	19.00	19.38	19.76	20.14
3.9	16.58	16.97	17.36	17.75	18.14	18.53	18.92	19.31	19.70	20.09	20.48	20.87
4.0	17.20	17.60	18.00	18.40	18.80	19.20	19.00	20.00	20.40	20.80	21.20	21.60
4.1	17.84	18.25	18.66	19.07	19.48	19.89	20.30	20.71	21.12	21.53	21.94	22.35
4.2	18.48	18.90	19.32	19.74	20.16	20.58	21.00	21.42	21.84	22.26	22.68	23.10
4.3	19.14	19.57	20.00	20.43	20.86	21.29	21.72	22.15	22.58	23.01	23.44	23.87
4.4	19.80	20.24	20.68	21.12	21.58	22.00	22.44	22.88	23.32	23.76	24.20	24.64
4.5	20.48	20.93	11.38	21.83	22.28	22.73	23.18	23.63	24.08	24.53	24.98	25.43
4.6	21.16	21.62	22.08	22.54	23.00	23.46	23.92	24.38	24.84	25.30	25.76	26.22
4.7	21.86	22.33	22.80	23.27	23.74	24.21	24.68	25.15	25.62	26.09	26.56	27.30
4.8	22.56	23.04	23.52	24.00	24.48	24.96	25.44	25.92	26.40	26.88	27.36	27.84
4.9	23.28	23.77	24.26	24.75	25.24	25.73	26.22	26.71	27.20	27.69	28.18	28.67
5.0	24.00	24.50	25.00	25.50	26.00	26.50	27.00	27.50	28.00	28.50	29.00	29.50

(4)每米沟槽(边坡1:0.67)的土方数量见表5.22。

表5.22 每米沟槽土方数量表(坡度1:0.67)

槽宽/m	底宽/m											
	1.0	1.1	1.2	1.3	1.4	1.5	1.6	1.7	1.8	1.9	2.0	2.1	2.2
	土方量/m³											
1.0	1.67	1.77	1.87	1.97	2.07	2.17	2.27	2.37	2.47	2.57	2.67	2.77	2.87
1.1	1.91	2.02	2.13	2.24	2.35	2.46	2.57	2.68	2.79	2.90	3.01	3.12	3.23
1.2	2.16	2.28	2.40	2.52	2.64	2.76	2.88	3.00	3.12	3.24	3.36	3.48	3.60
1.3	2.43	2.56	2.69	2.82	2.95	3.08	3.21	3.34	3.47	3.60	3.73	3.86	3.99
1.4	2.71	2.85	2.99	3.13	3.27	3.41	3.55	3.69	3.83	3.97	4.11	4.25	4.30
1.5	3.01	3.16	3.31	3.46	3.61	3.76	3.91	4.06	4.21	4.36	4.51	4.66	4.81
1.6	3.32	3.48	3.64	3.80	3.96	4.12	4.28	4.44	4.60	4.76	4.92	5.08	5.24
1.7	3.64	3.81	3.98	4.15	4.32	4.49	4.66	4.83	5.00	5.17	5.34	5.51	5.58
1.8	3.97	4.15	4.33	4.51	4.69	4.87	5.05	5.23	5.41	5.59	5.77	5.95	6.13
1.9	4.32	4.51	4.70	4.89	5.08	5.27	5.46	5.65	5.84	6.03	6.22	6.41	6.60
2.0	4.68	4.88	5.08	5.28	5.48	5.68	5.88	6.08	6.28	6.48	6.68	6.88	7.08
2.1	5.05	5.26	5.47	5.68	5.89	6.10	6.31	6.52	6.73	6.94	7.15	7.36	7.57
2.2	5.44	5.66	5.88	6.10	6.32	6.54	6.76	6.98	7.20	7.42	7.64	7.86	8.08
2.3	5.84	6.07	6.30	6.53	6.76	6.90	7.22	7.45	7.68	7.91	8.14	8.37	8.60
2.4	6.26	6.50	6.74	6.98	7.22	7.46	7.70	7.94	8.18	8.42	8.60	8.90	9.14
2.5	6.69	6.94	7.19	7.44	7.69	7.94	8.19	8.44	8.69	8.94	9.19	9.44	9.69
2.6	7.13	7.39	7.65	7.91	8.17	8.43	8.69	8.95	9.21	9.47	9.73	9.09	10.25
2.7	7.58	7.85	8.12	8.39	8.66	8.93	9.20	9.47	9.74	10.01	10.28	10.55	10.82
2.8	8.05	8.33	8.61	8.89	9.17	9.45	9.73	10.01	10.29	10.57	10.85	11.13	11.41
2.9	8.53	8.82	9.11	9.40	9.619	9.98	10.27	10.56	10.85	11.14	11.43	11.72	12.01
3.0	9.03	9.33	9.63	9.43	10.23	10.53	10.83	11.13	11.43	11.73	12.03	12.33	12.63
3.1	9.53	9.85	10.16	10.47	10.78	11.08	11.39	11.70	12.00	12.32	12.63	12.94	13.25
3.2	10.06	10.38	10.71	11.02	11.34	11.66	11.98	12.30	12.62	12.94	13.26	13.58	13.90
3.3	10.62	10.93	11.26	11.59	11.92	12.24	12.57	12.90	13.23	13.56	13.89	14.22	14.55
3.4	10.92	11.26	11.61	11.94	12.28	12.85	13.19	13.53	13.87	14.21	14.55	14.89	15.23
3.5	11.71	12.06	12.41	12.76	13.11	13.46	13.81	14.16	14.51	14.86	15.21	15.56	15.91
3.6	12.28	12.64	13.00	13.36	13.72	14.03	14.44	14.80	15.16	15.52	15.88	16.24	16.60
3.7	12.87	13.24	13.61	13.98	14.35	14.72	15.09	15.46	15.83	16.20	16.57	16.94	17.31
3.8	13.47	13.85	14.23	14.61	14.99	15.37	15.75	16.13	16.51	16.89	17.27	17.65	18.03
3.9	14.09	14.48	14.87	15.26	15.65	16.05	16.83	16.83	17.22	17.61	18.00	18.39	18.78
4.0	14.72	15.12	15.52	15.92	16.32	16.72	17.12	17.52	17.92	18.32	18.72	19.12	19.52
4.1	15.36	15.77	16.18	16.59	17.00	17.41	17.82	18.23	18.64	19.05	19.46	19.87	20.28
4.2	16.01	16.43	16.85	17.28	17.70	18.12	18.54	18.96	19.38	19.80	20.22	20.64	21.06
4.3	16.69	17.12	17.55	17.98	18.41	18.84	19.27	19.70	20.13	20.56	20.99	21.42	21.85

续表5.22

槽宽/m	底宽/m												
	1.0	1.1	1.2	1.3	1.4	1.5	1.6	1.7	1.8	1.9	2.0	2.1	2.2
	土方量/m³												
4.4	17.37	17.81	18.25	18.69	19.13	19.57	20.01	20.45	20.89	21.33	21.77	22.21	22.65
4.5	18.07	18.52	18.97	19.42	19.87	20.32	20.77	21.22	21.67	22.12	22.57	23.02	23.47
4.6	18.78	19.24	19.70	20.16	20.62	21.38	21.85	22.00	22.46	22.92	23.38	23.84	24.30
4.7	19.50	19.97	20.44	20.91	21.38	21.85	22.32	22.79	23.26	23.73	24.20	24.67	25.14
4.8	20.24	20.72	21.20	21.68	22.16	22.64	23.12	23.60	24.08	24.56	25.04	25.52	26.00
4.9	20.99	21.48	21.97	22.46	22.95	23.44	23.31	24.42	24.91	25.40	25.89	26.38	26.87
5.0	21.75	22.25	22.75	23.25	23.75	24.25	24.75	25.25	25.75	26.25	26.75	27.25	27.75

槽宽/m	底宽/m											
	2.3	2.4	2.5	2.6	2.7	2.8	2.9	3.0	3.1	3.2	3.3	3.4
	土方量/m³											
1.0	2.97	3.07	3.17	3.27	3.37	3.47	3.57	3.67	3.77	3.87	3.97	4.07
1.1	3.34	3.45	3.56	3.67	3.78	3.89	4.00	4.11	4.22	4.33	4.14	4.55
1.2	3.72	3.84	3.96	4.08	4.20	4.32	4.44	4.56	4.68	4.10	4.92	5.04
1.3	4.12	4.25	4.38	4.51	4.64	4.77	4.90	5.03	5.16	5.29	5.42	5.55
1.4	4.53	4.67	4.81	4.99	5.09	4.23	5.37	5.51	5.65	5.79	5.93	6.07
1.5	4.96	5.11	5.26	5.41	5.56	5.71	5.86	6.01	6.16	6.31	6.46	6.61
1.6	5.40	5.56	5.72	5.88	6.04	6.20	6.26	6.52	6.68	6.84	7.00	7.16
1.7	5.85	6.02	6.19	6.36	6.63	6.70	6.87	7.04	7.21	7.38	7.55	7.72
1.8	6.31	6.49	6.67	6.85	7.03	7.21	7.39	7.57	7.75	7.93	8.11	8.29
1.9	6.79	6.98	7.17	7.36	7.55	7.74	7.93	8.12	8.31	8.50	8.69	8.88
2.0	7.28	7.48	7.68	7.88	8.08	8.28	8.48	8.68	8.88	9.08	9.28	9.48
2.1	7.78	7.99	8.20	8.41	8.62	8.83	9.04	9.25	9.46	9.67	9.88	10.09
2.2	8.30	8.52	8.74	8.96	9.18	9.40	9.62	9.84	10.06	10.28	10.50	10.72
2.3	8.83	9.04	9.29	9.52	9.75	9.85	10.21	10.44	10.67	10.90	11.13	11.36
2.4	9.38	9.62	9.85	10.10	10.34	10.58	10.82	11.06	11.30	11.54	11.78	12.02
2.5	9.94	10.19	10.44	10.69	10.94	11.19	11.44	11.69	11.94	12.19	12.44	13.60
2.6	10.51	10.77	11.03	11.29	11.55	11.81	12.00	12.33	12.59	12.85	13.11	13.37
2.7	11.09	11.36	11.63	11.90	12.17	12.44	12.71	12.98	13.25	13.52	13.79	14.06
2.8	11.69	11.97	12.25	12.53	12.81	13.09	13.37	13.65	13.96	14.21	14.49	14.77
2.9	12.30	12.59	12.88	13.17	13.46	13.75	14.04	14.33	14.62	14.91	15.20	15.49
3.0	12.93	13.23	13.53	13.83	14.13	14.43	14.73	15.03	15.33	15.63	15.93	16.23
3.1	13.56	13.87	14.18	14.49	14.80	15.11	15.42	15.73	16.04	16.35	16.66	16.97
3.2	14.22	14.54	14.86	15.18	15.50	15.82	16.14	16.46	16.78	17.10	17.42	17.74

续表 5.22

槽宽/m	底宽/m											
	2.3	2.4	2.5	2.6	2.7	2.8	2.9	3.0	3.1	3.2	3.3	3.4
	土方量/m³											
3.3	14.88	15.21	15.54	15.87	16.20	16.53	16.86	17.19	17.52	17.85	18.18	18.51
3.4	15.57	15.91	16.25	16.59	16.93	17.27	17.61	17.95	18.29	18.63	18.97	19.31
3.5	16.26	16.61	16.96	17.31	17.66	18.01	18.36	18.71	19.06	19.41	19.76	20.11
3.6	16.96	17.32	17.68	18.04	18.40	18.76	19.12	19.48	19.84	20.20	20.56	20.92
3.7	17.68	18.05	18.42	18.79	19.16	19.53	19.20	20.27	20.64	21.01	21.38	21.75
3.8	18.41	18.79	19.17	19.55	19.93	20.31	20.69	21.07	21.45	21.83	22.21	22.59
3.9	19.17	19.56	19.95	20.34	20.73	21.12	21.51	21.90	22.29	22.68	23.07	22.46
4.0	19.92	20.32	20.72	21.12	21.52	21.92	22.32	22.72	23.12	23.52	23.92	24.32
4.1	20.69	21.10	21.51	21.92	22.33	22.74	23.15	23.55	23.96	24.38	24.79	25.20
4.2	21.48	21.90	22.32	22.74	23.16	23.58	24.00	24.42	24.84	25.26	25.68	26.10
4.3	22.28	22.71	23.14	23.57	24.00	24.43	24.86	25.29	25.72	26.12	26.58	27.01
4.4	23.09	23.53	23.97	24.41	24.85	25.29	25.73	26.17	26.61	27.05	27.49	27.93
4.5	23.92	24.37	24.82	25.27	26.72	26.17	26.62	27.07	27.52	27.97	28.42	28.87
4.6	24.76	25.22	25.68	26.14	26.60	27.06	27.52	27.97	28.43	28.89	29.35	29.81
4.7	25.61	26.08	26.55	27.02	27.49	27.96	28.43	28.90	29.37	29.84	30.31	30.78
4.8	26.48	26.96	27.44	27.92	28.40	28.88	29.36	29.83	30.32	30.80	31.28	31.76
4.9	27.36	27.85	28.34	28.83	29.32	29.81	30.30	30.79	31.28	31.77	32.26	32.75
5.0	28.25	28.75	29.25	29.75	30.25	30.75	31.25	31.75	32.25	32.75	33.25	33.75

(5)每米沟槽(边坡 1:0.75)的土方数量见表 5.23。

表 5.23 每米沟槽土方数量表(坡度 1:0.75)

槽宽/m	底宽/m											
	1.0	1.1	1.2	1.3	1.4	1.5	1.6	1.7	1.8	1.9	2.0	2.1	2.2
	土方量/m³											
1.0	1.75	1.85	1.95	2.05	2.15	2.25	2.35	2.45	2.55	2.65	2.75	2.85	2.95
1.1	2.01	1.12	2.23	2.34	2.45	2.56	2.67	2.78	2.89	3.00	3.11	3.21	3.33
1.2	2.28	2.40	2.52	2.64	2.76	2.88	3.00	3.12	3.24	3.36	3.48	3.60	3.72
1.3	2.57	2.70	2.83	2.96	3.09	3.22	3.35	3.48	3.61	3.74	3.87	4.00	4.13
1.4	2.87	3.01	3.15	3.29	3.43	3.57	3.71	3.85	3.99	4.13	4.27	4.41	4.55
1.5	3.19	3.34	3.49	3.64	3.79	3.94	4.09	4.24	4.39	4.54	4.69	4.84	4.99
1.6	3.52	3.68	3.84	4.00	4.16	4.32	4.48	4.64	4.80	4.91	5.12	5.28	5.44
1.7	3.87	4.04	4.21	4.38	4.55	4.72	4.89	5.06	5.23	5.40	5.57	5.74	5.91
1.8	4.23	4.41	4.59	4.77	4.95	5.13	5.31	5.49	5.67	5.85	6.03	6.21	6.39

第5章 建筑工程工程量计算规则及应用

续表5.23

槽宽/m	底宽/m												
	1.0	1.1	1.2	1.3	1.4	1.5	1.6	1.7	1.8	1.9	2.0	2.1	2.2
	土方量/m³												
1.9	4.61	4.80	4.99	5.18	5.37	5.56	5.75	5.94	6.13	6.32	6.51	6.70	6.89
2.0	5.00	5.20	5.40	5.60	5.80	6.00	6.20	6.40	6.60	6.80	7.00	7.20	7.40
2.1	5.41	5.62	5.83	6.04	6.25	6.46	6.67	6.88	7.09	7.30	7.51	7.72	7.93
2.2	5.83	6.05	6.27	6.49	6.71	6.93	7.15	7.37	7.59	7.81	8.03	8.25	8.47
2.3	6.27	6.50	6.73	6.96	7.19	7.42	7.65	7.88	8.11	8.34	8.57	8.80	9.03
2.4	6.72	6.96	7.20	7.44	7.68	7.92	8.16	8.40	8.64	8.88	9.12	9.36	9.60
2.5	7.19	7.44	7.69	7.94	8.19	8.44	8.69	8.94	9.19	9.44	9.69	9.94	10.19
2.6	7.69	7.93	8.19	8.45	8.71	8.97	9.23	9.49	9.75	10.01	10.27	10.53	10.79
2.7	8.17	8.44	8.17	8.98	9.25	9.52	9.79	10.06	10.33	10.60	10.87	11.14	11.44
2.8	8.68	8.96	9.24	9.52	9.80	10.08	10.36	10.64	10.92	11.20	11.48	11.76	12.04
2.9	9.21	9.50	9.79	10.08	10.37	10.66	10.95	11.24	11.53	11.82	12.11	12.40	12.69
3.0	9.75	10.05	10.35	10.65	10.95	11.25	11.55	11.85	12.15	12.45	12.75	13.05	13.35
3.1	10.31	10.62	10.93	11.24	11.55	11.86	12.17	12.48	12.79	13.10	13.41	13.72	14.03
3.2	10.88	11.20	11.52	11.84	12.16	12.48	12.80	13.12	13.44	13.76	14.08	14.40	14.72
3.3	11.47	11.80	12.13	12.46	12.79	13.12	13.45	13.78	14.11	14.44	14.77	15.10	15.43
3.4	12.07	12.41	12.75	13.09	13.43	13.77	14.11	14.45	14.79	15.13	15.47	15.81	16.15
3.5	12.69	13.04	13.39	13.74	14.09	14.44	14.79	15.14	15.49	15.84	16.19	16.54	16.89
3.6	13.32	13.68	14.04	14.40	14.76	15.12	15.48	15.84	16.20	16.56	16.92	17.28	17.64
3.7	13.97	14.34	14.71	15.08	15.45	15.82	16.19	16.56	16.93	17.30	17.67	18.04	18.41
3.8	14.63	15.01	15.39	15.77	16.15	16.53	16.91	17.29	17.67	18.05	18.43	18.81	19.19
3.9	15.31	15.70	16.09	16.48	16.87	17.26	17.65	18.04	18.43	18.82	19.21	19.60	19.99
4.0	16.00	16.20	16.80	17.2a	17.60	18.00	18.40	18.80	19.20	19.60	20.00	20.40	20.80
4.1	16.71	17.12	17.53	17.94	18.35	18.76	19.17	19.58	19.99	20.40	20.81	21.22	21.63
4.2	17.43	17.85	18.27	18.69	19.11	19.53	19.95	20.37	20.7g	21.21	21.63	22.05	22.47
4.3	18.17	18.60	19.03	19.46	19.89	20.32	20.75	21.18	21.61	22.04	22.47	22.90	23.33
4.4	18.92	19.36	19.80	20.24	20.68	21.12	21.56	22.00	22.44	22.88	23.32	23.76	24.20
4.5	19.69	20.14	20.5g	21.04	21.49	21.91	22;39	22.84	23.29	23.74	24.19	24.64	25.09
4.6	20.47	20.93	21.39	21.85	22.31	22.77	23.23	23.69	24.15	24.61	25.07	25.53	25.99
4.7	21.27	21.74	22.21	22.68	23.15	23.62	24.09	24.56	25.03	25.50	25.97	26.44	26.91
4.8	22.08	22.04	23.52	23.52	24.00	24.48	24.96	25.44	25.92	26.40	26.88	27.36	27.84
4.9	22.91	23.40	23.89	24.38	24.87	25.36	25.85	26.34	26.83	27.32	27.81	28.30	28.79
5.0	23.75	24.25	24.75	25,25	25.75	26.25	26.75	27.25	27.75	28.25	28.75	29.25	29.75

续表5.23

槽宽/m	底宽/m											
	2.3	2.4	2.5	2.6	2.7	2.8	2.9	3.0	3.1	3.2	3.3	3.4
	土方量/m³											
1.0	3.05	3.15	3.25	3.35	3.45	3.55	3.65	3.75	3.85	3.95	4.05	4.15
1.1	3.44	3.55	3.66	3.77	3.88	3.99	4.10	4.21	4.32	4.43	4.54	4.65
1.2	3.84	3.96	4.08	4.20	4.32	4.44	4.56	4.68	4.80	4.92	5.04	5.16
1.3	4.26	4.39	4.52	4.65	4.78	4.91	5.04	5.17	5.30	5.43	5.56	5.69
1.4	4.69	4.83	4.97	5.11	5.25	5.39	5.53	5.67	5.81	5.95	6.09	6.23
1.5	5.14	5.29	5.44	5.59	5.74	5.89	6.04	6.19	6.34	5.49	6.64	6.79
1.6	5.60	5.76	5.92	6.08	6.24	6.40	6.56	6.72	6.88	7.04	7.20	7.36
1.7	6.08	6.25	6.42	6.59	6.76	6.93	7.10	7.27	7.44	7.61	7.78	7.95
1.8	6.57	6.75	6.93	7.11	7.29	7.47	7.65	7.83	8.01	8.19	8.37	8.55
1.9	7.08	7.27	7.46	7.65	7.84	8.03	8.22	8.41	8.60	8.79	8.98	9.17
2.0	7.60	7.80	8.0()	8.20	8.40	8.60	8.80	9.00	9.20	9.40	9.60	9.80
2.1	8.14	8.35	8.56	8.77	8.98	9.19	9.40	9.61	9.82	10.01	10.24	10.45
2.2	8.69	8.91	9.13	9.35	9.57	9.79	10.01	10.23	10.45	10.67	10.89	11.11
2.3	9.26	9.49	9.72	9.95	10.18	10.41	10.64	10.87	11.10	11.33	11.56	11.79
2.4	9.84	10.08	10.32	10.56	10.80	11.04	11.28	11.52	11.76	12.00	12.24	12.48
2.5	10.44	10.69	10.94	11.19	11.44	11.69	11.94	12.19	12.44	12.69	12.94	13.19
2.6	11.05	11.31	11.57	11.83	12.09	12.35	12.61	12.87	13.13	13.39	13.65	13.91
2.7	11.68	11.95	12.22	12.49	12.76	13.08	13.30	13.57	13.84	14.11	14.38	14.65
2.8	12.32	12.60	12.88	13.16	13.44	13.72	14.00	14.28	14.56	14.84	15.12	15.40
2.9	12.98	13.27	13.56	13.85	14.14	14.43	14.72	15.01	15.30	15.59	15.88	16.17
3.0	13.65	13.95	14.25	14.55	14.85	15.15	15.45	15.75	16.05	16.35	16.65	16.95
3.1	14.34	14.65	14.96	15.27	15.58	15.79	16.20	16.51	16.82	17.13	17.44	17.75
3.2	15.04	15.36	15.68	16.00	16.32	16.64	16.96	17.28	17.60	17.92	18.24	18.56
3.3	15.76	16.09	16.42	16.75	17.08	17.41	17.74	18.07	18.40	18.73	19.06	19.39
3.4	16.49	16.83	17.17	17.51	17.85	18.19	18.53	18.87	19.21	19.55	19.89	20.23
3.5	17.24	17.59	17.94	18.29	18.64	18.99	19.34	19.69	20.04	20.39	20.74	21.09
3.6	18.00	18.36	18.72	19.08	19.44	19.80	20.16	20.52	20.88	21.24	21.60	21.96
3.7	18.78	19.15	19.52	19.89	20.26	20.63	21.∞	21.37	21.74	22.11	22.48	22.85
3.8	19.57	19.95	20.33	20.71	21.09	21.47	21.85	22.23	22.61	22.99	23.37	23.75
3.9	20.38	20.77	21.16	21.55	21.94	22.33	22.72	23.11	23.50	23.89	24.28	24.67
4.0	21.20	21.60	22.00	22.40	22.80	23.20	23.60	24.00	24.40	24.80	25.20	25.60
4.1	22.04	22.45	22.86	23.27	23.68	24.09	24.50	24.91	25.32	25.73	26.14	26.55
4.2	22.89	23.31	23.73	24.15	24.57	24.99	25.41	25.83	26.25	26.67	27.09	27.51
4.3	23.76	24.19	24.62	25.06	25.48	25.91	26.34	26.77	27.20	27.63	28.06	28.49

续表 5.23

4.4	24.64	25.08	25.52	25.96	26.40	26.84	27.28	27.72	28.16	28.60	29.04	29.48
4.5	25.54	25.99	26.44	26.89	27.34	27.79	28.24	28.69	29.14	29.59	30.04	30.49
4.6	26.45	26.91	27.37	27.83	28.29	28.75	29.21	29.67	30.13	30.59	31.05	31.51
4.7	27.85	28.32	28.79	29.26	29.73	30.20	30.67	31.14	31.61	31.61	32.08	32.55
4.8	28.32	28.80	29.28	29.76	30.24	30.72	31.20	31.68	32.16	32.64	33.12	33.60
4.9	29.28	29.77	30.26	30.75	31.24	31.73	32.22	32.71	33.20	33.69	34.18	34.67
5.0	30.25	30.75	31.25	31.75	32.25	32.75	33.25	33.75	34.25	34.75	35.25	35.75

(6)每米沟槽(边坡1:1)的土方数量见表5.24。

表5.24 每米沟槽(边坡度1:1)土方数量表

槽宽 /m	底宽/m											
	1.0	1.1	1.2	1.3	1.4	1.5	1.6	1.7	1.8	1.9	2.0	2.1	2.2
	土方量/m³											
1.0	2.00	2.10	2.20	2.30	2.40	2.50	2.60	2.70	2.80	2.90	3.00	3.10	3.20
1.1	2.31	2.42	2.53	2.64	2.75	2.86	2.97	3.08	3.19	3.30	3.41	3.52	3.68
1.2	2.64	2.76	2.88	3.00	3.12	3.24	3.36	3.48	3.60	3.72	3.84	3.96	4.03
1.3	2.99	3.12	3.25	3.38	3.51	3.64	3.77	3.90	4.03	4.16	4.29	4.42	4.55
1.4	3.36	3.50	3.64	3.78	3.92	4.06	4.20	4.34	4.48	4.62	4.76	4.90	5.04
1.5	3.75	3.90	4.05	4.20	4.35	4.50	4.65	4.80	4.95	5.10	5.25	5.40	5.55
1.6	4.16	4.32	4.48	4.64	4.80	4.96	5.12	5.28	5.44	5.60	5.76	5.92	6.08
1.7	4.59	4.76	4.93	5.10	5.27	5.44	5.61	5.78	5.95	6.12	6.29	6.46	6.63
1.8	5.04	5.22	5.40	5.58	5.76	5.94	5.12	6.30	6.48	6.66	6.84	7.02	7.20
1.9	5.51	5.70	5.89	6.08	6.27	6.46	6.65	6.84	7.03	7.22	7.41	7.60	7.79
2.0	6.00	6.20	6.40	6.60	6.80	7.00	7.20	7.40	7.60	7.80	8.00	8.20	8.40
2.1	6.51	6.72	6.93	7.14	7.35	7.56	7.77	7.98	8.19	8.40	8.61	8.82	9.03
2.2	7.04	7.26	7.48	7.70	7.92	8.14	8.36	8.58	8.80	9.02	9.24	9.46	9.68
2.3	7.59	7.82	8.05	8.28	8.51	8.74	8.97	9.20	9.43	9.66	9.89	10.12	10.35
2.4	8.16	8.40	8.64	8.88	9.12	9.36	9.60	9.84	10.08	10.32	10.56	10.80	11.04
2.5	8.75	9.00	9.25	9.50	9.75	10.00	10.25	10.50	10.75	11.00	11.25	11.50	11.75
2.6	9.36	9.62	9.88	10.14	10.40	10.66	10.92	11.18	11.44	11.70	11.96	12.22	12.48
2.7	9.99	10.26	10.53	10.80	11.07	11.34	11.61	11.88	12.15	12.42	12.69	12.96	13.23
2.8	10.64	10.92	11.20	11.48	11.76	12.04	12.32	12.60	12.80	13.16	13.44	13.72	14.00
2.9	11.31	11.60	11.89	12.18	12.47	12.76	13.05	13.34	13.63	13.92	14.21	14.50	14.79
3.0	12.00	12.30	12.60	12.91	13.21	13.50	13.80	14.10	14.40	14.70	15.00	15.30	15.60

续表5.24

槽宽/m	底宽/m												
	1.0	1.1	1.2	1.3	1.4	1.5	1.6	1.7	1.8	1.9	2.0	2.1	2.2
	土方量/m³												
3.1	12.71	13.02	13.33	13.64	13.95	14.26	14.57	14.88	15.19	15.50	15.81	16.12	16.43
3.2	13.44	13.76	14.08	14.40	14.72	15.04	15.36	15.68	16.00	16.32	16.64	16.96	17.28
3.3	14.19	14.52	14.85	15.18	15.51	15.84	16.17	16.50	16.83	17.16	17.49	17.82	18.15
3.4	14.96	15.30	15.64	15.98	16.32	16.66	17.00	17.34	17.68	18.02	18.36	18.70	19.04
3.5	15.75	16.11	16.45	16.80	17.15	17.50	17.85	18.20	18.55	18.90	19.25	19.60	19.95
3.6	16.56	16.92	17.28	17.64	18.00	18.36	18.72	19.08	19.44	19.80	20.16	20.52	20.88
3.7	17.39	17.76	18.13	18.50	18.87	19.24	19.61	19.98	20.35	20.77	21.09	21.46	21.83
3.8	18.24	18.62	19.00	19.38	19.76	20.14	20.52	20.90	21.28	21.66	22.04	22.42	22.80
3.9	19.11	19.50	19.89	20.28	20.67	21.06	21.45	21.84	22.23	22.62	22.01	23.40	23.79
4.0	20.00	20.40	20.80	21.20	21.60	22.00	22.40	22.80	23.20	23.60	24.00	24.40	24.80
4.1	20.91	21.32	21.73	22.14	22.55	22.96	23.37	23.78	24.19	24.60	25.01	25.42	25.83
4.2	21.84	22.20	22.68	23.10	23.52	23.94	24.36	24.78	25.20	25.62	26.04	26.46	26.88
4.3	22.79	23.22	23.65	24.08	24.51	24.94	25.37	25.8c	26.23	26.66	27.09	27.52	27.95
4.4	23.76	24.20	24.64	25.08	25.52	25.96	26.40	26.84	27.28	27.72	28.16	28.60	29.04
4.5	24.75	25.20	25.65	26.10	26.55	27.00	27.45	27.90	28.35	28.80	29.25	29.70	30.15
4.6	25.76	26.22	26.68	27.14	27.60	28.06	28.52	28.98	29.44	29.90	30.36	30.82	31.28
4.7	26.79	27.26	27.73	28.20	28.67	29.14	29.61	30.08	30.55	31.02	31.49	31.96	32.43
4.8	27.84	28.32	28.80	29.28	29.76	30.24	30.72	31.2c	31.68	32.16	32.64	33.12	33.60
4.9	28.91	29.40	29.89	30.38	30.81	31.36	31.85	32.34	32.83	32.32	33.81	34.30	34.79
5.0	30.00	30.50	31.00	31.50	32.00	32.50	33.00	33.50	34.00	34.50	35.00	35.50	36.00

槽宽/m	底宽/m											
	2.3	2.4	2.5	2.6	2.7	2.8	2.9	3.0	3.1	3.2	3.3	3.4
	土方量/m³											
1.0	3.30	3.40	3.50	3.60	3.70	3.80	3.90	4.00	4.10	4.20	4.30	4.40
1.1	3.74	3.85	3.96	4.07	4.18	4.29	4.40	4.51	4.62	4.73	4.84	4.95
1.2	4.20	4.32	4.44	4.56	4.68	4.80	4.92	5.04	5.16	5.28	5.40	5.52
1.3	4.68	4.81	4.94	5.07	5.20	5.33	5.46	5.59	5.72	5.85	5.98	6.11
1.4	5.18	5.32	5.46	5.60	5.74	5.88	6.02	6.16	6.30	6.44	6.58	6.72
1.5	5.70	5.85	6.00	6.15	6.30	6.45	6.60	6.75	6.90	7.05	7.20	7.35
1.6	6.24	6.40	6.56	6.72	6.88	7.04	7.20	7.36	7.52	7.68	7.84	8.00
1.7	6.00	6.97	7.14	7.31	7.48	7.65	7.82	7.99	8.16	8.33	8.50	8.67
1.8	7.38	7.56	7.74	7.92	8.10	8.28	8.46	8.64	8.82	9.00	9.18	9.36
1.9	7.98	8.17	8.36	8.55	8.74	8.93	9.12	9.31	9.50	9.69	9.88	10.07

第5章 建筑工程工程量计算规则及应用

续表5.24

槽宽/m	底宽/m											
	2.3	2.4	2.5	2.6	2.7	2.8	2.9	3.0	3.1	3.2	3.3	3.4
	土方量/m³											
2.0	8.60	8.80	9.00	9.20	9.40	9.60	9.80	10.00	10.20	10.40	10.60	10.80
2.1	9.24	9.45	9.66	9.87	10.08	10.29	10.50	10.71	10.92	11.13	11.34	11.55
2.2	9.90	10.12	10.34	10.56	10.78	11.00	11.22	11.44	11.66	11.88	12.10	12.32
2.3	10.58	10.81	10.04	11.27	11.50	11.73	11.96	12.19	12.42	12.65	12.88	13.11
2.4	11.28	11.52	11.76	12.00	12.24	12.48	12.72	12.96	13.20	13.44	13.68	13.92
2.5	12.00	12.25	12.50	12.75	13.00	13.25	13.50	13.75	14.00	14.25	14.50	14.75
2.6	12.74	13.00	13.26	13.52	13.78	14.04	14.30	14.56	14.82	15.08	15.34	15.60
2.7	13.50	13.77	14.04	14.31	14.58	14.85	15.12	15.39	15.66	15.93	16.20	16.47
2.8	14.28	14.56	14.84	15.12	15.40	15.68	15.96	16.24	16.52	16.80	17.08	17.36
2.9	15.08	15.37	15.66	15.95	16.24	16.53	16.82	17.11	17.40	17.69	17.98	18.27
3.0	15.90	16.20	16.50	16.80	17.10	17.10	17.70	18.00	18.30	18.60	18.90	19.20
3.1	16.74	17.05	17.36	17.67	17.98	18.29	18.60	18.91	19.22	19.53	19.84	20.15
3.2	17.60	17.92	18.24	18.56	18.88	19.20	19.52	19.84	20.16	20.48	20.80	21.12
3.3	18.48	18.81	19.14	19.47	19.80	20.13	20.46	20.79	21.12	21.45	21.78	22.11
3.4	19.38	19.72	20.06	20.20	20.74	21.08	21.42	21.76	22.10	22.44	22.78	23.12
3.5	20.30	20.65	21.00	21.35	21.70	22.05	22.40	22.75	23.10	23.45	23.80	24.15
3.6	21.24	21.60	21.96	22.32	22.68	23.04	23.40	23.76	24.12	24.48	24.84	25.20
3.7	22.20	22.57	22.94	23.31	23.68	24.05	24.42	24.79	25.16	25.53	25.90	26.27
3.8	23.18	23.56	23.94	24.32	24.70	25.08	25.46	25.84	26.22	26.60	26.98	27.36
3.9	24.18	24.57	24.96	25.35	25.74	26.13	26.52	26.91	27.31	27.69	28.08	28.47
4.0	25.20	25.60	25.00	26.40	26.80	27.20	27.60	28.00	28.40	28.80	29.20	29.60
4.1	26.24	26.65	27.06	27.47	27.88	28.29	28.70	29.11	29.52	29.93	30.34	30.75
4.2	27.30	27.72	28.14	28.56	28.98	29.40	29.82	30.24	30.66	31.00	31.50	31.92
4.3	28.38	28.81	29.24	29.67	30.10	30.53	30.96	31.39	31.82	32.25	32.68	33.11
4.4	29.48	29.92	30.36	30.80	31.24	31.68	32.12	32.56	33.00	33.44	33.88	34.32
4.5	30.60	31.05	31.50	31.95	32.40	32.85	33.30	33.75	34.20	34.65	35.10	35.55
4.6	31.74	32.20	32.66	33.12	33.58	34.04	34.50	34.96	35.42	35.88	36.34	36.80
4.7	32.90	33.37	33.84	34.31	34.78	35.36	35.72	36.19	36.66	37.13	37.60	37.07
4.8	34.08	34.56	35.04	35.52	36.00	36.48	36.96	37.44	37.92	38.40	38.88	39.36
4.9	35.28	35.77	36.36	36.75	37.24	37.73	38.22	38.71	39.20	39.39	40.18	40.67
5.0	36.50	37.00	37.50	38.00	38.50	39.00	39.50	40.00	40.50	41.00	41.50	42.00

【例　题】

◆例 5-1

某无需放坡的沟槽如图 5.5 所示,求挖沟槽工程量。

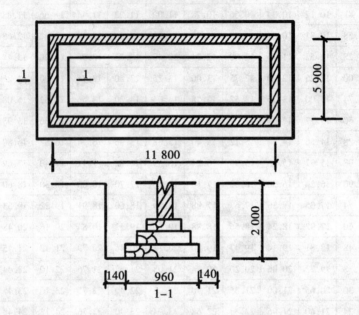

图 5.5　某沟槽无需放坡剖面图

【解】沟槽工程量/m³ = (0.96 + 0.14 × 2) × 2.0 × (11.8 + 5.9) × 2 = 87.79

◆例 5-2

已知某混凝土管工程,管直径 1.0 m,沟深 1.8 m,设计沟底宽 2.0 m,总长 1 600 m,土质为坚硬土,余土外运 50 m,计算该工程土方清单合价。

【解】依据某省建筑工程消耗量定额价目表计取有关费用。

(1)清单工程量计算。

V = 1 600 m

(2)消耗量定额工程量。

挖沟槽:V/m³ = 1.8 × 2.0 × 1 600 = 5 760

外运土方:V/m³ = 3.14 × 0.5² × 1 600 = 1 256

回填土:V/m³ = 5 760 - 1 256 = 4 504

(3)挖沟槽。

人工费/元:5 760 × 139.7/10 = 80 467.2

机械费/元:5 760 × 0.43/10 = 247.68

(4)外运土方。

人工费/元:1 256 × 9.68/10 = 1 215.81

(5)回填土。

人工费/元:4 504×44/10 = 19 817.6

材料费/元:4 504×0.26/10 = 117.10

(6)综合。

直接费合计/元。

80 467.2 + 247.68 + 1 215.81 + 19 817.6 + 117.10 = 101 865.39

管理费/元:101 865.39×35% = 35 652.89

利润/元:101 865.39×5% = 5 093.27

合价/元:101 865.39 + 35 652.89 + 5 093.27 = 142 611.55

综合单价/元:142 611.55÷1 600 = 89.13

结果见表5.25和表5.26。

表5.25 分部分项工程量清单计价表

序号	项目编码	项目名称	项目特征描述	计量单位	工程数量	金额/元		
						综合单价	合价	其中:直接费
1	010101006001	管沟土方	挖沟槽 外运土方 回填土	m	1 600	89.13	142 611.55	101 865.39

表5.26 分部分项工程量清单综合单价计算表

项目编号	010101006001	项目名称		管沟土方	计量单位		m³		
清单综合单价组成明细									
定额编号	定额内容	定额单位	数量	单价/元			合价/元			
				人工费	材料费	机械费	人工费	材料费	机械费	管理费和利润
1-2-12	人工挖沟槽坚土深4 m内	10 m³	576	139.7	—	0.43	80 467.2	—	247.68	32 285.95
1-2-44	人工运土方200 m内增运20 m	10 m³	125.6	9.68	—	—	1 215.81	—		486.32
1-4-12	人工槽坑夯填土	10 m³	450.4	44	0.26	—	19 817.6	117.10	—	7 973.88
人工单价			小计				101 500.61	117.10	247.68	40 746.15
28元/工日			未计价材料费				—			
		清单项目综合单价/元					89.13			

5.2 桩基础工程

【基 础】

◆ **基础定额说明**

(1) 定额适用于一般工业与民用建筑工程的桩基础,不适用于水工建筑、公路桥梁工程。

(2) 定额中土壤级别划分应根据工程地质资料中的土层构造和土壤物理、力学性能的有关指标,参考纯沉桩时间确定。凡遇有砂夹层者,应首先按砂层情况确定土级。无砂层者,按土壤物理力学性能指标并参考每米平均纯沉桩时间确定。用土壤力学性能指标鉴别土的级别时,桩长在 12 m 以内,相当于桩长的 1/3 的土层厚度应达到所规定的指标。12 m 以外,按 5 m 厚度确定。

(3) 除静力压桩外,均未包括接桩,如需接桩,除按相应打桩定额项目计算外,按设计要求另计算接桩项目。

(4) 单位工程打(灌)桩工程量在表 5.27 规定数量以内时,其人工、机械量按相应定额项目乘以系数 1.25 计算。

(5) 焊接桩接头钢材用量,设计与定额用量不同时,可按设计用量换算。

(6) 打试验桩按相应定额项目的人工、机械乘以系数 2 计算。

(7) 打桩、打孔,桩间净距小于 4 倍桩径(桩边长)的,按相应定额项目中的人工、机械乘以系数 1.13。

(8) 定额以打直桩为准,如打斜桩斜度在 1∶6 以内者,按相应定额项目乘以系数 1.25,如斜度大于 1∶6 者,按相应定额项目人工、机械乘以系数 1.43。

表 5.27 单位工程打(灌)桩工程量

项目	单位工程的工程量	项目	单位工程的工程量
钢筋混凝土方桩	150 m³	打孔灌注混凝土桩	60 m³
钢筋混凝土管桩	50 m³	打孔灌注砂、石桩	60 m³
钢筋混凝土板桩	50 m³	钻孔灌注混凝土桩	100 m³
钢板桩	50 t	潜水钻孔灌注混凝土桩	100 m³

(9) 定额以平地(坡度小于 15°)打桩为准,如在堤坡上(坡度大于 15°)打桩时,按相应定额项目人工、机械乘以系数 1.15。如在基坑内(基坑深度大于 1.5 m)打桩或在地坪上打坑槽内(坑槽深度大于 1 m)桩时,按相应定额项目人工、机械乘以系数 1.11。

(10) 定额各种灌注的材料用量中,均已包括表 5.28 规定的充盈系数和材料损耗,其中灌注砂石桩除上述充盈系数和损耗率外,还包括级配密实系数 1.334。

表 5.28 定额各种灌注的材料用量

项目名称	打孔灌注混凝土桩	钻孔灌注混凝土桩	打孔灌注砂桩	打孔灌注砂石桩
充盈系数	1.25	1.30	1.30	1.30
损耗率/%	1.5	1.5	3	3

(11)在桩间补桩或强夯后的地基打桩时,按相应定额项目人工、机械乘以系数 1.15。

(12)打送桩时可按相应打桩定额项目综合工日及机械台班乘以表 5.29 规定系数计算。

表 5.29 送桩深度系数

送桩深度	2 m 以内	4 m 以内	4 m 以上
系数	1.25	1.43	1.67

(13)金属周转材料中包括桩帽、送桩器、桩帽盖、活瓣桩尖、钢管、料斗等属于周转性使用的材料。

◆ 基础定额工程量计算规则

(1)计算打桩(灌注桩)工程量前应确定下列事项。

1)确定土质级别。依工程地质资料中的土层构造,土的物理、化学性质及每米沉桩时间鉴别适用定额土质级别。

2)确定施工方法、工艺流程,采用机型,桩、土的泥浆运距。

(2)打预制钢筋混凝土桩的体积,按设计桩长(包括桩尖,不扣除桩尖虚体积)乘以桩截面面积计算。管桩的空心体积应扣除。如管桩的空心部分按设计要求灌注混凝土或其他填充材料时,应另行计算。

(3)接桩。电焊接桩按设计接头,以个计算,硫磺胶泥接桩截面以 m^2 计算。

(4)送桩。按桩截面面积乘以送桩长度(即打桩架底至桩顶面高度或自桩顶面至自然地坪面另加 0.5 m)计算。

(5)打拔钢板桩按钢板桩重量以 t 计算。

(6)打孔灌注桩。

1)混凝土桩、砂桩、碎石桩的体积,按设计规定的桩长(包括桩尖,不扣除桩尖虚体积)乘以钢管管箍外径截面面积计算。

2)扩大桩的体积按单桩体积乘以次数计算。

3)打孔后先埋入预制混凝土桩尖,再灌注混凝土者,桩尖按《全国统一建筑工程预算工程量计算规则》(GJDGZ 101—1995)中的钢筋混凝土章节规定计算体积,灌注桩按设计长度(自桩尖顶面至桩顶面高度)乘以钢管管箍外径截面面积计算。

(7)钻孔灌注桩,按设计桩长(包括桩尖,不扣除桩尖虚体积)增加 0.25 m 乘以设计断面面积计算。

(8)灌注混凝土桩的钢筋笼制作依设计规定,按《全国统一建筑工程预算工程量计算规则》(GJDGZ 101—1995)中的钢筋混凝土章节相应项目以 t 计算。

(9)泥浆运输工程量按钻孔体积以 m^3 计算。

(10)其他。

1)安、拆导向夹具,按设计图纸规定的水平延长米计算。

2)桩架90°调面只适用轨道式、走管式、导杆、筒式柴油打桩机,以次计算。

◆清单工程量计算规则

1.混凝土桩

工程量清单项目设置及工程量计算规则,应按表5.30的规定执行。

表5.30 混凝土桩(编码:010201)

项目编码	项目名称	项目特征	计量单位	工程量计算规则	工程内容
010201001	预制钢筋混凝土桩	1.土壤级别 2.单桩长度、根数 3.桩截面 4.板桩面积 5.管桩填充材料种类 6.桩倾斜度 7.混凝土强度等级 8.防护材料种类	m/根	按设计图示尺寸以桩长(包括桩尖)或根数计算	1.桩制作、运输 2.打桩、试验桩、斜桩 3.送桩 4.管桩填充材料、刷防护材料 5.清理、运输
010201002	接桩	1.桩截面 2.接头长度 3.接桩材料	个/m	按设计图示规定以接头数量(板桩按接头长度)计算	1.桩制作、运输 2.接桩、材料运输
010201003	混凝土灌注桩	1.土壤级别 2.单桩长度、根数 3.桩截面 4.成孔方法 5.混凝土强度等级	m/根	按设计图示尺寸以桩长(包括桩尖)或根数计算	1.成孔、固壁 2.混凝土制作、运输、灌注、振捣、养护 3.泥浆池及沟槽砌筑、拆除 4.泥浆制作、运输 5.清理、运输

2.其他桩

工程量清单项目设置及工程量计算规则,应按表5.31的规定执行。

表5.31 其他桩(编码:010202)

项目编码	项目名称	项目特征	计量单位	工程量计算规则	工程内容
010202001	砂石灌注桩	1.土壤级别 2.桩长 3.桩截面 4.成孔方法 5.砂石级配	m	按设计图示尺寸以桩长(包括桩尖)计算	1.成孔 2.砂石运输 3.填充 4.振实
010202002	灰土挤密桩	1.土壤级别 2.桩长 3.桩截面 4.成孔方法 5.灰土级别	m	按设计图示尺寸以桩长(包括桩尖)计算	1.成孔 2.灰土拌和、运输 3.填充 4.夯实
010202003	旋喷桩	1.桩长 2.桩截面 3.水泥强度等级	m	按设计图示尺寸以桩长(包括桩尖)计算	1.成孔 2.水泥浆制作、运输 3.水泥浆旋喷
010202004	喷粉桩	1.桩长 2.桩截面 3.粉体种类 4.水泥强度等级 5.石灰粉要求	m	按设计图示尺寸以桩长(包括桩尖)计算	1.成孔 2.粉体运输 3.喷粉固化

3.地基与边坡处理

工程量清单项目设置及工程量计算规则,应按表5.32的规定执行。

表5.32 地基与边坡处理(编码:010203)

项目编码	项目名称	项目特征	计量单位	工程量计算规则	工程内容
010203001	地下连续墙	1. 墙体厚度 2. 成槽深度 3. 混凝土强度等级	m³	按设计图示墙中心线长乘以厚度乘以槽深以体积计算	1. 挖土成槽、余土运输 2. 导墙制作、安装 3. 锁口管吊拔 4. 浇注混凝土连续墙 5. 材料运输
010203002	振冲灌注碎石	1. 振冲深度 2. 成孔直径 3. 碎石级配		按设计图示砂孔深乘以孔截面积以体积计算	1. 成孔 2. 碎石运输 3. 灌注、振实
010203003	地基强夯	1. 夯击能量 2. 夯击遍数 3. 地耐力要求 4. 夯填材料种类		按设计图示尺寸以面积计算	1. 铺夯填材料 2. 强夯 3. 夯填材料运输
010203004	锚杆支护	1. 锚孔直径 2. 锚孔平均深度 3. 锚固方法、浆液种类 4. 支护厚度、材料种类 5. 混凝土强度等级 6. 砂浆强度等级	m²	按设计图示尺寸以支护面积计算	1. 钻孔 2. 浆液制作、运输、压浆 3. 张拉锚固 4. 混凝土制作、运输、喷射、养护 5. 砂浆制作、运输、喷射、养护
010203005	土钉支护	1. 支护厚度、材料种类 2. 混凝土强度等级 3. 砂浆强度等级			1. 钉土钉 2. 挂网 3. 混凝土制作、运输、喷射、养护 4. 砂浆制作、运输、喷射、养护

4. 其他相关问题

其他相关问题应按下列规定处理。

(1)土壤级别按表5.33确定。

表5.33 土质鉴别表

内容		土壤级别	
		一级土	二级土
砂夹层	砂层连续厚度	<1 m	>1 m
	砂层中卵石含量	—	<15%
物理性能	压缩系数	>0.02	<0.02
	孔隙比	>0.7	<0.7
力学性能	静力触探值	<50	>50
	动力触探系数	<12	>12
每米纯沉桩时间平均值		<2 min	>2 min
说明		桩经外力作用较易沉入的土,土壤中夹有较薄的砂层	桩经外力作用较难沉入的土,土壤中夹有不超过3 m的连续厚度砂层

(2)混凝土灌注桩的钢筋笼、地下连续墙的钢筋网制作、安装,应按混凝土及钢筋混凝土工程中相关内容列项。

【实 务】

◆桩基础工程工程量计算常用资料

1.爆扩桩体积

爆扩桩的体积可参照表5.34进行计算。

表5.34 爆扩桩体积表

桩身直径/mm	桩头直径/mm	桩长/m	混凝土量/m³	桩身直径/mm	桩头直径/mm	桩长/m	混凝土量/m³
250	800	3.0	0.376	300	800	3.0	0.424
		3.5	0.401			3.5	0.459
		4.0	0.425			4.0	0.494
		4.5	0.451			4.5	0.530
		5.0	0.474			5.0	0.565
250	1 000	3.0	0.622	300	900	3.0	0.530
		3.5	0.647			3.5	0.566
		4.0	0.671			4.0	0.601
		4.5	0.696			4.5	0.637
		5.0	0.720			5.0	0.672
每增减		0.50	0.025	每增减		0.50	0.026
300	1 000	3.0	0.665	400	1 000	3.0	0.755
		3.5	0.701			3.5	0.838
		4.0	0.736			4.0	0.901
		4.5	0.771			4.5	0.964
		5.0	0.807			5.0	1.027
300	1 200	3.0	1.032	400	1 200	3.0	1.156
		3.5	1.068			3.5	1.219
		4.0	1.103			4.0	1.282
		4.5	1.138			4.5	1.345
		5.0	1.174			5.0	1.408
每增减		0.50	0.036	每增减		0.50	0.064

注:1.桩长是指桩全长,包括桩头。
   2.计算公式:

$$V = A(L-D) + (1/6\pi D^3) \tag{5.16}$$

式中 A——断面面积;L——桩长(全长包括桩尖);D——球体直径。

2.混凝土灌注桩体积

混凝土灌注桩的体积可参照表5.35进行计算。

表5.35 混凝土灌注桩体积表

桩直径/mm	桩管外径/mm	桩全长/m	混凝土体积/m³	桩直径/mm	桩管外径/mm	桩全长/m	混凝土体积/m³
300	325	3.00	0.248 9	300	351	5.00	0.483 8
		3.50	0.290 4			5.50	0.532 2
		4.00	0.331 8			6.00	0.590 6
		4.50	0.373 3			每增减0.10	0.009 7
		5.00	0.414 8	400	459	3.00	0.496 5
		5.50	0.456 3			3.50	0.579 3
		6.00	0.497 8			4.00	0.662 0
		每增减0.10	0.008 3			4.50	0.744 8
300	351	3.00	0.290 3			5.00	0.827 5
		3.50	0.338 7			5.50	0.910 3
		4.00	0.387 0			6.00	0.993 0
		4.50	0.435 4			每增减0.10	0.016 5

注:混凝土体积 = $\pi r^2 \cdot L$ (5.17)

式中 r——套管外径的半径;L——桩全长。

3. 预制钢筋混凝土方桩体积

预制钢筋混凝土方桩的体积可参照表5.36进行计算。

表5.36 预制钢筋混凝土方桩体积表

桩截面/mm	桩尖长/mm	桩长/m	混凝土体积/m³ A	混凝土体积/m³ B	桩截面/mm	桩尖长/mm	桩长/m	混凝土体积/m³ A	混凝土体积/m³ B
250×250	400	3.00	0.171	0.188	350×350	400	3.00	0.335	0.368
		3.50	0.202	0.229			3.50	0.396	0.429
		4.00	0.233	0.250			4.00	0.457	0.490
		5.00	0.296	0.312			5.00	0.580	0.613
		每增减0.5	0.031	0.031			6.00	0.702	0.735
300×300	400	3.00	0.246	0.270			8.00	0.847	0.980
		3.50	0.291	0.315			每增减0.5	0.061 3	0.061 3
		4.00	0.336	0.360	400×400	400	5.00	0.757	0.800
		5.00	0.426	0.450			6.00	0.917	0.960
		每增减0.5	0.045	0.045			7.00	1.077	1.120
320×320	400	3.00	0.280	0.307			8.00	1.237	1.280
		3.50	0.331	0.358			10.00	1.557	1.600
		4.00	0.382	0.410			12.00	1.877	1.920
		5.00	0.485	0.512			15.00	2.357	2.400
		每增减0.5	0.051	0.051			每增减0.5	0.08	0.08

注:1. 混凝土体积栏中,A栏为理论计算体积,B栏为按工程量计算的体积。

  2. 桩长包括桩尖长度,混凝土体积理论计算公式。

$$V = (L \times A) + \frac{1}{3}AH \quad (5.18)$$

式中 V——体积;L——桩长(不包括桩尖长);A——桩截面面积;H——桩尖长。

【例 题】

◆例 5-3

如图 5.6 所示,共有 38 根的预制桩,二级土质,求用打桩机打桩工程量。

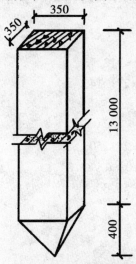

图 5.6 预制桩示意图

【解】工程量 $= 0.35 \times 0.35 \times (13 + 0.4) \times 38 = 62.38 (m^3)$

◆例 5-4

图 5.7 所示为一混凝土灌注桩,螺旋钻钻机钻孔灌注混凝土桩共 18 根,根据图示尺寸,试编制工程量清单计价表及综合单价计算表。

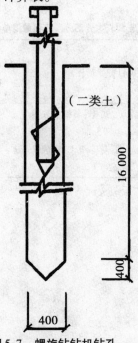

图 5.7 螺旋钻钻机钻孔

【解】 依据某省建筑工程消耗量定额价目表计取有关费用。

(1) 清单工程量计算：$V/m^3 = 3.14 \times 0.2 \times 0.2 \times (16+0.4) \times 18$
$= 37.08$

(2) 消耗量定额工程量。

螺旋钻钻孔：$V/m^3 = 3.14 \times 0.2 \times 0.2 \times (16+0.4+0.4) \times 18 = 37.98$

混凝土灌注桩：$V/m^3 = 37.98$

(3) 螺旋钻钻孔。

人工费/元：$37.98 \times 187.66/10 = 712.73$

机械费/元：$37.98 \times 71.39/10 = 271.14$

合价：983.87 元

(4) 混凝土灌注桩。

人工费/元：$37.98 \times 66.22/10 = 251.50$

材料费/元：$37.98 \times 1\,838.61/10 = 6\,983.04$

机械费/元：$37.98 \times 15.35/10 = 58.30$

合价：7 292.84 元

(5) 综合。

直接费/元：8 276.71 元

管理费/元：$8\,276.71 \times 35\% = 2\,896.85$

利润/元：$8\,276.71 \times 5\% = 413.84$

合价：11 587.4 元

综合单价/元：$11\,587.4 \div 37.98 = 305.09$

结果见表 5.37 和表 5.38。

表 5.37 分部分项工程量清单计价表

序号	项目编号	项目名称	项目特征描述	计量单位	工程数量	金额/元 综合单价	合价	其中：直接费
1	010201003001	混凝土灌注桩	土壤级别为二级土；单根桩长度为 17.4 m，共 15 根；截面积：Φ400；混凝土强度等级 C25；成孔方法：螺旋钻	m³	37.98	305.09	11 587.4	8 276.71

表5.38 分部分项工程量清单综合单价计算表

项目编号	010201003001		项目名称		混凝土灌注桩	计量单位			m³
清单综合单价组成明细									
定额编号	定额内容	定额单位	数量	单价/元			合价/元		
				人工费	材料费	机械费	人工费	材料费	机械费	管理费和利润
2-3-24	螺旋钻钻孔	10 m³	3.798	187.66	—	71.39	712.73	—	271.14	393.55
2-3-25	混凝土灌注桩	10 m³	3.798	66.22	1 838.61	15.35	251.50	6 983.04	58.30	2 917.14
人工单价			小计				964.23	6 983.04	329.44	3 310.69
28元/工日			未计价材料费				—			
清单项目综合单价/元							305.09			

5.3 脚手架工程

【基 础】

◆ **基础定额说明**

(1)外脚手架、里脚手架按搭设材料分为木制、竹制、钢管脚手架;烟囱脚手架和电梯井字脚手架为钢管式脚手架。

(2)外脚手架定额中均综合了上料平台、护卫栏杆等。

(3)斜道是按依附斜道编制的,独立斜道按依附斜道定额项目人工、材料、机械乘以系数1.8。

(4)水平防护架和垂直防护架指脚手架以外单独搭设的,用于车辆通道、人行通道、临街防护和施工与其他物体隔离等的防护。

(5)烟囱脚手架综合了垂直运输架、斜道、缆风绳、地锚等。

(6)水塔脚手架按相应的烟囱脚手架人工乘以系数1.11,其他不变。

(7)架空运输道,以架宽2 m为准,如架宽超过2 m时,应按相应项目乘以系数1.2,超过3 m时按相应项目乘以系数1.5。

(8)满堂基础套用满堂脚手架基本层定额项目的50%计算脚手架。

(9)外架全封闭材料按竹席考虑,如采用竹笆板时,人工乘以系数1.10;采用纺织布时,人工乘以系数0.80。

(10)高层钢管脚手架是按现行规范为依据计算的,如采用型钢平台加固时,各地市自行补充定额。

◆ **基础定额工程量计算规则**

1. 一般规则

(1)建筑物外墙脚手架,凡设计室外地坪至檐口(或女儿墙上表面)的砌筑高度在 15m 以下的按单排脚手架计算;砌筑高度在 15 m 以上的或砌筑高度虽不足 15 m,但外墙门窗及装饰面积超过外墙表面积 60% 以上时,均按双排脚手架计算。

采用竹制脚手架时,按双排计算。

(2)建筑物内墙脚手架,凡设计室内地坪至顶板下表面(或山墙高度的 1/2 处)的砌筑高度在 3.6 m 以下的,按外脚手架计算。

(3)石砌墙体,凡砌筑高度超过 1.0 m 以上时,按外脚手架计算。

(4)计算内、外墙脚手架时,均不扣除门、窗洞口、空圈洞口等所占的面积。

(5)同一建筑物高度不同时,应按不同高度分别计算。

(6)现浇钢筋混凝土框架柱、梁按双排脚手架计算。

(7)围墙脚手架,凡室外自然地坪至围墙顶面的砌筑高度在 3.6 m 以下的按里脚手架计算;砌筑高度在 3.6 m 以上时,按单排脚手架计算。

(8)室内天棚装饰面距设计室内地坪在 3.6 m 以上时,应计算满堂脚手架,计算满堂脚手架后,墙面装饰工程则不再计算脚手架。

(9)滑升模板施工的钢筋混凝土烟囱、筒仓,不另计算脚手架。

(10)砌筑贮仓,按双排外脚手架计算。

(11)贮水(油)池,大型设备基础,凡距地坪高度超过 1.2 m 以上的,均按双排脚手架计算。

(12)整体满堂钢筋混凝土基础,凡其宽度超过 3 m 以上时,按其底板面积计算满堂脚手架。

2. 砌筑脚手架

(1)砌筑脚手架按外墙外边线长度乘以外墙砌筑高度,以平方米计算,突出墙外宽度在 24 cm 以内的墙垛、附墙烟囱等不计算脚手架;宽度超过 24 cm 以外时按图示尺寸展开计算,并入外脚手架工程量之内。

(2)里脚手架按墙面垂直投影面积计算。

(3)独立砖柱按图示结构外围周长另加 3.6 m,乘以砌筑高度,以平方米计算,套用相应外脚手架定额。

3. 现浇钢筋混凝土框架脚手架

(1)现浇钢筋混凝土柱,按柱图示周长尺寸另加 3.6 m,乘以柱高,以平方米计算,套用相应外脚手架定额。

(2)现浇钢筋混凝土梁、墙,按设计室外地坪或楼板上表面至楼板底之间的高度,乘以梁、墙净长,以平方米计算,套用相应双排外脚手架定额。

4. 装饰工程脚手架

(1)满堂脚手架,按室内净面积计算,其高度在 3.6~5.2 m 之间时,计算基本层,超过 5.2 m 时,每增加 1.2 m 按增加一层计算,不足 0.6 m 的不计。

(2)挑脚手架,按搭设长度和层数,以延长米计算。

(3)悬空脚手架,按搭设水平投影面积,以平方米计算。

(4)高度超过3.6 m墙面装饰不能利用原砌筑脚手架时,可以计算装饰脚手架。装饰脚手架按双排脚手架乘以0.3计算。

5. 其他脚手架

(1)水平防护架,按实际铺板的水平投影面积,以平方米计算。

(2)垂直防护架,按自然地坪至最上一层横杆之间的搭设高度,乘以实际搭设长度,以平方米计算。

(3)架空运输脚手架,按搭设长度以延长米计算。

(4)烟囱、水塔脚手架,区别不同搭设高度,以座计算。

(5)电梯井脚手架,按单孔以座计算。

(6)斜道,区别不同高度以座计算。

(7)砌筑贮仓脚手架,不分单筒或贮仓组,均按单筒外边线周长乘以设计室外地坪至贮仓上口之间高度,以平方米计算。

(8)贮水(油)池脚手架,按其外形周长乘以地坪至外形顶面边线之间高度,以平方米计算。

(9)大型设备基础脚手架,按其外形周长乘以地坪至外形顶面边线之间高度,以平方米计算。

(10)建筑物垂直封闭工程量按封闭面的垂直投影面积计算。

6. 安全网

(1)立挂式安全网按架网部分的实挂长度乘以实挂高度计算。

(2)挑出式安全网按挑出的水平投影面积计算。

【实　　务】

◆脚手架工程量计算参考数据

脚手架工程量计算参考数据见表5.39~5.46。

表5.39　脚手架一次使用期参考

门窗	一次使用期
外脚手架16 m以内	5个月
外脚手架30 m以内	8个月
外脚手架45 m以内	12个月
满堂脚手架	25天
里脚手架	7.5天
悬空脚手架	25天
挑脚手架	16天
安全网	45天

表5.40 脚手架耐用期及残值率

名称	耐用期/月	残值率/%	摊销率/%
钢管	180	10	90
扣件	144	5	95
木脚手杆、排木	96	10	90
木脚手板	42	10	90
金属底座	144	5	95
铁丝	1次	28	72
安全网	60	—	100
双轮车(用于活动架子)	42	10	60
圆钉	—	—	100
卷扬机吊盘、滑轨等	180	10	90
金属平台架	96	10	90
提升式套管架	144	10	90
钢筋	—	65	35
揽风绳钢筋	—	80	20
木制防滑条	24	10	90
毛竹	—	—	100

表5.41 木、竹脚手架搭设间距 单位:m

用途	脚手架构造形式		里立杆离墙面距离	立杆间距		小横杆间距	大横杆间距
				横向	纵向		
砌筑	木脚手架	单排	—	1.2~1.5	1.5~1.8	≤1.0	1.2~1.4
		双排	0.5	1.0~1.5	1.5~1.8	≤1.0	1.2~1.4
	竹脚手架	双排	0.5	1.0~1.3	1.3~1.5	≤0.75	1.2
装修	木脚手架	单排	—	1.2~1.5	2.0	1.0	1.6~1.8
		双排	0.5	1.0~1.5	2.0	1.0	1.6~1.8
	竹脚手架	双排	0.5	1.0~1.3	1.8	≤1.0	1.6~1.8

注:大横杆的最下一步均可放大到1.8 m;单排脚手架立杆横向间距是指立杆至墙面的距离。

表5.42 木、竹脚手架材料用量参考(1 000 m² 墙面)

名称	单位	墙高 20 m			墙高 10 m			备注
		木脚手架		竹脚手架	木脚手架		竹脚手架	
		单排	双排	双排	单排	双排	双排	
杉杆:梢径7 cm 长6 m	根				202	338		立杆、剪刀撑用立杆、剪刀撑用大小横杆用
梢径7 cm 长8 m	根	153	258	—	—	—	—	
梢径8 cm 长8 m	根				126			
木杆:梢径8 cm 长2 m	根	594	594	—	611	611	—	—
毛竹:梢径7.5 cm 长6 m	根			1028			1035	立杆、大横杆、剪刀撑、顶撑用小横杆用
		—	—		—	—		
梢径9 cm 长2 m	根			594			611	
木材合计	m³	31.6	51.8	—	29.8	48		
铅丝8号	kg	276	517		291	531		
竹篾:长2.5~2.7 m,每把6~7根	把	—	—	3 350	—	—	3 270	

表 5.43 木脚手杆一般规格及材料体积

长度/m	中央直径/cm				
	8	9	10	11	12
	材料体积/m³				
2	0.011 2	0.014 5	0.017 7	0.021 4	0.025
5	0.025	0.032	0.039	0.048	0.057
6	0.030	0.038	0.047	0.057	0.068
7	0.035	0.045	0.055	0.067	0.079
8	0.040	0.051	0.063	0.076	0.091
9	0.045	0.057	0.071	0.086	0.102
10	0.050	0.064	0.079	0.095	0.113

表 5.44 钢管脚手架材料一次使用量参考

	材料名称	单位	每100 m²（搭设面积）		卷扬机架座	
			单排	双排	高 16 m	高 28 m
钢管	立杆	m	57.3	109.3	539	876
	大横杆	m	87.7	168.4		
	小横杆	m	74.8	65.1		
	斜杆	m	18	20		
	小计	t	0.931	1.393	2.07	3.364
扣件	直角扣件	个	85	155.5	189	307
	叉接扣件	个	20	41.2	20	32
	周转扣件	个	4.5	5	70	113
	底座	个	4.3	5.5	8	8
	小计	t	0.147	0.27	0.362	0.579

表 5.45 单立杆扣件式钢管脚手架的材料用量

步距/m	类别	立新纵距/m					扣件/(个·m⁻²)
		1.2	1.4	1.6	1.8	2.0	
		每平方米脚手架的钢管用量/kg					
1.2	单排	14.40	13.37	12.64	12.01	11.51	2.09
	双排	20.80	18.74	17.68	16.02	15.02	4.17
1.4	单排	12.31	1.38	10.64	10.11		1.79
	双排	18.74	16.87	15.39	14.34	13.41	3.57
1.6	单排	10.85	10.00	9.35	8.83	8.37	1.57
	双排	17.20	15.49	14.18	13.16	12.24	3.13
1.8	单排	9.78	8.93	8.35	7.84	7.44	1.25
	双排	16.00	14.30	13.14	12.12	11.31	2.50

注：此表所用量为立杆、大横杆和小横杆用量，剪刀撑、斜拉杆、栏杆等另计。

表 5.46 每 100 m 作业面脚手板用量　　　　　　　　　　　单位:块

立杆横距/m	立杆纵距/m				
	1.2	1.4	1.6	1.8	2.0
	每 100 m 长作业面脚手板用量/块 （脚手板规格:长 4.0m,宽 0.2~0.25m）				
0.8	84	87	93	84	87
1.0	112	116	124	112	116
1.2	112	116	124	112	116
1.4	140	145	155	140	145
1.6	168	174	186	168	174

【例　题】

◆例 5-5

某大厅室内净高为 12.4 m,试计算满堂脚手架增加层数。

【解】

根据公式/层:满堂脚手架增加层 = $\dfrac{\text{室内净高} - 5.20}{1.20}$,可得:

满堂脚手架增加层/层 = $\dfrac{12.4 - 5.20}{1.20} = 6$

◆例 5-6

图 5.8 所示为有女儿墙单层建筑示意图,试计算有女儿墙的单层建筑的脚手架工程量。

【解】

分析:单层建筑物的高度,应自设计室外地坪至檐口的高度为准,如有女儿墙的,其高度应算至女儿墙顶面。

(1)综合脚手架工程量。

综合脚手架基本层工程量/m² = 36.0 × 18.0 = 648

综合脚手架增加层/层 = (0.26 + 17.0 + 0.45 - 6)/1 层 = 12

(2)满堂脚手架工程量。

满堂脚手架工程量/m² = (36.0 - 0.36 × 2) × (18.0 - 0.36 × 2) = 609.64

增加层数/层 = (18.95 - 5.2)/1.2 = 11.458

0.458 × 1.2 = 0.55(m)(0.55 < 0.6)

取 11 层。

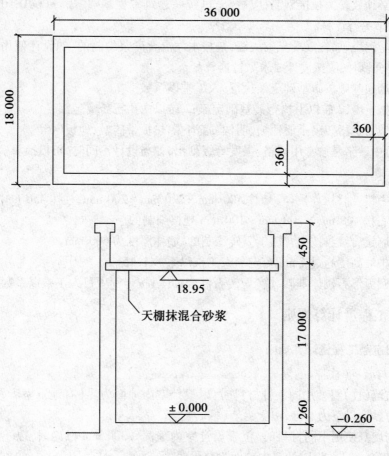

图 5.8 有女儿墙单层建筑示意图

5.4 砌筑工程

【基 础】

◆ 基础定额说明

1.砌砖、砌块

(1)定额中砖的规格,是按标准砖编制的;砌块、多孔砖规格是按常用规格编制的。规格不同时,可以换算。

(2)砖墙定额中已包括先立门窗框的调直用工以及腰线、窗台线、挑檐等一般出线用工。

(3)砖砌体均包括了原浆勾缝用工,加浆勾缝时,另按相应定额计算。

(4)填充墙以填炉渣、炉渣混凝土为准,如实际使用材料与定额不同时允许换算,其他不变。

（5）墙体必须放置的拉接钢筋，应按《全国统一建筑工程基础定额》（GJD 101—95）中的钢筋混凝土章节另行计算。

（6）硅酸盐砌块、加气混凝土砌块墙，是按水泥混合砂浆编制的，如设计使用水玻璃矿渣等黏接剂为胶合料时，应按设计要求另行换算。

（7）圆形烟囱基础按砖基础定额执行，人工乘以系数1.2。

（8）砖砌挡土墙，2砖以上执行砖基础定额；2砖以内执行砖墙定额。

（9）零星项目是指砖砌小便池槽、明沟、暗沟、隔热板带砖墩、地板墩等。

（10）项目中砂浆是按常用规格、强度等级列出，如与设计不同时，可以换算。

2. 砌石

（1）定额中粗、细料石（砌体）墙按400 mm×220 mm×200 mm，柱按450 mm×220 mm×200 mm，踏步石按400 mm×200 mm×100 mm规格编制的。

（2）毛石墙镶砖墙身按内背镶1/2砖编制的，墙体厚度为600 mm。

（3）毛石护坡高度超过4 m时，定额人工乘以系数1.15。

（4）砌筑圆弧形石砌体基础、墙（含砖石混合砌体）按定额项目人工乘以系数1.1。

◆ 基础定额工程量计算规则

1. 砖基础定额工程量计算规则

（1）基础与墙身（柱身）的划分。

1）基础与墙（柱）身使用同一种材料时，以设计室内地面为界（有地下室者，以地下室室内设计地面为界），以下为基础，以上为墙（柱）身。

2）基础与墙身使用不同材料时，位于设计室内地面±300 mm以内时，以不同材料为分界线，超过±300 mm时，以设计室内地面为分界线。

3）砖、石围墙，以设计室外地坪为界线，以下为基础，以上为墙身。

（2）基础长度。

1）外墙墙基按外墙中心线长度计算；内墙墙基按内墙净长计算。基础大放脚T形接头处的重叠部分及嵌入基础的钢筋、铁件、管道、基础防潮层及单个面积在0.3 m²以内孔洞所占体积不予扣除，但靠墙暖气沟的挑檐也不增加，附墙垛基础宽出部分体积应并入基础工程量内。

2）砖砌挖孔桩护壁工程量按实砌体积计算。

2. 砖砌体定额工程量计算规则

（1）一般规则。

1）计算墙体时，应扣除门窗洞口、过人洞、空圈、嵌入墙身的钢筋混凝土柱、梁（包括过梁、圈梁、挑梁）砖砌平拱和暖气包壁龛及内墙板头的体积，不扣除梁头、外墙板头、檩头、垫木、木楞头、沿椽木、木砖、门窗走头、砖墙内的加固钢筋、木筋、铁件、钢管及每个面积在0.3 m²以下的孔洞等所占的体积，突出墙面的窗台虎头砖、压顶线、山墙泛水、烟囱根、门窗套及三皮砖以内的腰线和挑檐等体积也不增加。

2）砖垛、三皮砖以上的腰线和挑檐等体积，并入墙身体积内计算。

3）附墙烟囱（包括附墙通风道、垃圾道）按其外形体积计算，并入所依附的墙体积内，不扣除每一个孔洞横截面在 0.1 m² 以下的体积，但孔洞内的抹灰工程量也不增加。

4）女儿墙高度，自外墙顶面至图示女儿墙顶面高度，分别按不同墙厚并入外墙计算。

5）砖砌平拱、平砌砖过梁按图示尺寸以 m³ 计算。如设计无规定时，砖砌平拱按门窗洞口宽度两端共加 100 mm，乘以高度（门窗洞口宽小于 1 500 mm 时，高度为 240 mm，大于 1 500 mm 时，高度为 365 mm）计算；平砌砖过梁按门窗洞口宽度两端共加 500 mm，高度按 440 mm 计算。

（2）砌体厚度计算

1）标准砖以 240 mm × 115 mm × 53 mm 为准，砌体计算厚度，按表 5.47 采用。

2）使用非标准砖时，其砌体厚度应按砖实际规格和设计厚度计算。

表 5.47　标准砖墙墙厚计算表

砖数/厚度	1/4	1/2	3/4	1	1.5	2	2.5	3
计算厚度/mm	53	115	180	240	365	490	615	740

（3）墙的长度计算。外墙长度按外墙中心线长度计算，内墙长度按内墙净长线计算。

（4）墙身高度的计算。1）外墙墙身高度。斜（坡）屋面无檐口顶棚者算至屋面板底，如图 5.9 所示；有屋架，且室内外均有顶棚者，算至屋架下弦底面另加 200 mm，如图 5.10 所示；无顶棚者算至屋架下弦底加 300 mm；出檐宽度超过 600 mm 时，应按实砌高度计算；平屋面算至钢筋混凝土板底，如图 5.11 所示。

2）内墙墙身高度。位于屋架下弦者，其高度算至屋架底；无屋架者算至顶棚底另加 100 mm；有钢筋混凝土楼板隔层者算至板底；有框架梁时算至梁底面。

3）内、外山墙，墙身高度。按其平均高度计算。

（5）框架间砌体工程量计算分别按内外墙以框架间的净空面积乘以墙厚计算，框架外表镶贴砖部分亦并入框架间砌体工程量内计算。

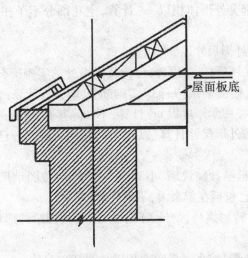

图 5.9　斜坡屋面无檐口顶棚者墙身高度计算

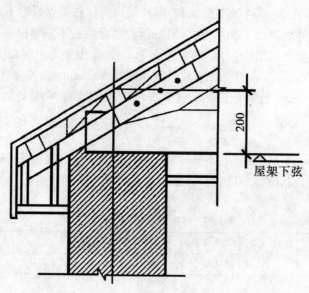

图5.10 有屋架,且室内外均有顶棚者墙身高度计算

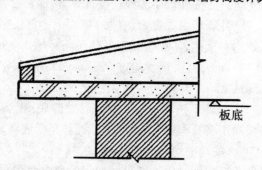

图5.11 无顶棚者墙身高度计算

(6)空花墙。按空花部分外形体积以 m^3 计算,空花部分不予扣除,其中实体部分以 m^3 另行计算。

(7)空斗墙,空斗墙按外形尺寸以 m^3 计算。

墙角、内外墙交接处,门窗洞口立边,窗台砖及屋檐处的实砌部分已包括在定额内,不另行计算,但窗间墙、窗台下、楼板下、梁头下等实砌部分,应另行计算,套零星砌体定额项目。

(8)多孔砖、空心砖。按图示厚度以 m^3 计算,不扣除其孔、空心部分体积。

(9)填充墙。填充墙按外形尺寸计算,以 m^3 计,其中实砌部分已包括在定额内,不另计算。

(10)加气混凝土墙。硅酸盐砌块墙、小型空心砌块墙,按图示尺寸以 m^3 计算。按设计规定需要镶嵌砖砌体部分已包括在定额内,不另计算。

(11)其他砖砌体。1)砖砌锅台、炉灶,不分大小,均按图示外形尺寸以 m^3 计算,不扣除各种空洞的体积。

2)砖砌台阶(不包括梯带)按水平投影面积以 m^3 计算。

3)厕所蹲台、水槽腿、灯箱、垃圾箱、台阶挡墙或梯带、花台、花池、地垄墙及支撑地楞的砖墩,房上烟囱、屋面架空隔热层砖墩及毛石墙的门窗立边,窗台虎头砖等实砌体积,以 m^3

计算,套用零星砌体定额项目。

4)检查井及化粪池不分壁厚均以 m^3 计算,洞口上的砖平拱等并入砌体体积内计算。

5)砖砌地沟不分墙基、墙身合并以 m^3 计算。石砌地沟按其中心线长度以延长线计算。

3. 砖构筑物定额工程量计算规则

(1)砖烟囱

1)筒身,圆形、方形均按图示筒壁平均中心线周长乘以厚度并扣除筒身各种孔洞、钢筋混凝土圈梁、过梁等体积,以 m^3 计算,其筒壁周长不同时可按下式分段计算:

$$V = \sum H \times C \times \pi D \tag{5.19}$$

式中 V——筒身体积;

H——每段筒身垂直高度;

C——每段筒壁厚度;

D——每段筒壁中心线的平均直径。

2)烟道、烟囱内衬按不同内衬材料并扣除孔洞后,以图示实体积计算。

3)烟囱内壁表面隔热层,按筒身内壁并扣除各种孔洞后的面积以 m^2 计算;填料按烟囱内衬与筒身之间的中心线平均周长乘以图示宽度和筒高,并扣除各种孔洞所占体积(但不扣除连接横砖及防沉带的体积)后以 m^3 计算。

4)烟道砌砖。烟道与炉体的划分以第一道闸门为界,炉体内的烟道部分列入炉体工程量计算。

(2)砖砌水塔。

1)水塔基础与塔身划分:以砖砌体的扩大部分顶面为界,以上为塔身、以下为基础,分别套相应基础砌体定额。

2)塔身以图示实砌体积计算,并扣除门窗洞口和混凝土构件所占的体积,砖平拱及砖出檐等并入塔身体积内计算,套水塔砌筑定额。

3)砖水箱内外壁,不分壁厚,均以图示实砌体积计算,套相应的内外砖墙定额。

(3)砌体内钢筋加固。应按设计规定,以 t 计算,套钢筋混凝土中相应项目。

◆清单工程量计算规则

1. 砖基础

工程量清单项目设置及工程量计算规则,应按表 5.48 的规定执行。

表5.48 砖基础(编码:010301)

项目编码	项目名称	项目特征	计量单位	工程量计算规则	工程内容
010301001	砖基础	1. 砖品种、规格、强度等级 2. 基础类型 3. 基础深度 4. 砂浆强度等级	m³	按设计图示尺寸以体积计算。包括附墙垛基础宽出部分体积,扣除地梁(圈梁)、构造柱所占体积,不扣除基础大放脚T形接头处的重叠部分及嵌入基础内的钢筋、铁件、管道、基础砂浆防潮层和单个面积0.3 m²以内的孔洞所占体积,靠墙暖气沟的挑檐不增加 基础长度:外墙按中心线,内墙按净长线计算	1. 砂浆制作、运输 2. 砌砖 3. 防潮层铺设 4. 材料运输

2. 砖砌体

工程量清单项目设置及工程量计算规则,应按表5.49的规定执行。

表5.49 砖砌体(编码:010302)

项目编码	项目名称	项目特征	计量单位	工程量计算规则	工程内容
010302001	实心砖墙	1. 砖品种、规格、强度等级 2. 墙体类型 3. 墙体厚度 4. 墙体高度 5. 勾缝要求 6. 砂浆强度等级、配合比	m³	按设计图示尺寸以体积计算。扣除门窗洞口、过人洞、空圈、嵌入墙内的钢筋混凝土柱、梁、圈梁、挑梁、过梁及凹进墙内的壁龛、管槽、暖气槽、消火栓箱所占体积。不扣除梁头、板头、檩头、垫木、木楞头、沿缘木、木砖、门窗走头、砖墙内加固钢筋、木筋、铁件、钢管及单个面积0.3 m²以内的孔洞所占体积。凸出墙面的腰线、挑檐、压顶、窗台线、虎头砖、门窗套的体积亦不增加。凸出墙面的砖垛并入墙体体积内计算 1. 墙长度:外墙按中心线,内墙按净长计算 2. 墙高度: (1)外墙:斜(坡)屋面无檐口天棚者算至屋面板底;有屋架且室内外均有天棚者算至屋架下弦底另加200 mm;无天棚者算至屋架下弦底另加300 mm,出檐宽度超过600 mm时按实砌高度计算;平屋面算至钢筋混凝土板底 (2)内墙:位于屋架下弦者,算至屋架下弦底;无屋架者算	1. 砂浆制作、运输 2. 砌砖 3. 勾缝 4. 砖压顶砌筑 5. 材料运输

续表 5.49

项目编码	项目名称	项目特征	计量单位	工程量计算规则	工程内容
010302001	实心砖墙	1.砖品种、规格、强度等级 2.墙体类型 3.墙体厚度 4.墙体高度 5.勾缝要求 6.砂浆强度等级、配合比		至天棚底另加 100 mm；有钢筋混凝土楼板隔层者算至楼板顶；有框架梁时算至梁底 （3）女儿墙：从屋面板上表面算至女儿墙顶面（如有混凝土压顶时算至压顶下表面） （4）内、外山墙：按其平均高度计算 3.围墙：高度算至压顶上表面（如有混凝土压顶时算至压顶下表面），围墙柱并入围墙体积内	1.砂浆制作、运输 2.砌砖 3.勾缝 4.砖压顶砌筑 5.材料运输
010301002	空斗墙	1.砖品种、规格、强度等级 2.墙体类型 3.墙体厚度 4.勾缝要求 5.砂浆强度等级、配合比	m³	按设计图示尺寸以空斗墙外形体积计算。墙角、内外墙交接处、门窗洞口立边、窗台砖、屋檐处的实砌部分体积并入空斗墙体积内	
010302003	空花墙	1.砖品种、规格、强度等级 2.墙体类型 3.墙体厚度 4.勾缝要求 5.砂浆强度等级		按设计图示尺寸以空花部分外形体积计算，不扣除空洞部分体积	1.砂浆制作、运输 2.砌砖 3.装填充料 4.勾缝 5.材料运输
010302004	填充墙	1.砖品种、规格、强度等级 2.墙体厚度 3.填充材料种类 4.勾缝要求 5.砂浆强度等级		按设计图示尺寸以填充墙外形体积计算	
010302005	实心砖柱	1.砖品种、规格、强度等级 2.柱类型 3.柱截面 4.柱高 5.勾缝要求 6.砂浆强度等级、配合比	m³	按设计图示尺寸以体积计算。扣除混凝土及钢筋混凝土梁垫、梁头、板头所占体积	1.砂浆制作、运输 2.砌砖 3.勾缝 4.材料运输

续表5.49

项目编码	项目名称	项目特征	计量单位	工程量计算规则	工程内容
010302006	零星砌砖	1. 零星砌砖名称、部位 2. 勾缝要求 3. 砂浆强度等级、配合比	$m^3(m^2$、m、个)	按设计图示尺寸以体积计算。扣除混凝土及钢筋混凝土梁垫、梁头、板头所占体积	1. 砂浆制作、运输 2. 砌砖 3. 勾缝 4. 材料运输

3. 砖构筑物

工程量清单项目设置及工程量计算规则,应按表5.50的规定执行。

表5.50 砖构筑物(编码:010303)

项目编码	项目名称	项目特征	计量单位	工程量计算规则	工程内容
010303001	砖烟囱、水塔	1. 筒身高度 2. 砖品种、规格、强度等级 3. 耐火砖品种、规格 4. 耐火泥品种 5. 隔热材料种类 6. 勾缝要求 7. 砂浆强度等级、配合比	m^3	按设计图示筒壁平均中心线周长乘以厚度乘以高度以体积计算。扣除各种孔洞、钢筋混凝土圈梁、过梁等的体积	1. 砂浆制作、运输 2. 砌砖 3. 涂隔热层 4. 装填充料 5. 砌内衬 6. 勾缝 7. 材料运输
010303002	砖烟道	1. 烟道截面形状、长度 2. 砖品种、规格、强度等级 3. 耐火砖品种规格 4. 耐火泥品种 5. 勾缝要求 6. 砂浆强度等级、配合比		按图示尺寸以体积计算	1. 砂浆制作、运输 2. 砌砖 3. 涂隔热层 4. 装填充料 5. 砌内衬 6. 勾缝 7. 材料运输
010303003	砖窨井、检查井	1. 井截面 2. 垫层材料种类、厚度 3. 底板厚度 4. 勾缝要求 5. 混凝土强度等级 6. 砂浆强度等级、配合比 7. 防潮层材料种类	座	按设计图示数量计算	1. 土方挖运 2. 砂浆制作、运输 3. 铺设垫层 4. 底板混凝土制作、运输、浇筑、振捣、养护
010303004	砖水池、化粪池	1. 池截面 2. 垫层材料种类、厚度 3. 底板厚度 4. 勾缝要求 5. 混凝土强度等级 6. 砂浆强度等级、配合比	座	按设计图示数量计算	5. 砌砖 6. 勾缝 7. 井池底、壁抹灰 8. 抹防潮层 9. 回填 10. 材料运输

4. 砌块砌体

工程量清单项目设置及工程量计算规则,应按表5.51的规定执行。

表5.51　砌块砌体(编码:010304)

项目编码	项目名称	项目特征	计量单位	工程量计算规则	工程内容
010304001	空心墙、砌块墙	1.墙体类型 2.墙体厚度 3.空心砖、砌块品种、规格、强度等级 4.勾缝要求 5.砂浆强度等级、配合比	m^3	按设计图示尺寸以体积计算。扣除门窗洞口、过人洞、空圈、嵌入墙内的钢筋混凝土柱、梁、圈梁、挑梁、过梁及凹进墙内的壁龛、管槽、暖气槽、消火栓箱所占体积,不扣除梁头、板头、檩头、垫木、木楞头、沿缘木、木砖、门窗走头、砖墙内加固钢筋、木筋、铁件、钢管及单个面积$0.3 m^2$以内的孔洞所占体积,凸出墙面的腰线、挑檐、压顶、窗台线、虎头砖、门窗套的体积不增加,凸出墙面的砖垛并入墙体体积内	1.砂浆制作、运输 2.砌砖、砌块 3.勾缝 4.材料运输
010304001	空心墙、砌块墙	1.墙体类型 2.墙体厚度 3.空心砖、砌块品种、规格、强度等级 4.勾缝要求 5.砂浆强度等级、配合比	m^3	1.墙长度:外墙按中心线,内墙按净长计算 2.墙高度: (1)外墙:斜(坡)屋面无檐口天棚者算至屋面板底;有屋架且室内外均有天棚者算至屋架下弦底另加200 mm;无天棚者算至屋架下弦底另加300 mm,出檐宽度超过600 mm时按实砌高度计算;平屋面算至钢筋混凝土板底。 (2)内墙:位于屋架下弦者,算至屋架下弦底;无屋架者算至天棚底另加100 mm;有钢筋混凝土楼板隔层者算至楼板顶;有框架梁时算至梁底。 (3)女儿墙:从屋面板上表面算至女儿墙顶面(如有压顶时算至压顶下表面) (4)内、外山墙:按其平均高度计算。 3.围墙:高度算至压顶上表面(如有混凝土压顶时算至压顶下表面),围墙柱并入围墙体积内	1.砂浆制作、运输 2.砌砖、砌块 3.勾缝 4.材料运输

续表5.51

项目编码	项目名称	项目特征	计量单位	工程量计算规则	工程内容
010304002	空心柱、砌块柱	1.柱高度 2.柱截面 3.空心砖、砌块品种、规格、强度等级 4.勾缝要求 5.砂浆强度等级、配合比	m³	按设计图示尺寸以体积计算。扣除混凝土及钢筋混凝土梁垫、梁头、板头所占体积	1.砂浆制作、运输 2.砌砖、砌块 3.勾缝 4.材料运输

5.石砌体

工程量清单项目设置及工程量计算规则,应按表5.52的规定执行。

表5.52 石砌体(编码:010305)

项目编码	项目名称	项目特征	计量单位	工程量计算规则	工程内容
010305001	石基础	1.石料种类、规格 2.基础深度 3.基础类型 4.砂浆强度等级、配合比	m³	按设计图示尺寸以体积计算。包括附墙垛基础宽出部分体积,不扣除基础砂浆防潮层及单个面积0.3 m²以内的孔洞所占体积,靠墙暖气沟的挑檐不增加体积。基础长度:外墙按中心线,内墙按净长计算	1.砂浆制作、运输 2.砌石 3.防潮层铺设 4.材料运输
010305002	石勒脚	1.石料种类、规格 2.石表面加工要求 3.勾缝要求 4.砂浆强度等级、配合比	m³	按设计图示尺寸以体积计算。扣除单0.3 m²以外的孔洞所占的体积	1.砂浆制作、运输 2.砌石 3.石表面加工 4.勾缝 5.材料运输
010305003	石墙	1.石料种类、规格 2.墙厚 3.石表面加工要求 4.勾缝要求 5.砂浆强度等级、配合比	m³	按设计图示尺寸以体积计算。扣除门窗洞口、过人洞、空圈、嵌入墙内的钢筋混凝土柱、梁、圈梁、挑梁、过梁及凹进墙内的壁龛、管槽、暖气槽、消火栓箱所占体积,不扣除梁头、板头、檩头、垫木、木楞头、沿缘木、木砖、门窗走头、砖墙内加固钢筋、木筋、铁件、钢管及单个面积0.3 m²以内的孔洞所占体积,凸出墙面的腰线、挑檐、压顶、窗台线、虎头砖、门窗套不增加体积,凸出墙面的砖垛并入墙体积内 1.墙长度:外墙按中心线,内墙按净长计算 2.墙高度: (1)外墙:斜(坡)屋面无檐口天棚者算至屋面板	1.砂浆制作、运输 2.砌石 3.石表面加工 4.勾缝 5.材料运输

续表 5.52

项目编码	项目名称	项目特征	计量单位	工程量计算规则	工程内容
010305003	石墙	1. 石料种类、规格 2. 墙厚 3. 石表面加工要求 4. 勾缝要求 5. 砂浆强度等级、配合比	m³	底;有屋架且室内外均有天棚者算至屋架下弦底另加200 mm;无天棚者算至屋架下弦底另加300 mm,出檐宽度超过600 mm 时按实砌高度计算;平屋面算至钢筋混凝土板底 (2)内墙:位于屋架下弦者,算至屋架下弦底;无屋架者算至天棚底另加100 mm;有钢筋混凝土楼板隔层者算至楼板顶;有框架梁时算至梁底 (3)女儿墙:从屋面板上表面算至女儿墙顶面(如有压顶时算至压顶下表面) (4)内、外山墙:按其平均高度计算 3.围墙:高度算至压顶上表面(如有混凝土压顶时算至压顶下表面),围墙柱、砖压顶并入围墙体积内	1. 砂浆制作、运输 2. 砌石 3. 石表面加工 4. 勾缝 5. 材料运输
010305004	石挡土墙	1. 石料种类、规格 2. 墙厚 3. 石表面加工要求 4. 勾缝要求 5. 砂浆强度等级、配合比	m³	按设计图示尺寸以体积计算	1. 砂浆制作、运输 2. 砌石 3. 压顶抹灰 4. 勾缝 5. 材料运输
010305005	石柱	1. 石料种类、规格 2. 柱截面 3. 石表面加工要求 4. 勾缝要求 5. 砂浆强度等级、配合比	m³	按设计图示尺寸以体积计算	1. 砂浆制作、运输 2. 砌石 3. 石表面加工 4. 勾缝 5. 材料运输
010305006	石栏杆	1. 石料种类、规格 2. 柱截面 3. 石表面加工要求 4. 勾缝要求 5. 砂浆强度等级、配合比	m	按设计图示以长度计算	1. 砂浆制作、运输 2. 砌石 3. 石表面加工 4. 勾缝 5. 材料运输
010305007	石护坡	1. 垫层材料种类、厚度 2. 石料种类、规格 3. 护坡厚度、高度 4. 石表面加工要求 5. 勾缝要求 6. 砂浆强度等级、配合比	m³	按设计图示尺寸以体积计算	1. 砂浆制作、运输 2. 砌石 3. 石表面加工 4. 勾缝 5. 材料运输

续表 5.52

项目编码	项目名称	项目特征	计量单位	工程量计算规则	工程内容
010305008	石台阶	1. 垫层材料种类、厚度 2. 石料种类、规格 3. 护坡厚度、高度 4. 石表面加工要求 5. 勾缝要求 6. 砂浆强度等级、配合比	m^3	按设计图示尺寸以体积计算	1. 铺设垫层 2. 石料加工 3. 砂浆制作、运输 4. 砌石 5. 石表面加工 6. 勾缝 7. 材料运输
010305009	石坡道	1. 垫层材料种类、厚度 2. 石料种类、规格 3. 护坡厚度、高度 4. 石表面加工要求 5. 勾缝要求 6. 砂浆强度等级、配合比	m^2	按设计图示尺寸以水平投影面积计算	1. 铺设垫层 2. 石料加工 3. 砂浆制作、运输 4. 砌石 5. 石表面加工 6. 勾缝 7. 材料运输
010305010	石地沟、石明沟	1. 沟截面尺寸 2. 垫层种类、厚度 3. 石料种类、规格 4. 石表面加工要求 5. 勾缝要求 6. 砂浆强度等级、配合比	m	按设计图示以中心线长度计算	1. 土石挖运 2. 砂浆制作、运输 3. 铺设垫层 4. 砌石 5. 石表面加工 6. 勾缝 7. 回填 8. 材料运输

6. 砖散水、地坪、地沟

工程量清单项目设置及工程量计算规则,应按表 5.53 的规定执行。

表 5.53 砖散水、地坪、地沟(编码:010306)

项目编码	项目名称	项目特征	计量单位	工程量计算规则	工程内容
010306001	砖散水、地坪	1. 垫层材料种类、厚度 2. 散水、地坪厚度 3. 面层种类、厚度 4. 砂浆强度等级、配合比	m^2	按设计图示尺寸以面积计算	1. 地基找平、夯实 2. 铺设垫层 3. 砌砖散水、地坪 4. 抹砂浆面层
010306002	砖地沟、明沟	1. 沟截面尺寸 2. 垫层材料种类、厚度 3. 混凝土强度等级 4. 砂浆强度等级、配合比	m	按设计图示以中心线长度计算	1. 挖运土石 2. 铺设垫层 3. 底板混凝土制作、运输、浇筑、振捣、养护 4. 砌砖 5. 勾缝、抹灰 6. 材料运输

7. 其他相关问题

其他相关问题应按下列规定处理。

(1)基础垫层包括在基础项目内。

(2)标准砖尺寸应为 240 mm×115 mm×53 mm,标准砖墙厚度应按表 5.47 计算。

(3)砖基础与砖墙(身)划分应以设计室内地坪为界(有地下室的按地下室室内设计地坪为界),以下基础,以上为墙(柱)身。基础与墙身使用不同材料,位于设计室内地坪±300 mm 以内时以不同材料为界超过±300 mm,应以设计室内地坪为界。砖围墙应以设计室外地坪为界,以下为基础,以上为墙身。

(4)框架外表面的镶贴砖部分,应单独按表 5.49 中相关零星项目编码列项。

(5)附墙烟囱、通风道、垃圾道,应按设计图示尺寸以体积(扣除孔洞所占体积)计算,并入所依附墙体体积内。当设计规定孔洞内需抹灰时,应按墙、柱面工程中相关项目编码列项。

(6)空斗墙的窗间墙、窗台下、楼板下等的实砌部分,应按表 5.49 中零星砌砖项目编码列项。

(7)台阶、台阶挡墙、梯带、锅台、炉灶、蹲台、池槽、池槽腿、花台、花池、楼梯栏板、阳台栏板、地垄墙、屋隔热板下的砖墩、0.3 m² 以内孔洞填塞等,应按零星砌砖项目编码列项。砖砌锅台与炉灶可按外形尺寸以个算,砖砌台阶可按水平投影面积以平方米计算,小便槽、地垄墙可按长度计算,其他工程量按立方米计算。

(8)砖烟囱应按设计室外地坪为界,以下为基础,以上为筒身。

(9)砖烟囱体积可按式 5.16 计算。

(10)砖烟道与炉体的划分应按第一道闸门为界。

(11)水塔基础与塔身划分应以砖砌体的扩大部分顶面为界,以上为塔身,以下为基础。

(12)石基础、石勒脚、石墙身的划分:基础与勒脚应以设计室外地坪为界,勒脚与墙身应以设计室地坪为界。石围墙内外地坪标高不同时,应以较低地坪标高为界,以下为基础;内外标高之差为挡土时,挡土墙以上为墙身。

(13)石梯带工程量应计算在石台阶工程量内。

(14)石梯膀应按表 5.52 石挡土墙项目编码列项。

(15)砌体内加筋的制作、安装,应按本章第五节混凝土及钢筋混凝土中相关内容列项。

【实 务】

◆砌筑工程工程量计算常用资料

1. 条形砖基础工程量计算

条形基础:
$$V_{外墙基} = S_{断} \times L_{中} + V_{垛基} \tag{5.20}$$

$$V_{内墙基} = S_{断} \times L_{净} \tag{5.21}$$

其中条形砖基断面面积的计算公式如下。

$$S_{断} = (基础高度 + 大放脚折加高度) \times 基础墙厚 \tag{5.22}$$

或

$S_{断}$ = 基础高度 × 基础墙厚 + 大放脚增加面积 (5.23)

砖基础的大放脚形式分为等高式和间隔式,如图 5.12(a)、(b)所示。大放脚的折加高度或大放脚增加面积可从表 5.54、表 5.55 中查得。

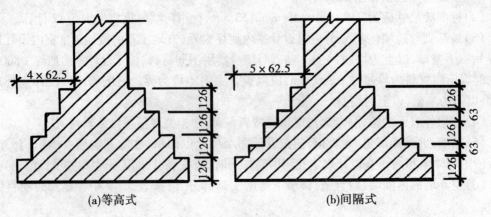

图 5.12 砖基础放脚形式

表 5.54 标准砖等高式砖墙基大放脚折加高度表

放脚层数	折加高度/m						增加断面积/m²
	1/2 砖 (0.115)	2 砖 (0.24)	$1\frac{1}{2}$ 砖 (0.365)	2 砖 (0.49)	$2\frac{1}{2}$ 砖 (0.615)	3 砖 (0.74)	
一	0.137	0.066	0.043	0.032	0.026	0.021	0.015 75
二	0.411	0.197	0.129	0.096	0.077	0.064	0.047 25
三	0.822	0.394	0.259	0.193	0.154	0.128	0.094 5
四	1.369	0.656	0.432	0.321	0.259	0.213	0.157 5
五	2.054	0.984	0.647	0.482	0.384	0.319	0.236 3
六	2.876	1.378	0.906	0.675	0.538	0.447	0.330 8
七	—	1.838	1.208	0.900	0.717	0.596	0.441 0
八	—	2.363	1.553	1.157	0.922	0.766	0.567 0
九	—	2.953	1.942	1.447	1.153	0.958	0.708 8
十	—	3.609	2.373	1.768	1.409	1.171	0.866 3

注:1. 本表按标准砖双面放脚,每层等高 12.6 cm(二皮砖,二灰缝)砌出 6.25 cm 计算。

2. 本表折加墙基高度的计算,以 240 mm × 115 mm × 53 mm 标准砖,1 cm 灰缝及双面大放脚为准。

3. 折加高度/m = $\dfrac{放脚断面积/m^2}{墙厚/m}$。

4. 采用折加高度数字时,取两位小数,第三位以后四舍五入。采用增加断面数字时,取三位小数,第四位以后四舍五入。

表 5.55 标准砖间隔式墙基大放脚折加高度表

放脚层数	折加高度/m						增加断面积/m²
	1/2 砖 (0.115)	2 砖 (0.24)	1 1/2 砖 (0.365)	2 砖 (0.49)	2 1/2 砖 (0.615)	3 砖 (0.74)	
一	0.137	0.066	0.043	0.032	0.026	0.021	0.015 78
二	0.343	0.164	0.108	0.080	0.064	0.053	0.039 4
三	0.685	0.320	0.216	0.161	0.128	0.106	0.078 8
四	1.096	0.525	0.345	0.257	0.205	0.170	0.126 0
五	1.643	0.788	0.518	0.386	0.307	0.255	0.189 0
六	2.260	1.083	0.712	0.530	0.423	0.331	0.259 7
七		1.444	0.949	0.707	0.563	0.468	0.346 5
八			1.208	0.900	0.717	0.596	0.441 0
九				1.125	0.896	0.745	0.551 3
十					1.088	0.905	0.669 4

注:1. 本表适用于间隔式砖墙基大放脚(即底层为二皮开始高 12.6 cm,上层为一皮砖高 6.3 cm,每边每层砌出 6.25 cm)。

2. 本表折加墙基高度的计算,以 240 mm × 115 mm × 53 mm 标准砖,1 cm 灰缝及双面大放脚为准。

3. 本表砖墙基础体积计算公式与上表(等高式砖墙基)同。

垛基是大放脚突出部分的基础,如图 5.13 所示,垛基工程量可直接查表 5.56 计算:

$$V_{垛基} = 垛基正身体积 + 放脚部分体积 \tag{5.24}$$

表 5.56 砖垛基础体积   单位:m³/每个砖垛基础

项目		突出墙面宽	1/2 砖 (12.5 m)		1 砖 (25 cm)			1 1/2 砖 (37.8 cm)			2 砖 (50cm)		
		砖垛尺寸/mm	125 × 240	125 × 365	250 × 240	250 × 365	250 × 490	375 × 365	375 × 490	375 × 615	500 × 490	500 × 615	500 × 740
垛基正身体积	垛基高	80 cm	0.024	0.037	0.048	0.073	0.098	0.110	0.147	0.184	0.196	0.246	0.296
		90 cm	0.027	0.014	0.054	0.028	0.110	0.123	0.165	0.208	0.221	0.277	0.333
		100 cm	0.030	0.046	0.060	0.091	0.123	0.137	0.184	0.231	0.245	0.308	0.370
		110 cm	0.033	0.050	0.066	0.100	0.135	0.151	0.202	0.254	0.270	0.338	0.407
		120 cm	0.036	0.055	0.072	0.110	0.147	0.164	0.221	0.277	0.294	0.369	0.444
		130 cm	0.039	0.059	0.078	0.119	0.159	0.178	0.239	0.300	0.319	0.400	0.481
		140 cm	0.042	0.064	0.084	0.128	0.172	0.192	0.257	0.323	0.343	0.431	0.518
		150 cm	0.045	0.068	0.090	0.137	0.184	0.205	0.276	0.346	0.368	0.461	0.555
		160 cm	0.048	0.073	0.096	0.146	0.196	0.219	0.294	0.369	0.392	0.492	0.592
		170 cm	0.051	0.078	0.102	0.155	0.208	0.233	0.312	0.392	0.417	0.523	0.629
		180 cm	0.054	0.082	0.108	0.164	0.221	0.246	0.331	0.415	0.441	0.554	0.666
		每增减 5 cm	0.001 5	0.002 3	0.003 0	0.004 5	0.006 2	0.006 3	0.009 2	0.011 5	0.012 6	0.015 4	0.185 0

续表5.56

		等高式/间隔式	等高式/间隔式	等高式/间隔式	等高式/间隔式
放脚部分体积	层数				
	一	0.002/0.002	0.004/0.004	0.006/0.006	0.008/0.008
	二	0.006/0.005	0.012/0.010	0.018/0.015	0.023/0.020
	三	0.012/0.010	0.023/0.020	0.035/0.029	0.047/0.039
	四	0.020/0.016	0.039/0.032	0.059/0.047	0.078/0.063
	五	0.029/0.024	0.059/0.047	0.088/0.070	0.117/0.094
	六	0.041/0.032	0.082/0.065	0.123/0.097	0.164/0.129
	七	0.055/0.043	0.109/0.086	0.164/0.129	0.221/0.172
	八	0.070/0.055	0.141/0.109	0.211/0.164	0.284/0.225

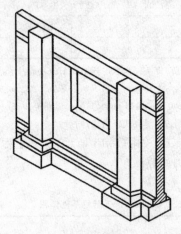

图5.13 垛基

2. 条形毛石基础工程量计算

条形毛石基础工程量的计算可参照表5.57。

表5.57 毛石条形基础工程量表(定值)

基础阶数	图示	截面尺寸			截面面积 /m²	毛石砌体 (m³/10 m)	材料消耗	
		顶宽	底宽	高			毛石	砂浆
		/mm					/m³	
一阶段		600	600	600	0.36	3.60	4.14	1.44
		700	700	600	0.42	4.20	4.83	1.68
		800	800	600	0.48	4.80	5.52	1.92
		900	900	600	0.54	5.40	6.21	2.16
		600	600	1 000	0.60	6.00	6.90	2.40
		700	700	1 000	0.70	7.00	8.05	2.80
		800	800	1 000	0.80	8.00	9.20	3.20
		900	900	1 000	0.90	9.00	10.12	3.60

续表5.57

基础阶数	图示	截面尺寸 /mm			截面面积 /m²	毛石砌体 (m³/10 m)	材料消耗 /m³	
		顶宽	底宽	高			毛石	砂浆
二阶式		600	1 000	800	0.64	6.40	7.36	2.56
		700	1 100	800	0.72	7.20	8.28	2.88
		800	1 200	800	0.80	8.00	9.20	3.20
		900	1 300	800	0.88	8.80	10.12	3.52
		600	1 000	1 200	1.04	9.40	11.96	4.16
		700	1 100	1 200	1.16	11.60	13.34	4.64
		800	1 200	1 200	1.28	12.80	14.72	5.12
		900	1 300	1 200	1.40	14.00	16.10	5.60
三阶式		600	1 400	1 200	1.20	12.00	13.80	4.80
		700	1 500	1 200	1.32	13.20	15.18	5.28
		800	1 600	1 200	1.44	14.40	16.56	5.76
		900	1 700	1 200	1.56	15.60	17.94	6.24
		600	1 400	1 600	1.76	17.60	20.24	7.04
		700	1 500	1 600	1.92	19.20	22.08	7.68
		800	1 600	1 600	2.08	20.80	23.92	8.92
		900	1 700	1 600	2.24	22.40	25.76	8.96

3.条形毛石基础断面面积计算

条形毛石基础断面面积可参照表5.58进行计算。

表5.58 条形毛石基础断面面积表

宽度 /mm	断面面积 /m² 高度 /mm											
	400	450	500	550	600	650	700	750	800	850	900	950
500	0.200	0.225	0.250	0.275	0.300	0.325	0.350	0.375	0.400	0.425	0.450	0.47
550	0.220	0.243	0.275	0.303	0.330	0.358	0.385	0.413	0.440	0.468	0.495	0.52
500	0.240	0.270	0.300	0.330	0.360	0.390	0.420	0.450	0.480	0.510	0.540	0.57
550	0.260	0.293	0.325	0.358	0.390	0.423	0.455	0.488	0.520	0.553	0.585	0.51
700	0.280	0.315	0.350	0.385	0.420	0.455	0.490	0.525	0.560	0.595	0.630	0.66
750	0.300	0.338	0.375	0.413	0.450	0.488	0.525	0.563	0.600	0.638	0.675	0.71
800	0.320	0.360	0.400	0.440	0.480	0.520	0.560	0.600	0.640	0.680	0.720	0.760
850	0.340	0.383	0.425	0.468	0.510	0.553	0.595	0.638	0.680	0.723	0.765	0.808
900	0.360	0.405	0.450	0.495	0.510	0.553	0.595	0.638	0.680	0.723	0.765	0.855
1 000	0.400	0.450	0.500	0.550	0.600	0.650	0.700	0.750	0.800	0.850	0.900	0.950

续表 5.58

宽度 /mm	断面面积 /m² 高度 /mm											
	400	450	500	550	600	650	700	750	800	850	900	950
1 050	0.420	0.473	0.525	0.578	0.630	0.683	0.735	0.788	0.840	0.893	0.845	0.998
1 100	0.440	0.495	0.550	0.605	0.660	0.715	0.770	0.825	0.880	0.935	0.990	1.050
1 150	0.460	0.518	0.575	0.633	0.690	0.748	0.805	0.863	0.920	0.978	1.040	1.093
1 200	0.480	0.540	0.660	0.720	0.780	0.840	0.900	0.960	1.020	1.063	1.080	1.140
1 250	0.500	0.563	0.625	0.688	0.750	0.813	0.875	0.933	1.000	1.063	1.125	1.188
1 300	0.520	0.585	0.650	0.715	0.780	0.845	0.910	0.975	1.040	1.105	1.170	1.235
1 350	0.540	0.608	0.675	0.743	0.810	0.878	0.845	1.013	1.080	1.148	1.215	1.283
1 400	0.560	0.630	0.700	0.770	0.840	0.910	0.980	1.050	1.120	1.19	1.260	1.330
1 450	0.580	0.653	0.725	0.798	0.870	0.943	1.015	1.088	1.160	1.233	1.305	1.378
1 500	0.600	0.675	0.750	0.825	0.900	0.975	1.050	1.125	1.200	1.275	1.350	1.425
1 600	0.640	0.720	0.800	0.880	0.960	1.040	1.120	1.200	1.280	1.360	1.440	1.520
1 700	0.680	0.765	0.850	0.935	1.020	1.105	1.190	1.275	1.360	1.445	1.530	1.615
1 800	0.720	0.810	0.900	0.990	1.080	1.170	1.260	1.350	1.440	1.530	1.620	1.170
2 000	0.800	0.900	1.000	1.100	1.200	1.300	1.400	1.500	1.600	1.700	1.800	1.900

4. 独立砖基础工程量计算

独立基础应按图示尺寸计算。对于砖柱基础,如图 5.14 所示,可查表 5.59 计算:

$$V_{柱基} = V_{柱基身} + V_{柱放脚} \tag{5.25}$$

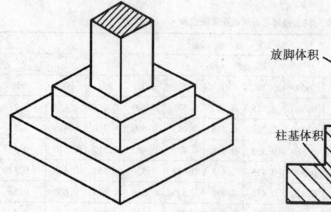
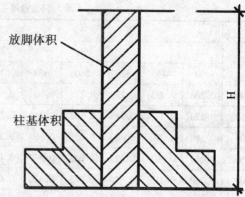

图 5.14 柱基

表5.59 砖柱基础体积

柱断面尺寸		240×240		240×365		365×365		365×490	
每米深柱基身体积		0.057 6 m³		0.087 6 m³		0.133 2 m³		0.178 85 m³	
	层数	等高	不等高	等高	不等高	等高	不等高	等高	不等高
砖柱增加四边层数放脚体积	一	0.009 5	0.009 5	0.011 5	0.011 5	0.013 5	0.013 5	0.015 4	0.015 4
	二	0.032 5	0.027 8	0.038 4	0.032 7	0.044 3	0.037 6	0.050 2	0.042 5
	三	0.072 9	0.061 4	0.084 7	0.071 3	0.096 5	0.081 1	0.108 4	0.091
	四	0.134 7	0.109 7	0.154 0	0.125 4	0.174	0.141 2	0.193 7	0.156 9
	五	0.221 7	0.179 3	0.251 2	0.202 9	0.280 7	0.226 5	0.310 3	0.250 2
	六	0.337 9	0.269 4	0.379 3	0.301 9	0.420 6	0.334 4	0.461 9	0.366 9
	七	0.487 3	0.386 8	0.542 4	0.430 1	0.597 6	0.473 4	0.652 7	0.516 7
	八	0.673 8	0.530 6	0.744 7	0.585 7	0.815 5	0.640 8	0.886 4	0.695 9
	九	0.901 3	0.707 5	0.989 9	0.776 4	1.078 5	0.845 3	1.167 1	0.914 2
	十	1.173 8	0.916 7	1.282 1	1.000 4	1.390 3	1.084 3	1.498 6	1.167 8
柱断面尺寸		490×490		490×615		615×615		615×740	
每米深柱基身体积		0.240 1 m³		0.301 35 m³		0.378 23 m³		0.455 1 m³	
	层数	等高	不等高	等高	不等高	等高	不等高	等高	不等高
砖柱增加四边放脚体积	一	0.017 4	0.017 4	0.019 4	0.019 4	0.021 3	0.021 3	0.023 3	0.023 3
	二	0.056 1	0.047 4	0.062 1	0.052 4	0.068	0.057 3	0.073 9	9.062 2
	三	0.120 2	0.100 8	0.132	0.110 6	0.143 8	0.120 5	0.155 6	0.130 3
	四	0.213 4	0.172 7	0.233 1	0.188 4	0.252 8	0.204 4	0.272 5	0.219 9
	五	0.339 8	0.273 8	0.369 3	0.297 4	0.398 9	0.321	0.428 4	0.344 7
	六	0.503 3	0.399 4	0.544 6	0.431 8	0.586	0.464 3	0.627 6	0.496 8
	七	0.707 8	0.56	0.762 9	0.603 3	0.818 1	0.646 7	0.873 2	0.69
	八	0.957 3	0.751 1	1.028 8	0.806 2	1.09 9	0.861 3	1.169 9	0.916 4
	九	1.255 7	0.983 1	1.344 3	1.052	1.432 9	1.120 9	1.521 4	1.189 8
	十	1.606 9	1.251 4	1.715 2	1.335 1	1.823 5	1.418 8	1.931 7	1.502 4

5. 砖墙体工程量计算

砖墙体分为外墙、内墙、女儿墙和围墙,计算时要注意墙体砖的品种、规格、强度等级、墙体类型、墙体厚度、墙体高度、砂浆强度等级及配合比不同时要分开计算。

(1) 外墙。

$$V_{外} = (H_{外} \times L_{中} - F_{洞}) \times b + V_{增减} \tag{5.26}$$

式中 $H_{外}$——外墙高度;

$L_{中}$——外墙中心线长度;

$F_{洞}$——门窗洞口、过人洞、空圈面积;

$V_{增减}$——相应的增减体积,其中 $V_{增}$ 是指有墙垛时增加的墙垛体积;

b——墙体厚度。

注:砖垛工程量的计算可查表5.60。

表5.60 标准砖附墙砖垛或附墙烟囱、通风道折算墙身面积系数

墙身厚度 D/cm　突出断面 $a \times b$/cm	1/2砖	3/4砖	1砖	$1\frac{1}{2}$砖	2砖	$2\frac{1}{2}$砖
	11.5	18	24	36.5	49	61.5
12.25×24	0.260 9	0.168 5	0.125 0	0.082 2	0.061 2	0.048 8
12.5×36.5	0.397 0	0.256 2	0.190 0	0.124 9	0.093 0	0.074 1
1 2.5×49	0.533 0	0.344 4	0.255 4	0.168 0	0.125 1	0.099 7
1 2.5×61.5	0.668 7	0.432 0	0.320 4	0.210 7	0.156 9	0.125 0
25×24	0.521 8	0.337 1	0.250 0	0.164 4	0.122 4	0.097 6
25×36.5	0.793 8	0.512 9	0.380 4	0.250 0	0.186 2	0.148 5
25×49	1.062 5	0.688 2	0.510 4	0.235 6	0.249 9	0.199 2
25×61.5	1.337 4	0.864 1	0.641 0	0.421 4	0.313 8	0.250 1
37.5×24	0.782 6	0.505 6	0.375 1	0.246 6	0.183 6	0.146 3
37.5×36.5	1.190 4	0.769 1	0.570 0	0.375 1	0.279 3	0.222 6
37.5×49	1.598 3	1.032 6	0.765 0	0.503 6	0.374 9	0.298 9
37.5×61.5	2.004 7	1.295 5	0.960 8	0.631 8	0.470 4	0.375 0
50×24	1.043 5	0.674 2	0.500 0	0.328 8	0.244 6	0.195 1
50×36.5	1.587 0	1.025 3	0.760 4	0.500 0	0.372 4	0.296 7
50×49	2.130 4	1.376 4	1.020 8	0.671 2	0.500 0	0.398 0
50×61.5	2.673 9	1.727 3	1.281 3	0.842 5	0.626 1	0.499 7
62.5×36.5	1.981 3	1.282 1	0.951 0	0.624 8	0.465 3	0.370 9
62.5×49	2.663 5	1.720 8	1.376 3	0.839 0	0.624 9	0.498 0
62.5×61.5	3.342 6	2.160 0	1.601 6	1.053 2	0.784 2	0.625 0
74×36.5	2.348 7	1.517 4	1.125 4	0.740 0	0.551 0	0.439 2

注:表中 a 为突出墙面尺寸/cm, b 为砖垛(或附墙烟囱、通风道)的宽度/cm。

(2)内墙。$V_{内} = (H_{内} \times L_{净} - F_{洞}) \times b + V_{增减}$ (5.27)

式中　$H_{内}$——内墙高度；

　　　$L_{净}$——内墙净长度；

　　　$F_{洞}$——门窗洞口、过人洞、空圈面积；

　　　$V_{增减}$——计算墙体时相应的增减体积；

　　　b——墙体厚度。

(3)女儿墙。$V_{女} = H_{女} \times L_{中} \times b + V_{增减}$ (5.28)

式中　$H_{女}$——女儿墙高度；

　　　$L_{中}$——女儿墙中心线长度；

　　　b——女儿墙厚度。

(4)砖围墙。高度算至压顶上表面(若有混凝土压顶时算至压顶下表面),围墙柱并入围墙体积内计算。

6.砖墙用砖和砂浆计算

(1)一斗一卧空斗墙用砖和砂浆的理论计算公式。

$$砖 = \frac{一半一卧一层砖的块数}{墙厚 \times 一斗一卧砖高 \times 墙长}$$ (5.29)

$$砂浆 = \frac{(墙长 \times 4 \times 立砖净空 \times 10 + 斗砖宽 \times 20 + 卧砖长 \times 12.52) \times 0.01 \times 0.053}{墙厚 \times 一斗一卧砖高 \times 墙长}$$

(5.30)

(2)各种不同厚度的墙用砖和砂浆净用量计算公式。

砖墙:每 m^3 砖砌体各种不同厚度的墙用砖和砂浆净用量的理论计算公式为:

1)砖的净用量 $= \dfrac{1}{墙厚 \times (砖长 + 灰缝) \times (砖厚 + 灰缝)} \times K$ (5.31)

式中 K——墙厚的砖数 $\times 2$。(墙厚的砖数是指 0.5、1、1.5、2、…)

2)砂浆净用量 = 1 - 砖数净用量 × 每块砖体积

标准砖规格为 240 mm × 115 mm × 53 mm,每块砖的体积为 0.001 462 8 m^3,灰缝横竖方向均为 1 cm。

(3)方形砖柱用砖和砂浆用量的理论计算公式为:

$$砖 = \frac{一层砖的块数}{长 \times 宽 \times (一层砖厚 + 灰缝)}$$ (5.32)

砂浆 = 1 - 砖数净用量 × 每块砖体积 (5.33)

(4)圆形砖柱用砖和砂浆的理论计算公式为:

$$砖 = \frac{1}{\pi/4 \times 0.49 \times 0.49 \times (砖厚 + 灰缝)}$$ (5.34)

$$砂浆 = 1 - 每块砖体积 \times \frac{1}{(长 + 1/2 灰缝) \times (宽 + 灰缝) \times (厚 + 灰缝)}$$ (5.35)

7. 砖砌山墙面积计算

1)山墙(尖)面积计算公式为:

坡度 1:2(26°34′) $= L^2 \times 0.125$ (5.36)

坡度 1:4(14°02′) $= L^2 \times 0.062\ 5$ (5.37)

坡度 1:12(4°45′) $= L^2 \times 0.020\ 83$ (5.38)

公式中坡度 $= H:S$,如图 5.15 所示。

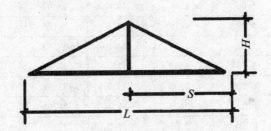

图 5.15 山墙面积计算示意图

2)山尖墙面积。(见表 5.61)

表5.61 山墙(尖)面积表

长度L /m	坡度(H:S)			长度L /m	坡度(H:S)		
	1:2	1:4	1:12		1:2	1:4	1:12
	山尖面积/m²				山尖面积/m²		
4.0	2.00	1.00	0.33	4.4	2.42	1.21	0.40
4.2	2.21	1.10	0.37	4.6	2.65	1.32	0.44
4.8	2.88	1.44	0.48	10.2	13.01	6.50	2.17
5.0	3.13	1.56	0.52	10.4	13.52	6.76	2.25
5.2	3.38	1.69	0.56	10.6	14.05	7.02	2.34
5.4	3.65	1.82	0.61	10.8	14.58	7.29	2.43
5.6	3.92	1.96	0.65	11	15.13	7.56	2.53
5.8	4.21	2.10	0.70	11.2	15.68	7.84	2.61
6.0	4.50	2.25	0.75	11.4	16.25	8.12	2.71
6.2	4.81	2.40	0.80	11.6	16.82	8.41	2.80
6.4	5.12	2.56	0.85	11.8	17.41	8.70	2.90
6.6	5.45	2.72	0.91	12	18.00	9.00	3.00
6.8	5.78	2.89	0.96	12.2	18.61	9.30	3.10
7.0	6.13	3.06	1.02	12.4	19.22	9.61	3.20
7.2	6.43	3.24	1.08	12.6	19.85	9.92	3.31
7.4	6.85	3.42	1.14	12.8	20.43	10.24	3.41
7.6	7.22	3.61	1.20	13	21.13	10.56	3.52
7.8	7.61	3.80	1.27	13.2	21.73	10.89	3.63
8.0	8.00	4.00	1.33	13.4	22.45	11.22	3.74
8.2	8.41	4.20	1.40	13.6	23.12	11.56	3.85
8.4	8.82	4.41	1.47	13.8	23.81	11.90	3.97
8.6	9.25	4.62	1.54	14	24.50	12.23	4.08
8.8	9.68	4.84	1.61	14.2	25.21	12.60	4.20
9.0	10.13	5.06	1.69	14.4	25.92	12.96	4.32
9.2	10.58	5.29	1.76	14.6	26.65	13.32	4.44
9.4	11.05	5.52	1.84	14.8	27.33	13.69	4.56
9.6	11.52	5.76	1.92	15	28.13	14.06	4.69
9.8	12.01	6.00	2.00	15.2	28.88	14.44	4.81
10	12.50	6.25	2.08	15.4	29.65	14.82	4.94
15.6	30.42	15.21	5.07	16.2	32.81	16.40	5.47
15.8	31.21	15.60	5.20	16.4	33.62	16.81	5.60
16	32.00	16.00	5.33	16.6	34.45	17.22	5.76

8.烟囱环形砖基础工程量计算

烟囱环形砖基础如图5.16所示,砖基大放脚分为等高式和非等高式。基础体积的计算方法与条形基础的方法相同,分别计算出砖基身和放脚增加断面面积即可得烟囱基础体积公式。

(1)砖基身断面面积：

砖基身断面面积 $= b \times h_c$ (5.39):

式中 b——砖基身顶面宽度(m)；

h_c——砖基身高度(m)。

(2)砖基础体积：

$$V_{hj} = (b \times h_c + V_f) \times l_c \tag{5.40}$$

式中 V_{hj}——烟囱环形砖基础体积(m^3)；

V_f——烟囱基础放脚增加断面面积(m^2)；

$l_c = 2\pi r_0$——烟囱砖基础计算长度，其中 r_0 是烟囱中心至环形砖基扩大面中心的半径。

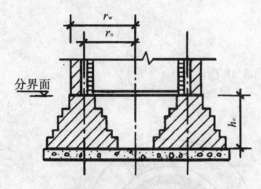 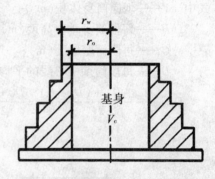

图 5.16 烟囱环形基础　　　图 5.17 图形建体式烟囱砖基础

9. 圆形整体式烟囱砖基础工程量计算

图 5.17 是圆形整体式砖基础，其基础体积的计算同样可分为两个部分：基身和大放脚，其基身与放脚应以基础扩大顶面向内收一个台阶宽(62.5 mm)处为界，界内为基身，界外为放脚。若烟囱筒身外径恰好与基身重合，则其基身与放脚的划分即以筒身外径为分界。

圆形整体式烟囱基础的体积 V_{yj} 可按下式计算。

$$V_{yj} = V_s + V_f \tag{5.41}$$

其中，砖基身体积 V_s 的计算公式如下。

$$V_s = \pi h_c \tag{5.42}$$

$$r_s = r_w - 0.0625 \tag{5.43}$$

式中 r_s——圆形基身半径(m)；

r_w——圆形基础扩大面半径(m)；

h_c——基身高度(m)。

砖基大放脚增加体积 V_f 的计算。

由图 5.17 可见，圆形基础大放脚可视为相对于基础中心的单面放脚。若计算出单面放脚增加断面相对于基础中心线的平均半径 r_0，即可计算大放脚增加的体积。平均半径 r_0 可按重心法求得。以等高式放脚为例，其计算公式为：

$$r_o = r_s + \frac{\sum_{i=1}^{n} d_i d_i}{\sum s_i} = r_s + \frac{\sum_{i=1}^{n} i^2}{n \text{层放脚单面断面面积}} \times 2.04 \times 10^{-4} \tag{5.44}$$

式中 i——从上向下计数的大放脚层数。
则圆形砖基放脚增加体积 V_f 为。

$$V_f = 2\pi r_0 n \text{ 层放脚单面断面面积} \tag{5.45}$$

10. 烟囱筒身工程量计算

烟囱筒身无论圆形、方形,都按图示筒壁平均中心线周长乘以筒壁厚度,再乘以筒身垂直高度,扣除筒身各种孔洞(0.3 m² 以上)、钢筋混凝土圈梁和过梁等所占体积以立方米(m^3)计算。若其筒壁周长不同,分别计算每段筒身体积,相加后即为整个烟囱筒身的体积,计算公式为:

$$V = \sum HC\pi D - \text{应扣除体积} \tag{5.46}$$

式中 V——烟囱筒身体积(m^3);
  H——每段筒身垂直高度(m);
  C——每段筒壁厚度(m);
  D——每段筒壁中心线的平均直径,如图 5.18 所示。

$$D = \frac{(D_1 - C) + (D_2 - C)}{2} = \frac{D_1 + D_2}{2} - C \tag{5.47}$$

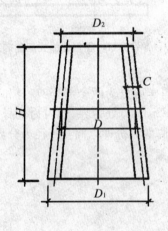
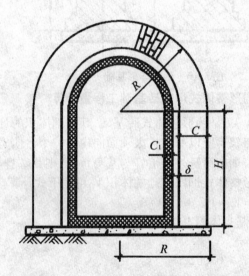

图 5.18 烟囱筒身工程量计算示意图   图 5.19 烟道工程量计算示意图

11. 烟道砌块工程量计算

烟道与炉体的划分以第一道闸门为界,属炉体内的烟道部分列入炉体工程量计算。烟道砌砖工程量按图示尺寸以实砌体积计算,如图 5.19 所示。

$$V = C\left[2H + \pi\left(R - \frac{C}{2}\right)\right]L \tag{5.48}$$

式中 V——砖砌烟道工程量(m^3);
  C——烟道墙厚(m);
  H——烟道墙垂直部分高度(m);
  R——烟道拱形部分外半径(m);

L——烟道长度(m),自炉体第一道闸门至烟囱筒身外表面相交处。

参照图5.19,可知烟道内衬工程量计算公式为:

$$V = C_1 \left[2H + \pi \left(R - C - \delta - \frac{C_1}{2} \right) + (R - C - \delta - C_1) \times 2 \right] \tag{5.49}$$

式中　V——烟道内衬体积(m^3);

　　　C_1——烟道内衬厚度(m)。

【例　题】

◆**例 5-7**

已知基础外墙中心线长度和内墙净长度之和 68.58 m,其剖面图如图 5.20 所示,求毛石基础工程量。

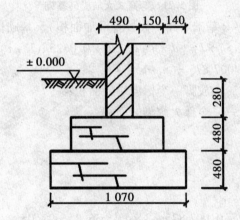

图 5.20　某基础剖面示意图

【解】毛石基础工程量计算为:

V/m^3 = 毛石基础断面面积 × (外墙中心线长度 + 内墙净长度)

　　= $(1.07 \times 0.48 + 0.79 \times 0.48) \times 68.58$

　　= 61.23

◆**例 5-8**

某工程等高式标准砖大放脚基础如图 5.21 所示,基础长 l = 36.85 m,计算砖基础工程量。

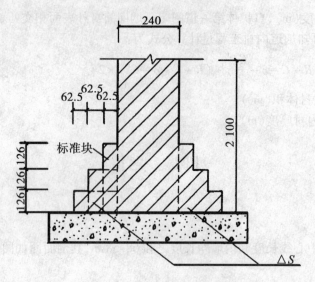

图 5.21 等高式大放脚砖基础

【解】$V_{砖基} = ($基础墙厚 $\times$ 基础墙高 $+$ 大放脚增加面积$) \times$ 基础长

$= (d \times h + \triangle S) \times l = [d \times h + 0.126 \times 0.0625 n(n+1)] \times l$

$= [d \times h + 0.007\ 875\ n(n+1)] \times l$

式中　0.007 875——标准砖大放脚一个标准块的面积；

0.007 875 $n(n+1)$——全部大放脚的面积；

n——大放脚层数；

d——基础墙厚(m)；

h——基础墙高(m)；

l——砖基础长(m)。

$V_{砖基}/m^3 = (0.24 \times 2.1 + 0.007\ 875 \times 3 \times 4) \times 36.85 = 22.05$

5.5　混凝土及钢筋混凝土工程

【基　　础】

◆基础定额说明

1. 模板

(1)现浇混凝土模板按不同构件，分别以组合钢模板、钢支撑、木支撑，复合木模板、钢支撑、木支撑，木模板、木支撑配制，模板不同时，可以编制补充定额。

(2)预制钢筋混凝土模板，按不同构件分别以组合钢模板、复合木模板、木模板、定型钢模、长线台钢拉模，并配制相应的砖地模，砖胎模、长线台混凝土地模编制的，使用其他模板时可以换算。

(3)定额中框架轻板项目,只适用于全装配式定型框架轻板住宅工程。

(4)模板工作内容包括清理、场内运输、安装、刷隔离剂、浇灌混凝土时模板维护、拆模、集中堆放、场外运输,木模板包括制作(预制包括刨光,现浇不刨光),组合钢模板、复合木模板包括装箱。

(5)现浇混凝土梁、板、柱、墙是按支模高度(地面至板底)3.6 m 编制的,超过 3.6 m 时按超过部分工程量另按超高的项目计算。

(6)用钢滑升模板施工的烟囱、水塔及贮仓是按无井架施工计算的,并综合了操作平台,不再计算脚手架及竖井架。

(7)用钢滑升模板施工的烟囱、水塔、提升模板使用的钢爬杆用量是按 100% 摊销计算的,贮仓是按 50% 摊销计算的,设计要求不同时另行计算。

(8)倒锥壳水塔塔身钢滑升模板项目,也适用于一般水塔塔身滑升模板工程。

(9)烟囱钢滑升模板项目均已包括烟囱筒身、牛腿、烟道口;水塔钢滑升模板均已包括直筒、门窗洞口等模板用量。

(10)组合钢模板、复合木模板项目,未包括回库维修费用。应按定额项目中所列摊销量的模板、零星夹具材料价格的 8% 计入模板预算价格之内。回库维修费的内容包括模板的运输费、维修的人工、机械、材料费用等。

2.钢筋

(1)钢筋工程按钢筋的不同品种、不同规格,按现浇构件钢筋、预制构件钢筋、预应力钢筋及箍筋分别列项。

(2)预应力构件中的非预应力钢筋按预制钢筋相应项目计算。

(3)设计图纸未注明的钢筋接头和施工损耗的,已综合在定额项目内。

(4)绑扎铁丝、成型点焊和接头焊接用的电焊条已综合在定额项目内。

(5)钢筋工程内容包括制作、绑扎、安装及浇灌混凝土时维护钢筋用工。

(6)现浇构件钢筋以手工绑扎,预制构件钢筋以手工绑扎、点焊分别列项,实际施工与定额不同时,不再换算。

(7)非预应力钢筋不包括冷加工,如设计要求冷加工时,另行计算。

(8)预应力钢筋如设计要求人工时效处理时,应另行计算。

(9)预制构件钢筋,如用不同直径钢筋点焊在一起时,按直径最小的定额项目计算,如粗细筋直径比在两倍以上时,其人工乘以系数 1.25。

(10)后张法钢筋的锚固是按钢筋帮条焊、U 型插垫编制的,如采用其他方法锚固时,应另行计算。

(11)表 5.62 所列的构件,其钢筋可按表列系数调整人工、机械用量。

表5.62 钢筋调整人工、机械系数表

项目	预制钢筋		现浇钢筋		构筑物			
系数范围	拱梯形屋架	托架梁	小型构件	小型池槽	烟囱	水塔	贮仓	
							矩形	圆形
人工、机械调整系数	1.16	1.05	2	2.52	1.7	1.7	1.25	1.50

3.混凝土

(1)混凝土的工作内容包括筛砂子、筛洗石子、后台运输、搅拌、前台运输、清理、润湿模板、浇灌、捣固、养护。

(2)毛石混凝土,是按毛石占混凝土体积20%计算的。如设计要求不同时,可以换算。

(3)小型混凝土构件,是指每件体积在 0.05 m^3 以内的未列出定额项目的构件。

(4)预制构件厂生产的构件,在混凝土定额项目中考虑了预制厂内构件运输、堆放、码垛、装车运出等的工作内容。

(5)构筑物混凝土按构件选用相应的定额项目。

(6)轻板框架的混凝土梅花柱按预制异型柱;叠合梁按预制异型梁;楼梯段和整间大楼板按相应预制构件定额项目计算。

(7)现浇钢筋混凝土柱、墙定额项目,均按规范规定综合了底部灌注1:2水泥砂浆的用量。

(8)混凝土已按常用列出强度等级,如与设计要求不同时,可以换算。

◆基础定额工程量计算规则

1.现浇混凝土及钢筋混凝土工程定额工程量计算规则

(1)一般规定。除遵循上述基础定额说明中3.混凝土的内容外,还应符合以下两条规定。

1)承台桩基础定额中已考虑了凿桩头用工。

2)集中搅拌、运输、泵输送混凝土参考定额中,当输送高度超过 30 m 时,输送泵台班用量乘以系数 1.10,输送高度超过 50 m 时,输送泵台班用量乘以系数 1.25。

(2)现浇混凝土及钢筋混凝土模板

1)现浇混凝土及钢筋混凝土模板工程量,除另有规定者外,均应区别模板的不同材质,按混凝土与模板接触面的面积,以 m^2 计算。

2)现浇钢筋混凝土柱、梁、板、墙的支模高度(即室外地坪至板底或板面至板底之间的高度)以 3.6 m 以内为准,超过 3.6 m 以上部分,另按超过部分计算增加支撑工程量。

3)现浇钢筋混凝土墙、板上单孔面积在 0.3 m^2 以内的孔洞,不予扣除,洞侧壁模板也不增加;单孔面积在 0.3 m^2 以外时,应予扣除,洞侧壁模板面积并入墙、板模板工程量之内计算。

4)现浇钢筋混凝土框架分别按梁、板、柱、墙有关规定计算,附墙柱并入墙内工程量计算。

5)杯形基础杯口高度大于杯口大边长度的,套高杯基础定额项目。

6)柱与梁、柱与墙、梁与梁等连接的重叠部分及伸入墙内的梁头、板头部分,均不计算模板面积。

7)构造柱外露面均应按图示外露部分计算模板面积,构造柱与墙接触面不计算模板面积。

8)现浇钢筋混凝土悬挑板(雨篷、阳台)按图示外挑部分尺寸的水平投影面积计算,挑出墙外的牛腿梁及板边模板不另计算。

9)现浇钢筋混凝土楼梯,以图示露明面尺寸的水平投影面积计算,不扣除小于500 mm楼梯井所占面积,楼梯的踏步、踏步板、平台梁等侧面模板,不另计算。

10)混凝土台阶不包括梯带,按图示台阶尺寸的水平投影面积计算,台阶端头两侧不另计算模板面积。

11)现浇混凝土小型池槽按构件外围体积计算,池槽内、外侧及底部的模板不应另计算。

(3)现浇混凝土。

1)混凝土工程量除另有规定者外,均按图示尺寸实体体积以 m^3 计算。不扣除构件内钢筋、预埋铁件及墙、板中 $0.3 m^2$ 内的孔洞所占体积。

2)基础。

①有肋带形混凝土基础,其肋高与肋宽之比在4:1以内的按有肋带形基础计算;超过4:1时,其基础底按板式基础计算,以上部分按墙计算。

②箱式满堂基础应分别按无梁式满堂基础、柱、墙、梁、板有关规定计算,套相应定额项目。

③设备基础除块体以外,其他类型设备基础分别按基础、梁、柱、板、墙等有关规定计算,套相应的定额项目计算。

3)柱:按图示断面尺寸乘以柱高以 m^3 计算,柱高按下列规定确定。

①有梁板的柱高,应自柱基上表面(或楼板上表面)至上一层楼板上表面之间的高度计算。

②无梁板的柱高,应自柱基上表面(或楼板上表面)至柱帽下表面之间的高度计算。

③框架柱的柱高应自柱基上表面至柱顶高度计算。

④构造柱按全高计算,与砖墙嵌接部分的体积并入柱身体积内计算。

⑤依附柱上的牛腿,并入柱身体积内计算。

4)梁:按图示断面尺寸乘以梁长以 m^3 计算,梁长按下列规定确定。

①梁与柱连接时,梁长算至柱侧面。

②主梁与次梁连接时,次梁长算至主梁侧面。

伸入墙内梁头,梁垫体积并入梁体积内计算。

5)板:按图示面积乘以板厚以 m^3 计算,其中包括内容如下。

①有梁板包括主、次梁与板,按梁、板体积之和计算。

②无梁板按板和柱帽体积之和计算。

③平板按板实体体积计算。

④现浇挑檐天沟与板(包括屋面板、楼板)连接时,以外墙为分界线,与圈梁(包括其他梁)连接时,以梁外边线为分界线,外墙边线以外或梁外边线以外为挑檐天沟。

⑤各类板伸入墙内的板头并入板体积内计算。

⑥墙:按图示中心线长度乘以墙高及厚度以 m^3 计算,应扣除门窗洞口及 $0.3\ m^2$ 以外孔洞的体积,墙垛及突出部分并入墙体积内计算。

⑦整体楼梯包括休息平台、平台梁、斜梁及楼梯的连接梁,按水平投影面积计算,不扣除宽度小于 500 mm 的楼梯井,伸入墙内部分不另增加。

⑧阳台、雨篷(悬挑板),按伸出外墙的水平投影面积计算,伸出外墙的牛腿不另计算,带反挑檐的雨篷按展开面积并入雨篷内计算。

⑨栏杆按净长度以延长米计算。伸入墙内的长度已综合在定额内,栏板以 m^3 计算,伸入墙内的栏板,合并计算。

⑩预制板补现浇板缝时,按平板计算。

预制钢筋混凝土框架柱现浇接头(包括梁接头),按设计规定的断面和长度以 m^3 计算。

(4)钢筋混凝土构件接头灌缝。

1)钢筋混凝土构件接头灌缝包括构件坐浆、灌缝、堵板孔、塞板梁缝等,均按预制钢筋混凝土构件实体体积以 m^3 计算。

2)柱与柱基的灌缝,按首层柱体积计算;首层以上柱灌缝按各层柱体积计算。

3)空心板堵孔的人工材料,已包括在定额内。如不堵孔时,每 $10\ m^3$ 空心板体积应扣除 $0.23\ m^3$ 预制混凝土块和 2.2 工日。

2. 预制混凝土及钢筋混凝土工程定额工程量计算规则

(1)预制钢筋混凝土构件模板。

1)预制钢筋混凝土模板工程量,除另有规定者外均按混凝土实体体积以 m^3 计算。

2)小型池槽按外形体积以 m^3 计算。

3)预制桩尖按虚体积(不扣除桩尖虚体积部分)计算。

(2)预制混凝土。

1)混凝土工程量均按图示尺寸实体体积以 m^3 计算,不扣除构件内钢筋、铁件及小于 300 mm × 300 mm以内的孔洞面积。

2)预制桩按桩全长(包括桩尖)乘以桩断面(空心桩应扣除孔洞体积)以 m^3 计算。

3)混凝土与钢杆件组合的构件,混凝土部分按构件实体积以 m^3 计算,钢构件部分按 t 计算,分别套相应的定额项目。

3. 构筑物钢筋混凝土工程定额工程量计算规则

(1)构筑物钢筋混凝土模板。

1)构筑物工程的模板工程量,除另有规定者外,区别现浇、预制和构件类别,分别按现浇和预制混凝土及钢筋混凝土模板工程量计算规定中有关的规定计算。

2)大型池槽等分别按基础、墙、板、梁、柱等有关规定计算并套相应定额项目。

3)液压滑升钢模板施工的烟筒、水塔塔身、贮仓等,均按混凝土体积,以 m^3 计算。预制倒圆锥形水塔罐壳模板按混凝土体积,以 m^3 计算。

4)预制倒圆锥形水塔罐壳组装、提升、就位,按不同容积以座计算。

(2)构筑物钢筋混凝土。

1)构筑物混凝土除另规定者外,均按图示尺寸扣除门窗洞口及 $0.3\ m^2$ 以外孔洞所占体积以实体体积计算。

2)水塔。

①筒身与槽底以槽底连接的圈梁底为界,以上为槽底,以下为筒身。

②筒式塔身及依附于筒身的过梁、雨篷挑檐等并入筒身体积内计算;柱式塔身,柱、梁合并计算。

③塔顶及槽底,塔顶包括顶板和圈梁,槽底包括底板挑出的斜壁板和圈梁等合并计算。

3)贮水池不分平底、锥底、坡底均按池底计算,壁基梁、池壁不分圆形壁和矩形壁,均按池壁计算;其他项目均按现浇混凝土部分相应项目计算。

4. 钢筋工程定额工程量计算规则

(1)一般规定。

1)钢筋工程,应区别现浇、预制构件、不同钢种和规格,分别按设计长度乘以单位重量,以吨计算。

2)计算钢筋工程量时,设计已规定钢筋搭接长度的,按规定搭接长度计算;设计未规定搭接长度的,已包括在钢筋的损耗率之内,不另计算搭接长度。钢筋电渣压力焊接、套筒挤压等接头,以个计算。

3)先张法预应力钢筋,按构件外形尺寸计算长度,后张法预应力钢筋按设计图规定的预应力钢筋预留孔道长度,并区别不同的锚具类型,分别按下列规定计算。

①低合金钢筋两端采用螺杆锚具时,预应力的钢筋按预留孔道的长度减 0.35 m,螺杆另行计算。

②低合金钢筋一端采用镦头插片,另一端螺杆锚具时,预应力钢筋长度按预留孔道长度计算,螺杆另行计算。

③低合金钢筋一端采用镦头插片,另一端帮条锚具时,预应力钢筋增加 0.15 m,两端均采用帮条锚具时,预应力钢筋共增加 0.3 m 计算。

④低合金钢筋采用后张混凝土自锚时,预应力钢筋长度增加 0.35 m 计算。

⑤低合金钢筋或钢绞线采用 JM、XM、QM 型锚具,孔道长度在 20 m 以内时,预应力钢筋长度增加 1 m;孔道长度在 20 m 以上时,预应力钢筋长度增加 1.8 m 计算。

⑥碳素钢丝采用锥形锚具,孔道长在 20 m 以内时,预应力钢筋长度增加 1 m;孔道长在 20 m 以上时,预应力钢筋长度增加 1.8 m。

⑦碳素钢丝两端采用镦粗头时,预应力钢丝长度增加 0.35 m 计算。

(2)其他规定。

1)钢筋混凝土构件预埋铁件工程量按设计图示尺寸,以 t 计算。

2)固定预埋螺栓、铁件的支架,固定双层钢筋的铁马凳、垫铁件,按审定的施工组织设计规定计算,套相应定额项目。

◆ **清单工程量计算规则**

1. 现浇混凝土基础

工程量清单项目设置及工程量计算规则,应按表 5.63 的规定执行。

表 5.63 现浇混凝土基础(编码:010401)

项目编码	项目名称	项目特征	计量单位	工程量计算规则	工程内容
010401001	带形基础	1. 混凝土强度等级 2. 混凝土拌和料要求 3. 砂浆强度等级	m³	按设计图示尺寸以体积计算。不扣除构件内钢筋、预埋铁件和伸入承台基础的桩头所占体积	1. 混凝土制作、运输、浇筑、振捣、养护 2. 地脚螺栓二次灌浆
010401002	独立基础	^	^	^	^
010401003	满堂基础	^	^	^	^
010401004	设备基础	^	^	^	^
010401005	桩承台基础	^	^	^	^
010401006	垫层	^	^	^	^

2. 现浇混凝土柱

工程量清单项目设置及工程量计算规则,应按表 5.64 的规定执行。

表 5.64 现浇混凝土柱(编码:010402)

项目编码	项目名称	项目特征	计量单位	工程量计算规则	工程内容
010402001	矩形柱	1. 柱高度 2. 柱截面尺寸 3. 混凝土强度等级 4. 混凝土拌和料要求	m³	按设计图示尺寸以体积计算。不扣除构件内钢筋、预埋铁件所占体积 柱高: 1. 有梁板的柱高,应自柱基上表面(或楼板上表面)至上一层楼板上表面之间的高度计算 2. 无梁板的柱高,应自柱基上表面(或楼板上表面)至柱帽下表面之间的高度计算 3. 框架柱的柱高,应自柱基上表面至柱顶高度计算 4. 构造柱按全高计算,嵌接墙体部分并入柱身体积 5. 依附柱上的牛腿和升板的柱帽,并入柱身体积计算	混凝土制作、运输、浇筑、振捣、养护
010402002	异形柱	^	^	^	^

3. 现浇混凝土梁

工程量清单项目设置及工程量计算规则,应按表 5.65 的规定执行。

表5.65 现浇混凝土梁(编码:010403)

项目编码	项目名称	项目特征	计量单位	工程量计算规则	工程内容
010403001	基础梁	1.梁底标高 2.梁截面 3.混凝土强度等级 4.混凝土拌和料要求	m³ (根)	按设计图示尺寸以体积计算。不扣除构件内钢筋、预埋铁件所占体积,伸入墙内的梁头、梁垫并入梁体积内 梁长: 1.梁与柱连接时,梁长算至柱侧面 2.主梁与次梁连接时,次梁长算至主梁侧面	混凝土制作、运输、浇筑、振捣、养护
010403002	矩形梁				
010403003	异形梁				
010403004	圈梁				
010403005	过梁				
010403006	弧形、拱形梁				

4. 现浇混凝土墙

工程量清单项目设置及工程量计算规则,应按表5.66的规定执行。

表5.66 现浇混凝土墙(编码:010404)

项目编码	项目名称	项目特征	计量单位	工程量计算规则	工程内容
010404001	直形墙	1.墙类型 2.墙厚度 3.混凝土强度等级 4.混凝土拌和料要求	m³	按设计图示尺寸以体积计算。不扣除构件内钢筋、预埋铁件所占体积,扣除门窗洞口及单个面积0.3 m²以外的孔洞所占体积,墙垛及突出墙面部分并入墙体体积内计算	混凝土制作、运输、浇筑、振捣、养护
010404002	弧形墙				

5. 现浇混凝土板

工程量清单项目设置及工程量计算规则,应按表5.67的规定执行。

表5.67 现浇混凝土板(编码:010405)

项目编码	项目名称	项目特征	计量单位	工程量计算规则	工程内容
010405001	有梁板	1.板底标高 2.板厚度 3.混凝土强度等级 4.混凝土拌和料要求	m³	按设计图示尺寸以体积计算。不扣除构件内钢筋、预埋铁件及单个面积0.3 m²以内的孔洞所占体积。有梁板(包括主、次梁与板)按梁、板体积之和计算,无梁板按板和柱帽体积之和计算,各类板伸入墙内的板头并入板体积内计算,薄壳板的肋、基梁并入薄壳体积内计算	混凝土制作、运输、浇筑、振捣、养护
010405002	无梁板	^	^	^	^
010405003	平板	^	^	^	^
010405004	拱板	^	^	^	^
010405005	薄壳板	^	^	^	^
010405006	栏板	^	^	^	^
010405007	天沟、挑檐板	1.混凝土强度等级 2.混凝土拌和料要求	^	按设计图示尺寸以体积计算	^
010405008	雨篷、阳台板	^	^	按设计图示尺寸以墙外部分体积计算。包括伸出墙外的牛腿和雨篷反挑檐的体积	^
010405009	其他板	^	^	按设计图示尺寸以体积计算	^

6.现浇混凝土楼梯

工程量清单项目设置及工程量计算规则,应按表5.68的规定执行。

表5.68 现浇混凝土楼梯(编码:010406)

项目编码	项目名称	项目特征	计量单位	工程量计算规则	工程内容
010406001	直形楼梯	1.混凝土强度等级 2.混凝土拌和料要求	m²	按设计图示尺寸以水平投影面积计算。不扣除宽度小于500 mm的楼梯井,伸入墙内部分不计算	混凝土制作、运输、浇筑、振捣、养护
010406002	弧形楼梯	^	^	^	^

7. 现浇混凝土其他构件

工程量清单项目设置及工程量计算规则,应按表 5.69 的规定执行。

表 5.69 现浇混凝土其他构件(编码:010407)

项目编码	项目名称	项目特征	计量单位	工程量计算规则	工程内容
010407001	其他构件	1. 构件的类型 2. 构件规格 3. 混凝土强度等级 4. 混凝土拌和料要求	m³、 (m²、m)	按设计图示尺寸以体积计算。不扣除构件内钢筋、预埋铁件所占体积	混凝土制作、运输、浇筑、振捣、养护
010407002	散水、坡道	1. 垫层材料种类、厚度 2. 面层厚度 3. 混凝土强度等级 4. 混凝土拌和料要求 5. 填塞材料种类	m²	按设计图示尺寸以面积计算。不扣除单个 0.3 m² 以内的孔洞所占面积	1. 地基夯实 2. 铺设垫层 3. 混凝土制作、运输、浇筑、振捣、养护 4. 变形缝填塞
010407003	电缆沟、地沟	1. 沟截面 2. 垫层材料种类、厚度 3. 混凝土强度等级 4. 混凝土拌和料要求 5. 防护材料种类	m	按设计图示以中心线长度计算	1. 挖运土石 2. 铺设垫层 3. 混凝土制作、运输、浇筑、振捣、养护 4. 刷防护材料

8. 后浇带

工程量清单项目设置及工程量计算规则,应按表 5.70 的规定执行。

表 5.70　后浇带(编码:010408)

项目编码	项目名称	项目特征	计量单位	工程量计算规则	工程内容
010408001	后浇带	1.部位 2.混凝土强度等级 3.混凝土拌和料要求	m³	按设计图示尺寸以体积计算	混凝土制作、运输、浇筑、振捣、养护

9. 预制混凝土柱

工程量清单项目设置及工程量计算规则,应按表 5.71 的规定执行。

表 5.71　预制混凝土柱(编码:010409)

项目编码	项目名称	项目特征	计量单位	工程量计算规则	工程内容
010409001	矩形柱	1.柱类型 2.单件体积 3.安装高度 4.混凝土强度等级 5.砂浆强度等级	m³ (根)	1.按设计图示尺寸以体积计算。不扣除构件内钢筋、预埋铁件所占体积 2.按设计图示尺寸以"数量"计算	1.混凝土制作、运输、浇筑、振捣、养护 2.构件制作、运输 3.构件安装 4.砂浆制作、运输 5.接头灌缝、养护
010409002	异形柱				

10. 预制混凝土梁

工程量清单项目设置及工程量计算规则,应按表 5.72 的规定执行。

表 5.72　预制混凝土梁(编码:010410)

项目编码	项目名称	项目特征	计量单位	工程量计算规则	工程内容
010410001	矩形梁	1.单件体积 2.安装高度 3.混凝土强度等级 4.砂浆强度等级	m³ (根)	按设计图示尺寸以体积计算。不扣除构件内钢筋、预埋铁件所占体积	1.混凝土制作、运输、浇筑、振捣、养护 2.构件制作、运输 3.构件安装 4.砂浆制作、运输 5.接头灌缝、养护
010410002	异形梁				
010410003	过梁				
010410004	拱形梁				
010410005	鱼腹式吊车梁				
010410006	风道梁				

11. 预制混凝土屋架

工程量清单项目设置及工程量计算规则,应按表 5.73 的规定执行。

表 5.73 预制混凝土屋架（编码：010411）

项目编码	项目名称	项目特征	计量单位	工程量计算规则	工程内容
010411001	折线型屋架	1. 单件体积 2. 安装高度 3. 混凝土强度等级 4. 砂浆强度等级	m^3（榀）	按设计图示尺寸以体积计算。不扣除构件内钢筋、预埋铁件所占体积	1. 混凝土制作、运输、浇筑、振捣、养护 2. 构件制作、运输 3. 构件安装 4. 砂浆制作、运输 5. 接头灌缝、养护
010411002	组合屋架				
010411003	薄腹屋架				
010411004	门式刚架屋架				
010411005	天窗架屋架				

12. 预制混凝土板

工程量清单项目设置及工程量计算规则，应按表 5.74 的规定执行。

表 5.74 预制混凝土板（编码：010412）

项目编码	项目名称	项目特征	计量单位	工程量计算规则	工程内容
010412001	平板	1. 构件尺寸 2. 安装高度 3. 混凝土强度等级 4. 砂浆强度等级	m^3（块、套）	按设计图示尺寸以体积计算。不扣除构件内钢筋、预埋铁件及单个尺寸 300 mm × 300 mm 以内的孔洞所占体积，扣除空心板空洞体积	1. 混凝土制作、运输、浇筑、振捣、养护 2. 构件制作、运输 3. 构件安装 4. 升板提升 5. 砂浆制作、运输 6. 接头灌缝、养护
010412002	空心板				
010412003	槽形板				
010412004	网架板				
010412005	折线板				
010412006	带肋板				
010412007	大型板				
010412008	沟盖板、井盖板、井圈	1. 构件尺寸 2. 安装高度 3. 混凝土强度等级 4. 砂浆强度等级	m^3（块、套）	按设计图示尺寸以体积计算。不扣除构件内钢筋、预埋铁件所占体积	1. 混凝土制作、运输、浇筑、振捣、养护 2. 构件制作、运输 3. 构件安装 4. 砂浆制作、运输 5. 接头灌缝、养护

13. 预制混凝土楼梯

工程量清单项目设置及工程量计算规则，应按表 5.75 的规定执行。

表 5.75 预制混凝土楼梯(编码:010413)

项目编码	项目名称	项目特征	计量单位	工程量计算规则	工程内容
010413001	楼梯	1.楼梯类型 2.单件体积 3.混凝土强度等级 4.砂浆强度等级	m³	按设计图示尺寸以体积计算。不扣除构件内钢筋、预埋铁件所占体积,扣除空心踏步板空洞体积	1.混凝土制作、运输、浇筑、振捣、养护 2.构件制作、运输 3.构件安装 4.砂浆制作、运输 5.接头灌缝、养护

14. 其他预制构件

工程量清单项目设置及工程量计算规则,应按表 5.76 的规定执行。

表 5.76 其他预制构件(编码:010414)

项目编码	项目名称	项目特征	计量单位	工程量计算规则	工程内容
010414001	烟道、垃圾道、通风道	1.构件类型 2.单件体积 3.安装高度 4.混凝土强度等级 5.砂浆强度等级	m³	按设计图示尺寸以体积计算。不扣除构件内钢筋、预埋铁件及单个尺寸 300 mm×300 mm 以内的孔洞所占体积,扣除烟道、垃圾道、通风道的孔洞所占体积	1.混凝土制作、运输、浇筑、振捣、养护 2.(水磨石)构件制作、运输 3.构件安装 4.砂浆制作、运输 5.接头灌缝、养护 6.酸洗、打蜡
010414002	其他构件	1.构件的类型 2.单件体积 3.水磨石面层厚度 4.安装高度 5.混凝土强度等级			1.混凝土制作、运输、浇筑、振捣、养护 2.(水磨石)构件制作、运输 3.构件安装 4.砂浆制作、运输 5.接头灌缝、养护 6.酸洗、打蜡
010414003	水磨石构件	6.水泥石子浆配合比 7.石子品种、规格、颜色 8.酸洗、打蜡要求			

15. 混凝土构筑物

工程量清单项目设置及工程量计算规则,应按表 5.77 的规定执行。

表 5.77 混凝土构筑物(编码:010415)

项目编码	项目名称	项目特征	计量单位	工程量计算规则	工程内容
010415001	贮水(油)池	1. 池类型 2. 池规格 3. 混凝土强度等级 4. 混凝土拌和料要求	m³	按设计图示尺寸以体积计算。不扣除构件内钢筋、预埋铁件及单个面积0.3 m²以内的孔洞所占体积	混凝土制作、运输、浇筑、振捣、养护
010415002	贮仓	1. 类型、高度 2. 混凝土强度等级 3. 混凝土拌和料要求			
010415003	水塔	1. 类型 2. 支筒高度、水箱容积 3. 倒圆锥形罐壳厚度、直径 4. 混凝土强度等级 5. 混凝土拌和料要求 6. 砂浆强度等级			1. 混凝土制作、运输、浇筑、振捣、养护 2. 预制倒圆锥形罐壳、组装、提升、就位 3. 砂浆制作、运输 4. 接头灌缝、养护
010415004	烟囱	1. 高度 2. 混凝土强度等级 3. 混凝土拌和料要求			混凝土制作、运输、浇筑、振捣、养护

16. 钢筋工程

工程量清单项目设置及工程量计算规则,应按表 5.78 的规定执行。

表5.78 钢筋工程(编码:010416)

项目编码	项目名称	项目特征	计量单位	工程量计算规则	工程内容
010416001	现浇混凝土钢筋	钢筋种类、规格	t	按设计图示钢筋(网)长度(面积)乘以单位理论质量计算	1. 钢筋(网、笼)制作、运输 2. 钢筋(网、笼)安装
010416002	预制构件钢筋				
040416003	钢筋网片				
010416004	钢筋笼				
010416005	先张法预应力钢筋	1. 钢筋种类、规格 2. 锚具种类	t	按设计图示钢筋长度乘以单位理论质量计算	1. 钢筋制作、运输 2. 钢筋张拉
010416006	后张法预应力钢筋	1. 钢筋种类、规格 2. 钢丝束种类、规格 3. 钢绞线种类、规格 4. 锚具种类 5. 砂浆强度等级	t	按设计图示钢筋(丝束、绞线)长度乘以单位理论质量计算 1. 低合金钢筋两端均采用螺杆锚具时,钢筋长度按孔道长度减0.35 m计算,螺杆另行计算 2. 低合金钢筋一端采用镦头插片、另一端采用螺杆锚具时,钢筋长度按孔道长度计算,螺杆另行计算 3. 低合金钢筋一端采用镦头插片、另一端采用帮条锚具时,钢筋长度按孔道长度增加0.15 m计算;两端均采用帮条锚具时,钢筋长度按孔道长度增加0.3 m计算 4. 低合金钢筋采用后张混凝土自锚时,钢筋长度按孔道长度增加0.35 m计算 5. 低合金钢筋(钢绞线)采用JM、XM、QM型锚具,孔道长度在20 m以内时,钢筋长度按孔道长度增加1 m计算;孔道长度20 m以外时,钢筋(钢绞线)长度按孔道长度增加1.8 m计算 6. 碳素钢丝采用锥形锚具,孔道长度在20 m以内时,钢丝束长度按孔道长度增加1 m计算;孔道长在20 m以上时,钢丝束长度按孔道长度增加1.8 m计算 7. 碳素钢丝束采用镦头锚具时,钢丝束长度按孔道长度增加0.35 m计算	1. 钢筋、钢丝束、钢绞线制作、运输 2. 钢筋、钢丝束、钢绞线安装 3. 预埋管孔道铺设 4. 锚具安装 5. 砂浆制作、运输 6. 孔道压浆、养护
010416007	预应力钢丝				
010416008	预应力钢绞线				

17. 螺栓、铁件

工程量清单项目设置及工程量计算规则,应按表5.79的规定执行。

表5.79 螺栓、铁件(编码:010417)

项目编码	项目名称	项目特征	计量单位	工程量计算规则	工程内容
010417001	螺栓	1. 钢材种类、规格 2. 螺栓长度 3. 铁件尺寸	t	按设计图示尺寸以质量计算	1. 螺栓(铁件)制作、运输 2. 螺栓(铁件)安装
010417002	预埋铁件				

18. 其他相关问题

其他相关问题应按下列规定处理。

(1)混凝土垫层包括在基础项目内。

(2)有肋带形基础、无肋带形基础应分别编码(第五级编码)列项,并注明肋高。

(3)箱式满堂基础,可按表5.63、表5.64、表5.65、表5.66、表5.67中满堂基础、柱、梁、墙、板分别编码列项;也可利用表5.63的第五级编码分别列项。

(4)框架式设备基础,可按表5.63、表5.64、表5.65、表5.66、表5.67中设备基础、柱、梁、墙、板分别编码列项;也可利用表5.63的第五级编码分别列项。

(5)构造柱应按表5.64中矩形柱项目编码列项。

(6)现浇挑檐、天沟板、雨篷、阳台与板(包括屋面板、楼板)连接时,以外墙外边线为分界线;与圈梁(包括其他梁)连接时,以梁外边线为分界线,外边线以外为挑檐、天沟、雨篷或阳台。

(7)整体楼梯(包括直形楼梯、弧形楼梯)水平投影面积包括休息平台、平台梁、斜梁和楼梯的连接梁。当整体楼梯与现浇楼板无梯梁连接时,以楼梯的最后一个踏步边缘加300 mm为界。

(8)现浇混凝土小型池槽、压顶、扶手、垫块、台阶、门框等,应按表5.69中其他构件项目编码列项。其中扶手、压顶(包括伸入墙内的长度)应按延长米计算,台阶应按水平投影面积计算。

(9)三角形屋架应按表5.73中折线型屋架项目编码列项。

(10)不带肋的预制遮阳板、雨篷板、挑檐板、栏板等,应按表5.74中平板项目编码列项。

(11)预制F形板、双T形板、单肋板和带反挑檐的雨篷板、挑檐板、遮阳板等,应按表5.74中带肋板项目编码列项。

(12)预制大型墙板、大型楼板、大型屋面板等,应按表5.74中大型板项目编码列项。

(13)预制钢筋混凝土楼梯,可按斜梁、踏步分别编码(第五级编码)列项。

(14)预制钢筋混凝土小型池槽、压顶、扶手、垫块、隔热板、花格等,应按表5.76中其他构件项目编码列项。

(15)贮水(油)池的池底、池壁、池盖可分别编码(第五级编码)列项。有壁基梁的,应以壁基梁底为界,以上为池壁、以下为池底;无壁基梁的,锥形坡底应算至其上口,池壁下部的八字靴脚应并入池底体积内。无梁池盖的柱高应从池底上表面算至池盖下表面,柱帽和柱座应并在柱体积内。肋形池盖应包括主、次梁体积;球形池盖应以池壁顶面为界,边侧梁应并入球形池盖体积内。

(16)贮仓立壁和贮仓漏斗可分别编码(第五级编码)列项,应以相互交点水平线为界,壁上圈梁应并入漏斗体积内。

(17)滑模筒仓按表5.77中贮仓项目编码列项。

(18)水塔基础、塔身、水箱可分别编码(第五级编码)列项。筒式塔身应以筒座上表面或基础底板上表面为界;柱式(框架式)塔身应以柱脚与基础底板或梁顶为界,与基础板连接的梁应并入基础体积内。塔身与水箱应以箱底相连接的圈梁下表面为界,以上为水箱,以下为塔身。依附于塔身的过梁、雨篷、挑檐等,应并入塔身体积内;柱式塔身应不分柱、梁合并计算。依附于水箱壁的柱、梁,应并入水箱壁体积内。

(19)现浇构件中固定位置的支撑钢筋、双层钢筋用的"铁马"、伸出构件的锚固钢筋、预制构件的吊钩等,应并入钢筋工程量内。

【实　务】

◆混凝土及钢筋混凝土工程工程量计算常用资料

1. 钢筋混凝土柱计算高度的确定

(1)有梁板的柱高,按照自柱基上表面(或楼板上表面)至上一层楼板上表面之间的高度计算,如图5.22(a)所示。

(2)无梁板的柱高,按照自柱基上表面(或楼板上表面)至柱帽下表面之间的高度计算,如图5.22(b)所示。

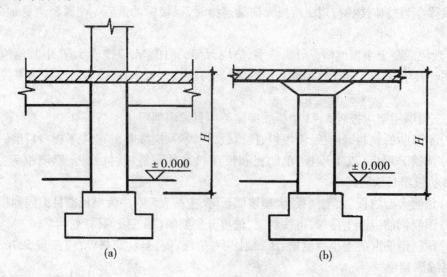

图5.22　钢筋混凝土柱

(3)框架柱的柱高,按照自柱基上表面至柱顶高度计算,如图 5.23 所示。

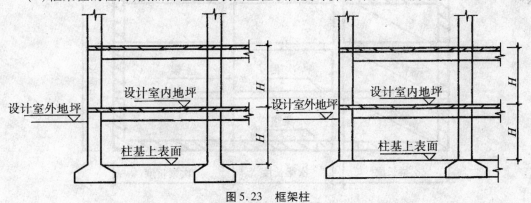

图 5.23 框架柱

(4)构造柱按照设计高度计算,与墙嵌接部分的体积并入柱身体积内计算,如图 5.24(a)所示。

(5)依附柱上的牛腿,并入柱体积内计算,如图 5.24(b)所示。

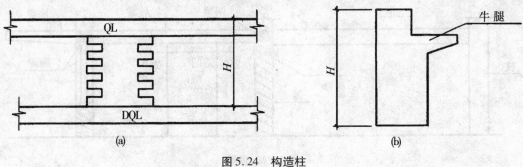

图 5.24 构造柱

2.钢筋混凝土梁分界线的确定

(1)若梁与柱连接,梁长算至柱侧面,如图 5.25 所示。

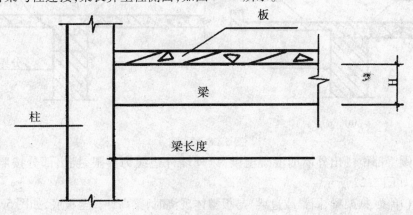

图 5.25 钢筋混凝土梁

(2)若主梁与次梁连接,次梁长算至主梁侧面。伸入墙体内的梁头和梁垫体积并入梁体积内计算,如图 5.26 所示。

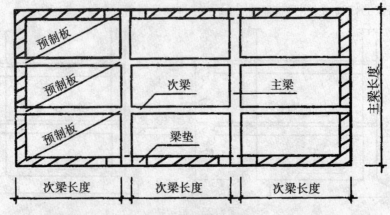

图 5.26　主梁与次梁

(3)若圈梁与过梁连接,分别套用圈梁和过梁项目。过梁长度按照设计规定计算,若设计无规定,按照门窗洞口宽度两端各加 250 mm 计算,如图 5.27 所示。

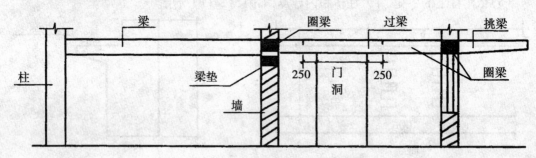

图 5.27　过梁

(4)若圈梁与梁连接,圈梁体积应扣除伸入圈梁内的梁体积,如图 5.28 所示。

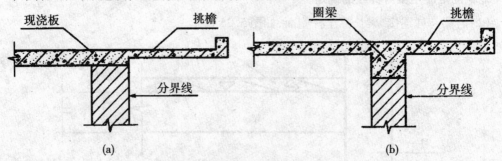

图 5.28　圈梁

(5)在圈梁部位挑出外墙的混凝土梁,以外墙外边线为界限,挑出部分按照图示尺寸以 m³ 计算,如图 5.27 所示。

(6)梁(单梁、框架梁、圈梁或过梁)与板整体现浇时,梁高计算至板底,如图 5.25 所示。

3. 现浇挑檐与现浇板及圈梁分界线的确定

若现浇挑檐与板(包括屋面板)连接,以外墙外边线为界限,如图 5.29(a)所示。若与圈梁(包括其他梁)连接,以梁外边线为界限,如图 5.29(b)所示,外边线以外为挑檐。

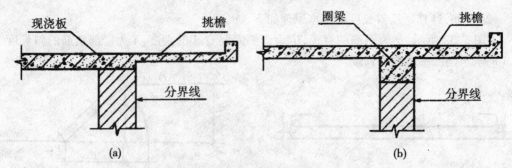

图 5.29 现浇挑檐与圈梁

4. 阳台板与栏板及现浇楼板的分界线确定

阳台板与栏板以阳台板顶面为界;阳台板与现浇楼板以墙外皮为界,其嵌入墙内的梁应按照梁有关规定单独计算,如图 5.30 所示。伸入墙内的栏板,合并计算。

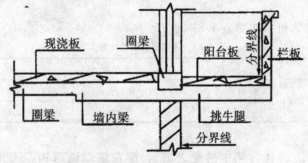

图 5.30 阳台与楼板

5. 钢筋长度的计算

(1)直筋如图 5.31 所示,钢筋弯头、搭接长度计算表见表 5.80。钢筋净长的计算公式如下。

$$钢筋净长 = L - 26 + 12.5D \tag{5.50}$$

表 5.80 钢筋弯头、搭接长度计算表

钢筋直径 D/mm	保护层 b/cm			钢筋直径 D/mm	保护层 b/cm		
	1.5	2.0	2.5		1.5	2.0	2.5
	按 L 增加长度/cm				按 L 增加长度/cm		
4	2.0	1.0	—	16	17.0	16.0	15.0
6	4.5	3.5	2.5	18	19.5	18.5	17.5
8	7.0	6.0	5.0	19	20.8	19.8	18.8
9	8.3	7.3	6.3	20	22.0	21.0	20.0
10	9.5	8.5	7.5	22	24.5	23.5	22.5
12	12.0	11.0	10.0	24	27.0	26.0	25.0
14	14.5	13.5	12.5	25	28.3	27.3	26.3
26	29.5	28.5	27.5	35	40.8	39.8	38.8
28	32.0	31.0	30.0	38	44.5	43.5	42.5
30	34.5	33.5	32.5	40	47.0	46.0	45.0
32	37.0	36.0	35.0				

(2)弯筋,计算弯筋斜长度的基本原理如下。

如图 5.32 所示,D 为钢筋的直径,H' 为弯筋需要弯起的高度,A 为局部钢筋的斜长度,B 为 A 向水平面的垂直投影长度。

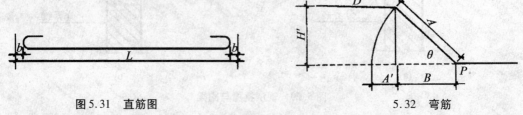

图 5.31 直筋图

图 5.32 弯筋

假使以起弯点 P 为圆心,以 A 长为半径作圆弧向 B 的延长线投影,则 $A = B + A'$,A' 是 A 与 B 的长度差。

θ 为弯筋在垂直平面中要求弯起的水平面所形成的角度(夹角);在工程上以 30°、45° 和 60° 最为普遍,45° 比较常见。

弯筋斜长度的计算可以按照表 5.81 确定。

表 5.81 弯筋斜长度的计算表

弯起角度 $\theta°$	30	45	60	弯起角度 $\theta°$		30	45	60
$A' = tg\dfrac{\theta}{2}H'$	0.268	0.414	0.577	弯起高度 H' 每 5 cm 增加长度/cm	一端	1.34	2.07	2.885
					两端	2.68	4.14	5.77

(3)弯钩增加长度绑扎骨架中的受力钢筋,应在末端做弯钩。HPB235 级钢筋末端做 180°弯钩其圆弧弯曲直径不应小于钢筋直径的 2.5 倍,平直部分长度不宜小于钢筋直径的 3 倍;若 HRB335、HRB400 级钢筋末端需做 90°或 135°弯折,HRB335 级钢筋的弯曲直径不宜小于钢筋直径的 4 倍;HRB400 级钢筋不宜小于钢筋直径的 5 倍。

钢筋弯钩,如图 5.33 所示,其增加长度按下列公式计算(弯曲直径为 2.5 d,平直部分为 3 d),其计算值为:

半圆弯钩/d = $(2.5d + 1d) \times \pi \times \dfrac{180}{360} - 2.5d/2 - 1d +$(平直)$3d = 6.25$;

直弯钩/d = $(2.5d + 1d) \times \pi \times \dfrac{180 - 90}{360} - 2.5d/2 - 1d +$(平直)$3d = 3.5$;

斜弯钩/d = $(2.5d + 1d) \times \pi \times \dfrac{180 - 45}{360} - 2.5d/2 - 1d +$(平直)$3d = 4.9$。

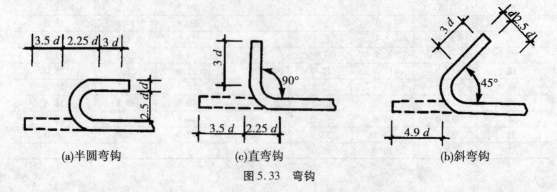

(a)半圆弯钩　　　(c)直弯钩　　　(b)斜弯钩

图 5.33 弯钩

若弯曲直径为 4 d,其计算值为。

直弯钩/$d = (4d+1d) \times \pi \times \dfrac{180-90}{360} - 4d/2 - 1d + 3d = 3.9$;

斜弯钩/$d = (4d+1d) \times \pi \times \dfrac{180-45}{360} - 4d/2 - 1d + 3d = 5.9$。

若弯曲直径为 5 d,其计算值为:

直弯钩/$d = (5d+1d) \times \pi \times \dfrac{180-90}{360} - 5d/2 - 1d + 3d = 4.2$;

斜弯钩/$d = (5d+1d) \times \pi \times \dfrac{180-45}{360} - 5d/2 - 1d + 3d = 6.6$。

注:钢筋的下料长度是钢筋的中心线长度。

(4)箍筋。

1)箍筋分为包围箍和开口箍,如图 5.34 所示,其计算公式为:

包围箍的长度 $= 2(A+B) +$ 弯钩增加长度 (5.51)

开口箍的长度 $= 2A + B +$ 弯钩增加长度 (5.52)

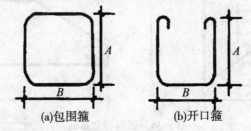

图 5.34 箍筋

箍筋弯钩增加长度见表 5.82。

表 5.82 钢筋弯钩长度

弯钩形式		180°	90°	135°
弯钩增加值	一般结构	8.25 d	5.5 d	6.87 d
	有抗震要求结构	13.25 d	10.5 d	11.87 d

2)用于圆柱的螺旋箍,如图 5.35 所示,其长度计算公式为:

$$L = N\sqrt{p^2 + (D-2a-d)^2 \pi^2} + 弯钩增加长度 \quad (5.53)$$

式中 N——螺旋箍圈数;

D——圆柱直径(m);

P——螺距。

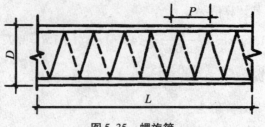

图5.35 螺旋箍

6. 锥形独立基础工程量计算

锥形独立基础,如图5.36所示,其下部为矩形,上部为截头锥体,可分别计算相加后得其体积,即

$$V = ABh_1 + \frac{h-h_1}{b}[AB+ab+(A+a)(B+b)] \qquad (5.54)$$

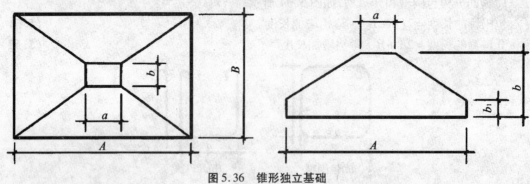

图5.36 锥形独立基础

7. 杯形基础工程量计算

杯形基础的体积可参照表5.83计算。

表5.83 杯形基础的体积表

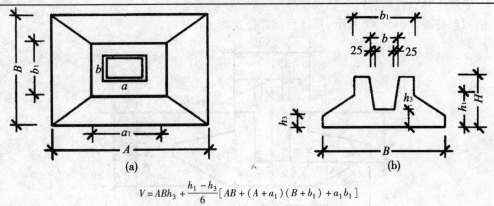

$$V = ABh_3 + \frac{h_1-h_3}{6}[AB+(A+a_1)(B+b_1)+a_1b_1]$$
$$+a_1b_1(H+h_1)-(H-h_2)(a-0.025)(b-0.025)$$

柱断面 /mm	杯形柱基规格尺寸/mm									基础混凝土用量(m³·个⁻¹)
	A	B	a	a_1	b	b_1	H	h_1	h_2	h_3	
400×400	1 300	1 300	550	1 000	550	1 000	600	300	200	200	0.66
	1 400	1 400	550	1 000	550	1000	600	300	200	200	0.73
	1 500	1 500	550	1 000	550	1000	600	300	200	200	0.80
	1 600	1 600	550	1 000	550	1000	600	300	250	200	0.87
	1 700	1 700	550	1 000	550	1000	700	300	250	200	1.04
	1 800	1 800	550	1 000	550	1000	700	300	250	200	1.13
	1 900	1 900	550	1 000	550	1000	700	300	250	200	1.22
	2 000	2 000	550	1 100	550	1100	800	400	250	200	1.63
	2 100	2 100	550	1 100	550	1100	800	400	250	200	1.74
	2 200	2 200	550	1 100	550	1100	800	400	250	200	1.86
	2 300	2 300	550	1 200	550	1200	800	400	250	200	2.12
400×600	2 300	1 900	7 500	1 400	550	1 200	800	400	250	200	1.92
	2 300	2 100	750	1 450	550	1 250	800	400	250	200	2.13
	2 400	2 200	750	1 450	550	1 250	800	400	250	200	2.26
	2 500	2 300	750	1 450	550	1 250	800	400	250	200	2.40
	2 600	2 400	750	1 550	550	1 350	800	400	250	200	2.68
	3 000	2 700	750	1 550	550	1 350	1 000	500	300	200	2.83
	3 300	3 900	750	1 550	550	1 350	1 000	600	300	200	4.63
400×700	2 500	2 300	850	1 550	550	1 350	900	500	250	200	2.76
	2700	2 500	850	1 550	550	1350	900	500	250	200	3.16
	3 000	2 700	850	1 550	550	1 350	1000	500	300	200	3.89
	3 300	2 900	850	1 550	550	1 350	1000	600	300	200	4.60
	4 000	2 800	850	1 550	550	1 350	1000	700	300	200	6.02
400×800	3 000	2 700	950	1 700	550	1350	1000	500	300	200	3.90
	3 300	2 900	950	1750	550	1 350	1000	600	300	200	4.65
	4 000	2 800	950	1 750	550	1 350	1 000	700	300	250	5.98
	4 500	3 000	950	1 750	550	1 350	1 000	800	300	250	7.93
500×800	3 000	2 700	950	1 700	650	1 450	1 000	500	300	200	3.96
	3 300	2 900	950	1 700	650	1450	1 000	600	300	200	4.65
	4 000	2 800	950	1 700	650	1 450	1 000	700	300	250	6.02
	4 500	3 000	950	1 700	650	1 450	1 200	800	300	250	7.99
500×1 000	4 000	2 800	1 150	1 950	650	1 450	1 200	800	300	250	6.90
	4 500	3 000	1 150	1 950	650	1 450	1 200	800	300	250	800

8.现浇无筋倒圆台基础工程量计算

倒圆台基础如图 5.37 所示,其体积计算公式如下:

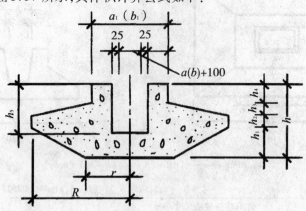

图 5.37 倒圆台基础

$$V = \frac{\pi h_1}{3}(R^2 + r^2 + Rr) + \pi R^2 h_2 + \frac{\pi h_3}{3}\left[R^2 + \left(\frac{a_1}{2}\right)^2 + R\frac{a_1}{2}\right] + a_1 b_1 h_4 -$$

$$\frac{h_5}{3}[(a + 0.1 + 0.025 \times 2)(b + 0.1 + 0.025 \times 2) + ab +$$

$$\sqrt{(a + 0.1 + 0.025 \times 2)(b + 0.1 + 0.025 \times 2)ab}\,] \tag{5.55}$$

式中 a——柱长边尺寸(m);

a_1——杯口外包长边尺寸(m);

R——底最大半径(m);

r——底面半径(m);

b——柱短边尺寸(m);

b_1——杯口外包短边尺寸(m);

h、$h_{1\sim5}$——断面高度(m);

π——3.1416。

9.现浇钢筋混凝土倒圆锥形薄壳基础工程量计算

现浇钢筋混凝土倒圆锥形薄壳基础,如图 5.38 所示,其体积计算公式为:

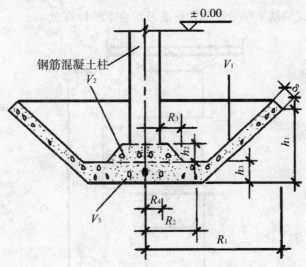

图 5.38 现浇钢筋混凝土倒圆锥形薄壳基础

$$V(m^3) = V_1 + V_2 + V_3 \tag{5.56}$$

$$V_1(薄壳部分) = \pi(R_1 + R_2)\delta h_1 \cos\theta \tag{5.57}$$

$$V_2(截头圆锥体部分) = \frac{\pi h_2}{3}(R_3^2 + R_2 R_4 + R_4^2) \tag{5.58}$$

$$V_3(圆体部分) = \pi R_2^2 h_2 \tag{5.59}$$

(公式中半径、高度、厚度均用 m 为计算单位。)

【例 题】

◆例 5-9

某工程预制钢筋混凝土 T 形起重机梁,如图 5.39 所示,共 48 根,计算其混凝土工程量。

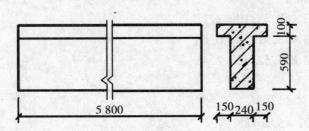

图 5.39 预制钢筋混凝土 T 形起重机梁

【解】

混凝土工程量:

$V/m^3 = [0.24 \times (0.59 + 0.1) + (0.15 \times 2 \times 0.1)] \times 5.8 \times 48 = 54.46$

◆例 5-10

某现浇钢筋混凝土圆形柱,混凝土强度等级 C25,现场搅拌混凝土,钢筋及模板计算忽略,如图 5.40 所示,试编制工程量清单计价表及综合单价计算表。

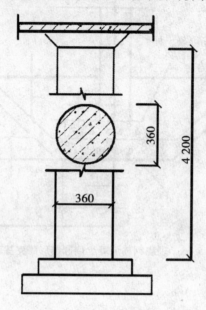

图 5.40 现浇混凝土圆形柱

【解】依据某省建筑工程消耗量定额价目表计取有关费用。
(1)清单工程量计算:$V/m^3 = 3.14 \times 0.18 \times 0.18 \times 4.2 = 0.43$
(2)消耗量定额工程量:$V = 0.43 m^3$
(3)C25 现浇混凝土圆形柱:
人工费/元:$0.43 \times 399.08/10 = 17.16$
材料费/元:$0.43 \times 1\ 523.76/10 = 65.52$
机械费/元:$0.43 \times 9.01/10 = 0.39$
合价:83.07 元
(4)现场搅拌混凝土:
人工费/元:$0.43 \times 50.38/10 = 2.17$
材料费/元:$0.43 \times 13.91/10 = 0.60$
机械费/元:$0.43 \times 56.52/10 = 2.43$
合价:5.2 元
(5)综合。
直接费/元:$83.07 + 5.2 = 88.27$
管理费/元:$88.27 \times 35\% = 30.89$
利润/元:$88.27 \times 5\% = 4.41$
合价:123.57 元
综合单价/元:$123.57 \div 0.43 = 287.37$
结果见表 5.84 和表 5.85。

表5.84 分部分项工程量清单计价表

序号	项目编号	项目名称	项目特征描述	计量单位	工程数量	金额/元 综合单价	合价	其中:直接费
1	010402002001	现浇混凝土异形柱	现浇混凝土异形柱C25	m³	0.43	287.37	123.57	88.27

表5.85 分部分项工程量清单综合单价计算表

项目编号	010402002001	项目名称		现浇混凝土异形柱		计量单位			m³	
清单综合单价组成明细											
定额编号	定额内容	定额单位	数量	单价/元			合价/元			
				人工费	材料费	机械费	人工费	材料费	机械费	管理费和利润
4-2-18	C25现浇混凝土圆形柱	10 m³	0.043	399.08	1523.76	9.01	17.16	65.52	0.39	33.23
4-4-16	现场搅拌混凝土	10 m³	0.043	50.38	13.91	56.52	2.17	0.60	2.43	2.08
人工单价			小计				19.33	66.12	2.82	35.31
28元/工日			未计价材料费				—			
清单项目综合单价/元								287.37		

5.6 构件运输及安装工程

【基 础】

◆ **基础定额说明**

1. 构件运输

(1)定额包括混凝土构件运输,金属结构构件运输及木门窗运输。

(2)定额适用于由构件堆放场地或构件加工厂至施工现场的运输。

(3)按构件的类型和外形尺寸划分。预制混凝土构件分为六类,金属结构构件分为三类,见表5.86及表5.87。

表5.86 预制混凝土构件分类

类别	项目
1	4 m以内空心板、实心板
2	6 m以内的桩、屋面板、工业楼板、进深梁、基础梁、吊车梁、楼梯休息板、楼梯段、阳台板
3	6 m以上至14 m梁、板、柱、桩,各类屋架、桁架、托架(14 m以上另行处理)
4	天窗架、挡风架、侧板、端壁板、天窗上下档、门框及单体体积在0.1 m³以内小构件
5	装配式内、外墙板、大楼板、厕所板
6	隔墙板(高层用)

表5.87 金属结构构件分类

类别	项目
1	钢柱、屋架、托架梁、防风桁架
2	吊车梁、制动梁、型钢檩条、钢支撑、上下档、钢拉杆、栏杆、盖板、垃圾出灰门、倒灰门、笼子、爬梯、零星构件、平台、操作台、走道休息台、扶梯、钢吊车梯台、烟囱紧固箍
3	墙架、挡风架、天窗架、组合檩条、轻型屋架、滚动支架、悬挂支架、管道支架

(4)定额综合考虑了城镇、现场运输道路等级、重车上下坡等各种因素,不得因道路条件不同而修改定额。

(5)构件运输过程中,如遇路桥限载(限高),而发生的加固、拓宽等费用及有电车线路和公安交通管理部门的保安护送费用,应另行处理。

2. 构件安装

(1)定额按单机作业制定。

(2)定额按机械起吊点中心回转半径15 m以内的距离计算。如超出15 m时,应另按构件1 km运输定额项目执行。

(3)每一工作循环中,均包括机械的必要位移。

(4)定额按履带式起重机、轮胎式起重机、塔式起重机分别编制。如使用汽车式起重机时,按轮胎式起重机相应定额项目计算,乘以系数1.05。

(5)定额不包括起重机械、运输机械行驶道路的修整、铺垫工作的人工、材料和机械。

(6)柱接柱定额未包括钢筋焊接。

(7)小型构件安装是指单体小于0.1 m^3 的构件安装。

(8)升板预制柱加固是指预制柱安装后,至楼板提升完成期间,所需的加固搭设费。

(9)定额内未包括金属构件拼接和安装所需的连接螺栓。

(10)钢屋架单榀重量在1 t以下者,按轻钢屋架定额计算。

(11)钢柱、钢屋架、天窗架安装定额中,不包括拼装工序,如需拼装时,按拼装定额项目计算。

(12)凡单位一栏中注有"%"者,均指该项费用占本项定额总价的百分数。

(13)预制混凝土构件若采用砖模制作时,其安装定额中的人工、机械乘以系数1.1。

(14)预制混凝土构件和金属构件安装定额均不包括为安装工程所搭设的临时性脚手架,若发生应另按有关规定计算。

(15)定额中的塔式起重机台班均已包括在垂直运输机械费定额中。

(16)单层房屋盖系统构件必须在跨外安装时,按相应的构件安装定额的人工、机械台班乘系数1.18,用塔式起重机、卷扬机时,不乘此系数。

(17)综合工日不包括机械驾驶人工工日。

(18)钢柱安装在混凝土柱上,其人工、机械乘以系数1.43。

(19)钢构件的安装螺栓均为普通螺栓,若使用其他螺栓时,应按有关规定进行调整。

(20)预制混凝土构件、钢构件,若需跨外安装时,其人工、机械乘以系数1.18。

(21)钢网架拼装定额不包括拼装后所用材料,使用本定额时,可按实际施工方案进行补充。

(22)钢网架定额是按焊接考虑的,安装是按分体吊装考虑的,若施工方法与定额不同时,可另行补充。

◆基础定额工程量计算规则

1. 构件运输

（1）预制混凝土构件运输的损耗率，按表5.88规定计算后并入构件工程量内。其中预制混凝土屋架、桁架、托架及长度在9m以上的梁、板、柱不计算损耗率。

表5.88 预制钢筋混凝土构件制作、运输、安装损耗率

名称	制作废品率	运输堆放损耗	安装（打桩）损耗
各类预制构件	0.2	0.8	0.5
预制钢筋混凝土桩	0.1	0.4	1.5

注：1. 成品损耗：指构件起模归堆时发生的损耗。
2. 运输、安装、打桩损耗：指构件在运输和吊装、打桩过程中发生的损耗。

（2）预制混凝土构件运输按构件图示尺寸，以实体体积计算。

（3）预制混凝土构件运输的最大运输距离取50km以内；钢构件和木门窗的最大运输距离取20km以内；超过时另行补充。

（4）加气混凝土板（块）、硅酸盐块运输每立方米折合钢筋混凝土构件体积0.4 m^3 按一类构件运输计算。

（5）钢构件按构件设计图示尺寸以t计算，所需螺栓、电焊条等重量不另计算。

（6）木门窗按外框面积以平方米计算。

2. 构件安装

（1）预制混凝土构件安装。

1）焊接形成的预制钢筋混凝土框架结构，其柱安装按框架柱计算，梁安装按框架梁计算；节点浇注成形的框架，按连体框架梁、柱计算。

2）预制钢筋混凝土工字形柱、矩形柱、空腹柱、双肢柱、空心柱、管道支架等安装，均按柱安装计算。

3）组合屋架安装，以混凝土部分实体体积计算，钢杆件部分不另计算。

4）预制钢筋混凝土多层柱安装、首层柱按柱安装计算，二层及二层以上按柱接柱计算。

（2）金属构件安装。

1）钢筋构件安装按图示构件钢材重量以t计算。

2）依附于钢柱上的牛腿及悬臂梁等，并入柱身主材重量计算。

3）金属结构中所用钢板，设计为多边形者，按矩形计算，矩形的边长以设计尺寸中互相垂直的最大尺寸为准。

【实 务】

◆构件运输及安装工程工程量计算常用资料

构件运输及安装工程工程量计算参考数据见表5.89。

表5.89 钢筋混凝土空心板实物量指标

构件规格/mm	构件编号	实物量指标			
		钢筋用量/kg	含钢量/(kg·m^{-3})	混凝土/m^3	构件质量/kg
120×600	KB1.18—1	2.70	33.75	0.080	200
	KB1.21—1	3.10	32.98	0.094	235
	KB1.21—2	3.82	40.64	0.094	235
	KB1-24—1	3.55	33.18	0.107	269
	KB1.24—2	5.19	48.50	0.107	269
	KB1.27—1	3.96	32.73	0.121	302
	KB1.27—2	6.73	55.62	0.121	302
	KB1.30—1	5.44	40.30	0.135	338
	KB1.30—2	7.49	54.48	0.135	338
	KB1.30—3	10.13	75.04	0.135	338
	KB1.33—1	7.13	48.18	0.148	370
	KB1-33—2	9.72	65.68	0.148	370
	KB.1.33—3	12.62	85.27	0.148	370
120×900	KB2.18—1	4.06	33.83	0.120	301
	KB2.21—1	4.66	33.29	0.140	351
	KB2.21—2	5.73	40.93	0.140	351
	KB2.24—1	5.33	33.11	0.161	402
	KB2.24—2	7.38	45.84	0.161	402
	KB2.27—1	5.93	32.76	0.181	452
	KB2.27—2	8.24	45.52	0.181	452
	KB2.27—3	10.09	55.75	0.181	452
	KB2.30—1	7.66	38.11	0.201	503
	KB2.30—2	10.22	50.85	0.201	503
	KB2.30—3	14.84	73.83	0.201	503
	KB2.33—1	10.14	45.68	0.222	555
	KB2.33—2	15.31	68.96	0.222	555
	KB2.33—3	18.94	85.32	0.222	555
120×1 200	KB3.18—1	5.41	33.81	0.160	400
	KB3.21—1	6.21	33.21	0.187	468
	KB3.21—2	6.93	37.06	0.187	469
	KB3.24—1	7.13	33.32	0.214	535
	KB3.24—2	9.59	44.81	0.214	535
	KB3.27—1	7.93	32.90	0.214	602
	KB3.27—2	10.70	44.40	0.214	602
	KB3.27—3	13.47	55.89	0.214	602
	KB3.30—1	9.87	36.83	0.268	670
	KB3.30—2	13.98	52.16	0.268	670
	KB3.30—3	16.32	60.90	0.268	670
	KB3.33—1	13.15	44.58	0.295	738
	KB3.33—2	20.90	70.85	0.295	738
	KB3.33—2	25.26	85.63	0.295	738

续表 5.89

构件规格/mm	构件编号	实物量指标			
		钢筋用量/kg	含钢量/(kg·m^{-3})	混凝土/m^3	构件质量/kg
180×600	KB4.33—2	7.13	35.79	0.199	498
	KB4.36—1	6.20	28.55	0.217	543
	KB4.36—2	7.79	35.87	0.217	543
	KB4.36—3	9.38	43.19	0.217	543
	KB4.39—1	6.68	28.40	0.Z35	588
	KB4.39—2	8.40	35.71	0.235	588
	KB4.39—3	12.21	57.91	0.235	588
	KB4.42—1	9.06	35.78	0.235	633
	KB4.42—2	10.92	43.13	0.235	633
	KB4.42—3	13.18	52.05	0.235	633
	KB4.45—1	11.66	42.93	0.272	679
	KB4.45—2	14.08	51.84	0.272	679
	KB4.45—3	16.50	56.98	0.272	679
	KB4.48—1	12.46	43.02	0.290	724
	KB4.48—2	17.62	60.84	0.290	724
180×900	KB5.33—1	6.26	21.92	0.286	714
	KB5.33—2	8.53	29.87	0.286	714
	KB5.33—3	11.43	40.02	0.Z86	717
	KB5.33—1	8.09	25.96	0.312	779
	KB5.36—2	10.91	35.01	0.312	779
	KB5.36—2	12.49	40.08	0.312	779
	KB5.39—1	10.03	29.71	0.338	844
	KB5.39—2	13.47	39.90	0.338	844
	KB5.39—3	15.19	44.90	0.338	844
	KB5.42—1	12.69	34.90	0.364	909
	KB5.42—2	16.39	45.08	0.364	909
	KB5.42—3	20.91	57.51	0.364	909
	KB5.45—1	15.51	39.81	0.390	974
	KB5.45—2	19.92	51.13	0.390	974
	KB5.45—3	24.77	63.58	0.390	974
	KB5.48—1	18.69	44.97	0.416	1 039
	KB5.48—2	23.86	57.41	0.416	1 039
	KB5.48—3	26,44	63.62	0.416	1 039

续表 5.89

构件规格/mm	构件编号	实物量指标			
		钢筋用量/kg	含钢量/(kg·m^{-3})	混凝土/m^3	构件质量/kg
180×1 200	KB6.33—1	9.11	24.52	0.372	929
	KB6.33—2	11.38	30.62	0.372	929
	KB6.33—3	14.28	38.43	0.372	929
	KB6.36—1	12.44	30.67	0.406	1 014
	KB6.36—2	15.61	38.49	0.406	1 014
	KB6.36—3	18.78	46.30	0.406	1 014
	KB6.39—1	13.38	30.46	0.439	1 098
	KB6.39—2	16.82	38.30	0.439	1 098
	KB6.39—3	20.26	46.13	0.439	1 098
	KB6.42—1	18.15	38.36	0.473	1 183
	KB6.42—2	21.85	46.17	0.473	1 183
	KB6.42—-1	26.37	55.73	0.473	1 183
	KB6.45—1	19.36	38.20	0.507	1 267
	KB6.45—2	28.18	55.61	0.507	1 267
	KB6.45—3	33.03	65.17	0.507	1 267
	KB6.48—1	24.93	46.10	0.541	1 352
	KB6.48—2	30.10	55.66	0.541	1 352
	KB6.48—3	35.27	65.22	0.541	1 352

【例　题】

◆例 5-11

某工程需要安装 60 块预制钢筋混凝土槽形板,槽形板示意图如图 5.41 所示,预制厂距施工现场 10 km,试计算其运输、安装工程量。

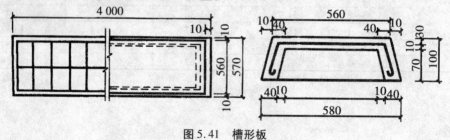

图 5.41　槽形板

【解】

(1)预制钢筋混凝土槽形板体积。(大棱台体积减小棱台体积)

单体体积/m^3 = $(0.1/3) \times [(0.58 \times 4.0 + 0.56 \times 3.98) + \sqrt{0.58 \times 4.0 \times 0.56 \times 3.98}]$ -
$\qquad (0.07/3) \times [(0.5 \times 3.92 + 0.48 \times 3.88) + \sqrt{0.50 \times 3.92 \times 0.48 \times 3.88}]$
$\qquad = 0.222\ 7 - 0.134\ 8$
$\qquad = 0.087\ 9$

60 块体积为/m^3:$0.087\ 9 \times 60 = 5.27$。

(2) 场外运输工程量/m³:5.27×(1+0.8%+0.5%)=5.34
(3) 安装槽形板(灌缝同)工程量/m³:5.27×(1+0.5%)=5.30

5.7　门窗及木结构工程

【基　础】

◆ 基础定额说明

(1)定额是按机械和手工操作综合编制的,所以不论实际采取何种操作方法,均按定额执行。

(2)定额中木材木种分类如下。

一类:红松、水桐木、樟子松。

二类:白松(方杉、冷杉)、杉木、杨木、柳木、椴木。

三类:青松、黄花松、秋子木、马尾松、东北榆木、柏木、苦楝木、梓木、黄菠萝、椿木、楠木、柚木、樟木。

四类:栎木(柞木)、檀木、色木、槐木、荔木、麻栗木(麻栎、青刚)、桦木、荷木、水曲柳、华北榆木。

(3)门窗及木结构工程中的木材木种均以一、二类木种为准,如采用三、四类木种时,分别乘以下列系数:木门窗制作,按相应项目人工和机械乘系数1.3;木门窗安装,按相应项目的人工和机械乘系数1.16;其他项目按相应项目人工和机械乘系数1.35。

(4)定额中木材以自然干燥条件下含水率为准编制的,需人工干燥时,其费用可列入木材价格内由各地区另行确定。

(5)定额中板材、方材规格,见表5.90。

表5.90　板材、方材规格表

项目	按宽厚尺寸比例分类	按板材厚度、方材宽、厚乘积			
板材	宽≥3×厚	名称	薄板	中板	厚板	特厚板
		厚度/mm	<18	19~35	36~65	≥66
方材	宽<3×厚	名称	小方	中方	大方	特大方
		宽×厚/cm²	<54	55~100	101~225	≥225

(6)定额中所注明的木材断面或厚度均以毛料为准。如设计图纸注明的断面或厚度为净料时,应增加刨光损耗;板、方材一面刨光增加3 mm;两面刨光增加5 mm;圆木每1 m³材积增加0.05 m³。

(7)定额中木门窗框、扇断面取定如下：

无纱镶板门框：60 mm×100 mm；有纱镶板门框：60 mm×120 mm；无纱窗框：60 mm×90 mm；有纱窗框：60 mm×110 mm；无纱镶板门扇：45 mm×100 mm；有纱镶板门扇：45 mm×100 mm+35 mm×100 mm；无纱窗扇：45 mm×60 mm；有纱窗扇：45 mm×60 mm+35 mm×60 mm；胶合板门窗：38 mm×60 mm。

定额取定的断面与设计规定不同时，应按比例换算。框断面以边框断面为准（框裁口如为钉条者加贴条的断面）；扇料以主梃断面为准，换算公式为。

$$\frac{设计断面（加刨光损耗）}{定额断面}×定额材积 \qquad (5.60)$$

(8)定额所附普通木门窗小五金表，仅做备料参考。

(9)弹簧门、厂库大门、钢木大门及其他特种门，定额所附五金铁件表均按标准图用量计算列出，仅做备料参考。

(10)保温门的填充料与定额不同时，可以换算，其他工料不变。

(11)厂库房大门及特种门的钢骨架制作，以钢材重量表示，已包括在定额项目中，不再另列项目计算。定额中不包括固定铁件的混凝土垫块及门樘或梁柱内的预埋铁件。

(12)木门窗不论现场或附属加工厂制作，均执行《全国统一建筑工程基础定额》（GJD 101—95），现场外制作点至安装地点的运输另行计算。

(13)定额中普通木门窗、天窗、按框制作、框安装、扇制作、扇安装分列项目厂库房大门，钢木大门及其他特种门按扇制作、扇安装分列项目。

(14)定额中普通木窗、钢窗、铝合金窗、塑料窗、彩板组角钢窗等适用于平开式，推拉式，中转式，上、中、下悬式，双层玻璃窗小五金按普通木窗不带纱窗乘2计算。

(15)铝合金门窗制作兼安装项目，是按施工企业附属加工厂制作编制的。加工厂至现场堆放点的运输，另行计算。木骨架枋材40 mm×45 mm，设计与定额不符可以换算。

(16)铝合金地弹门制作（框料）型材是按101.6 mm×44.5 mm，厚1.5 mm方管编制的；单扇平开门，双扇平开窗是按38系列编制的；推拉窗按90系列编制的。如型材断面尺寸及厚度与定额规定不同时，可按《全国统一建筑工程基础定额》（GJD 101—95）中附表调整铝合金型材用量，附表中"（）"内数量为定额取定量。地弹门、双扇全玻地弹门包括不锈钢上下带地弹簧、玻璃门、拉手、玻璃胶及安装所需的辅助材料。

(17)铝合金卷闸门（包括卷筒、导轨）、彩板组角钢门窗、塑料门窗、钢门窗安装以成品安装编制的。由供应地至现场的运杂费，应计入预算价格中。

(18)玻璃厚度、颜色、密封油膏、软填料，如设计与定额不同时可以调整。

(19)铝合金门窗、彩板组角钢门窗、塑料门窗和钢门窗成品安装，如每100 m² 门窗实际用量超过定额含量1%以上时，可以换算，但人工、机械用量不变，门窗成品包括五金配件在内。采用附框安装时，扣除门窗安装子目中的膨胀螺栓、密封膏用量及其他材料费。

(20)钢门、钢材含量与定额不同时，钢材用量可以换算，其他不变。

1)钢门窗安装按成品件考虑。（包括五金配件和铁脚在内）

2)钢天窗安装角铁横挡及连接件，设计与定额用量不同时，可以调正，损耗按6%。

3)实腹式或空腹式钢门窗均执行《全国统一建筑工程基础定额》（GJD 101—95）。

4)组合窗、钢天窗为拼装缝需满刮油灰时,每 100 m² 洞口面积增加人工 5.54 工日,油灰 58.5 kg。

5)钢门窗安玻璃,如采用塑料、橡胶条,按门窗安装工程量每 100 m² 计算压条 736 m。

(21)铝合金门窗制作、安装(7—259～283 项)综合机械台班是以机械折旧费 68.26 元、大修理费 5 元、经常修理费 12.83 元、电力 183.94 kW·h 组成。

38 系列,外框 0.408 kg/m,中框 0.676 kg/m,压线 0.176 kg/m。

76.2×44.5×1.5 方管 0.975 kg/m,压线 15 kg/m。

◆基础定额工程量计算规则

(1)各类门、窗制作、安装工程量均按门、窗洞口面积计算。

1)门、窗盖口条、贴脸、披水条,按图示尺寸以延长米计算,执行木装修项目。

2)普通窗上部带有半圆窗的工程量应分别按半圆窗和普通窗计算,其分界线以普通窗和半圆窗之间的横框上裁口线为分界线。

3)门窗扇包镀锌铁皮,按门、窗洞口面积以 m² 计算;门窗框包镀锌铁皮、钉橡皮条、钉毛毡按图示门窗洞口尺寸以延长米计算。

(2)铝合金门窗制作、安装,铝合金、不锈钢门窗、彩板组角钢门窗、塑料门窗、钢门窗安装,均按设计门窗洞口面积计算。

(3)卷闸门安装按洞口高度增加 600 mm 乘以门实际宽度,以 m² 计算。电动装置安装以套计算,小门安装以个计算。

(4)不锈钢片包门框,按框外表面面积以平方米计算;彩板组角钢门窗附框安装,按延长米计算。

(5)木屋架的制作安装工程量,按以下规定计算。

1)木屋架制作安装均按设计断面竣工木料以 m³ 计算,其后备长度及配制损耗均不另外计算。

2)方木屋架一面刨光时增加 3 mm,两面刨光时增加 5 mm,圆木屋架按屋架刨光时木材体积每立方米增加 0.05 m³ 计算。附属于屋架的夹板、垫木等已并入相应的屋架制作项目中,不另计算;与屋架连接的挑檐木、支撑等,其工程量并入屋架竣工木料体积内计算。

3)屋架的制作安装应区别不同跨度,其跨度应以屋架上下弦杆的中心线交点之间的长度为准,带气楼的屋架并入所依附屋架的体积内计算。

4)屋架的马尾、折角和正交部分半屋架,应并入相连接屋架的体积内计算。

5)钢木屋架区分圆、方木,按竣工木料以 m³ 计算。

6)圆木屋架连接的挑檐木、支撑等如为方木时,其方木部分应乘以系数 1.7,折合成圆木并入屋架竣工木料内,单独的方木挑檐,按矩形檩木计算。

7)檩木按竣工木料以立方米计算。简支檩条长度按设计规定计算,如设计无规定者,按屋架或山墙中距增加 200 mm 计算,如两端出山,檩条长度算至博风板;连续檩条的长度按设计长度计算,其接头长度按全部连续檩木总体积的 5% 计算。檩条托木已计入相应的檩木制作项目中,不另计算。

◆清单工程量计算规则

1.厂库房大门、特种门

工程量清单项目设置及工程量计算规则,应按表5.91的规定执行。

表5.91 厂库房大门、特种门(编码:010501)

项目编码	项目名称	项目特征	计量单位	工程量计算规则	工程内容
010501001	木板大门	1.开启方式 2.有框、无框 3.含门扇数 4.材料品种、规格 5.五金种类、规格 6.防护材料种类 7.油漆品种、刷漆遍数	樘/m^2	按设计图示数量或设计图示洞口尺寸以面积计算	1.门(骨架)制作、运输 2.门、五金配件安装 3.刷防护材料、油漆
010501002	钢木大门				
010501003	全钢板大门				
010501004	特种门				
010501005	围墙铁丝门				

2.木屋架

工程量清单项目设置及工程量计算规则,应按表5.92的规定执行。

表5.92 木屋架(编码:010502)

项目编码	项目名称	项目特征	计量单位	工程量计算规则	工程内容
010502001	木屋架	1.跨度 2.安装高度 3.材料品种、规格 4.刨光要求 5.防护材料种类 6.油漆品种、刷漆遍数	榀	按设计图示数量计算	1.制作、运输 2.安装 3.刷防护材料、油漆
010502002	钢木屋架				

3.木构件

工程量清单项目设置及工程量计算规则,应按表5.93的规定执行。

表5.93 木构件(编码:010503)

项目编码	项目名称	项目特征	计量单位	工程量计算规则	工程内容
010503001	木柱	1.构件高度、长度 2.构件截面 3.木材种类 4.刨光要求 5.防护材料种类 6.油漆品种、刷漆遍数	m³	按设计图示尺寸以体积计算	1.制作 2.运输 3.安装 4.刷防护材料、油漆
010503002	木梁				
010503003	木楼梯	1.木材种类 2.刨光要求 3.防护材料种类 4.油漆品种、刷漆遍数	m²	按设计图示尺寸以水平投影面积计算。不扣除宽度小于300 mm的楼梯井,伸入墙内部分不计算	
010503004	其他木构件	1.构件名称 2.构件截面 3.木材种类 4.刨光要求 5.防护材料种类 6.油漆品种、刷漆遍数	m³(m)	按设计图示尺寸以体积或长度计算	1.制作 2.运输 3.安装 4.刷防护材料、油漆

4.其他相关问题

其他相关问题应按下列规定处理。

(1)冷藏门、冷冻间门、保温门、变电室门、隔音门、防射线门、人防门、金库门等,应按表5.91中特种门项目编码列项。

(2)屋架的跨度应以上、下弦中心线两交点之间的距离计算。

(3)带气楼的屋架和马尾、折角及正交部分的半屋架,应按相关屋架项目编码列项。

(4)木楼梯的栏杆(栏板)、扶手,应按装饰装修工程量清单项目及计算规则扶手、栏杆、栏板装饰中相关项目编码列项。

【实　务】

◆门窗及木结构工程工程量计算常用资料

1.架杆件长度系数

木屋杆件的长度系数可按表5.94选用。

表5.94 屋架杆件长度系数表

形式 坡度	L=1				L=2			
杆件	30°	1/2	1/2.5	1/3	30°	1/2	1/2.5	1/3
1	1	1	1	1	1	1	1	1
2	0.577	0.559	0.539	0.527	0.577	0.559	0.539	0.527
3	0.289	0.250	0.200	0.167	0.289	0.250	0.200	0.167
4	0.289	0.280	0.270	0.264	—	0.236	0.213	0.200
5	0.144	0.125	0.100	0.083	0.192	0.167	0.133	0.111
6	—	—	—	—	0.192	0.186	0.180	0.176
7	—	—	—	—	0.095	0.083	0.067	0.056

形式 坡度	L=3				L=3			
杆件	30°	1/2	1/2.5	1/3	30°	1/2	1/2.5	1/3
1	1	1	1	1	1	1	1	1
2	0.577	0.559	0.539	0.527	0.577	0.559	0.539	0.527
3	0.289	0.250	0.200	0.167	0.289	0.250	0.200	0.167
4	0.250	0.225	0.195	0.177	0.252	0.224	0.189	0.167
5	0.216	0.188	0.150	0.125	0.231	0.200	0.160	0.133
6	0.181	0.177	0.160	0.150	0.200	0.180	0.156	0.141
7	0.144	0.125	0.100	0.083	0.173	0.150	0.120	0.100
8	0.144	0.140	0.135	0.132	0.153	0.141	0.128	0.120
9	0.070	0.063	0.050	0.042	0.116	0.100	0.080	0.067
10	—	—	—	0.110	0.112	0.108	0.105	—
11	—	—	—	0.058	0.050	0.040	0.033	—

2. 屋面坡度与斜面长度系数

屋面坡度与斜面长度的系数可按表5.95选用。

表5.95 屋面坡度与斜面长度系数

层面坡度	高度系数	1.00	0.67	0.50	0.45	0.40	0.33	0.25	0.20	0.15	0.125	0.10	0.083	0.066
	坡度	1/2	1/1.5	1/2	—	1/2.5	1/3	1/4	1/5	—	1/8	1/10	1/12	1/15
	角度	45°	33°40′	26°34′	24°14′	21°48′	18°26′	14°02′	11°19′	8°32′	7°08′	5°42′	4°45′	3°49′
斜长系数		1.414 2	1.201 5	1.118 0	1.096 6	1.077 0	1.054 1	1.038 0	1.019 8	1.011 2	1.007 8	1.005 0	1.003 5	1.002 2

3. 人字钢木屋架每榀材料参考用量

人字钢木屋架每榀材料的用料可参考表5.96进行计算。

表5.96 人字钢木屋架每榀材料用料参考表

类别	屋架跨度/m	屋架间距/m	屋面荷载/(N·m^{-2})	每榀用料 木材/m^3	每榀用料 钢材/k	每榀屋架平均多撑木材用量/m^3
方木	9.0	3.0	1 510	0.235	63.6	0.032
			2 960	0.285	83.8	0.082
		3.3	1 510	0.235	72.6	0.090
			2 960	0.297	96.3	0.090
	10.0	3.0	1 510	0.390	80.2	0.085
			2 960	0.503	130.9	0.085
		3.3	1 510	0.405	85.7	0.093
			2 960	0.524	130.9	0.093
	12.0	3.0	1 510	0.390	80.2	0.085
			2 960	0.503	130.9	0.085
		3.3	1 510	0.405	85.7	0.093
			2 960	0.524	130	0.093
	15.0	3.0	1 510	0.602	105.0	0.091
		3.3	1 510	0.628	105.0	0.099
		4.0	1 510	0.690.	118.7	0.111 6
	18.0	3.0	1 510	0.709	160.6	0.087
		3.3	1 510	0.738	163.04	0.095
		4.0	1 510	0.898	248.36	0.112
圆木	9.0	3.0	1 510	0.259	63.6	0.080
			2 960	0.269	83.8	0.080
		3.3	1 510	0.259	72.6	0.089
			2 960	0.272	96.3	0.089
	10.0	3.0	1 510	0.290	70.5	0.081
			2 960	0.304	101.7	0.081
		3.3	1 510	0.290	74.5	0.090
			2 960	0.304	101.7	0.090
	12.0	3.0	1 510	0.463	80.2	0.083
			2 960	0.416	130.9	0.083
		3.3	1 510	0.463	85.7	0.092
			2 960	0.447	130.9	0.092
	15.0	3.0	1 510	0.766	105.0	0.089
		3.3	1 510′	0.776	105.0	0.097

4. 每 100 m² 屋面檩条木材参考用量

每 100 m² 屋面檩条木材参考用量参照表 5.97 计算。

表 5.97 每 100 m² 屋面檩条木材用量参考表

跨度 /m	每平方米屋面木基层荷载/N									
	1 000		1 500		2 000		2 500		3 000	
	方木	圆木	方木	圆木	方木	圆木	方木	圆木	方木	圆木
2.0	0.68	1.00	0.77	1.13	0.86	1.26	1.11	1.63	1.35	1.93
2.5	0.69	1.16	1.03	1.51	1.27	1.87	1.61	2.37	1.94	1.85
3.0	1.01	1.48	1.26	1.88	1.55	2.28	2.00	2.94	2.44	3.59
3.5	1.28	1.88	1.59	2.34	1.90	2.79	2.44	3.59	2.98	4.38
4.0	1.55	2.28	1.90	2.79	2.25	3.31	2.89	—	3.52	—
4.5	1.81	—	2.20	—	2.56	—	3.31	—	4.03	—
5.0	2.06	—	2.49	—	2.92	—	3.73	—	4.53	—
5.5	2.36	—	2.86	—	3.35	—	4.27	—	5.19	—
6.0	2.65	—	3.21	—	3.77	—	4.31	—	5.85	—

5. 每 100 m² 屋面椽条木材参考用量

每 100 m² 屋面椽条木材参考用量可参照表 5.98。

表 5.98 每 100 m² 屋面椽条木材用量参考表

名称	椽条断面尺寸 /cm	断面面积 /cm²	椽条间距/cm					
			25	30	35	40	45	50
方椽	4×6	24	1.10	0.91	0.78	0.69	—	—
	5×6	30	1.37	1.14	0.98	0.86	—	—
	6×6	36	1.66	1.38	1.18	1.03	—	—
	5×7	35	1.61	1.33	1.14	1.00	0.89	0.81
	6×7	42	1.92	1.60	1.47	1.20	1.06	0.96
	5×8	40	1.83	1.52	1.31	1.14	1.01	0.92
	6×8	48	2.19	1.82	1.56	1.37	1.22	1.10
	6×9	54	2.47	2.05	1.76	1.54	1.37	1.24
	6×10	60	2.74	2.28	1.96	1.72	1.52	1.37
圆椽	Φ6		1.64	1.37	1.18	1.03	0.92	0.82
	Φ7		2.1.6	1.82	1.56	1.37	1.32	1.08
	Φ8		2.69	2.26	1.94	1.70	1.52	1.35
	Φ9		3.38	2.84	2.44	2.14	1.90	1.69
	Φ10		4.05	3.41	2.93	2.57	2.29	2.02

6. 屋面板材料

屋面板材料的用量可参照表 5.99。

表 5.99 屋面板材料用量参照表

檩椽条距离 /m	屋面板厚度 /mm	每 100 m² 屋面板锯材/m³	当屋面板上钉挂瓦条时	
			100 m² 需挂瓦条/m	100 m² 需顺水条(灰板条)(100)根
0.5	15	1.659	0.19	1.76
0.7	16	1.770		
0.75	17	1.882		
0.8	18	1.992		
0.85	19	2.104		
0.9	20	2.213		
0.95	21	2.325		
1.00	22	2.434		

7. 厂房大门、特种门五金铁件参考用量

厂房大门、特种门五金铁件参考用量可参照表 5.100。

表 5.100 厂房大门、特种门五金铁件用量参考表

项目	单位	木板大门		平开钢木大门	推拉钢木大门	变电室门	防火门	折叠门	保温隔声门
		平开	推拉						
		100 m² 门扇面积							100 m² 框外围面积
铁件	kg	600	1 080	590	1 087	1 595	1 002	400	—
滑轮	个	—	48	—	48	—	—	—	—
单列圆锥子轴承7360号	套	—	—	2	—	—	—	—	—
单列向心轴承(230号)	套	—	48	—	40	—	—	—	—
单列向心球轴承(205号)	套	—	—	—	9	—	—	—	—
折页(150 mm)	个	—	—	—	—	—	—	—	110
折页(100 mm)	个	24	24	—	22	58	—	—	—
拉手(125 mm)	个	24	24	—	11	58	—	—	—
暗插销(300 mm)	个	—	—	—	—	—	—	—	8
暗插销(150 mm)	个	—	—	—	—	—	—	—	8
木螺栓	百个	3.60	3.60	—	0.22	2.70	6.99	—	7.58

注:厂库房平开大门五金数量内不包括地轨及滑轮。

【例 题】

◆ 例 5-12

某工程的木门如图 5.42 所示。根据招标人提供的资料为带纱门扇半截玻璃镶钢板、双扇带亮(上亮无纱扇)9 樘,木材为红松,一类薄板。要求现场制作,刷防护底油,计算木门的工程量。

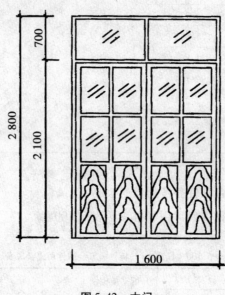

图 5.42 木门

【解】

木门工程量 = 9 樘

木门安装工程量/m^2 = 1.6 × 2.8 × 9 = 40.32

◆ 例 5-13

编制图 5.43 所示钢木屋架的工程量清单综合单价及合价。

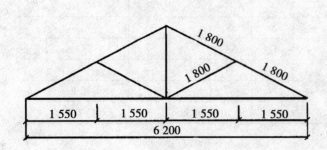 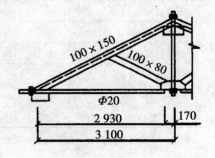

图 5.43 钢木屋架

【解】

(1)清单工程量计算:1 榀

(2)消耗量定额工程量：

上弦/m^3:1.8×2×0.1×0.15×2=0.11

斜撑/m^3:1.8×2×0.1×0.08=0.03

合计/m^3:0.11+0.03=0.14

(3)钢木屋架制作、安装。

1)钢木屋架制作：

人工费/元:2 917.2×0.14/10=40.84

材料费/元:26 567.33×0.14/10=371.94

机械费/元:962.24×0.14/10=13.47

2)钢木屋架安装。

人工费/元:727.32×0.14/10=10.18

机械费/元:2225.34×0.14/10=31.15

(4)综合。

直接费:467.58 元

管理费/元:467.58×35%=163.65

利润/元:467.58×5%=23.38

合价:654.61 元

综合单价/元:654.61÷1=654.61

分部分项工程量清单计价表见表5.101。

表5.101 分部分项工程量清单计价表

序号	项目编号	项目名称	项目特征描述	计算单位	工程数量	金额/元		
						综合单价	合价	其中:直接费
1	010502002001	钢木屋架	跨度:6 200 mm 材料品种:Φ20	榀	1	654.61	654.61	467.58

分部分项工程量清单综合单价计算表见表5.102。

表5.102 分部分项工程量清单综合单价计算表

项目编号	010502002001	项目名称		钢木屋架	计量单位			榀	
清单综合单价组成明细									
定额编号	工程内容	单位	数量	单价/元			合价/元		
				人工费	材料费	机械费	人工费	材料费	机械费	管理费和利润
5-8-4	屋架制作	10 m^3	0.014	2 917.2	26 567.33	962.24	40.84	371.94	13.47	170.5
10-3-256	屋架安装	10 m^3	0.014	727.32	—	2 225.34	10.18	—	31.15	16.53
小计							51.02	371.94	44.62	187.03
清单项目综合单价/元							654.61			

5.8 楼地面工程

【基 础】

◆基础定额说明

(1)楼地面工程中水泥砂浆、水泥石子浆、混凝土等的配合比,如设计规定与定额不同时,可以换算。

(2)整体面层、块料面层中的楼地面项目,均不包括踢脚板工料;楼梯不包括踢脚板、侧面及板底抹灰,另按相应定额项目计算。

(3)踢脚板高度是按150 mm编制的。超过时材料用量可以调整,人工、机械用量不变。

(4)菱苦土地面、现浇水磨石定额项目已包括酸洗打蜡工料,其余项目均不包括酸洗打蜡。

(5)扶手、栏杆、栏板适用于楼梯、走廊、回廊及其他装饰性栏杆、栏板,扶手不包括弯头制安,另按弯头单项定额计算。

(6)台阶不包括牵边、侧面装饰。

(7)定额中的"零星装饰"项目,适用于小便池、蹲位、池槽等,定额中未列的项目,可按墙、柱面中相应项目计算。

(8)木地板中的硬、衫、松木板,是按毛料厚度25 mm编制的,设计厚度与定额厚度不同时,可以换算。

(9)地面伸缩缝按《全国统一建筑工程基础定额》(GJD 101—95)第九章相应项目及规定计算。

(10)碎石、砾石灌沥青垫层按《全国统一建筑工程基础定额》(GJD 101—95)第十章相应项目计算。

(11)钢筋混凝土垫层按混凝土垫层项目执行,其钢筋部分按《全国统一建筑工程基础定额》(GJD 101—95)第五章相应项目及规定计算。

(12)各种明沟平均净空断面(深×宽),均按190 mm×260 mm计算的,断面不同时允许换算。

◆基础定额工程量计算规则

(1)地面垫层按室内主墙间净空面积乘以设计厚度以m^3计算。应扣除凸出地面的构筑物、设备基础、室内铁道、地沟等所占体积,不扣除柱、垛、间壁墙、附墙烟囱及面积在0.3 m^2以内孔洞所占体积。

(2)整体面层、找平层均按主墙间净空面积以m^2计算。应扣除凸出地面构筑物、设备基础、室内管道、地沟等所占面积,不扣除柱、垛、间壁墙、附墙烟囱及面积在0.3 m^2以内的孔洞所占面积,但门洞、空圈、暖气包槽、壁龛的开口部分亦不增加。

(3)块料面层,按图示尺寸实铺面积以m^2计算,门洞、空圈、暖气包槽和壁龛的开口部分的工程量并入相应的面层内计算。

(4)楼梯面层(包括踏步、平台及小于 500 mm 宽的楼梯井)按水平投影面积计算。

(5)台阶面层(包括踏步及最上一层踏步沿 300 mm)按水平投影面积计算。

(6)其他。

1)踢脚板按延长米计算,洞口、空圈长度不予扣除,洞口、空圈、垛、附墙烟囱等侧壁长度亦不增加。

2)散水、防滑坡道按图示尺寸以 m^2 计算。

3)栏杆、扶手包括弯头长度按延长米计算。

4)防滑条按楼梯踏步两端距离减 300 mm 以延长米计算。

5)明沟按图示尺寸以延长米计算。

【实　务】

◆楼地面工程工程量计算常用资料

楼地面工程量计算见表 5.103~5.106。

表 5.103　建筑面积折算楼地面面积

建筑类别	每 100 m^2 建筑面积折算	
	地面/m^2	楼面/m^2
工业主厂房、食堂、体育建筑及大型仓库	94	—
一般性辅助仓库	90	
民用住宅	83	83×楼层数
民用宿舍	84	84×楼层数
办公、教学、病房、化验室	86	86×楼层数

表 5.104　钢筋混凝土肋形楼板折算厚度　　　　单位:cm·m^{-2}

梁距/m	梁高/mm											
	400				500				600			
	板厚/mm											
	60	80	100	120	60	80	100	120	60	80	100	120
1.50	12.20	14.30	16.40	—	14.20	16.40	18.80	—	18.80	20.30	23.80	—
2.00	10.90	13.00	15.00	—	13.50	15.10	17.50	—	16.50	18.90	21.70	—
2.50	—	12.00	14.30	16.40	—	13.20	15.80	18.30	—	17.00	19.10	20.10

表5.105 钢筋混凝土平板按楼层建筑面积折算材料量
(每100 m² 楼层建筑面积)

板厚/mm	混凝土量/m³	材料消耗		
		钢材/kg	水泥/kg	木材/m³
60	5.35	414	2 260	0.698
70	6.24	482	2 637	0.814
80	7.14	552	3 017	0.931
90	8.03	621	3 393	1.047
100	8.92	690	3 769	1.163
120	10.71	828	4 525	1.397
140	12.49	965	5 277	1.629
160	14.27	1 103	6 029	1.861

注:折成楼层建筑面积系数为0.892。

表5.106 钢筋混凝土无梁楼板按楼层建筑面积折算材料量
(每100 m² 楼层建筑面积)

板厚/mm	混凝土量/m³	材料消耗		
		钢材/kg	水泥/kg	木材/m³
150	18.54	1433	6748	1.381
160	19.52	1 509	7 104	1.454
170	20.50	1 585	746	1.527
180	21.48	1 660	7 818	1.600
190	22.46	1 736	8 175	1.673
200	23.44	1 812	8 331	1.743
210	24.42	1 888	8 888	1.819
220	25.40	1 963	9 245	1.892
230	36.38	2 039	9 601	1.965
240	27.36	2 115	9 958	2.038
250	28.34	2 119	10 315	2.111
270	30.30	2 342	11 028	2.251
300	33.24	2 569	12 098	2.476

注:本表无梁楼板包括柱帽在内。

【例　题】

◆例 5 - 14

图 5.44 所示为一房间平面图,试计算此房间铺贴大理石时的工程量。

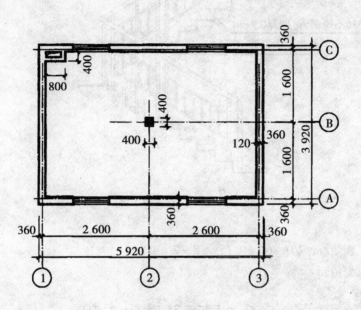

图 5.44　房间平面图

【解】
①~③长的净尺寸/m²:2.6 + 2.6 - 0.12 × 2 = 4.96
Ⓐ~Ⓒ宽的净尺寸/m²:1.6 + 1.6 - 0.12 × 2 = 2.96

烟道面积/m²:0.8 × 0.4 = 0.32
柱面积/m²:0.4 × 0.4 = 0.16
(1) 铺贴大理石地面面层的工程量为/m²:4.96 × 2.96 - 0.32 - 0.16 = 14.20
(2) 现浇水磨石整体面层的工程量为/m²:4.96 × 2.96 - 0.32 = 14.36

◆例 5 - 15

图 5.45 所示为某楼梯栏杆立面示意图,试计算其扶手及弯头的工程量。(最上层弯头不计)

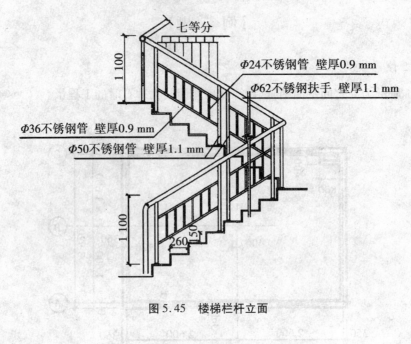

图 5.45 楼梯栏杆立面

【解】

(1)扶手工程量/m:$\sqrt{0.26^2+0.15^2}\times 8\times 2=4.80$

(2)弯头工程量:3 个

5.9 屋面及防水工程

【基　　础】

◆基础定额说明

(1)水泥瓦、黏土瓦、小青瓦、石棉瓦规格与定额不同时,瓦材数量可以换算,其他不变。

(2)高分子卷材厚度,再生橡胶卷材按 1.5 mm;其他均按 1.2 mm 取定。

(3)防水工程也适用于楼地面、墙基、墙身、构筑物、水池、水塔及室内厕所、浴室等防水,建筑物 ±0.00 以下的防水、防潮工程按防水工程相应项目计算。

(4)三元乙丙丁基橡胶卷材屋面防水,按相应三元丙橡胶卷材屋面防水项目计算。

(5)氯丁冷胶"二布三涂"项目,其"三涂"是指涂料构成防水层数并非指涂刷遍数;每一层"涂层"刷二遍至数遍不等。

(6)定额中沥青、玛琋脂均指石油沥青、石油沥青玛琋脂。

(7)变形缝填缝:建筑油膏聚氯乙烯胶泥断面取定 3 cm×2 cm;油浸木丝板取定为 2.5 cm×15 cm;紫铜板止水带系 2 mm 厚,展开宽 45 cm;氯丁橡胶宽 30 cm,涂刷式氯丁胶贴玻璃止水片宽 35 cm,其余均为 15 cm×3 cm。如设计断面不同时,用料可以换算。

(8)盖缝:木板盖缝断面为 20 cm×2.5 cm,如设计断面不同时,用料可以换算,人工不变。

(9)屋面砂浆找平层、面层按楼地面相应定额项目计算。

◆基础定额工程量计算规则

1.瓦屋面、金属压型板屋面

瓦屋面、金属压型板(包括挑檐部分)均按图5.46中尺寸的水平投影面积乘以屋面坡度系数(表5.107)以 m^2 计算。不扣除房上烟囱、风帽底座、风道、屋面小气窗、斜沟等所占面积,屋面小气窗的出檐部分亦不增加。

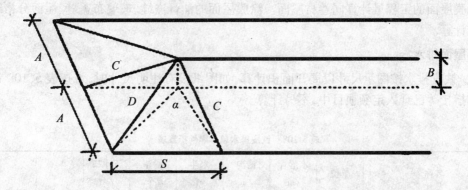

图5.46 瓦屋面、金属压型板工程量计算示意图

表5.107 屋面坡度系数

坡度 $B(A=1)$	坡度 $B/2A$	坡度角度(α)	延迟系数($A=1$)	隅延迟系数($A=1$)
1	1/2	45°	1.414 2	1.732 1
0.75	—	36°52′	1.250 0	1.600 8
0.70	—	35°	1.220 7	1.577 9
0.666	1/3	33°40′	1.201 5	1.562 0
0.65	—	33°01′	1.192 6	1.556 4
0.60	—	30°58′	1.166 2	1.536 2
0.577	—	30°	1.154 7	1.527 0
0.55	—	28°49′	1.141 3	1.517 0
0.50	1/4	26°34′	1.118 0	1.500 0
0.45	—	24°14′	1.096 6	1.483 9
0.40	1/5	21°48′	1.077 0	1.469 7
0.35	—	19°17′	1.059 4	1.456 9
0.30	—	16°42′	1.044 0	1.445 7
0.25	—	14°02′	1.030 8	1.436 5
0.20	1/10	11°19′	1.019 8	1.428 3
0.15	—	8°32′	1.011 2	1.422 1
0.125	—	7°8′	1.007 8	1.419 1
0.100	1/20	5°42′	1.005 0	1.417 7
0.083	—	4°45′	1.003 5	1.416 6
0.066	1/30	3°49′	1.002 2	1.415 7

注:1.两坡排水屋面面积为屋面水平投影面积乘以延迟系数 C。

2.四坡排水屋面斜脊长度 $=A\times D$(当 $S=A$ 时)。

3.沿山墙泛水长度 $=A\times C$。

2.卷材屋面

(1)卷材屋面按图示尺寸的水平投影面积乘以规定的坡度系数(表5.107),以平方米计算。但不扣除房上烟囱、风帽底座、风道、屋面小气窗和斜沟所占的面积,屋面的女儿墙、伸缩缝和天窗等处的弯起部分,按图示尺寸并入屋面工程量计算。如图纸无规定时,伸缩缝、女儿墙的弯起部分可按250 mm计算,天窗弯起部分可按500 mm计算。

(2)卷材屋面的附加层、接缝、收头、找平层的嵌缝、冷底子油已计入定额内,不另计算。

3.涂膜屋面

涂膜屋面的工程量计算同卷材屋面。涂膜屋面的油膏嵌缝、玻璃布盖缝、屋面分格缝,以延长米计算。

4.屋面排水

(1)铁皮排水按图示尺寸以展开面积计算,如图纸没有注明尺寸时,可按表5.108计算。咬口和搭接等已计入定额项目中,不另计算。

表5.108 铁皮排水单体零件折算表

名称		单位	水落管 /m	檐沟 /m	水斗 /个	漏斗 /个	下水口 /个		
铁皮排水	水落管、檐沟、水斗、漏斗、下水口	m²	0.32	0.30	0.40	0.16	0.45		
	天沟、斜沟、天窗窗台泛水、天窗侧面泛水、烟囱泛水、通气管泛水、滴水檐头泛水、滴水	m²	天沟/m	斜沟、天窗窗台泛水/m	天窗侧面泛水/m	烟囱泛水/m	通气管泛水/m	滴水檐头泛水/m	滴水/m
			1.30	0.50	0.70	0.80	0.22	0.24	0.11

(2)铸铁、玻璃钢水落管区别不同直径按图示尺寸以延长米计算,雨水口、水斗、弯头、短管以个计算。

5.防水工程

(1)建筑物地面防水、防潮层,按主墙间净空面积计算,扣除凸出地面的构筑物、设备基础等所占的面积,不扣除柱、垛、间壁墙、烟囱及0.3 m²以内孔洞所占面积。与墙面连接处高度在500 mm以内者按展开面积计算,并入平面工程量内,超过500 mm时,按立面防水层计算。

(2)建筑物墙基防水、防潮层,外墙长度按中心线,内墙按净长乘以宽度以平方米计算。

(3)构筑物及建筑物地下室防水层,按实铺面积计算,但不扣除0.3 m²以内的孔洞面积。平面与立面交接处的防水层,其上卷高度超过500 mm时,按立面防水层计算。

(4)防水卷材的附加层、接缝、收头、冷底子油等人工材料均已计入定额内,不另计算。

(5)变形缝按延长米计算。

◆清单工程量计算规则

1. 瓦、型材屋面

工程量清单项目设置及工程量计算规则,应按表 5.109 的规定执行。

表 5.109 瓦、型材屋面(编码:010701)

项目编码	项目名称	项目特征	计量单位	工程量计算规则	工程内容
010701001	瓦屋面	1. 瓦品种、规格、品牌、颜色 2. 防水材料种类 3. 基层材料种类 4. 檩条种类、截面 5. 防护材料种类	m²	按设计图示尺寸以斜面积计算。不扣除房上烟囱、风帽底座、风道、小气窗、斜沟等所占面积,小气窗的出檐部分不增加面积	1. 檩条、椽子安装 2. 基层铺设 3. 铺防水层 4. 安顺水条和挂瓦条 5. 安瓦 6. 刷防护材料
010701002	型材屋面	1. 型材品种、规格、品牌、颜色 2. 骨架材料品种、规格 3. 接缝、嵌缝材料种类			1. 骨架制作、运输、安装 2. 屋面型材安装 3. 接缝、嵌缝
010701003	膜结构屋面	1. 膜布品种、规格、颜色 2. 支柱(网架)钢材品种、规格 3. 钢丝绳品种、规格 4. 油漆品种、刷漆遍数		按设计图示尺寸以需要覆盖的水平面积计算	1. 膜布热压胶接 2. 支柱(网架)制作、安装 3. 膜布安装 4. 穿钢丝绳、锚头锚固 5. 刷油漆

2. 屋面防水

工程量清单项目设置及工程量计算规则,应按表 5.110 的规定执行。

表 5.110 屋面防水(编码:010702)

项目编码	项目名称	项目特征	计量单位	工程量计算规则	工程内容
010702001	屋面卷材防水	1. 卷材品种、规格 2. 防水层做法 3. 嵌缝材料种类 4. 防护材料种类	m²	按设计图示尺寸以面积计算 1. 斜屋顶(不包括平屋顶找坡)按斜面积计算,平屋顶按水平投影面积计算 2. 不扣除房上烟囱、风帽底座、风道、屋面小气窗和斜沟所占面积 3. 屋面的女儿墙、伸缩缝和天窗等处的弯起部分,并入屋面工程量内	1. 基层处理 2. 抹找平层 3. 刷底油 4. 铺油毡卷材、接缝、嵌缝 5. 铺保护层
010702002	屋面涂膜防水	1. 防水膜品种 2. 涂膜厚度、遍数、增强材料种类 3. 嵌缝材料种类 4. 防护材料种类	m²		1. 基层处理 2. 抹找平层 3. 涂防水膜 4. 铺保护层
010702003	屋面刚性防水	1. 防水层厚度 2. 嵌缝材料种类 3. 混凝土强度等级		按设计图示尺寸以面积计算。不扣除房上烟囱、风帽底座、风道等所占面积	1. 基层处理 2. 混凝土制作、运输、铺筑、养护
010702004	屋面排水管	1. 排水管品种、规格、品牌、颜色 2. 接缝、嵌缝材料种类 3. 油漆品种、刷漆遍数	m	按设计图示尺寸以长度计算。如设计未标注尺寸,以檐口至设计室外散水上表面垂直距离计算	1. 排水管及配件安装、固定 2. 雨水斗、雨水箅子安装 3. 接缝、嵌缝
010702005	屋面天沟、沿沟	1. 材料品种 2. 砂浆配合比 3. 宽度、坡度 4. 接缝、嵌缝材料种类 5. 防护材料种类	m²	按设计图示尺寸以面积计算。铁皮和卷材天沟按展开面积计算	1. 砂浆制作、运输 2. 砂浆找坡、养护 3. 天沟材料铺设 4. 天沟配件安装 5. 接缝、嵌缝 6. 刷防护材料

3. 墙、地面防水、防潮

工程量清单项目设置及工程量计算规则,应按表 5.111 的规定执行。

表 5.111 墙、地面防水、防潮(编码:010703)

项目编码	项目名称	项目特征	计量单位	工程量计算规则	工程内容
010703001	卷材防水	1.卷材、涂膜品种 2.涂膜厚度、遍数、增强材料种类 3.防水部位 4.防水做法 5.接缝、嵌缝材料种类 6.防护材料种类	m²	按设计图示尺寸以面积计算 1.地面防水:按主墙间净空面积计算,扣除凸出地面的构筑物、设备基础等所占面积,不扣除间壁墙及单个 0.3 m² 以内的柱、垛、烟囱和孔洞所占面积 2.墙基防水:外墙按中心线,内墙按净长乘以宽度计算	1.基层处理 2.抹找平层 3.刷黏结剂 4.铺防水卷材 5.铺保护层 6.接缝、嵌缝
010703002	涂膜防水				1.基层处理 2.抹找平层 3.刷基层处理剂 4.铺涂膜防水层 5.铺保护层
010703003	砂浆防水(潮)	1.防水(潮)部位 2.防水(潮)厚度、层数 3.砂浆配合比 4.外加剂材料种类			1.基层处理 2.挂钢丝网片 3.设置分格缝 4.砂浆制作、运输、摊铺、养护
010703004	变形缝	1.变形缝部位 2.嵌缝材料种类 3.止水带材料种类 4.盖板材料 5.防护材料种类	m	按设计图示以长度计算	1.清缝 2.填塞防水材料 3.止水带安装 4.盖板制作 5.刷防护材料

4.其他相关问题

其他相关问题应按下列规定处理。

(1)小青瓦、水泥平瓦、琉璃瓦等,应按表 5.109 中瓦屋面项目编码列项。

(2)压型钢板、阳光板、玻璃钢等,应按表 5.109 中型材屋面编码列项。

【实 务】

◆屋面及防水工程工程量计算常用资料

1.瓦屋面材料用量计算

各种瓦屋面的瓦及砂浆用量计算公式如下:

(1)100 m^2 屋面瓦耗用量 $= \dfrac{100}{\text{瓦有效长度} \times \text{瓦有效宽度}} \times (1 + \text{损耗率})$ (5.61)

(2)每 100 m^2 屋面脊瓦耗用量 $= \dfrac{10(9)}{\text{脊瓦长度} - \text{搭接长度}} \times (1 + \text{损耗率})$ (5.62)

(每100 m² 屋面面积屋脊摊入长度:水泥瓦黏土瓦为 11 m,石棉瓦为 9 m。)

(3)每100 m² 屋面瓦出线抹灰量(m³) = 抹灰宽×抹灰厚×每100 m² 屋面

摊入抹灰长度×(1 + 损耗率)   (5.63)

(每100 m² 屋面面积摊入长度为 4 m。)

(4)脊瓦填缝砂浆用量(m³) = $\dfrac{脊瓦内圆面积 \times 70\%}{2} \times$

每100m² 瓦屋面取定的屋脊长×

(1 - 砂浆孔隙率)×(1 + 损耗率)   (5.64)

脊瓦用的砂浆量按照脊瓦半圆体积的 70% 计算;梢头抹灰宽度按 120 mm 计算,砂浆厚度按 30 mm 计算;铺瓦条间距为 300 mm。

瓦的选用规格、搭接长度以及综合脊瓦,梢头抹灰长度见表 5.112。

表 5.112 瓦的选用规格、搭接长度及综合脊瓦,梢头抹灰长度

项目	规格/mm		搭接/mm		有效尺寸/mm		每100 m² 屋面摊入	
	长	宽	长向	宽向	长	宽	脊长	梢头长
黏土瓦	380	240	80	33	300	207	7 690	5 860
小青瓦	200	145	133	182	67	190	11 000	9 600
小波石棉瓦	1 820	720	1 150	62.5	1670	657.5	9 000	—
大波石棉瓦	2 800	994	150	165.7	2 650	828.3	9 000	—
黏土脊瓦	455	195	55	—	—	—	11 000	
小波石棉脊瓦	780	180	200	1.5 波	—	—	11 000	
大波石棉脊瓦	850	460	200	1.5 波	—	—	11 000	

2.卷材屋面材量用量计算

每100 m² 屋面卷材用量(m²) = $\dfrac{100}{(卷材宽 - 横向搭接宽) \times (卷材长 - 顺向搭接)} \times$

每卷卷材面积×(1 + 耗损率)   (5.65)

(1)卷材屋面的油毡搭接长度见表 5.113。

表 5.113 卷材屋面的油毡搭接长度

项目		单位	规范规定		定额取定	备注
			平顶	坡顶		
隔气层	长向	mm	50	50	70	油毡规格为 21.86 m×0.915 m
	短向		50	50	100	(每卷卷材按 2 个接头)
防水层	长向		70	70	70	—
	短向		100	150	100	(100×0.7 + 150×0.3)按 2 个接头

注:定额取定为搭接长向 70 mm,短向 100 mm,附加层计算 10.30 m²。

(2)每100 m² 卷材屋面附加层含量见表 5.114。

表 5.114　每 100 m² 卷材屋面附加层含量

部位		单位	平檐口	檐口沟	天沟	檐口天沟	屋脊	大板端缝	过屋脊	沿墙
附加层	长度	mm	780	5 340	730	6 640	2 850	6 670	2 850	6 000
	宽度	mm	450	450	800	500	450	300	200	650

(3)卷材铺油厚度见表 5.115

表 5.115　屋面卷材铺油厚度

项目	底层	中层	面层	
			面层	带砂
规范规定	1~1.5 不大于 2 mm			2-4
定额取定	1.4	1.3	2.5	3

3. 屋面保温找坡层平均折算厚度

屋面保温找坡层平均折算厚度见表 5.116。

表 5.116　屋面保温找坡层平均厚度折算表　　　　　　　　单位:m

跨度/m	类别 坡度	双坡					单坡				
		$\frac{1}{10}$	$\frac{1}{12}$	$\frac{1}{33.3}$	$\frac{1}{40}$	$\frac{1}{50}$	$\frac{1}{10}$	$\frac{1}{12}$	$\frac{1}{33.3}$	$\frac{1}{40}$	$\frac{1}{50}$
		10%	8.3%	3.0%	2.5%	2%	10%	8.3%	3%	2.5%	2%
4		0.100	0.083	0.030	0.25	0.020	0.200	0.167	0.060	0.050	0.040
5		0.125	0.104	0.038	0.31	0.025	0.250	0.208	0.075	0.063	0.050
6		0.150	0.125	0.045	0.038	0.030	0.300	0.250	0.090	0.075	0.060
7		0.175	0.146	0.053	0.044	0.035	0.350	0.292	0.105	0.088	0.070
8		0.200	0.167	0.060	0.050	0.040	0.400	0.333	0.120	0.100	0.080
9		0.225	0.188	0.068	0.056	0.045	0.450	0.375	0.135	0.113	0.090
10		0.250	0.208	0.075	0.063	0.050	0.500	0.416	0.150	0.125	0.100
11		0.275	0.229	0.083	0.069	0.055	0.550	0.458	0.165	0.138	0.110
12		0.300	0.250	0.090	0.075	0.060	0.600	0.500	0.180	0.150	0.120
13		—	0.271	0.098	0.081	0.065	—	0.195	0.163	0.130	—
14		—	0.292	0.105	0.088	0.070	—	0.210	0.175	0.140	—
15		—	0.312	0.113	0.094	0.075	—	0.225	0.188	0.150	—
18		—	0.375	0.135	0.113	0.090	—	0.270	0.225	0.180	—
21		—	0.437	0.158	0.131	0.105	—	0.315	0.263	0.210	—
24		—	0.500	0.180	0.150	0.120	—	0.360	0.30	0.240	—

4. 铁皮屋面单双咬口长度

铁皮屋面单双咬口长度见表 5.117。

表 5.117 铁皮屋面单双咬口长度

项目	单位	立咬	平咬	铁皮规格	每张铁皮有效面积/m²
单咬口	mm	55	30	1 800×900	1.496
双咬口		110	30	1 800×900	1.382

铁皮咬口示意图如图 5.47 所示。

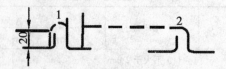

(a) 单立咬口

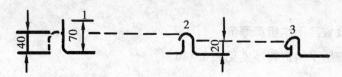

(b) 双立咬口

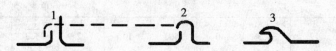

(c) 单平咬口

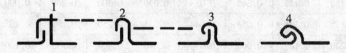

(d) 双平咬口

图 5.47 铁皮咬口示意图

注:瓦垄铁皮规格为 1 800 mm×600 mm,上下搭接长度为 100 mm,短向搭接按左右压 1.5 个波。

【例 题】

◆例 5-16

四坡水屋面的尺寸如图 5.48 所示,计算其工程量。

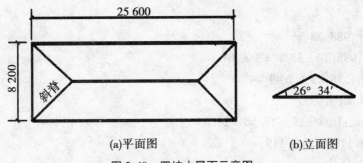

(a)平面图　　　　　　　　(b)立面图

图5.48　四坡水屋面示意图

【解】$S/m^2 =$ 水平面积 × 坡度系数 $C = 8.2 × 25.6 × 1.118 = 234.69$

◆例5–17

编制图5.49所示地面防水(二毡三油)的工程量清单综合单价及合价,未考虑找平层。

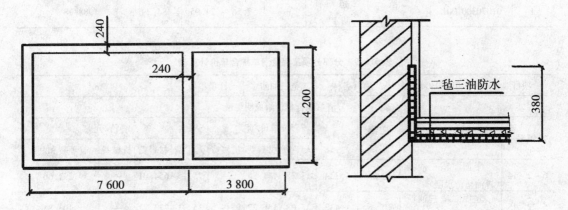

图5.49　地面防水

【解】依据某省建筑工程消耗量定额价目表计取有关费用。

(1)编制分部分项清单工程量。

1)二毡三油平面/m^2：

$(7.6 - 0.24) × (4.2 - 0.24) + (3.8 - 0.24) × (4.2 - 0.24) = 43.24$

2)二毡三油立面/m^2：

$0.38 × [(7.6 + 3.8 - 0.48) × 2 + (4.2 - 0.24) × 4] = 14.32$

合计/m^2：$43.24 + 14.32 = 57.56$

(2)消耗量定额工程量/m^2

$43.24 + 14.32 = 57.56$

(3)平面二毡三油沥青油毡防水层。

人工费/元：$17.38 × 43.24/10 = 75.15$

材料费/元：$151.25 × 43.24/10 = 654.01$

(4)立面二毡三油沥青油毡防水层。

人工费/元：$25.08 × 14.32/10 = 35.91$

材料费/元：$156.22 × 14.32/10 = 223.71$

(5)综合。

直接费合计:988.78 元

管理费/元:988.78 × 35% = 346.07

利润/元:988.78 × 5% = 49.44

合价:1 384.29 元

综合单价/元:1 384.29 ÷ 57.56 = 24.05

结果见表 5.118 和表 5.119。

表5.118 分部分项工程量清单计价表

序号	项目编码	项目名称	项目特征描述	计量单位	工程数量	金额/元		
						综合单价	合价	其中:直接费
1	010703001001	二毡三油防水	二毡三油防水	m²	57.56	24.05	1 384.29	988.78

表5.119 分部分项工程量清单综合单价计算表

项目编号	010703001001	项目名称		二毡三油防水		计量单位		m²	
清单综合单价组成明细									
定额编号	定额内容	定额单位	数量	单价/元			合价/元		
				人工费	材料费	机械费	人工费	材料费	机械费	管理费和利润
6-2-14	平面二毡三油沥青油毡防水层	10 m²	4.324	17.38	151.25	—	75.15	654.01	—	291.66
6-2-15	立面二毡三油沥青油毡防水层	10 m²	1.432	25.08	156.22	—	35.91	223.71	—	103.85
人工单价			小计				111.06	877.72	—	395.51
28 元/工日			未计价材料费					—		
清单项目综合单价/元							24.05			

5.10 防腐、保温、隔热工程

【基 础】

◆基础定额说明

1. 耐酸防腐

(1)整体面层、隔离层适用于平面、立面的防腐耐酸工程,包括沟、坑、槽。

(2)块料面层以平面砌为准,砌立面者按平面砌相应项目,人工乘以系数 1.38,踢脚板人工乘以系数 1.56，其他不变。

(3)各种砂浆、胶泥、混凝土材料的种类，配合比及各种整体面层的厚度，如设计与定额不同时，可以换算，但各种块料面层的结合层砂浆或胶泥厚度不变。

(4)防腐、保温、隔热工程中的各种面层，除软聚氯乙烯塑料地面外，均不包括踢脚板。

(5)花岗岩板以六面剁斧的板材为准。如底面为毛面者，水玻璃砂浆增加 0.38 m^3；耐酸沥青砂浆增加 0.44 m^3。

2. 保温隔热

(1)定额适用于中温、低温及恒温的工业厂(库)房隔热工程，以及一般保温工程。

(2)定额只包括保温隔热材料的铺贴，不包括隔气防潮、保护层或衬墙等。

(3)隔热层铺贴，除松散稻壳、玻璃棉、矿渣棉为散装外，其他保温材料均以石油沥青(30号)做胶结材料。

(4)稻壳已包括装前的筛选、除尘工序，稻壳中如需增加药物防虫时，材料另行计算，人工不变。

(5)玻璃棉、矿渣棉包装材料和人工均已包括在定额内。

(6)墙体铺贴块体材料，包括基层涂沥青一遍。

◆基础定额工程量计算规则

1. 防腐工程预算

(1)防腐工程项目应区分不同防腐材料种类及其厚度，按设计实铺面积以 m^2 计算。应扣除凸出地面的构筑物、设备基础等所占的面积，砖垛等突出墙面部分按展开面积计算并入墙面防腐工程量之内。

(2)踢脚板按实铺长度乘以高度以平方米计算，应扣除门洞所占面积并相应增加侧壁展开面积。

(3)平面砌筑双层耐酸块料时，按单层面积乘以系数 2 计算。

(4)防腐卷材接缝、附加层、收头等人工材料，已计入在定额中，不再另行计算。

2. 保温隔热工程预算

(1)保温隔热层应区别不同保温隔热材料，除另有规定者外，均按设计实铺厚度以 m^3 计算。

(2)保温隔热层的厚度按隔热材料(不包括胶结材料)净厚度计算。

(3)地面隔热层按围护结构墙体间净面积乘以设计厚度以 m^3 计算，不扣除柱、垛所占的体积。

(4)墙体隔热层，外墙按隔热层中心线、内墙按隔热层净长乘以图示尺寸的高度及厚度以立方米计算，应扣除冷藏门洞口和管道穿墙洞口所占的体积。

(5)柱包隔热层，按图示柱的隔热层中心线的展开长度乘以图示尺寸高度及厚度以 m^3 计算。

(6)其他保温隔热。

1)池槽隔热层按图示池槽保温隔热层的长、宽及其厚度以 m^3 计算。其中池壁按墙面计算，池底按地面计算。

2)门洞口侧壁周围的隔热部分,按图示隔热层尺寸以 m^3 计算,并入墙面的保温隔热工程量内。

3)柱帽保温隔热层按图示保温隔热层体积并入顶棚保温隔热层工程量内。

◆清单工程量计算规则

1.防腐面层

工程量清单项目设置及工程量计算规则,应按表5.120的规定执行。

表5.120　防腐面层(编码:010801)

项目编码	项目名称	项目特征	计量单位	工程量计算规则	工程内容
010801001	防腐混凝土面层	1.防腐部位 2.面层厚度 3.砂浆、混凝土、胶泥种类	m^2	按设计图示尺寸以面积计算 1.平面防腐:扣除凸出地面的构筑物、设备基础等所占面积 2.立面防腐:砖垛等突出部分按展开面积并入墙面积内	1.基层清理 2.基层刷稀胶泥 3.砂浆制作、运输、摊铺、养护 4.混凝土制作、运输、摊铺、养护
010801002	防腐砂浆面层	1.防腐部位 2.面层厚度 3.砂浆、混凝土、胶泥种类			
010801003	防腐胶泥面层				1.基层清理 2.胶泥调制、摊铺
010801004	玻璃钢防腐面层	1.防腐部位 2.玻璃钢种类 3.贴布层数 4.面层材料品种			1.基层清理 2.刷底漆、刮腻子 3.胶浆配制、涂刷 4.黏布、涂刷面层
010801005	聚氯乙烯板面层	1.防腐部位 2.面层材料品种 3.黏结材料种类	m^2	按设计图示尺寸以面积计算 1.平面防腐:扣除凸出地面的构筑物、设备基础等所占面积 2.立面防腐:砖垛等突出部分按展开面积并入墙面积内 3.踢脚板防腐:扣除门洞所占面积并相应增加门洞侧壁面积	1.基层清理 2.配料、涂胶 3.聚氯乙烯板铺设 4.铺贴踢脚板
010801006	块料防腐面层	1.防腐部位 2.块料品种、规格 3.黏结材料种类 4.勾缝材料种类			1.基层清理 2.砌块料 3.胶泥调制、勾缝

2.其他防腐

工程量清单项目设置及工程量计算规则,应按表5.121的规定执行。

表5.121 其他防腐(编码:010802)

项目编码	项目名称	项目特征	计量单位	工程量计算规则	工程内容
010802001	隔离层	1.隔离层部位 2.隔离层材料品种 3.隔离层做法 4.粘贴材料种类	m²	按设计图示尺寸以面积计算 1.平面防腐:扣除凸地面的构筑物、设备基础等所占面积 2.立面防腐:砖垛等突出部分按展开面积并入墙面积内	1.基层清理、刷油 2.煮沥青 3.胶泥调制 4.隔离层铺设
010802002	砌筑沥青浸渍砖	1.砌筑部位 2.浸渍砖规格 3.浸渍砖砌法(平砌、立砌)	m³	按设计图示尺寸以体积计算	1.基层清理 2.胶泥调制 3.浸渍砖铺砌
010802003	防腐涂料	1.涂刷部位 2.基层材料类型 3.涂料品种、刷涂遍数	m²	按设计图示尺寸以面积计算 1.平面防腐:扣除凸地面的构筑物、设备基础等所占面积 2.立面防腐:砖垛等突出部分按展开面积并入墙面积内	1.基层清理 2.刷涂料

3.隔热、保温

工程量清单项目设置及工程量计算规则,应按表5.122的规定执行。

表 5.122　隔热、保温（编码:010803）

项目编码	项目名称	项目特征	计量单位	工程量计算规则	工程内容
010803001	保温隔热屋面	1. 保温隔热部位 2. 保温隔热方式（内保温、外保温、夹心保温） 3. 踢脚线、勒脚线保温做法 4. 保温隔热面层材料品种、规格、性能 5. 保温隔热材料品种、规格及厚度 6. 隔气层厚度 7. 黏结材料种类 8. 防护材料种类	m²	按设计图示尺寸以面积计算。不扣除柱、垛所占面积	1. 基层清理 2. 铺粘保温层 3. 刷防护材料
010803002	保温隔热天棚		m²		
010803003	保温隔热墙		m²	按设计图示尺寸以面积计算。扣除门窗洞口所占面积；门窗洞口侧壁需做保温时，并入保温墙体工程量内	1. 基层清理 2. 底层抹灰 3. 粘贴龙骨 4. 填贴保温材料 5. 粘贴面层 6. 嵌缝 7. 刷防护材料
010803004	保温柱		m²	按设计图示以保温层中心线展开长度乘以保温层高度计算	
010803005	隔热楼地面		m²	按设计图示尺寸以面积计算。不扣除柱、垛所占面积	1. 基层清理 2. 铺设粘贴材料 3. 铺贴保温层 4. 刷防护材料

4. 其他相关问题

其他相关问题应按下列规定处理。

（1）保温隔热墙的装饰面层，应按装饰装修工程工程量清单项目及计算规则中相关项目编码列项。

（2）柱帽保温隔热应并入天棚保温隔热工程量内。

（3）池槽保温隔热，池壁、池底应分别编码列项，池壁应并入墙面保温隔热工程量内，池底应并入地面保温隔热工程量内。

【实　务】

◆防腐、保温、隔热工程工程量计算常用资料

1. 青胶泥施工配合比

沥青胶泥施工配合比见表 5.123。

表 5.123 沥青胶泥施工配合比

沥青软化点 (℃)	配合比(重量计)			胶泥软化点 /℃	适用部位
	沥青	粉料	石棉		
75	100	30	5	75	隔离层用
90~110	100	30	5	95~110	
75	100	80	5	95	灌缝用
90~110	100	80	5	110~115	
75	100	100	5	95	铺砌平面板块材用
90~110	100	100	10~15	120	
65~75	100	150	5	105~110	铺砌立面板块材用
90~110	100	150	10~5	125~135	
65~75	100	200	5	120~145	灌缝法铺砌平面结合层用
90~110	100	200	10~5	>145	
75	100	—	25	72~90	铺贴卷材

注:1. 配制耐热稳定性大于 70 ℃ 的沥青胶泥,可采用掺加沥青用量 5% 左右的硫磺提高沥青软化点。
  2. 沥青胶泥的比重为 1.35~1.48。

2. 青砂浆和沥青混凝土施工配合比

沥青砂浆和沥青混凝土施工配合比见表 5.124。

表 5.124 沥青砂浆和沥青混凝土施工配合比

种类	配合比(重量计)						碎石/mm		适用部位
	石油沥青			粉料	石棉	砂子			
	30号	10号	55号				5~20	20~40	
沥青砂浆	100	—	—	166	—	466	—	—	砌筑用
	100	—	—	100	5~8	100~200	—	—	涂抹用
	—	100	—	150	—	583	—	—	砌筑用
	—	50	50	142	—	567	—	—	面层用
	—	—	—	100	—	400	—	—	砌筑用
沥青混凝土	100	—	—	90	—	360	140	310	作面层用
	100	—	—	67	—	244	266	—	
	—	100	—	100	—	500	300	—	
	—	50	50	84	—	333	417	—	
	—	—	—	33	—	400	300	—	

注:涂抹立面的沥青砂浆,抗压强度可不受限制。

3. 改性水玻璃混凝土配合比

改性水玻璃混凝土配合比见表 5.125。

表 5.125　改性水玻璃混凝土配合比

改性水玻璃溶液					氟硅酸钠	辉绿岩粉	石英砂	石英碎石
水玻璃	糠醇	六羟树脂	NNO	木钙				
100	3~5	—	—	—	15	180	250	320
100	—	7~8	—	—	15	190	270	345
100	—	—	10	—	15	190	270	345
100	—	—	—	2	15	210	230	320

注:1.糠醇为淡黄色或微棕色液体,要求纯度95%以上,密度1.278~1.296;六羟树脂为微黄色透明液体,要求固体含量40%,游离醛不大于2%~3%,NNO 呈粉状,要求硫酸钠含量小于3%,PH 值7~9;木钙为黄棕色粉末,密度1.055,碱木素含量大于55%,PH 值为4~6。

2.糠醇改性水玻璃溶液另加糖醇用量3%~5%的催化剂盐酸苯胺,盐酸苯胺要求纯度98%以上,细度通过0.25 mm筛孔。NNO 配成1:1 水溶液使用;木钙加9份水配成溶液使用,表中为溶液掺量,氟硅酸钠纯度按100% 计。

4. 各种胶泥、砂浆、混凝土、玻璃钢用料计算

各种胶泥、砂浆、混凝土和玻璃钢用料按下列公式计算(均按重量比计算)。

设甲、乙、丙三种材料密度分别为 A、B、C,配合比分别为 a、b、c,则单位用量 $G = \dfrac{1}{a+b+c}$

甲材料用量(重量) = $G \times a$ (5.66)

乙材料用量(重量) = $G \times b$ (5.67)

丙材料用量(重量) = $G \times c$ (5.68)

配合后 1 m³ 砂浆(胶泥)重量 = $\dfrac{1}{\dfrac{G \times a}{A} + \dfrac{G \times b}{B} + \dfrac{G \times c}{C}}$ (kg) (5.69)

1 m³ 砂浆(胶泥)需要各种材料重量分别为:

甲材料(kg) = 1 m³ 砂浆(胶泥)重量 × $G \times a$ (5.70)

乙材料(kg) = 1 m³ 砂浆(胶泥)重量 × $G \times b$ (5.71)

丙材料(kg) = 1 m³ 砂浆(胶泥)重量 × $G \times c$ (5.72)

注:树脂胶泥中的稀释剂:如丙酮、乙醇、二甲苯等在配合比计算中未有比例成分,而是按取定值见表5.126 直接算入的。

表 5.126　树脂胶泥中的稀释剂考取定值

材料名称 \ 种类	环氧胶泥	酚醛胶泥	环氧酚醛胶泥	环氧呋喃胶泥	环氧煤焦油胶泥	环氧打底材料
丙酮	0.1	—	0.06	0.06	0.04	1
乙醇	—	0.06	—	—	—	—
乙二胺苯磺酰氯	0.08	—	0.05	0.05	0.04	0.07
二甲苯	—	0.08	—	—	0.10	—

5. 块料面层用料计算

(1)块料。

第5章 建筑工程工程量计算规则及应用

$$\text{每}100 \text{ m}^2 \text{块料用量} = \frac{100}{(\text{块料长} + \text{灰缝宽}) \times (\text{块料宽} + \text{灰缝宽})}(\text{另加损耗}) \quad (5.73)$$

(2)胶料(各种胶泥或砂浆)。

计算量 = 结合层数量 + 灰缝胶料计算量(另加损耗)

(5.74)其中:每 100 m² 灰缝胶料计算量 = (100 – 块料长 × 块料宽 × 块数) × 灰缝深度。

(3)水玻璃胶料基层涂稀胶泥用量为 0.2 m³/100 m²。

(4)表面擦拭用的丙酮,按 0.1 kg/m² 计算。

(5)其他材料费按每 100 m² 用棉纱 2.4 kg 计算。

6. 保温隔热材料计算

(1)胶结料的消耗量按隔热层不同部件及缝厚的要求按实计算。

(2)熬制 1 kg 沥青损耗用木柴为 0.46 kg。

(3)关于稻壳损耗率问题,只包括了施工损耗 2%,晾晒损耗 5%,总共 7%。施工后墙体、屋面松散稻壳的自然沉陷损耗,未包括在定额内。露天堆放损耗约 4%(包括运输损耗),应计算在稻壳的预算价格内。

7. 每 100 m² 胶结料(沥青)参考消耗量

每 100 m² 胶结料(沥青)参考消耗量见表 5.127。

表 5.127 每 100 m² 胶结料(沥青)参考消耗量 单位:kg

隔热材料名称	缝厚/mm	墙体、柱子、吊顶				楼地面	
		独立墙体		附墙、柱子、吊顶		基本层厚	
		基本层厚100	基本层厚200	基本层厚100	基本层厚200	100	200
软木板	4	47.41	—	—	—	—	—
软木板	5	—	—	93.50	—	115.50	—
聚苯乙烯泡沫塑料	4	47.41	—	—	—	—	—
聚苯乙烯泡沫塑料	5	—	—	93.50	—	115.50	—
加气混凝土块	5	—	34.10	—	60.50	—	—
膨胀珍珠岩板	4	—	—	93.50	—	—	60.50
稻壳板	4	—	—	93.50	—	—	—

注:1. 表内所沥青用量未加耗损。
2. 独立板材墙体、吊顶的木框架及龙骨所占体积已按设计扣除。

【例　题】

◆例 5 – 18

如图 5.50 所示,计算重晶石砂浆面层的工程量。(重晶石砂浆面层的厚度为 60 mm)

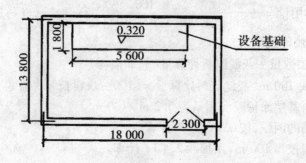

图 5.50 重晶石砂浆面层示意图

【解】

分析:重晶石砂浆面层(图5.50)工程量按图示尺寸计算,面积以平方米为单位,并扣除 0.3 m² 以上孔洞,突出地面的设备基础等所占的面积。

工程量/m³ = [(18 - 0.24) × (13.8 - 0.24) - 1.8 × 5.6 + 0.12 × 2.3] × 0.06 = 13.86

◆例 5 - 19

某冷藏工程室内尺寸如图5.51所示,室内(包括柱子)均用石油沥青粘贴 100 mm 厚的聚苯乙烯泡沫塑料板,保温门为 900 mm × 1 800 mm,先铺顶棚、地面、后铺墙面、柱面,保温门居内安装,洞口周围不需另铺保温材料,计算保温隔热天棚、墙面、柱面、地面工程量。

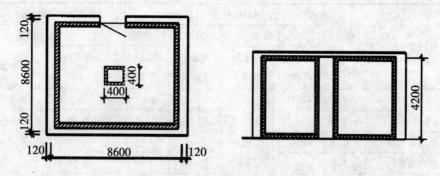

图 5.51 某冷藏工程室内示意图

【解】

(1)地面隔热层工程量/m³ = (8.6 - 0.24) × (8.6 - 0.24) × 0.10 = 6.99

(2)墙面工程量/m³ = [(8.6 - 0.24 - 0.10 + 8.6 - 0.24 - 0.10) × 2 ×
   (4.2 - 0.10 × 2) - 0.9 × 1.8] × 0.10 =
   13.05

(3)柱面隔热工程量/m³ = (0.4 × 4 - 4 × 0.10) × (4.2 - 0.10 × 2) × 0.10 = 0.48

(4)顶棚保温工程量/m³ = (8.6 - 0.24) × (8.6 - 0.24) × 0.10 = 6.99

5.11 装饰工程

【基　础】

◆ 基础定额说明

1. 墙、柱面装饰

(1) 墙、柱面装饰定额凡注明砂浆种类、配合比、饰面材料型号规格的(含型材)如与设计规定不同时,可按设计规定调整,但人工数量不变。

(2) 墙面抹石灰砂浆分二遍、三遍、四遍,其标准如下。

1) 二遍:一遍底层,一遍面层。

2) 三遍:一遍底层,一遍中层,一遍面层。

3) 四遍:一遍底层,一遍中层,二遍面层。

(3) 抹灰等级与抹灰遍数、工序、外观质量的对应关系见表5.128。

表5.128　抹灰等级与抹灰遍数、工序、外观质量的对应关系

名称	普通抹灰	中级抹灰	高级抹灰
遍数	二遍	三遍	四遍
主要工序	分层找平、修整、表面压光	阳角找方、设置标筋、分层找平、修整、表面压光	阳角找方、设置标筋、分层找平、修整、表面压光
外观质量	表面光滑、洁净、接槎平整	表面光滑、洁净、接槎平整、压线、清晰、顺直	表面光滑、洁净、颜色均匀、无抹纹压线、平直方正、清晰美观

(4) 抹灰厚度,如设计与定额取定不同时,除定额项目有注明可以换算外,其他一律不做调整,抹灰厚度,按不同的砂浆分别列在定额项目中,同类砂浆列总厚度,不同砂浆分别列出厚度,如定额项目中(18+6)mm 即表示两种不同砂浆的各自厚度。

(5) 圆弧形、锯齿形、不规则墙面抹灰、镶贴块料、饰面,按相应项目人工乘以系数1.15。

(6) 外墙贴块料釉面砖、劈离砖和金属面砖项目灰缝宽分密缝、10 mm 以内和20 mm 以内列项,其人工、材料已综合考虑。如灰缝超过20 mm 以上者,其块料及灰缝材料用量允许调整,其他不变。

(7) 定额木材种类除注明者外,均以一、二类木种为准,如采用三、四类木种,其人工及木工机械乘以系数1.3。

(8) 面层、隔墙(间壁)、隔断定额内,除注明者外均未包括压条、收边、装饰线(板),如设计要求时,应按装饰工程的相应定额计算。

(9) 面层、木基层均未包括刷防火涂料,如设计要求时,另按相应定额计算。

(10) 幕墙、隔墙(间壁)、隔断所用的轻钢、铝合金龙骨,如设计要求与定额规定不同时允许按设计调整,但人工不变。

(11)块料镶贴和装饰抹灰的"零星项目"适用于挑檐、天沟、腰线、窗台线、门窗套、压顶、栏板、扶手、遮阳板、雨篷周边等。一般抹灰的"零星项目"适用于各种壁柜、碗柜、过人洞、暖气壁龛、池槽、花台及 1 m^2 以内的抹灰。抹灰的"装饰线条"适用于门窗套、挑檐腰线、压顶、遮阳板、楼梯边梁、宣传栏边框等凸出墙面或灰面展开宽度小于 300 mm 以内的竖、横线条抹灰。超过 300 mm 的线条抹灰按"零星项目"执行。

(12)压条、装饰条以成品安装为准。如在现场制作木压条者,每 10 m 增加 0.25 工日。木材按净断面加刨光损耗计算。如在木基层天棚面上钉压条、装饰条者,其人工乘以系数 1.34;在轻钢龙骨天棚板面钉压装饰条者,其人工乘以系数 1.68;木装饰条做图案者,人工乘以系数 1.8。

(13)木龙骨基层是按双向计算的,设计为单向时,材料、人工用量乘以系数 0.55;木龙骨基层用于隔断、隔墙时每 100 m^2 木砖改按木材 0.07 m^3 计算。

(14)玻璃幕墙、隔墙如设计有平、推拉窗者,扣除平、推拉窗面积另按门窗工程相应定额执行。

(15)木龙骨如采用膨胀螺栓固定者,均按定额执行。

(16)墙柱面积灰、装饰项目均包括 3.6 m 以下简易脚手架的搭设及拆除。

2. 天棚面装饰

(1)定额中凡注明了砂浆种类和配合比、饰面材料型号规格的,如与设计不同时,可按设计规定调整。

(2)装饰工程中的龙骨是按常用材料及规格组合编制的,如与设计规定不同时,可以换算,人工不变。

(3)定额中木龙骨规格,大龙骨为 50 mm×70 mm,中、小龙骨为 50 mm×50 mm,吊木筋为 50 mm×50 mm,设计规格不同时,允许换算,人工及其他材料不变。

(4)天棚面层在同一标高者为一级天棚;天棚面层不在同一标高者,且高差在 200 mm 以上者为二级或三级天棚。

(5)天棚骨架、天棚面层分别列项,按相应项目配套使用。对于二级或三级以上造型的天棚,其面层人工乘以系数 1.3。

(6)吊筋安装,如在混凝土板上钻眼、挂筋者,按相应项目每 100 m^2 增加人工 3.4 工日;如在砖墙上打洞搁放骨架者,按相应天棚项目 100 m^2 增加人工 1.4 工日。上人型天棚骨架吊筋为射钉者,每 100 m^2 减少人工 0.25 工日,吊筋 3.8 kg;增加钢板 27.6 kg,射钉 585 个。

(7)装饰天棚顶项目已包括 3.6 m 以下简易脚手架搭设及拆除。

3. 油漆、喷涂、裱糊

(1)定额中刷涂、刷油采用手工操作,喷塑、喷涂、喷油采用机械操作,操作方法不同时不另调整。

(2)油漆浅、中、深各种颜色已综合在定额内,颜色不同,不另调整。

(3)定额在同一平面上的分色及门窗内外分色已综合考虑,如需做美术图案者另行计算。

(4)定额规定的喷、涂、刷遍数,如与设计要求不同时,可按每增加一遍定额项目进行调整。

(5)喷塑(一塑三油):底油、装饰漆、面油,其规格划分如下。

1)大压花:喷点压平,点面积在 1.2 cm² 以上。

2)中压花:喷点压平,点面积在 1~1.2 cm²。

3)喷中点、幼点:喷点面积在 1 cm² 以下。

◆ 基础定额工程量计算规则

1. 墙、柱面装饰工程工程量计算规则

(1)内墙抹灰。

1)内墙抹灰面积,应扣除门窗洞口和空圈所占的面积,不扣除踢脚板、挂镜线,0.3 m² 以内的孔洞和墙与构件交接处的面积,洞口侧壁和顶面亦不增加。墙垛和附墙烟囱侧壁面积与内墙抹灰工程量合并计算。

2)内墙面抹灰的长度,以主墙间的图示净长尺寸计算,其高度确定方法如下。

①无墙裙的,其高度按室内地面或楼面至顶棚底面之间距离计算。

②有墙裙的,其高度按墙裙顶至顶棚底面之间距离计算。

③钉板条顶棚的内墙面抹灰,其高度按室内地面或楼面至顶棚底面另加 100 mm 计算。

3)内墙裙抹灰面积按内墙净长乘以高度计算。应扣除门窗洞口和空圈所占的面积,门窗洞口和空圈的侧壁面积不另增加,墙垛、附墙烟囱侧壁面积并入墙裙抹灰面积内计算。

(2)外墙抹灰。

1)外墙抹灰面积,按外墙面的垂直投影面积以 m² 计算。应扣除门窗洞口,外墙裙和大于 0.3 m² 孔洞所占面积,洞口侧壁面积不另增加。附墙垛、梁、柱侧面抹灰面积并入外墙面抹灰工程量内计算。栏板、栏杆、窗台线、门窗套、扶手、压顶、挑檐、遮阳板、突出墙外的腰线等,另按相应规定计算。

2)外墙裙抹灰面积按其长度乘高度计算,扣除门窗洞口和大于 0.3 m² 孔洞所占的面积,门窗洞口及孔洞的侧壁不增加。

3)窗台线、门窗套、挑檐、腰线、遮阳板等展开宽度在 300 mm 以内者,按装饰线以延长米计算。如展开宽度超过 300 mm 以上时,按图示尺寸以展开面积计算,套零星抹灰定额项目。

4)栏板、栏杆(包括立柱、扶手或压顶等)抹灰按立面垂直投影面积乘以系数 2.2 以 m² 计算。

5)阳台底面抹灰按水平投影面积以 m² 计算,并入相应顶棚抹灰面积内。阳台如带悬臂梁者,其工程量乘以系数 1.30。

6)雨篷底面或顶面抹灰分别按水平投影面积以 m² 计算,并入相应顶棚抹灰面积内。雨篷顶面带反沿或反梁者,其工程量乘以系数 1.20,底面带悬臂梁者,其工程量乘以系数 1.20,雨篷外边线按相应装饰或零星项目执行。

7)墙面勾缝按垂直投影面积计算,应扣除墙裙和墙面抹灰的面积,不扣除门窗洞口、门窗套、腰线等零星抹灰所占的面积,附墙柱和门窗洞口侧面的勾缝面积亦不增加。独立柱、房上烟囱勾缝,按图示尺寸以 m² 计算。

(3)外墙装饰抹灰。

1)外墙各种装饰抹灰均按图示尺寸以实抹面积计算。应扣除门窗洞口空圈的面积,其侧壁面积不另增加。

2)挑檐、天沟、腰线、栏杆、栏板、门窗套、窗台线、压顶等均按图示尺寸展开面积以 m^2 计算,并入相应的外墙面积内。

(4)块料面层。

1)墙面贴块料面层均按图示尺寸以实贴面积计算。

2)墙裙以高度在 1 500 mm 以内为准,超过 1 500 mm 时按墙面计算,高度低于 300 mm 时,按踢脚板计算。

(5)木隔墙、墙裙、护壁板。木隔墙、墙裙、护壁板均按图示尺寸长度乘高度按实铺面积以 m^2 计算。

(6)玻璃隔墙。玻璃隔墙按上横档顶面至下横档底面之间的高度乘宽度(两边立梃外边线之间)以 m^2 计算。

(7)浴厕木隔断。浴厕木隔断按下横档底面至上横档顶面高度乘图示长度以 m^2 计算,门扇面积并入隔断面积内计算。

(8)铝合金、轻钢隔墙、幕墙。铝合金、轻钢隔墙、幕墙按四周框外围面积计算。

(9)独立柱。

1)一般抹灰、装饰抹灰、镶贴块料按结构断面周长乘柱的高度以 m^2 计算。

2)柱面装饰按柱外围饰面尺寸乘柱的高以 m^2 计算。

(10)各种"零星项目"。"零星项目"均按图示尺寸以展开面积计算。

2.天棚装饰工程工程量计算规则

(1)顶棚抹灰。

1)顶棚抹灰面积,按主墙间的净面积计算,不扣除间壁墙、垛、柱、附墙烟囱、检查口和管道所占的面积。带梁顶棚,梁两侧抹灰面积,并入顶棚抹灰工程量内计算。

2)密肋梁和井字梁顶棚抹灰面积,按展开面积计算。

3)顶棚抹灰如带有装饰线时,区别按三道线以内或五道线以内按延长米计算,线角的道数以一个突出的棱角为一道线。

4)檐口顶棚的抹灰面积,并入相同的顶棚抹灰工程量内计算。

5)顶棚中的折线、灯槽线、圆弧形线、拱形线等艺术形式的抹灰,按展开面积计算。

(2)各种吊顶顶棚龙骨按主墙间净空面积计算,不扣除间壁墙、检查口、附墙烟囱、柱、垛和管道所占面积,但顶棚中的折线、跌落等圆弧形,高低吊灯槽等面积也不展开计算。

(3)顶棚面装饰工程量计算规定。

1)顶棚装饰面积,按主墙间实铺面积以 m^2 计算,不扣除间壁墙、检查口、附墙烟囱、附墙垛和管道所占面积,应扣除独立柱及与顶棚相连的窗帘盒所占的面积。

2)顶棚中的折线、跌落等圆弧形、拱形、高低灯槽及其他艺术形式的顶棚面层均按展开面积计算。

3. 油漆、涂料、裱糊工程工程量计算规则

(1)楼地面、顶棚面、墙、柱、梁面的喷(刷)涂料、抹灰面、油漆及裱糊工程,均按楼地面、顶棚面、墙、柱、梁面装饰工程相应的工程量计算规则规定计算。

(2)木材面、金属面油漆的工程量分别按表5.129~5.137规定计算,并乘以表列系数以 m^2 计算。

1)木材面油漆。(表5.129~5.133)

表5.129 单层木门工程量系数表

项目名称	系数	工程量计算方法
单层木门	1.00	按单面洞口面积
双层(一玻一纱)木门	1.36	
双层(单裁口)门	2.00	
单层全玻门	0.83	
木百叶门	1.25	
长库大门	1.10	

表5.130 单层木窗工程量系数表

项目名称	系数	工程量计算方法
单层玻璃窗	1.00	按单面洞口面积
双层(一玻一纱)窗	1.36	
双层(单裁口)窗	2.00	
三层(二玻一纱)窗	2.60	
单层组合窗	0.83	
双层组合窗	1.13	
木百叶窗	1.50	

表5.131 木扶手(不带托板)工程量系数表

项目名称	系数	工程量计算方法
木扶手(不带托板)	1.00	按单面洞口面积
木扶手(带托板)	2.60	
窗帘盒	2.04	
封檐板、顺水板	1.74	
挂衣板、黑板框	0.52	
生活园地框、挂镜线、窗帘棍	0.35	

表5.132 其他木材面工程量系数表

项目名称	系数	工程量计算方法
木板、纤维板、胶合板顶棚、檐口	1.00	长×宽
清水板条顶棚、檐口	1.07	
木方格吊顶顶棚	1.20	
吸声板墙面、顶棚面	0.87	
鱼鳞板墙	2.48	
木护墙、墙裙	0.91	
窗台板、筒子板、盖板	0.82	
暖气罩	1.28	
屋面板(带椽条)	1.11	斜长×宽
木间壁、木隔断	1.90	单面外围面积
玻璃间壁露明墙筋	1.65	
木栅栏、木栏杆(带扶手)	1.82	
木屋架	1.79	跨度(长)×中高×1/2
衣柜、壁柜	0.91	投影面积(不展开)
零星木装修	0.87	展开面积

表5.133 木地板工程量系数表

项目名称	系数	工程量计算方法
木地板、木踢脚线	1.00	长×宽
木楼梯(不包括底面)	2.30	水平投影面积

2)金属面油漆。(表5.134、表5.135)

表5.134 单层钢门窗工程量系数表

项目名称	系数	工程量计算方法
单层钢门窗	1.00	洞口面积
双层(一玻一纱)钢门窗	1.48	
钢百叶钢门	2.27	
半截百叶钢门	2.22	
满钢门或包铁皮门	1.63	
钢折叠门	2.30	
射线防护门	2.96	
厂库房平开、推拉门	1.70	框(扇)外围面积
钢丝网大门	0.81	
间壁	1.85	长×宽

续表 5.134

项目名称	系数	工程量计算方法
平板屋面	0.74	斜长×斜宽
瓦垄板屋面	0.89	斜长×斜宽
排水、伸缩缝盖板	0.78	展开面积
吸气罩	1.63	水平投影面积

表 5.135 其他金属面工程量系数表

项目名称	系数	工程量计算方法
钢屋架、天窗架、挡风架、屋架梁、支撑、檩条	1.00	重量(t)
墙架(空腹式)	0.50	
墙架(格板式)	0.82	
钢柱、吊车梁、花式梁柱、空花构件	0.63	
操作台、走台、制动梁、钢梁车挡	0.71	
钢栅栏门、栏杆、窗栅	1.71	
钢爬梯	1.18	
轻型屋架	1.42	
踏步式钢扶梯	1.05	
零星铁件	1.32	

3)抹灰面油漆、涂料(表 5.136、表 5.137)。

表 5.136 平板屋面涂刷磷化、锌黄底漆工程量系数表

项目名称	系数	工程量计算方法
平板屋面	1.00	斜长×宽
瓦垄板屋面	1.20	
排水、伸缩缝盖板	1.05	展开面积
吸气罩	2.20	水平投影面积
包镀锌薄钢板门	2.20	洞口面积

表 5.137 抹灰面工程量系数表

项目名称	系数	工程量计算方法
槽型底板、混凝土折板	1.30	长×宽
有梁底板	1.10	
密肋、井字梁底板	1.50	
混凝土平板式楼梯底	1.30	水平投影面积

【实　　务】

◆装饰工程量计算参考数据

装饰工程量计算参考数据,见表 5.138 ~ 5.153。

表 5.138　普通锯材的分类规格

分类	厚度/mm	宽度/mm												
薄板	2	50	60	70	80	90	100	120	140	160	180	200	—	—	—	—
	15	50	60	70	80	90	100	120	140	160	180	200	—	—	—	—
中板	25	50	60	70	80	90	100	120	140	160	180	200	220	240	—	—
	30	50	60	70	80	90	100	120	140	160	180	200	220	240	—	—
厚板	40	50	60	70	80	90	100	120	140	160	180	200	220	240	260	280	300
	50	—	60	70	80	90	100	120	140	160	180	200	220	240	260	280	300

表 5.139　木材材料体积计算参考数据

项目	体积计算公式
板、方材	$V = 宽 \times 厚 \times 长$
原木	$V = L[D^2(0.0000003895\,L + 0.00008982) + D(0.000039\,L - 0.0001219) + (0.00005796\,L + 0.0003067)]$ 式中　V——原木材体积,m^3; 　　　L——原木长度,m; 　　　D——小头直径,cm
原条	$V = 0.7854\,D2L \times (1 \times 10^{-4})$ 式中　V——原条材料体积,m^3; 　　　D——原条中央直径,cm; 　　　L——原条长度,m

表5.140　装修用木材尺寸范围

名称	厚/mm	宽/mm	长/m
门框	60~80	100~200	4.5以下
窗框	55~70	100~200	6.0以下
门扇	40~60	80~250	3.5以下
窗扇	35~55	50~120	2.5以下
门芯板	25~35	—	1.5以下
窗台板	30~40	—	2.5以下
贴脸板	20~25	—	4.5以下
封檐板	25~40	200~300	4.0以下
踢脚板	20~30	100~180	4.0以下
花纹地板	10	30~50	2.0以下
栏杆扶手	50~60	80~100	4.0以下

注：表中尺寸为毛料尺寸。

表5.141　顶棚吊顶木材用量参考

项目	规格/m	单位	每100 m² 用量	项目	规格/m	单位	每100 m² 用量
搁栅	70×120	m³	0.803	搁栅	80×160	m³	1.287
	70×130	m³	0.891		90×150		1.342
	70×140	m³	0.968		90×160		1.403
	70×150	m³	1.045	吊顶搁栅	40×40	m³	0.475
	80×140	m³	1.122		40×60		0.713
	80×150	m³	1.199	吊木	40×40		0.330

表5.142　窗台板每10 m长用料参考

材料名称	规格/mm	单位	墙厚/mm			240 mm墙时	
			240	370	490	推拉窗	提拉窗
木板	厚25(毛料)	m³	0.046	0.060	0.119	0.079	0.111
压条	25×25	m³	—	—	—	0.016 6	—
压条	20×45	m³	—	—	—	0.023 8	—
压条	25×25	m³	—	—	—	—	0.012 1

表5.143 每根窗帘杆用料计算参考（按1.2 m长计算）

钢筋窗帘杆				铅丝窗帘杆			
材料名称	规格/mm	单位	数量	材料名称	规格/mm	单位	数量
钢筋	$\Phi 8$	kg	0.71	铅丝	14号	kg	0.06
垫圈	$\Phi 20\ \delta=1.5$	个	2	长钩钉	$L=108$	个	2
铁板	$\delta=4$	kg	0.4	垫圈	$\Phi 25\ \delta=1.5$	个	1
螺形螺母	$\Phi 8$	个	2	套钩	$\Phi 6\ L=100$	个	1
木螺丝	$\Phi 4\ L=35$	个	8	螺形螺母	$\Phi 6$	个	1
木砖	—	m³	0.002	木砖		m³	0.002

表5.144 窗帘盒用料参考（按每个3 m长计算）

材料名称	规格/mm	单位	数量
木板	25×125	m³	0.009 5
木板	20×120	m³	0.005 5
扁铁	$3\times 40, L=200$	kg	0.46
扁铁	$2\times 20, L=55$	kg	0.05
钢筋	$\Phi 8$	kg	0.56
钢筋	$\Phi 12$	kg	0.27
木螺丝	$\Phi 3.5, L=22$	个	8

表5.145 挂镜线用料参考（每100 m）

材料名称	规格/mm	单位	数量
木枋	28×55	m³	0.185
木砖	$120\times 120\times 60$	m³	0.173
木垫块	$30\times 30\times 20$	m³	0.004
钉子	$L=8$	kg	1.067

表 5.146　木扶手用料参考(每 10 m)

类别	净断面尺寸 宽×高/mm	材料规格/mm	数量
楼梯扶手	50×70	55×75	0.048
	70×45	75×50	0.043
	65×45	70×50	0.40
	Φ60	65×65	0.49
靠墙扶手	Φ60	65×65	0.049
	70×45	75×50	0.043
	40×60	45×65	0.034

表 5.147　木楼梯每 10 m² 水平投影面积用料参考

材料名称	规格	单位	数量
木料	枋材	m³	1.497
铁钉	—	kg	5.10
防腐油	—		1.84

表 5.148　门窗贴脸(100 m)用料参考

材料名称	规格/mm	单位	数量
木枋	20×47(毛料)	m³	0.141
木枋	17×17(毛料)		0.043
钉子	40	kg	0.85
钉子	50		1.75

表 5.149　筒子板(10m²)用量参考

材料名称	规格/mm	单位	数量	材料名称	规格/mm	单位	数量
木枋	30×30	m³	0.05	木砖	60×60×120	m³	0.018
	25×30		0.012	五层胶合板	—	m²	10.3
	19×35		0.008	油毡	—		11
	20×47		0.038	钉子	—	kg	0.72

表5.150 油漆涂料展开面积系数(倍数)参考

项目名称	系数	项目名称	系数
单层木门窗	2.2	木屋架	2.16
双层木门窗	3.0	屋面板"带檩条"	1.34
单层木通天窗、木摇窗	1.65	间壁、隔断	2.3
双层木通天窗、木摇窗	2.25	玻璃间壁、露明墙筋	2.0
木栅栏、木栏杆(带扶手)	2.2	百叶木门窗	3.0
水板、纤维板、胶合板顶棚檐口	1.21	挂衣板、黑板框、生活园地柜	0.12
清水板条顶棚檐口	1.31	木扶手(带托板)	0.6
封檐板、搏风板	0.4	木扶手(不带托板)	0.23
三层木门窗	5.2	鱼鳞板墙	3.0
窗帘盒	0.47	吸音板	1.05
护墙、墙裙	1.1	木地板、木踢脚板	1.0
暖气罩	1.55	木楼梯(包括休息平台)	1.0
衣柜、阁楼、壁橱、筒子板、窗台板、伸缩缝盖板	1.0	零星木装修(镜箱、灯箱、消火木栓箱、风斗、喇叭箱、碗橱、出入孔木盖板、检查孔板)	1.05
挂镜线、窗帘棍、天棚压条	0.08		
单层钢门窗	1.35	双层钢门窗	2.0
钢百叶门窗	3.7	满钢板门	2.2
射线防护门	4.0	铁丝网大门	1.1
平板屋面	1.0	瓦垄板屋面	1.2
包钢板门窗	2.2	排水	1.05
吸气罩	2.2	伸缩缝盖板	1.05

表5.151 现浇混凝土构件粉刷工程量折算参考

项目	单位	粉刷面积/m³	备注
无筋混凝土柱	m³	10.5	每立方米构件的粉刷面积
钢筋混凝土柱	m³	10.0	每立方米构件的粉刷面积
钢筋混凝土圆柱	m³	9.5	每立方米构件的粉刷面积
钢筋混凝土单梁、连续梁	m³	12.0	每立方米构件的粉刷面积
钢筋混凝土吊车之梁	m³	1.9/8.1	金属屑/刷白(每立方米构件)
钢筋混凝土异形梁	m³	8.7	每立方米构件的粉刷面积
钢筋混凝土墙	m³	8.3	单面(外面与内面同)
无筋混凝土墙	m³	8.0	单面(外面与内面同)
无筋混凝土挡土墙、地下室墙	m³	5.5	单面(外面与内面同)
毛石挡土墙及地下宅墙	m³	5.0	单面(外面与内面同)
钢筋混凝土挡土墙、地下室墙	m	5.8	单面(外面与内面同)
钢筋混凝土压顶	m³	0.67	每延长米粉刷面积
钢筋混凝土暖气沟、电缆沟	m³	14.0/9.6	内面/外面
钢筋混凝土储仓料斗	m³	7.5/7.5	内面/外面
无筋混凝土台阶	m²	20.0	
钢筋混凝土雨篷	m²	1.6	每水平投影面积
钢筋混凝土阳台	m²	1.8	每水平投影面积
钢筋混凝土拦板	m²	2.1	每垂直投影面积
钢筋平板	m²	10.8	每立方米粉刷面积
钢筋肋形板		13.5	每立方米粉刷面积

表 5.152 预制混凝土构件粉刷工程量折算参考

项 目	单位	粉刷面积/m²	备注
短形柱	m³	9.5	每立方米构件粉刷面积
工字形柱		19.0	
双脚柱		10.0	
矩形梁		12.0	
吊车梁		1.9/8.1	金属屑刷白
T形梁		19	均每立方米构件粉刷面积
大型层面析		44	底面
密肋形面板		24	底面
平板		11.5 底面	
薄腹屋面梁		12.0	每立方米构件粉刷面积
桁架		20.0	
三角形屋架		25.0	
檩条		28.0	
天窗端壁		30.0	双面粉刷
天窗支架		30.0	每立方米构件粉刷面积
挑檐板		25.0	
楼梯段		14/12	面层/底层
压顶		28.0	每立方米构件粉刷面积
地沟盖板		24.0	（单面）
厕所隔板		66.0	双面粉刷
大型墙板		30.0	双面粉刷
间壁		25.0	双面粉刷
支撑、支架		25.0	每立方米构件粉刷面积
皮带走廊框架		10.0	
皮带走廊箱子		7.8	单面粉刷

表 5.153 油漆金属制品每吨展开面积系数参考

金属制品名称	每吨展开面积/m²	金属制品名称		每吨展开面积/m²
半截百叶钢门	150	钢梁		27
钢折叠门	138	车挡		24
平开门、推拉门钢骨架	52	钢屋架	型钢为主	30
间壁	37		圆钢为主	42
钢柱、吊车梁、花式梁柱、空花构件	24		钢筋为主	38
操作台、走台、制动梁	27	天窗架、挡风架		35
支撑、拉杆	40	轻型屋架		54
檩条	39	墙架	实腹式	19
钢爬梯	45		格板式	31
屋架梁	27	踏步式钢扶梯		40
钢栅栏门	65	金属脚手架		46
钢栏杆窗栅	65	零星铁件		50
钢梁柱檩条	29			

【例　题】

◆例 5 – 20

图 5.52 所示为某外墙面水刷石立面图,计算其抹灰工程量。(柱垛侧面宽 120 mm)

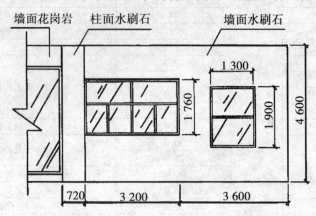

图 5.52　外墙面水刷石立面图

【解】

工程量$/m^2 = 4.6 \times (3.2 + 3.6) - 3.2 \times 1.76 - 1.3 \times 1.9 + (0.72 + 0.12 \times 2) \times 4.6 = 27.59$

◆例 5 – 21

某砖结构柱子如图 5.53 所示,柱高 2.8 m,计算柱面水泥砂浆的工程量。

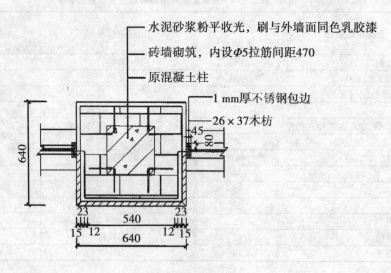

图 5.53　砖结构加大柱子方案

【解】

工程量$/m^2: 0.64 \times 4 \times 2.8 = 7.17$

5.12 金属结构制作工程

【基　础】

◆ **基础定额说明**

(1) 定额适用于现场加工制作，亦适用于企业附属加工厂制作的构件。

(2) 定额的制作，均是按焊接编制的。

(3) 构件制作，包括分段制作和整体预装配的人工材料及机械台班用量，整体预装配用的螺栓及锚固杆件用的螺栓，已包括在定额内。

(4) 定额除注明者外，均包括现场内(工厂内)的材料运输，号料、加工、组装及成品堆放、装车出厂等全部工序。

(5) 定额未包括加工点至安装点的构件运输，应另按构件运输定额相应项目计算。

◆ **基础定额工程量计算规则**

(1) 金属结构制作按图示钢材尺寸以 t 计算，不扣除孔眼、切边的重量，焊条、铆钉、螺栓等重量，已包括在定额内不另计算。在计算不规则或多边形钢板重量时均以其最大对角线乘最大宽度的矩形面积计算。

(2) 实腹柱、吊车梁、H 形钢按图示尺寸计算，其中腹板及翼板宽度按每边增加 25 mm 计算。

(3) 制动梁的制作工程量包括制动梁、制动桁梁、制动板重量；增架的制作工程量包括墙架柱、墙架梁及连接柱杆重量；钢柱制作工程量包括依附于柱上的牛腿及悬臂梁重量。

(4) 轨道制作工程量，只计算轨道本身重量，不包括轨道垫板、压板、斜垫、夹板及连接角钢等重量。

(5) 铁栏杆制作，仅适用于工业厂房中平台、操作台的钢栏杆。民用建筑中铁栏杆等按《全国统一建筑工程基础定额(土建分册)》(GJD 101—95)中的其他章节有关项目计算。

(6) 钢漏斗制作工程量，矩形按图示分片，圆形按图示展开尺寸，并依钢板宽度分段计算，每段均以其上口长度(圆形以分段展开上口长度)与钢板宽度，按矩形计算，依附漏斗的型钢并入漏斗重量内计算。

◆ **清单工程量计算规则**

1. 钢屋架、钢网架

工程量清单项目设置及工程量计算规则，应按表 5.154 的规定执行。

表 5.154　钢屋架、钢网架(编码:010601)

项目编码	项目名称	项目特征	计量单位	工程量计算规则	工程内容
010601001	钢屋架	1. 钢材品种、规格 2. 单榀屋架的重量 3. 屋架跨度、安装高度 4. 探伤要求 5. 油漆品种、刷漆遍数	t (榀)	按设计图示尺寸以质量计算。不扣除孔眼、切边、切肢的质量,焊条、铆钉、螺栓等不另增加质量,不规则或多边形钢板以其外接矩形面积乘以厚度乘以单位理论质量计算	1. 制作 2. 运输 3. 拼装 4. 安装 5. 探伤 6. 刷油漆
010601002	钢网架	1. 钢材品种、规格 2. 网架节点形式、连接方式 3. 网架跨度、安装高度 4. 探伤要求 5. 油漆品种、刷漆遍数			

2. 钢托架、钢桁架

工程量清单项目设置及工程量计算规则,应按表 5.155 的规定执行。

表 5.155　钢托架、钢桁架(编码:010602)

项目编码	项目名称	项目特征	计量单位	工程量计算规则	工程内容
010602001	钢托架	1. 钢材品种、规格 2. 单榀重量 3. 安装高度 4. 探伤要求 5. 油漆品种、刷漆遍数	t	按设计图示尺寸以质量计算。不扣除孔眼、切边、切肢的质量,焊条、铆钉、螺栓等不另增加质量,不规则或多边形钢板,以其外接矩形面积乘以厚度乘以单位理论质量计算	1. 制作 2. 运输 3. 拼装 4. 安装 5. 探伤 6. 刷油漆
010602002	钢桁架				

3. 钢柱

工程量清单项目设置及工程量计算规则,应按表 5.156 的规定执行。

表 5.156 钢柱(编码:010603)

项目编码	项目名称	项目特征	计量单位	工程量计算规则	工程内容
010603001	实腹柱	1.钢材品种、规格 2.单根柱重量 3.探伤要求 4.油漆品种、刷漆遍数	t	按设计图示尺寸以质量计算。不扣除孔眼、切边、切肢的质量,焊条、铆钉、螺栓等不另增加质量,不规则或多边形钢板,以其外接矩形面积乘以厚度乘以单位理论质量计算,依附在钢柱上的牛腿及悬臂梁等并入钢柱工程量内	1.制作 2.运输 3.拼装 4.安装 5.探伤 6.刷油漆
010603002	空腹柱				
010603003	钢管柱	1.钢材品种、规格 2.单根柱重量 3.探伤要求 4.油漆种类、刷漆遍数		按设计图示尺寸以质量计算。不扣除孔眼、切边、切肢的质量,焊条、铆钉、螺栓等不另增加质量,不规则或多边形钢板,以其外接矩形面积乘以厚度乘以单位理论质量计算,钢管柱上的节点板、加强环、内衬管、牛腿等并入钢管柱工程量内	1.制作 2.运输 3.安装 4.探伤 5.刷油漆

4.钢梁

工程量清单项目设置及工程量计算规则,应按表 5.157 的规定执行。

表 5.157 钢梁(编码:010604)

项目编码	项目名称	项目特征	计量单位	工程量计算规则	工程内容
010604001	钢梁	1.钢材品种、规格 2.单根重量 3.安装高度 4.探伤要求 5.油漆品种、刷漆遍数	t	按设计图示尺寸以质量计算。不扣除孔眼、切边、切肢的质量,焊条、铆钉、螺栓等不另增加质量,不规则或多边形钢板,以其外接矩形面积乘以厚度乘以单位理论质量计算,制动梁、制动板、制动桁架、车挡并入钢吊车梁工程量内	1.制作 2.运输 3.安装 4.探伤要求 5.刷油漆
010604002	钢吊车梁				

5.压型钢板楼板、墙板

工程量清单项目设置及工程量计算规则,应按表 5.158 的规定执行。

表5.158 压型钢板楼板、墙板(编码:010605)

项目编码	项目名称	项目特征	计量单位	工程量计算规则	工程内容
010605001	压型钢板楼板	1.钢材品种、规格 2.压型钢板厚度 3.油漆品种、刷漆遍数	m²	按设计图示尺寸以铺设水平投影面积计算。不扣除柱、垛及单个0.3 m²以内的孔洞所占面积	1.制作 2.运输 3.安装 4.刷油漆
010605002	压型钢板墙板	1.钢材品种、规格 2.压型钢板厚度、复合板厚度 3.复合板夹芯材料种类、层数、型号、规格		按设计图示尺寸以铺挂面积计算。不扣除单个0.3 m²以内的孔洞所占面积,包角、包边、窗台泛水等不另增加面积	

6. 钢构件

工程量清单项目设置及工程量计算规则,应按表5.159的规定执行。

表 5.159　钢构件(编码:010606)

项目编码	项目名称	项目特征	计量单位	工程量计算规则	工程内容
010606001	钢支撑	1. 钢材品种、规格 2. 单式、复式 3. 支撑高度 4. 探伤要求 5. 油漆品种、刷漆遍数	t	按设计图示尺寸以质量计算。不扣除孔眼、切边、切肢的质量,焊条、铆钉、螺栓等不另增加质量,不规则或多边形钢板以其外接矩形面积乘以厚度乘以单位理论质量计算	1. 制作 2. 运输 3. 安装 4. 探伤 5. 刷油漆
010606002	钢檩条	1. 钢材品种、规格 2. 型钢式、格构式 3. 单根重量 4. 安装高度 5. 油漆品种、刷漆遍数			
010606003	钢天窗架	1. 钢材品种、规格 2. 单榀重量 3. 安装高度 4. 探伤要求 5. 油漆品种、刷漆遍数			
010606004	钢挡风架	1. 钢材品种、规格 2. 单榀重量			
010606005	钢墙台	3. 探伤要求 4. 油漆品种、刷漆遍数			
010606006	钢平台	1. 钢材品种、规格 2. 油漆品种、刷漆遍数			
010606007	钢走道				
010606008	钢梯	1. 钢材品种、规格 2. 钢梯形式 3. 油漆品种、刷漆遍数			
010606009	钢栏杆	1. 钢材品种、规格 2. 油漆品种、刷漆遍数			
010606010	钢漏斗	1. 钢材品种、规格 2. 方形、圆形 3. 安装高度 4. 探伤要求 5. 油漆品种、刷漆遍数		按设计图示尺寸以重量计算。不扣除孔眼、切边、切肢的质量,焊条、铆钉、螺栓等不另增加质量,不规则或多边形钢板以其外接矩形面积乘以厚度乘以单位理论质量计算,依附漏斗的型钢并入漏斗工程量内	
010606011	钢支架	1. 钢材品种、规格 2. 单件重量 3. 油漆品种、刷漆遍数		按设计图示尺寸以质量计算。不扣除孔眼、切边、切肢的质量,焊条、铆钉、螺栓等不另增加质量,不规则或多边形钢板以其外接矩形面积乘以厚度乘以单位理论质量计算	
010606012	零星钢构件	1. 钢材品种、规格 2. 构件名称 3. 油漆品种、刷漆遍数			

7. 金属网

工程量清单项目设置及工程量计算规则,应按表 5.160 的规定执行。

表 5.160　金属网(编码:010607)

项目编码	项目名称	项目特征	计量单位	工程量计算规则	工程内容
010607001	金属网	1. 材料品种、规格 2. 边框及立柱型钢品种、规格 3. 油漆品种、刷漆遍数	m²	按设计图示尺寸以面积计算	1. 制作 2. 运输 3. 安装 4. 刷油漆

8. 其他相关问题

其他相关问题应按下列规定处理。

(1) 型钢混凝土柱、梁浇筑混凝土和压型钢板楼板上浇筑钢筋混凝土,混凝土和钢筋应按本章第五节混凝土及钢筋混凝土中相关内容列项。

(2) 钢墙架项目包括墙架柱、墙架梁和连接杆件。

(3) 加工铁件等小型构件,应按表 5.159 中零星钢构件项目编码列项。

【实　务】

◆金属结构制作工程工程量计算常用资料

1. 钢屋架每榀参考重量每榀钢屋架的参考重量见表 5.161。

表 5.161 钢屋架每榀重量参考表

类别	荷重 /(N·m⁻²)	屋架跨度/m										
		6	7	8	9	12	15	18	21	24	27	30	36
		角钢组成每榀重量/(t·榀⁻¹)											
多边形	1 000					0.418	0.648	0.918	1.260	1.656	2.122	2.682	
	2 000					0.518	0.810	1.166	1.460	1.776	2.090	2.768	3.603
	3 000					0.677	1.035	1.459	1.662	2.203	2.615	3.830	5.000
	4 000					0.872	1.260	1.459	1.903	2.614	3.472	3.949	5.955
三角形	100				0.217	0.367	0.522	0.619	0.920	1.195			
	200				0.297	0.461	0.720	1.037	1.386	1.800			
	3 000				0.324	0.598	0.936	1.307	1.840	2.390			
		轻型角钢组成每榀重量/(t·榀⁻¹)											
	96	0.046	0.063	0.076									
	170				0.169	0.254	0.41						

2. 钢檩条每 1 m² 屋盖水平投影面积参考重量

每 1 m² 屋盖水平投影面积钢檩条的参考重量见表 5.162。

表 5.162 钢檩条每 1 m² 屋盖水平投影面积重量参考表

屋架间距 /m	屋面荷重/(N·m⁻²)					附注:
	1 000	2 000	3 000	4 000	5 000	1. 檩条间距为 1.8~2.5m
	每 1 m² 屋盖檩条重量/kg					2. 本表不包括檩条间支撑量,如有支撑,每 1 m² 增加:圆钢制成为 1.0 k,角钢制成为 1.8 kg
4.5	5.63	8.70	10.50	12.50	14.70	
6.0	7.10	12.50	14.70	17.00	22.00	
7.0	8.70	14.70	17.00	22.20	25.00	3. 如有组合断面构成之屋檐时,则檩条之重量应增加 $\frac{36}{L}$ (L 为屋架跨度)
8.0	10.50	17.00	22.20	25.00	28.00	
9.0	12.59	19.50	22.20	28.00		

3. 钢屋架每 1 m² 屋盖水平投影面积参考重量

每 1 m² 屋盖水平投影面积钢屋架的参考重量见表 5.163。

表 5.163 钢屋架每 1m² 屋盖水平投影面积重量参考表

屋架间距/m	跨度/m	屋面荷重/(N·m⁻²)					附注
		1 000	2 000	3 000	4 000	5 000	
		每 1 m² 屋盖钢架重量/k					
三角形	9	6.0	6.92	7.50	9.53	11.32	1. 本表屋架间距按 6 m 计算,如间距为 α 时,则屋面荷重以系数 $\frac{a}{b}$,由此得知屋面新荷重,再从表中查出重量 2. 本表重量中包括屋架支座垫板及上弦连接檩条之角钢 3. 本表系铆接。如采用电焊时,三角形屋架乘系数 0.85,多角形乘系数 0.87
	12	6.41	8.00	10.33	12.67	15.13	
	15	7.20	10.00	13.00	16.30	19.20	
	18	8.00	12.00	15.13	19.20	22.90	
	21	9.10	13.80	18.20	22.30	26.70	
	24	10.33	15.67	20.80	25.80	30.50	
多角形	12	6.8	8.3	11.0	13.7	15.8	
	15	8.5	10.6	13.5	16.5	19.8	
	18	10	12.7	16.1	19.7	23.5	
	21	11.9	15.1	19.5	23.5	27	
	24	13.5	17.6	22.6	27	31	
	27	15.4	20.5	26.1	30	34	
	30	17.5	23.4	29.5	33	37	

4. 钢屋架上弦支撑每 1 m² 屋盖水平投影面积参考重量

每 1 m² 屋盖水平投影面积钢屋架上弦支撑的参考重量见表 5.164。

表 5.164 钢屋架上弦支撑每 1 m² 屋盖水平投影面积重量参考表

屋架间距/m	屋架跨度/m					
	12	15	18	21	24	30
	每 1m² 屋盖上弦支撑重量/kg					
4.5	7.26	6.21	5.64	5.50	5.32	5.33
6.0	8.90	8.15	7.42	7.24	7.10	7.00
7.5	10.85	8.93	7.78	7.77	7.75	7.70

注:表中屋架上弦支撑重量已包括屋架间的垂直支撑钢材用量。

5. 钢屋架下弦支撑每 1 m² 屋盖水平投影面积参考重量

每 1 m² 屋盖水平投影面积钢屋架下弦支撑的参考重量见表 5.165。

表 5.165 钢屋架下弦支撑每 1 m² 屋盖水平投影面积重量参考表

建筑物高度 /m	屋架间距 /m	屋面风荷载/(kg·m^{-2})		
		30	50	80
		每 1 m² 屋盖下弦支撑重量/kg		
12	4.5	2.50	2.90	3.65
	6.0	3.60	4.00	4.60
	7.5	5.60	5.85	6.25
18	4.50	2.80	3.40	4.12
	6.0	3.90	4.40	5.20
	7.5	5.70	6.15	6.80
24	4.5	3.00	3.80	4.66
	6.0	4.18	4.80	5.87
	7.5	5.90	6.48	6.20

6. 轻型钢屋架每榀参考重量

每榀轻型钢屋架参考重量见表 5.166。

表 5.166 轻型钢屋架每榀重量表

类别		屋架跨度/m			
		8	9	12	15
		每榀重量/t			
梭形	下弦 16Mn	0.135~0.187	0.17~0.22	0.286~0.42	0.49~0.581
	下弦 A$_3$	0.151~0.702	0.17~0.25	0.306~0.45	0.519~0.625

7. 轻钢檩条每根参考重量

每根轻钢檩条的参考重量见表 5.167。

表 5.167 轻型钢檩条每根重量参考表

檩长/m	钢材规格		重量/(kg·根$^{-1}$)	檩长/m	钢材规格		重量/(kg·根$^{-1}$)
	下弦	上弦			下弦	上弦	
2.4	1Φ8	2Φ10	9.0	4.0	1Φ10	1Φ12	20.0
3.0	1Φ16	L45×4	16.4	5.0	1Φ12	1Φ14	25.6
3.3	1Φ10	2Φ12	14.5	5.3	1Φ12	1Φ14	27.0
3.6	1510	2Φ12	15.8	5.7	1Φ12	1Φ14	32.0
3.75	1Φ10	L50×5	18.8	6.0	1Φ14	2L25×2	31.6
4.00	1Φ16	L50×5	23.5	6.0	1Φ14	2Φ16	38.5

8. 钢平台(带栏杆)每 1 m 参考重量

每 1 m 钢平台(带栏杆)的参考重量见表 5.168。

表 5.168 钢平台(带栏杆)每 1 m 重量参考表

平台宽度/m	3 m 长平台	4 m 长平台	5 m 长平台
	每 1 m 重量/kg		
0.6	54	60	65
0.8	67	74	81
1.0	78	84	97
1.2	87	100	107

注:表中栏杆为单面,如两面均有,每 lm 平台增 10.2kg。

9. 钢栏杆及扶手每 1 m 参考重量

每 1m 钢栏杆及扶手的参考重量见表 5.169。

表 5.169 钢栏杆及扶手每 1 m 重量参考表

类别		屋架跨度/m			
		8	9	12	15
		每榀重量/t			
梭形	下弦 16 Mn	0.135~0.187	0.17~0.22	0.286~0.42	0.49~0.581
	下弦 A_3	0.151~0.702	0.17~0.25	0.306~0.45	0.519~0.625

10. 扶梯每 1 m 参考重量

每 1 m 扶梯的参考重量见表 5.170。

表 5.170 扶梯每 1 m(垂直投影)重量参考表

项目	扶梯(垂直投影长)			
	踏步式			爬式
	圆钢	钢板	扁钢	圆钢
	每米重量/kg			
扶梯制作	35	42	28.2	7.8

11. 箅式平台每 1 m^2 参考重量

每 1 m^2 箅式平台的参考重量见表 5.171。

表5.171 算式平台(圆钢为主)每 1 m² 重量参考表

项目	单位	算式(圆钢为主)
算式平台制作	kg/m²	160

12. 钢车挡每个参考重量

每个钢车挡的参考重量见表5.172。

表5.172 钢车挡每个重量参考表

项目	吊车吨位/t						
	3	5	10	15	20	30	50
	每个重量/kg						
车挡制作	38	57	102	138	138	232	239

【例 题】

◆ 例 5 - 22

图 5.54 所示为钢制漏斗示意图,已知钢板厚 2 mm,计算制作钢制漏斗的工程量。

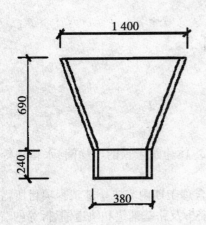 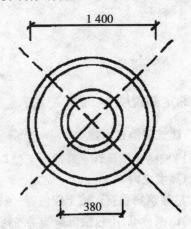

图 5.54 钢制漏斗示意图

【解】
上口板长/m = 1.4 × 3.14 = 4.40
面积/m² = 4.40 × 0.69 = 3.04
下口板面积/m² = 0.38 × 3.14 × 0.24 = 0.29
重量/kg = (3.04 + 0.29) × 15.70 = 52.28

◆ 例 5 - 23

某钢直梯示意图如图 5.55 所示,φ28 光面钢筋线密度为 4.834 kg/m,试计算其工程量。

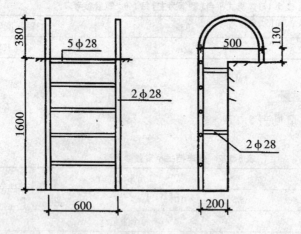

图 5.55 钢直梯示意图

【解】

钢直梯工程量/t = [(1.6 + 0.13 × 2 + 0.5 × 3.14 ÷ 2) × 2 + (0.6 − 0.028) × 5 + (0.2 − 0.014) × 4] × 4.834 = 42.99 kg = 0.043

5.13 建筑工程垂直运输定额

【基　　础】

◆ 基础定额说明

1. 建筑物垂直运输

(1)檐高是指设计室外地坪至檐口的高度,突出主体建筑屋顶的电梯间、水箱间等不计入檐口高度之内。

(2)建筑物垂直运输工作内容,包括单位工程在合理工期内完成全部工程项目所需的垂直运输机械台班,不包括机械的场外往返运输,一次安拆及路基铺垫和轨道铺、拆等的费用。

(3)同一建筑物多种用途(或多种结构),按不同用途或结构分别计算,分别计算后的建筑物檐高均应以该建筑物总檐高为准。

(4)定额中现浇框架是指柱、梁全部为现浇的钢筋混凝土框架结构,如部分现浇时按现浇框架定额乘以0.96系数,如楼板也为现浇的钢筋混凝土时,按现浇框架定额乘以1.04系数。

(5)预制钢筋混凝土柱、钢屋架的单层厂房按预制排架定额计算。

(6)单身宿舍按住宅定额乘以0.9系数。

(7)定额是按Ⅰ类厂房为准编制的,Ⅱ类厂房定额乘以1.4系数,厂房分类见表5.173。

表 5.173　厂房分类

Ⅰ类	Ⅱ类
机加工、机修、五金缝纫、一般纺织（粗纺、制条、洗毛等）及无特殊要求的车间	厂房内设备基础及工艺要求较复杂、建筑设备或建筑标准较高的车间。如铸造、锻压、电镀、酸碱、电子、仪表、手表、电视、医药、食品等车间

(8)服务用房是指城镇、街道、居民区具有较小规模综合服务功能的设施。其建筑面积不超过 1 000 m²，层数不超过三层的建筑，如副食、百货、饮食店等。

(9)檐高 3.6 m 以内的单层建筑，不计算垂直运输机械台班。

(10)定额中项目划分是以建筑物的檐高及层数两个指标同时界定的，凡檐高达到上限而层数未达到时，以檐高为准；如层数达到上限而檐高未达到时，以层数为准。

(11)《全国统一建筑工程基础定额(土建分册)》(GJD 101—95)是按全国统一《建筑安装工程工期定额》中规定的Ⅱ类地区标准编制的，Ⅰ、Ⅲ类地区按相应定额乘以表 5.174 中的系数。

表 5.174　系数表

项目	Ⅰ类地区	Ⅲ类地区
建筑物	0.95	1.10
构筑物	1	1.11

2.构筑物垂直运输

构筑物的高度，从设计室外地坪至构筑物的顶面高度为准。

◆**基础定额工程量计算规则**

(1)建筑物垂直运输机械台班用量，区分不同建筑物的结构类型及高度按建筑面积以平方米计算，建筑面积按建筑面积计算规则规定计算。

(2)构筑物垂直运输机械台班以座计算。超过规定高度时，再按每增高 1 m 定额项目计算，其高度不足 1 m 时，也按 1 m 计算。

【实　务】

◆**建筑物垂直运输的划分**

(1)对于 20 m(6 层)以下的卷扬机或塔式起重机，定额的项目按建筑物用途、结构类型划分。房屋按用途分为住宅、教学及办公用房、医院、宾馆、图书馆、影剧院、商场、科研用房、服务用房以及单层和多层厂房；结构类型包括混合结构、现浇框架、预制排架等。

(2)对于 20 m(6 层)以上塔式起重机施工，定额按房屋的用途、结构类型和檐高(层数)划分子项。其中结构类型包括内浇外砌、剪力墙、全装配和其他结构等。

【例题】

◆例 5-24

如图 5.56 所示,某建筑物带二层地下室,室外地坪以上部分楼层装饰装修工程量总工日为 5 200 工日,以下部分地下层的装饰装修全面积工日总数为 900 工日,计算该建筑物地下室垂直运输费。

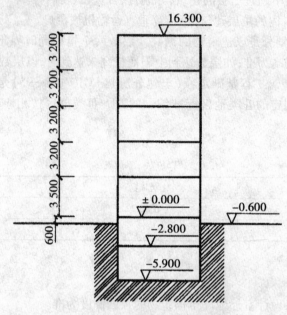

图 5.56 室外地坪以上部分示意图

【解】

建筑物设计室外地坪以上部分的垂直运输高度为:

$3.5 + 3.2 \times 4 + 0.6 = 16.9 (m)$

运输费工程量:52 百工日

套用装饰定额:8-001

该建筑物垂直运输费见表 5.175。

表 5.175 建筑物垂直运输费 单位:100 元

名称		单位	定额含量	工程量	垂直运输费
机械	卷扬机、单筒慢速 5t	台班	2.92	52	151.84

建筑物设计室外地坪以下部分的垂直运输高度为/m:

$5.9 - 0.6 = 5.3$

运输费工程量:9.0 百工日

套用装饰定额:8-001

该建筑物地下室垂直运输费见表5.176。

表 5.176 建筑物地下室垂直运输费　　　　　　　　　　　　　　单位:100元

	名称	单位	定额含量	工程量	垂直运输费
机械	卷扬机、单筒慢速5t	台班	2.92	9.0	26.28

5.14 建筑物超高增加人工、机械定额

【基　础】

◆基础定额说明

(1)定额适用于建筑物檐高20 m(层数6层)以上的工程。

(2)檐高是指设计室外地坪至檐口的高度。突出主体建筑屋顶的电梯间,水箱间等不计入檐高之内。

(3)同一建筑物高度不同时,按不同高度的建筑面积,分别按相应项目计算。

(4)加压水泵选用电动多级离心清水泵,规格见表5.177。

表5.177 电动多级离心清水泵规格

建筑物檐高	水泵规格
20 m以上~40 m以内	Φ50 m以内
40 m以上~80 m以内	Φ100 m以内
80 m以上~120 m以内	Φ150 m以内

◆基础定额工程量计算规则

(1)建筑物超高人工、机械降效率包括工人上下班降低工效、上楼工作前休息及自然休息增加的时间;垂直运输影响的时间;由于人工降效引起的机械降效。

(2)建筑物超高加压水泵台班包括由于水压不足所发生的加压用水泵台班。

1)人工降效和机械降效:是指当建筑物超过六层或檐高超过20 m时,由于操作工人的工效降低、垂直运输距离加长影响的时间,及因操作工人降效而影响机械台班的降效等。

2)加压用水泵:是指因高度增加考虑到自来水的水压不足,而需增压所用的加压水泵台班。

【实 务】

◆ 超高费的计算

(1)适用于超过六层或檐高超过 20 m 的建筑物。

(2)超高费包括人工超高费、吊装机械超高费及其他机械超高费。

1)人工超高费等于基础以上全部工程项目的人工费乘以人工降效率,但是不包括垂直运输、各类构件的水平运输以及各项脚手架,人工超高费并入工程的人工费内。

2)吊装机械超高费等于吊装项目的全部机械费乘以吊装机械降效率,吊装机械超高费并入工程的机械费内。

3)其他机械超高费等于其他机械(不包括吊装机械)的全部机械费乘以其他机械降效率,其他机械超高费并入工程的机械费内。

(3)建筑物超高人工、机械降效率见表5.178。

表5.178 建筑物超高人工、机械降效率

项目	降效率	檐高/层数				
		30 m (7~10) 以内	40 m (11~13) 以内	50 m (14~16) 以内	60 m (17~19) 以内	70 m (20~22) 以内
人工降效	%	3.33	6.00	9.00	13.33	17.86
吊装机械降效		7.67	15.00	22.20	34.00	46.43
其他机械降效		3.33	6.00	9.00	13.33	17.86
项目	降效率	檐高/层数				
		80 m (23~25) 以内	90 m (26~28) 以内	100 m (29~31) 以内	110 m (32~34) 以内	120 m (35~37) 以内
人工降效	%	22.50	27.22	35.20	40.91	45.83
吊装机械降效		59.29	72.33	85.60	99.00	112.50
其他机械降效		22.50	27.22	35.20	40.91	45.83

◆ 加压用水泵台班

(1)适用于超过六层或檐高超过 20 m 的建筑物。

(2)加压用水泵台班费包括加压用水泵使用台班费和加压用水泵停滞台班费。

1)水泵使用台班费 = 建筑面积×水泵使用台班定额×水泵台班单价(5.75)

2)水泵停滞台班费 = 建筑面积×水泵停滞台班定额×水泵台班单价(5.76)

(3)水泵使用、停滞台班定额见表5.179。

表5.179 建筑物超高加压水泵台班

项目	单位	檐高/层数				
		30 m (7~10) 以内	40 m (11~13) 以内	50 m (14~16) 以内	60 m (17~19) 以内	70 m (20~22) 以内
加压水泵使用	台班	1.14	1.74	2.14	2.48	2.77
加压水泵停滞		1.14	1.74	2.14	2.48	2.77
项目	单位	檐高/层数				
		80 m (23~25) 以内	90 m (26~28) 以内	100 m (29~31) 以内	110 m (32~34) 以内	120 m (35~37) 以内
加压水泵使用	台班	3.02	3.26	3.57	3.80	4.01
加压水泵停滞		3.02	3.26	3.57	3.80	4.01

【例 题】

◆例5-25

一单层建筑物(图5.57),其檐高22.4 m,该建筑物所有装饰装修人工费之和为3 095元,机械费为690元,计算其超高增加费。

【解】

该单层建筑物檐高22.4 m在30 m以内,因此套用装饰定额8-029,因为建筑物超高增加费工程量是以人工费和机械费之和以100元为计算单位,所以此建筑物超高增加费工程量为/百元:

(3 095 + 690) ÷ 100 = 37.85

此建筑物超高增加费见表5.180。

表5.180 单层建筑物超高增加费 单位:100元

名称	单位	定额含量	工程量	超高增加费
人工、机械降效系数	%	3.12	37.85	118.09

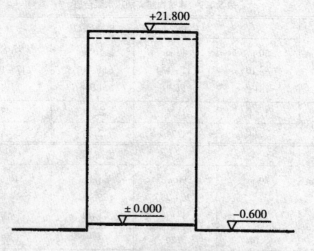

图 5.57 单层建筑物檐高

第6章 建筑工程施工图预算的编制与审查

6.1 施工图预算的编制

【基　础】

◆**施工图预算的概念**

施工图预算是指在设计的施工图完成以后,以施工图为依据,根据预算定额、费用标准及工程所在地区的人工、材料和施工机械设备台班的预算价格编制的,确定建筑工程、安装工程预算造价的文件。

◆**施工图预算的作用**

施工图预算是建设工程建设程序中一个重要的技术经济文件,在工程建设实施过程中具有非常重要的作用。

1. 施工图预算对投资方的作用

(1)施工图预算是控制造价和资金合理使用的依据。它确定的预算造价是工程的计划成本,投资方按施工图预算造价筹集建设资金,并且控制资金的合理使用。

(2)施工图预算是确定工程招标控制价的依据。在设置招标控制价的情况下,建筑安装工程的招标控制价可以按照施工图预算来确定。招标控制价通常是在施工图预算的基础上考虑工程的特殊施工措施、工程质量要求、目标工期、招标工程范围及自然条件等因素进行编制的。

(3)施工图预算是拨付工程款及办理工程结算的依据。

2. 施工图预算对施工企业的作用

(1)施工图预算是建筑施工企业投标时报价的参考依据。在激烈的建筑市场竞争中,建筑施工企业需要根据施工图预算造价,结合企业的投标策略,确定投标报价。

(2)施工图预算是建筑工程预算包干的依据和签订施工合同的主要内容。在采用总价合同的情况下,施工单位通过与建设单位的协商,可在施工图预算的基础上,考虑设计或施工变更后可能发生的费用及其他风险因素,增加一定的系数作为工程造价一次性包干。同样,施工单位与建设单位签订施工合同时,其中工程价款的相关条款也必须以施工图预算为依据。

(3)施工图预算是施工企业安排调配施工力量,组织材料供应的依据。施工单位各职能部门可根据施工图预算编制劳动力和材料供应计划,并且由此做好施工前的准备工作。

(4)施工图预算是施工企业控制工程成本的依据。根据施工图预算确定的中标价格是施工企业收取工程款的依据,企业只有合理地利用各项资源,采取先进的技术和管理方法,将成本控制在施工图预算价格以内,企业才能获得良好的经济效益。

(5)施工图预算是进行"两算"对比的依据。施工企业可以通过施工图预算和施工预算的对比分析,找出差距,进而采取必要的措施。

3. 施工图预算对其他方面的作用

(1)对工程咨询单位来说,可以客观、准确地为委托方做出施工图预算,以强化投资方对工程造价的控制,有助于节省投资,提高建设项目的投资效益。

(2)对工程造价管理部门来说,施工图预算是其监督检查执行定额标准、合理地确定工程造价、测算造价指数及审定工程招标控制价的重要依据。

◆ 施工图预算的内容

施工图预算包括单位工程预算、单项工程预算和建设项目总预算。

单位工程预算是根据施工图设计文件、现行预算定额、单位估价表、费用定额及人工、材料、设备和机械台班等预算价格资料,以一定的方法,编制单位工程的施工图预算;然后汇总所有各单位工程施工图预算,成为单项工程施工图预算;再汇总所有单项工程施工图预算,形成最终的建设项目建筑安装工程的总预算。

单位工程预算包括建筑工程预算和设备安装工程预算。建筑工程预算按照其工程性质可以分为一般土建工程预算、给排水工程预算、采暖通风工程预算、煤气工程预算、电气照明工程预算、弱电工程预算、特殊构筑物(例如炉窑等)工程预算和工业管道工程预算等。设备安装工程预算可以分为机械设备安装工程预算、电气设备安装工程预算和热力设备安装工程预算等。

【实　务】

◆ 施工图预算的编制

1. 施工图预算的编制依据

(1)国家、行业和地方政府有关工程建设和造价管理的法律、法规和规定。

(2)经过批准和会审的施工图设计文件和有关标准图集。

(3)工程地质勘察资料。

(4)企业定额、现行建筑工程和安装工程预算定额和费用定额、单位估价表及有关费用规定等文件。

(5)材料与构配件市场价格和价格指数。

(6)施工组织设计或施工方案。

(7)经批准的拟建项目的概算文件。

(8)现行的有关设备原价以及运杂费率。

(9)建设场地中的自然条件和施工条件。

(10)工程承包合同和招标文件。

2. 施工图预算的编制方法

(1)工料单价法。工料单价法是指以分部分项工程的单价为直接工程费单价,以分部分项工程量乘以对应分部分项工程单价后合计为单位直接工程费,直接工程费汇总后另加措施费、间接费、利润和税金生成施工图预算造价。

按照分部分项工程单价产生的方法不同,工料单价法可以分为预算单价法和实物法。

1)预算单价法。预算单价法是指采用地区统一单位估价表中的各分项工程的工料预算单价(基价)乘以相应的各分项工程的工程量,求和后得到包括人工费、材料费和施工机械使用费在内的单位工程直接工程费,措施费、间接费、利润和税金可以根据统一规定的费率乘以相应的计费基数得到,将上述费用汇总后得到该单位工程的施工图预算造价。

预算单价法编制施工图预算的基本步骤如下。

①编制前的准备工作。编制施工图预算的过程就是具体确定建筑安装工程预算造价的过程。在编制施工图预算时,不仅要严格遵守国家计价法规、政策,严格按图纸计量,而且还要考虑施工现场条件因素,它是一项复杂、细致的工作,也是一项政策性和技术性都很强的工作,所以,必须事前做好充分的准备。准备工作主要包括以下两大方面:一是组织准备;二是资料的收集和现场情况的调查。

②熟悉图纸和预算定额及单位估价表。图纸是编制施工图预算的基本依据。熟悉图纸不仅要弄清图纸的内容,而且还要对图纸进行审核:图纸间相关尺寸是否有误,设备与材料表上的规格、数量是否与图示相符;详图、说明、尺寸和其他符号是否正确等。若发现错误应及时纠正。除此以外,还要熟悉标准图及设计变更通知(或类似文件),这些都是图纸的构成部分,不可遗漏。通过对图纸的熟悉,要了解工程的性质和系统的构成,设备和材料的规格型号和品种,及有无新材料和新工艺的采用。

预算定额和单位估价表是编制施工图预算的计价标准,对其适用范围、工程量计算规则及定额系数等都要充分地了解,要做到心中有数,这样才能使预算编制既准确又迅速。

③了解施工组织设计和施工现场情况。在编制施工图预算前,应了解施工组织设计中影响工程造价的相关内容。例如,各分部分项工程的施工方法,土方工程中余土外运使用的工具和运距,施工平面图对建筑材料、构件等堆放点到施工操作地点的距离等,以便能正确计算工程量和套用或确定某些分项工程的基价。这对于正确计算工程造价,提高施工图预算的质量,具有非常重要的意义。

④划分工程项目和计算工程量。

a. 划分工程项目。划分的工程项目必须和定额规定的项目相同,这样才能正确地套用定额。不能重复列项计算,也不能漏项少算。

b. 计算并整理工程量。必须按定额规定的工程量计算规则进行计算,该扣除的部分要扣除,不该扣除的部分不能扣除。若按照工程项目将工程量全部计算完以后,要对工程项目和工程量进行整理,即合并同类项和按序排列,为套用定额、计算直接工程费及进行工料分析打下基础。

⑤套单价(计算定额基价)。它是指将定额子项中的基价填入预算表单价栏内,并且将单价乘以工程量得出合价,将结果填入合价栏。

⑥工料分析。工料分析即按照分项工程项目,根据定额或单位估价表,计算人工及各种材料的实物的耗量,并且将主要材料汇总成表。工料分析的方法如下:首先从定额项目表中分别将各分项工程消耗的每项材料和人工的定额消耗量查出;再分别乘以该工程项目的工程量,得到分项工程工料消耗量,最后将各分项工程工料消耗量汇总,得到单位工程人工、材料的消耗数量。

⑦计算主材费(未计价材料费)。由于许多定额项目基价为不完全价格,即未包括主材费用。计算所在地定额基价费之后,还应计算出主材费,以便计算工程造价。

⑧按费用定额取费。它是指按相关规定计取措施费,及按当地费用定额的取费规定计取间接费、利润和税金等。

⑨计算汇总工程造价。

将直接费、间接费、利润和税金相加即为工程预算造价。

预算单价法施工图预算编制程序如图6.1所示。图中双线箭头表示施工图预算编制的主要程序。施工图预算编制依据的代号为:a、t、k、l、m、n、p、q、r。施工图预算编制内容的代号为:b、c、d、e、f、g、h、i、s、j。

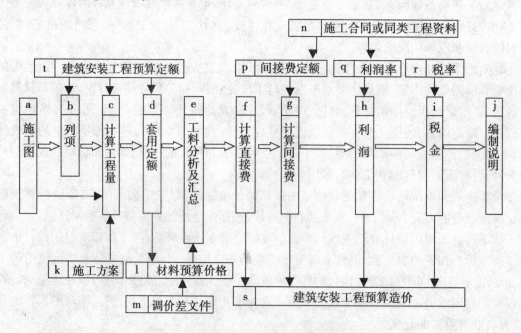

图6.1 预算单价法施工图预算编制程序示意图

2)实物法。

用实物法编制单位工程施工图预算,是指根据施工图计算的各分项工程量分别乘以地区定额中人工、材料和施工机械台班的定额消耗量,分类汇总得到该单位工程所需要的全部人工、材料和施工机械台班消耗数量,然后再乘以当时当地人工工日单价、各种材料单价和施工机械台班单价,算出相应的人工费、材料费和机械使用费,再加上措施费,即可求出该工程的直接费。间接费、利润及税金等费用计取方法与单价法相同。

单位工程直接工程费的计算可以按照下列公式计算:

人工费 = 综合工日消耗量 × 综合工日单价 (6.1)

第6章 建筑工程施工图预算的编制与审查

$$材料费 = \sum(各种材料消耗量 \times 相应材料单价) \tag{6.2}$$

$$机械费 = \sum(各种机械消耗量 \times 相应机械台班单价) \tag{6.3}$$

$$单位工程直接工程费 = 人工费 + 材料费 + 机械费 \tag{6.4}$$

实物法的优点是能够比较及时地将反映各种材料、人工和机械的当时当地市场单价计入预算价格，无需调价，反映当时当地的工程价格水平。

实物法编制施工图预算的基本步骤如下。

①编制前的准备工作。具体的工作内容同预算单价法相应步骤的内容。但是此时要全面地收集各种人工、材料和机械台班的当时当地的市场价格，包括不同品种、规格的材料预算单价；不同工种、等级的人工工日单价；不同种类、型号的施工机械台班单价等，要求获得的各种价格内容全面、真实、可靠。

②熟悉图纸及预算定额，该步骤与预算单价法相应步骤相同。

③了解施工组织设计和施工现场情况，该步骤与预算单价法相应步骤相同。

④划分工程项目和计算工程量，该步骤与预算单价法相应步骤相同。

⑤套用定额消耗量，计算人工、材料和机械台班消耗量。根据地区定额中人工、材料和施工机械台班的定额消耗量，乘以各分项工程的工程量，分别计算出各分项工程所需的各类人工工日数量、各类材料消耗数量及各类施工机械台班数量。

⑥计算并且汇总单位工程的人工费、材料费和施工机械台班费。在计算出各分部分项工程的各类人工工日数量、材料消耗数量以及施工机械台班数量后。先按照类别相加汇总求出该单位工程所需的各种人工、材料和施工机械台班的消耗数量，再分别乘以当时当地相应人工、材料和施工机械台班的实际市场单价，即可求出单位工程的人工费、材料费和机械使用费，最后汇总计算出单位工程直接工程费。其计算公式为：

$$\begin{aligned}单位工程直接工程费 = &\sum(工程量 \times 定额人工消耗量 \times 市场工日单价) + \\ &\sum(工程量 \times 定额材料消耗量 \times 市场材料单价) + \\ &\sum(工程量 \times 定额机械台班消耗量 \times 市场机械台班单价)\end{aligned} \tag{6.5}$$

⑦计算其他费用，汇总工程造价。对于措施费、间接费、利润和税金等费用的计算，可以采用与预算单价法相似的计算程序，只是相关费率是根据当时当地建设市场的供求情况确定。将直接费、间接费、利润和税金等汇总即为单位工程预算造价。

(2)综合单价法。综合单价法是指分项工程单价综合了直接工程费及其以外的多项费用，它按照单价综合的内容不同可以分为全费用综合单价和清单综合单价。

1)全费用综合单价。全费用综合单价是指单价中综合了分项工程人工费、材料费、机械费、管理费、利润、规费和有关文件规定的调价、税金及一定范围的风险等全部费用。以各分项工程量乘以全费用单价的合价汇总后，再加上措施项目的完全价格，即为单位工程施工图造价，其计算公式为公式为：

$$建筑安装工程预算造价 = \sum(分项工程量 \times 分项工程全费用单价) + 措施项目完全价格 \tag{6.6}$$

2)清单综合单价。分部分项工程清单综合单价中综合了人工费、材料费、施工机械使用费,企业管理费、利润,并且考虑了一定范围的风险费用,但是并不包括措施费、规费和税金,所以它是一种不完全单价。以各分部分项工程量乘以该综合单价的合价汇总后,再加上措施项目费、规费和税金后,即为单位工程的造价,其计算公式为:

$$建筑安装工程预算造价 = \sum (分项工程量 \times 分项工程不完全单价) + 措施项目不完全价格 + 规费 + 税金 \quad (6.7)$$

6.2 施工图预算的审查

【基　础】

◆审查施工图预算的意义

(1)它有利于控制工程造价,克服、防止预算超概算。
(2)它有利于加强固定资产投资管理,节约建设资金。
(3)它有利于施工承包合同价的合理确定和控制。施工图预算对于招标工程来说是编制招标控制价的依据。对于不宜招标的工程来说,它又是合同价款结算的基础。
(4)它有利于积累和分析各项技术经济指标,不断地提高设计水平。通过审查工程预算,核实了预算价值,为积累和分析技术经济指标,提供了准确的数据,进而通过有关指标的比较,找出设计中的薄弱环节,以便及时改进,不断地提高设计水平。

◆施工图预算的审查内容

审查施工图预算的重点,应该放在工程量计算、预算单价套用和设备材料预算价格取定是否正确,各项费用标准是否符合现行规定等方面。

1. 审查工程量

(1)土方工程需审查的工程量包括以下内容。

1)平整场地、挖地槽、挖地坑、挖土方工程量的计算是否符合现行的定额计算规定及施工图纸标注尺寸,土壤类别是否与勘察资料相同,地槽与地坑放坡、带挡土板是否符合设计要求,有无重算和漏算。

2)回填土工程量应该注意地槽、地坑回填土的体积是否扣除了基础所占体积,地面和室内填土的厚度是否符合设计要求。

3)运土方的审查除了注意运土距离外,还应注意运土数量是否扣除了就地回填的土方。

(2)打桩工程需审查的工程量包括以下内容。

1)注意审查各种不同桩料,必须分别计算,施工方法必须符合设计要求。

2)桩料长度必须符合设计要求,桩料长度若超过一般桩料长度需要接桩时,注意审查接头数是否正确。

(3) 砖石工程需审查的工程量包括以下内容。

1) 墙基和墙身的划分是否符合规定。

2) 不同厚度的内、外墙是否分别计算,应扣除的门窗洞口及埋入墙体的各种钢筋混凝土梁、柱等是否已经扣除。

3) 不同砂浆强度等级的墙和按定额规定 m^3 或 m^2 计算的墙,有无混淆、错算或漏算。

(4) 混凝土及钢筋混凝土工程需审查的工程量包括以下内容。

1) 现浇与预制构件是否分别计算,有无混淆。

2) 现浇柱与梁,主梁与次梁及各种构件计算是否符合规定,有无重算或漏算。

3) 有筋与无筋构件是否按设计规定分别计算,有无混淆。

4) 若钢筋混凝土的含钢量与预算定额的含钢量发生差异,是否按规定予以增减调整。

(5) 木结构工程需审查的工程量包括以下内容。

1) 门窗是否分类,按门、窗洞口面积计算。

2) 木装修的工程量是否按规定分别以延长米或平方米计算。

(6) 楼地面工程需审查的工程量包括以下内容。

1) 楼梯抹面是否按踏步和休息平台部分的水平投影面积计算。

2) 若细石混凝土地面找平层的设计厚度与定额厚度不同,是否按其厚度进行换算。

(7) 屋面工程需审查的工程量包括以下内容。

1) 卷材屋面工程是否与屋面找平层工程量相等。

2) 屋面保温层的工程量是否按屋面层的建筑面积乘以保温层的平均厚度计算,不做保温层的挑檐部分是否按规定不作计算。

(8) 构筑物工程需审查的工程量包括以下内容。

当烟囱和水塔定额是以"座"编制时,地下部分已包括在定额内,按规定不能再另行计算,应审查是否符合要求,有无重算。

(9) 装饰工程需审查的工程量包括以下内容。

内墙抹灰的工程量是否按墙面的净高和净宽计算,有无重算或漏算。

(10) 金属构件制作工程需审查的工程量包括金属构件制作工程量多数以"吨"为单位。在计算时,型钢按图示尺寸求出长度,再乘以每米的重量;钢板要求算出面积,再乘以每平方米的重量。审查是否符合规定。

(11) 水暖工程需审查的工程量包括以下内容。

1) 室内外排水管道、暖气管道的划分是否符合规定。

2) 各种管道的长度、口径是否按设计规定计算。

3) 室内给水管道不应扣除阀门、接头零件所占的长度,但是应扣除卫生设备(浴盆、卫生盆、冲洗水箱、淋浴器等)本身所附带的管道长度,审查是否符合要求,有无重算。

4) 室内排水工程采用承插铸铁管,不应扣除异形管及检查口所占长度,应审查是否符合要求,有无漏算。

5) 室外排水管道是否已经扣除了检查井与连接井所占的长度。

6) 暖气片的数量是否与设计时一致。

(12) 电气照明工程需审查的工程量包括以下内容。

1) 灯具的种类、型号、数量是否与设计图一致。

2)线路的敷设方法、线材品种等,是否达到设计标准,工程量计算是否正确。

(13)设备及其安装工程需审查的工程量包括以下内容。

1)设备的种类、规格、数量是否与设计相符,工程量计算是否正确。

2)需要安装的设备和不需要安装的设备是否分清,有无把不需安装的设备作为安装的设备计算在安装工程费用内。

2. 审查设备、材料的预算价格

设备、材料预算价格是施工图预算造价所占比重最大,变化最大的内容,应当重点审查。

(1)审查设备、材料的预算价格是否符合工程所在地的真实价格及价格水平。若采用市场价,要核实其真实性,可靠性;若采用有关部门公布的信息价,要注意信息价的时间、地点是否符合要求,是否要按规定调整。

(2)设备、材料的原价确定方法是否正确,非标准设备的原价的计价依据和方法是否正确、合理。

(3)设备的运杂费率及其运杂费的计算是否正确,材料预算价格的各项费用的计算是否符合规定、有无差错。

3. 审查预算单价的套用

审查预算单价套用是否正确时应注意以下内容。

(1)预算中所列各分项工程预算单价是否与现行预算定额的预算单价相符,其名称、规格、计量单位及其所包括的工程内容是否与单位估价表相同。

(2)审查换算的单价,首先要审查换算的分项工程是否是定额中允许换算的,其次审查换算是否正确。

(3)审查补充定额及单位估价表的编制是否符合编制原则,单位估价表计算是否正确。

4. 审查有关费用项目及其计取

有关费用项目计取的审查,要注意以下内容。

(1)措施费的计算是否符合有关的规定标准,间接费和利润的计取基础是否符合现行规定,有无不能作为计费基础的费用列入计费的基础。

(2)预算外调增的材料差价是否计取了间接费。直接工程费或人工费增减后,有关费用是否也做了相应调整。

(3)有无巧立名目乱计费和乱摊费用现象。

【实 务】

◆施工图预算的审查方法

审查施工图预算的方法主要包括全面审查法、标准预算审查法、分组计算审查法、对比审查法、筛选审查法、重点抽查法、利用手册审查法和分解对比审查法等八种。

(1)全面审查法。它又称逐项审查法,是指按预算定额顺序或施工的先后顺序,逐一、全部地进行审查的方法。其具体计算方法和审查过程与编制施工图预算基本一致。其优点是全面、细致,经审查的工程预算差错比较少,质量比较高;缺点是工作量比较大。所以在一些工程量比较小、工艺比较简单的工程,编制工程预算的技术力量又比较薄弱的,采用全面审查法的比较多。

(2)标准预算审查法。它是指对于利用标准图纸或通用图纸施工的工程,先集中力量,编制标准预算,以此为标准审查预算的方法。按标准图纸设计或通用图纸施工的工程通常上部结构和做法相同,可集中力量细审或编制一份预算,作为这种标准图纸的标准预算,或用这种标准图纸的工程量为标准,对照审查,而对局部不同部分作单独审查即可。其优点是时间短、效果好、好定案;缺点是只适用于按标准图纸设计的工程,适用范围小。

(3)分组计算审查法。它是一种加快审查工程量速度的方法,是指把预算中的项目划分为若干个组,并且把相邻具有一定内在联系的项目编为一组,审查或计算同一组中某个分项工程量,利用工程量间具有相同或相似计算基础的关系,判断同组中其他几个分项工程量计算的准确程度的方法。

(4)对比审查法。它是用已建成工程的预算或虽未建成但已审查修正的工程预算对比审查拟建的类似工程预算的一种方法。通常有下述几种情况,应根据工程的不同条件,区别对待。

1)两个工程采用同一个施工图,但是基础部分和现场条件不同。其新建工程基础以上部分可采用对比审查法;不同部分可分别采用相应的审查方法进行审查。

2)两个工程设计相同,但是建筑面积不同。根据两个工程建筑面积之比与两个工程分部分项工程量之比例基本一致的特点,可审查新建工程各分部分项工程的工程量。或者用两个工程每平方米建筑面积造价及每平方米建筑面积的各分部分项工程量,进行对比审查,若基本一致,说明新建工程预算是正确的,反之,说明新建工程预算有问题,找出差错原因,加以更正。

3)两个工程的面积相同,但是设计图纸不完全相同时,可把相同的部分,进行工程量的对比审查,不能对比的分部分项工程按图纸计算。

(5)筛选审查法。它不仅是一种统筹法,也是一种对比方法。建筑工程虽然有建筑面积和高度的不同,但是它们的各个分部分项工程的工程量、造价、用工程量在每个单位面积上的数值变化不大,将这些数据加以汇集,优选,归纳为工程量、造价(价值)、用工三个单方基本值表,并且注明其适用的建筑标准。这些基本值就像"筛子孔",用来筛选各分部分项工程,筛下去的就不审查了,没有筛下去的就意味着此分部分项的单位建筑面积数值不在基本值范围之内,应对该分部分项工程详细地审查。若所审查的预算的建筑面积标准与"基本值"所适用标准不同,就要对其进行调整。

筛选法的优点是简单易懂,便于掌握,审查速度和发现问题快。但是要解决差错、分析其原因时需继续审查。所以,此法适用于住宅工程或不具备全面审查条件的工程。

(6)重点抽查法。它是指抓住工程预算中的重点进行审查的方法。审查的重点通常是工程量大或造价较高、工程结构复杂的工程,补充单位估价表,计取的各项费用(计费基础、取费标准等)。其优点是重点突出、审查时间短、效果好。

(7)利用手册审查法。它是指把工程中常用的构件和配件,事先整理成预算手册,按手册对照审查的方法。例如我们可以将工程常用的预制构件配件按标准图集计算出工程量,套上单价,编制成预算手册使用,可以大大简化预结算的编审工作。

(8)分解对比审查法。一个单位工程,按直接费与间接费进行分解,然后再把直接费按工种和分部工程进行分解,分别与审定的标准预算进行对比分析的方法,称为分解对比审查法,其审查步骤如下。

第一步,全面审查某种建筑的定型标准施工图或重复使用的施工图的工程预算。经审定后作为审查其他类似工程预算的对比基础。而且将审定预算按照直接费与应取费用分解成两部分,再把直接费分解为各工种工程和分部工程预算,分别计算出每平方米预算价格。

第二步,把拟审的工程预算与同类型预算单方造价进行对比,若出入在1%~3%(根据本地区要求),再按分部分项工程进行分解,边分解边对比,若存在对出入较大者,应进一步审查。

第三步,对比审查,其方法如下。

1)经分析对比,若发现应取费用相差较大,应考虑建设项目的投资来源和工程类别及其取费项目和取费标准是否符合现行规定;若材料调价相差较大,则应进一步审查《材料调价统计表》,将各种调价材料的用量、单位差价及其调增数量等进行对比。

2)经过分解对比,若发现土建工程预算价格出入较大,首先审查其土方和基础工程,因为±0.000以下的工程通常相差较大。再对比其余各个分部工程,若发现某一分部工程预算价格相差较大时,再进一步对比各分项工程或工程细目。在对比时,先检查所列工程细目是否正确,预算价格是否相同。若发现相差较大者,再进一步审查所套预算单价,最后审查该项工程细目的工程量。

◆ 施工图预算的审查步骤

(1)做好审查前的准备工作。

1)熟悉施工图纸。施工图是编审预算分项数量的重要依据,必须全面地熟悉了解,核对所有图纸,清点无误后,依次识读。

2)了解预算包括的范围。根据预算编制说明,了解预算包括的工程内容。例如:配套设施、室外管线、道路及会审图纸后的设计变更等。

3)弄清预算采用的单位估价表。任何单位估价表或预算定额都具有一定的适用范围,应该根据工程性质,搜集熟悉相应的单价和定额资料。

(2)选择合适的审查方法,按照相应内容审查。由于工程规模和繁简程度不同,施工方法和施工企业情况不一样,所编工程预算和质量也就不同,所以需选择适当的审查方法进行审查。

(3)调整预算。综合整理审查资料,并且与编制单位交换意见,定案后编制调整预算。审查后需要进行增加或核减的,与编制单位协商,统一意见后进行修正。

第7章 建筑工程竣工结算与竣工决算

7.1 工程竣工验收

【基　　础】

◆ **工程竣工验收的概念**

工程竣工验收是指由建设单位、施工单位和项目验收委员会,以项目批准的设计任务书和设计文件,及国家或部门颁发的施工验收规范和质量检验标准为依据,按照一定的程序和手续,在项目建成并且试生产合格后(工业生产性项目),对工程项目的总体进行检验和认证、综合评价和鉴定的活动。它是建设工程的最后阶段。一个单位工程或一个建设项目在全部竣工后进行检查验收及交工,是建设、施工、生产准备工作进行检查评定的重要环节,也是对建设成果和投资效果的总检验。

◆ **工程竣工验收的内容**

工程项目竣工验收的内容根据工程项目的不同而不同,通常包括工程资料验收和工程内容验收。

工程资料验收包括工程技术资料、工程综合资料和工程财务资料。

1. 工程技术资料验收内容

(1)工程地质、水文、气象、地形、地貌、建筑物、构筑物及重要设备安装位置勘察报告、记录。

(2)初步设计、技术设计或扩大初步设计、关键的技术试验、总体规划设计。

(3)土质试验报告和基础处理。

(4)建筑工程施工记录、单位工程质量检验记录、管线强度、密封性试验报告、设备及管线安装施工记录及质量检查、仪表安装施工记录。

(5)设备试车、验收运转和维修记录。

(6)产品的技术参数、性能、图纸、工艺说明、工艺规程、技术总结、产品检验、包装及工艺图。

(7)设备的图纸和说明书。

(8)涉外合同、谈判协议和意向书。

(9)各单项工程及全部管网竣工图等的资料。

2. 工程综合资料验收内容

项目建议书及批件、可行性研究报告及批件、项目评估报告、环境影响评估报告书和设计任务书。土地征用申报及批准的文件、承包合同、招标投标文件、施工执照、项目竣工验收报告和验收鉴定书。

3. 工程财务资料验收内容

(1)历年建设资金供应(拨、贷)情况和应用情况。
(2)历年批准的年度财务决算。
(3)历年年度投资计划和财务收支计划。
(4)建设成本资料。
(5)支付使用的财务资料。
(6)设计概算和预算资料。
(7)施工决算资料。

4. 工程内容验收

工程内容验收包括建筑工程验收和安装工程验收。对于设备安装工程(这里指民用建筑物中的上下水管道、暖气、煤气、通风和电气照明等安装工程),主要验收内容包括检查设备的规格、型号、数量和质量是否符合设计要求,检查安装时的材料、材质、材种,检查试压、闭水试验和照明工程等。

◆工程竣工验收的条件和依据

1. 竣工验收的条件

工程验收应当具备以下条件。
(1)完成建设工程设计和合同约定的各项内容。
(2)有完整的技术档案和施工管理资料。
(3)有工程使用的主要建筑材料、建筑构配件和设备的进场试验报告。
(4)有勘察、设计、施工和工程监理等单位分别签署的质量合格文件。
(5)有施工单位签署的工程保修书。

2. 竣工验收的标准

根据国家规定,工程项目竣工验收、交付生产使用,必须满足以下要求。
(1)生产性项目和辅助性公用设施,已按设计要求完成,并且能满足生产使用。
(2)主要工艺设备配套经联动负荷试车合格,形成生产能力,能够生产出设计文件所规定的产品。
(3)必要的生产设施,已按设计要求建成。
(4)生产准备工作能适应投产的需要。
(5)环境保护设施、劳动安全卫生设施、消防设施已按设计要求与主体工程同时建成使用。
(5)生产性投资项目,例如工业项目的土建工程、安装工程、人防工程、管道工程和通讯工程等的施工和竣工验收,必须按照国家和行业施工及验收规范执行。

3. 竣工验收的范围

(1)国家颁布的建设法规规定,凡新建、扩建、改建的基本工程项目和技术改造项目(所有列入固定资产投资计划的工程项目或单项工程),已按国家批准的设计文件所规定的内容建成,符合验收标准,即工业投资项目经负荷试车考核,试生产期间能够正常地生产出合格产品,形成生产能力的;非工业投资项目符合设计要求,能够正常使用的,不论是属于哪种建设性质,都应及时组织验收,办理固定资产移交手续。有的工期较长、建设设备装置较多的大型工程,为了及时发挥其经济效益,对其能够独立生产的单项工程,也可以根据建成时间的先后顺序,分期、分批地组织竣工验收;对能生产中间产品的一些单项工程,不能提前投料试车,可以按照生产要求与生产最终产品的工程同步建成竣工后,再进行全部验收。此外,对于某些特殊情况,工程施工虽未全部按设计要求完成,也应进行验收。这些特殊情况主要是因少数非主要设备或某些特殊材料短期内不能解决,虽然工程内容尚未全部完成,但是已可以投产或使用的工程项目。

(2)规定要求的内容已完成,但因外部条件的制约,例如流动资金不足、生产所需原材料不能满足等,而使已建工程不能投入使用的项目。

(3)有些工程项目或单项工程,已形成部分生产能力,但是近期内不能按原设计规模续建,应该从实际情况出发,经主管部门批准后,可缩小规模对已完成的工程和设备组织竣工验收,移交固定资产。

4. 竣工验收的依据

(1)上级主管部门对该项目批准的各种文件。
(2)可行性研究报告。
(3)施工图设计文件以及设计变更洽商记录。
(4)国家颁布的各种标准和现行的施工验收规范。
(5)工程承包合同文件。
(6)技术设备说明书。
(7)建筑安装工程统一规定及主管部门关于工程竣工的规定。
(8)从国外引进的新技术和成套设备的项目,及中外合资工程项目,要按照签订的合同和进口国提供的设计文件等进行验收。
(9)利用世界银行等国际金融机构贷款的工程项目,应按照世界银行规定,按时编制《项目完成报告》。

【实　务】

◆工程竣工验收的形式与程序

1. 工程项目竣工验收的形式

根据工程的性质和规模,工程项目竣工验收分为以下三种形式。
(1)事后报告验收形式,对一些小型项目或单纯的设备安装项目适用。
(2)委托验收形式,对一般工程项目,委托某个有资格的机构为建设单位验收。
(3)成立竣工验收委员会验收。

2. 工程项目竣工验收的程序

工程项目全部建成,经过各单项工程的验收符合设计的要求,并且具备竣工图表、竣工决算和工程总结等必要文件资料,由工程项目主管部门或建设单位向负责验收的单位提出竣工验收申请报告,按照程序验收,竣工验收的一般程序如下。

(1)承包商申请竣工验收。承包商在完成了合同工程或按照合同约定可分步移交工程的,可申请竣工验收。竣工验收通常为单项工程,但是在某些特殊情况下也可以是单位工程的施工内容,例如特殊基础处理工程、发电站单机机组完成后的移交等。承包商施工的工程达到竣工条件后,应该先进行预检验,对不符合要求的部位和项目,确定修补措施和标准,修补有缺陷的工程部位;对于设备安装工程,要与甲方和监理工程师共同进行无负荷的单机和联动试车。承包商在完成上述工作和准备好竣工资料后,即可向甲方提交竣工验收申请报告。通常由基层施工单位先进行自验、项目经理自验、公司级预验三个层次进行竣工验收预验收,也称竣工预验,为正式验收做好准备。

(2)监理工程师现场初验。施工单位通过竣工预验收,对发现的问题进行处理后,决定正式提请验收,应该向监理工程师提交验收申请报告,监理工程师审查验收申请报告,若认为可以验收,则由监理工程师组成验收组,对竣工的工程项目进行初验。在初验中发现的质量问题,要及时地书面通知施工单位,令其修理甚至返工。

3. 正式验收

正式验收是指由业主或监理工程师组织,由业主、监理单位、设计单位、施工单位和工程质量监督站等参加的验收,工作程序如下。

(1)参加工程项目竣工验收的各方对已竣工的工程进行目测检查和逐一地核对工程资料所列内容是否齐备和完整。

(2)举行各方参加的现场验收会议,由项目经理对工程的施工情况、自验情况和竣工情况进行介绍,并且出示竣工资料,包括竣工图和各种原始资料及记录。由项目总监理工程师通报工程监理中的主要内容,发表竣工验收的监理意见。业主根据在竣工项目目测中发现的问题,按照合同规定对施工单位提出限期处理的意见。然后,暂时休会,由质检部门会同业主及监理工程师讨论正式验收是否合格。最后复会,由业主或总监理工程师宣布验收结果,质检站人员宣布工程质量等级。

(3)办理竣工验收签证书,三方签字盖章。

4. 单项工程验收

单项工程验收,即验收合格后业主方可投入使用。由业主组织的单项工程验收,主要依据国家颁布的有关技术规范和施工承包合同,对以下几方面进行检查或检验。

(1)检查、核实竣工项目,准备移交给业主的所有技术资料的完整性和准确性。

(2)按照设计文件和合同,检查已完工程是否有漏项。

(3)检查工程质量、隐蔽工程验收资料,关键部位的施工记录等,考察施工质量是否达到合同的要求。

(4)检查试车记录及试车中所发现的问题是否得到改正。

(5)在单项工程验收中发现需要返工和修补的工程,明确规定完成期限。

(6)其他涉及的有关问题。经验收合格后,业主和承包商共同签署单项工程验收证书。

然后由业主将有关技术资料、试车记录及报告和单项工程验收报告一并上报主管部门,经批准后该部分工程即可投入使用。验收合格的单项工程,在全部工程验收时,原则上不再办理验收手续。

5. 全部工程的竣工验收

全部施工完成后由国家主管部门组织的竣工验收称为全部工程的竣工验收,又称动用验收。全部工程竣工验收分为验收准备、预验收和正式验收三个阶段。正式验收在自验的基础上,确认工程全部符合验收标准,具备了交付使用的条件后,即可开始正式竣工验收工作。

(1)发出《竣工验收通知书》。施工单位应于正式竣工验收之日前 10 天,向建设单位发送《竣工验收通知书》。

(2)组织验收工作。工程竣工验收工作由建设单位邀请设计单位及其有关方面参加,同施工单位一起进行检查验收。国家重点工程的大型工程项目,由国家有关部门邀请有关方面参加,组成工程验收委员会,进行验收。

(3)签发《竣工验收证明书》并且办理移交。在建设单位验收完毕并且确认工程符合竣工标准和合同条款规定要求以后,向施工单位签发《竣工验收证明书》。

(4)进行工程质量评定。建筑工程按照设计要求和建筑安装工程施工的验收规范和质量标准进行质量评定验收。验收委员会或验收组,在确认工程符合竣工标准和合同条款规定后,签发竣工验收合格证书。

(5)整理各种技术文件材料,办理工程档案资料移交。工程项目竣工验收前,各有关单位应该将所有技术文件进行系统的整理,由建设单位分类立卷;在竣工验收时,交生产单位统一保管,同时将与所在地区有关的文件交当地档案管理部门,以适应生产和维修的需要。

(6)办理固定资产移交手续。在对工程检查验收完毕后,施工单位要向建设单位逐项办理工程移交和其他固定资产移交手续,加强固定资产的管理,并应签认交接验收证书,办理工程结算手续。工程结算由施工单位提出,送建设单位审查无误后,由双方共同办理结算签认手续。工程结算手续办理完毕,除施工单位承担保修工作(通常保修期为一年)以外,甲乙双方的经济关系和法律责任予以解除。

(7)办理工程决算。整个项目完工验收后,并且办理了工程结算手续,要由建设单位编制工程决算,上报有关部门。

(8)签署竣工验收鉴定书。竣工验收鉴定书是表示工程项目已经竣工,并且已交付使用的重要文件,是全部固定资产交付使用和工程项目正式动用的依据,也是承包商对工程项目消除法律责任的证件。竣工验收鉴定书通常包括工程名称、地点、验收委员会成员、工程总说明、工程据以修建的设计文件、竣工工程是否与设计相符合、全部工程质量鉴定、总的预算造价和实际造价、结论,验收委员会对工程动用时的意见和要求等主要内容。

整个工程项目进行竣工验收后,业主应及时地办理固定资产交付使用手续。在进行竣工验收时,已验收过的单项工程可以不再办理验收手续,但是应将单项工程单项工程验收证书作为最终验收的附件加以说明。

7.2 工程竣工结算

【基　础】

◆ **工程竣工结算的概念**

竣工结算是指由施工企业按照合同规定的内容全部完成所承包的工程,经建设单位及相关单位验收质量合格,并且符合合同要求之后,在交付生产或使用前,由施工单位根据合同价格和实际发生的费用增减变化(变更、签证或洽商等)情况进行编制,并且经发包方或委托方签字确认的,正确地反映该项工程最终实际造价,并作为向发包单位进行最终结算工程款的经济文件。

◆ **工程竣工结算的内容**

1. 封面与编制说明

(1)工程结算封面。工程结算封面反映建设单位建设工程概要,表明编审单位资质与责任。

(2)工程结算编制说明。对于包干性质的工程结算,工程结算编制说明包括编制依据,结算范围,甲、乙双方应着重说明包干范围以外的问题,协商处理的有关事项及其他必须说明的问题。

2. 工程原施工图预算

工程原施工图预算不仅是工程竣工结算主要的编制依据,还是工程结算的重要组成部分,不可遗漏。

3. 工程结算表

结算编制方法中,最突出的特点就是无论你采用何种方法,原预算未包括的内容均可调整,所以,结算编制主要是指施工中变更内容进行预算调整。

4. 结算工料分析表及材料价差计算表

分析方法同预算编制方法,需对调整工程量进行工、料分析,并且对工程项目材料进行汇总,按照现行市场价格计算工、料价差。

5. 工程竣工结算费用计算表

根据各项费用调整额,按照结算期计费文件的有关规定进行工程计费。

6. 工程竣工结算资料汇总

汇总全部结算资料,并且按照要求分类分施工期和施工阶段进行整理,以审计时待查。

【实　务】

◆ 工程竣工结算的编制

1. 竣工结算的编制依据

(1) 工程竣工报告、工程竣工验收证明、图纸会审记录、设计变更通知单及竣工图。

(2) 经审批的施工图预算、购料凭证、材料代用价差和施工合同。

(3) 本地区现行预算定额、费用定额、材料预算价格及各种收费标准和双方有关工程计价协定。

(4) 各种技术资料(例如技术核定单、隐蔽工程记录和停复工报告等)及现场签证记录。

(5) 不可抗力、不可预见费用的记录及其他有关文件的规定。

2. 竣工结算的编制方法

(1) 合同价格包干法。在考虑了工程造价动态变化的因素后,合同价格一次包死,项目的合同价即为竣工结算造价,结算工程造价的计算公式如下。

结算工程造价 = 经发包方审定后确定的施工图预算造价 × (1 + 包干系数)　　(6.8)

(2) 合同价增减法。在签订合同时商定合同价格,但是没有包死,结算时以合同价为基础,按照实际的情况进行增减结算。

(3) 预算签证法。按照双方审定的施工图预算签订合同,所有在施工过程中经双方签字同意的凭证都作为结算的依据,结算时以预算价为基础按照所签凭证内容调整。

(4) 竣工图计算法。结算时根据竣工图、竣工技术资料和预算定额,依据施工图预算编制方法,全部重新计算,最终得出结算工程造价。

(5) 平方米造价包干法。双方根据一定的工程资料,事先协商好每平方米造价指标,结算时以平方米造价指标乘以建筑面积确定应付的工程价款,即:

结算工程造价 = 建筑面积 × 每 m^2 造价指标　　(6.9)

(6) 工程量清单计价法。以业主和承包方之间的工程量清单报价为依据,进行工程结算。

办理工程价款竣工结算的一般计算公式为:

竣工结算工程价款 = 预算(或概算)或合同价款 +
　　　　　　　　　施工过程中预算或合同价款调整数额 −
　　　　　　　　　预付及已结算的工程价款 − 未扣的保修金　　(6.10)

3. 竣工结算的编制程序

(1) 承包方进行竣工结算的程序和方法。

1) 收集和分析影响工程量差、价差和费用变化的原始凭证。

2) 依据工程实际对施工图预算的主要内容进行检查和核对。

3) 根据收集的资料和预算对结算进行分类汇总,计算量差和价差,进行费用调整。

4) 依据查对结果和各种结算依据,分别归类汇总,填写竣工工程结算单,编制单位工程结算。

5) 编写竣工结算说明书。

6）编制单项工程结算。目前国家并没有统一规定工程竣工结算书的格式，各地区可结合当地的情况和需要自行设计计算表格，供结算使用。

单位工程结算费用计算程序，见表7.1和表7.2，竣工工程结算单见表7.3。

表7.1 土建工程结算费用计算程序表

序号	费用项目	计算公式	金额
1	原概(预)算直接费		
2	历次增减变更直接费		
3	调价金额	[(1)+(2)]×调价系数	
4	直接费	(1)+(2)+(3)	
5	间接费	(4)×相应工程类别费率	
6	利润	[(4)+(5)]×相应工程类别利润率	
7	税金	[(4)+(5)+(6)+(7)]×相应税率	
8	工程造价	(4)+(5)+(6)+(7)	

表7.2 水、暖、电工程结算费用计算程序表

序号	费用项目	计算公式	金额
1	原概(预)算直接费		
2	历次增减变更直接费		
3	其中:定额人工费	(1)、(2)两项所含	
4	其中:设备费	(1)、(2)两项所含	
5	措施费	(3)×费率	
6	调价金额	[(1)+(2)+(5)]×调价系数	
7	直接费	(1)+(2)+(5)+(6)	
8	间接费	(3)×相应工程类别费率	
9	利润	(3)×相应工程类别利润率	
10	税金	[(7)+(8)+(9)+(10)]×相应税率	
11	设备费价差(±)	(实际供应价-原设备费)×(1+税率)	
12	工程造价	(7)+(8)+(9)+(10)+(11)	

第7章 建筑工程竣工结算与竣工决算

表7.3 竣工工程结算单

建设单位： 单位：元

1. 原预算造价			
2. 调整预算	增加部分	（1）补充预算	
		（2）	
		（3）	
		…	
		合计	
	减少部分	（1）	
		（2）	
		（3）	
		…	
		合计	
3. 竣工结算总造价			
4. 财务结算	已收工程款		
	报产值的甲供材料设备价值		
	实际结算工程款		
说明			

建设单位：	施工单位：
经办人：	经办人：
年 月 日	年 月 日

（2）业主进行竣工结算的管理程序。

1）业主接到承包商提交的竣工结算书后，应该以单位工程为基础，对承包合同内规定的施工内容，包括工程项目、工程量、单价取费及计算结果等进行检查与核对。

2）核查合同工程的竣工结算，竣工结算应包括以下几方面内容。

①开工前准备工作的费用是否准确。

②土石方工程与基础处理有无漏算或多算。

③钢筋混凝土工程中的钢筋含量是否按照规定进行了调整。

④加工订货的项目、规格、数量和单价等与实际安装的规格、数量和单价是否相符。

⑤特殊工程中使用的特殊材料的单价有无变化。

⑥工程施工变更记录与合同价格的调整是否相符。

⑦实际施工中有无与施工图要求不符的项目。

⑧单项工程综合结算书与单位工程结算书是否相符。

3）对于核查过程中发现的不符合合同规定的情况，例如多算、漏算或计算错误等，均应予以调整。

4）将批准的工程竣工结算书送交有关部门审查。

5）工程竣工结算书经过确认之后，办理工程价款的最终结算拨款手续。

◆ 工程竣工结算的审查

（1）自审。竣工结算初稿编定后，施工单位内部先组织审查与校核。

（2）建设单位审查。施工单位自审后编印成正式的结算书送交建设单位审查，建设单位也可委托有关部门批准的工程造价咨询单位进行审查。

（3）造价管理部门审查。若甲乙双方有争议而且协商无效时，可以提请造价管理部门裁决。

各方对竣工结算进行审查的具体内容包括核对合同条款；检查隐蔽工程验收记录；落实设计变更签证；按图核实工程数量；严格按照合同约定计价；注意各项费用计取；防止各种计算误差。

7.3 工程竣工决算

【基　　础】

◆ 工程竣工决算的概念

竣工决算是以实物数量和货币指标为计量单位，综合反映竣工项目从筹建开始到项目竣工交付使用为止的全部建设费用、投资效果和财务情况的总结性文件，是竣工验收报告的重要组成部分。它是正确核定新增固定资产价值，考核分析投资效果，建立健全经济责任制的依据，是反映建设项目实际造价和投资效果的文件。通过竣工决算，既能正确反映建设工程的实际造价和投资结果；又可以通过竣工决算与概算、预算的对比分析，考核投资控制的工作成效，为工程建设提供重要的技术经济方面的基础资料，提高未来工程建设的投资效益。

◆ 工程竣工决算的内容

建设项目竣工决算应该包括从筹集到竣工投产全过程的全部实际费用，即包括建筑工程费、安装工程费、设备工器具购置费用及预备费等费用。按照财政部、国家发展改革委和住房和城乡建设部的有关文件规定，竣工决算是由竣工财务决算说明书、竣工财务决算报表、工程竣工图及工程竣工造价对比分析组成的。其中，竣工财务决算说明书和竣工财务决算报表两部分又称建设项目竣工财务决算，是竣工决算的核心内容。

1.竣工财务决算说明书

竣工财务决算说明书主要反映竣工工程建设成果和经验，它是对竣工决算报表进行分析和补充说明的文件，是全面考核分析工程投资与造价的书面总结，是竣工决算报告的重要组成部分，其主要包括以下内容。

（1）建设项目概况，它是对工程总的评价。通常从进度、质量、安全和造价方面进行分析说明。进度方面主要说明开工和竣工时间，对照合理工期和要求工期分析是提前还是延期；质量方面主要根据竣工验收委员会或相当一级质量监督部门的验收评定等级、合格率和优良品率进行说明;安全方面主要根据劳动工资和施工部门的记录,对有无设备和人身事故进行说明;造价方面主要对照概算造价,说明节约或超支的情况,用金额和百分率进行分析说明。

(2)资金来源及运用等财务分析。它主要包括工程价款结算、会计账务的处理、财产物资情况及债权债务的清偿情况。

(3)基本建设收入、投资包干结余、竣工结余资金的上交分配情况,通过对基本建设投资包干情况的分析,说明投资包干数、实际支用数和节约额、投资包干节余的有机构成和包干节余的分配情况。

(4)各项经济技术指标的分析,概算执行情况的分析,根据实际投资完成额与概算进行对比分析;新增生产能力的效益分析,说明支付使用财产占总投资额的比例和占支付使用财产的比例,不增加固定资产的造价占投资总额的比例,分析有机构成和成果。

(5)工程建设的经验及项目管理和财务管理工作及竣工财务决算中有待解决的问题。

(6)需要说明的其他事项。

2. 竣工财务决算报表

建设项目竣工财务决算报表根据大、中型建设项目和小型建设项目分别制定。大、中型建设项目竣工决算报表包括建设项目竣工财务决算审批表,大、中型建设项目概况表,大、中型建设项目竣工财务决算表,大、中型建设项目交付使用资产总表及建设项目交付使用资产明细表。小型建设项目竣工财务决算报表包括建设项目竣工财务决算审批表、竣工财务决算总表和建设项目交付使用资产明细表等。

(1)建设项目竣工财务决算审批表见表7.4。它作为竣工决算上报有关部门审批时使用,其格式是按照中央级小型项目审批要求设计的,地方级项目可按照审批要求做适当修改,大、中、小型项目都要按照下列要求填报此表。

1)表中"建设性质"按照新建、改建、扩建、迁建和恢复建设项目等分类填列。

2)表中"主管部门"是指建设单位的主管部门。

3)所有建设项目都须经过开户银行签署意见后,按照有关要求进行报批:中央级小型项目由主管部门签署审批意见;中央级大、中型建设项目报所在地财政监察专员办事机构签署意见后,再由主管部门签署意见报财政部审批;地方级项目由同级财政部门签署审批意见。

4)已具备竣工验收条件的项目,三个月内应及时地填报审批表,若三个月内不办理竣工验收和固定资产移交手续的视同项目已正式投产,其费用不得从基本建设投资中支付,所实现的收入作为经营收入,不再作为基本建设收入。

表7.4 建设项目竣工财务决算审批表

建设项目法人(建设单位)		建设性质	
建设项目名称		主管部门	

开户银行意见：

（盖章）
年　月　日

专员办审批意见：

（盖章）
年　月　日

主管部门或地方财政部门审批意见：

（盖章）
年　月　日

（2）大、中型建设项目概况表见表7.5。它综合反映大、中型项目的基本概况，其内容包括该项目总投资、建设起止时间、新增生产能力、主要材料消耗、建设成本、完成主要工程量和主要技术经济指标，为全面考核和分析投资的效果提供了依据，可以按下列要求填写。

表7.5 大、中型建设项目概况表

建设项目(单项项目)名称			建设地址				项目	概算/元	实际/元	备注
主要设计单位			主要施工企业			基本建设支出	建筑安装工程投资			
							设备、工具、器具			
占地面积	设计	实际	总投资/万元	设计	实际		待摊投资			
							其中:建设单位管理费			
新增生产能力	能力(效益)名称			设计	实际		其他投资			
							待核销基建支出			
建设起止时间	设计		从 年 月开工至 年 月竣工				非经营项目转出投资			
	实际		从 年 月开工至 年 月竣工				合计			
设计概算批准文号										
完成主要工程量			建设规模				设备/(台、套、吨)			
			设计	实际			设计		实际	
收尾工程			工程项目、内容	已完成投资额		尚需投资额		完成时间		

1) 建设项目名称、建设地址、主要设计单位和主要承包人,按照全称填列。

2) 表中各项目的设计、概算、计划等指标,根据批准的设计文件和概算、计划等确定的数字填列。

3) 表中所列新增生产能力、完成主要工程量的实际数据,根据建设单位统计的资料和承包人提供的有关成本核算资料填列。

4) 表中基建支出是指建设项目从开工起至竣工为止发生的全部基本建设支出,它包括形成资产价值的交付使用资产,例如固定资产、流动资产、无形资产和其他资产支出,还包括不形成资产价值按照规定应核销的非经营项目的待核销基建支出和转出投资。上述支出,应根据财政部门历年批准的基建投资表中的有关数据填列。按照财政部印发财基字[1998]4号关于《基本建设财务管理若干规定》的通知,应注意以下几点内容。

①建筑安装工程投资支出、设备工器具投资支出、待摊投资支出及其他投资支出构成建设项目的建设成本。

②待核销基建支出是指非经营性项目发生的例如江河清障、补助群众造林、水土保持、城市绿化、取消项目可行性研究费和项目报废等不能形成资产部分的投资。对于能够形成资产

部分的投资,应计入交付使用资产价值。

③非经营性项目转出投资支出是指非经营项目为项目配套的专用设施投资,它包括专用道路、专用通信设施、送变电站和地下管道等,其产权不属于本单位的投资支出,对于产权归属本单位的,应计入交付使用资产价值。

5)表中"初步设计和概算批准文号",按照最后经批准的日期和文件号填列。

6)表中收尾工程是指全部工程项目验收后尚遗留的少量工程,在表中应明确填写收尾工程内容、完成时间和这部分工程的实际成本,可根据实际情况进行估算并且加以说明,完工后不再编制竣工决算。

(3)大、中型建设项目竣工财务决算表见表7.6。它是竣工财务决算报表的一种,大、中型建设项目竣工财务决算表是用来反映建设项目的全部资金来源和资金占用情况,也是考核和分析投资效果的依据。它反映竣工的大、中型建设项目从开工到竣工为止全部资金来源和资金运用的情况,是考核和分析投资效果,落实结余资金,并且作为报告上级核销基本建设支出和基本建设拨款的依据。在编制该表前,应先编制出项目竣工年度财务决算,根据编制出的竣工年度财务决算和历年财务决算编制项目的竣工财务决算。该表采用平衡表形式,即资金来源合计等于资金支出合计,具体编制方法如下。

表7.6 大、中型建设项目竣工财务决算表

资金来源	金额	资金占用	金额	补充资料
一、基建拨款		一、基础建设支出		
1.预算拨款		1.交付使用资产		
2.基建资金拨款		2.在建工程		1.基建投资借款期末余额
其中:国债专项资金拨款		3.待核销基建支出		
3.专项建设资金拨款		4.非经营性项目转出投资		
4.进口设备转账拨款		二、应收生产单位投资借款		
5.器材转账拨款		三、拨付所属投资借款		2.应收生产单位投资借款期末数
6.煤代油专用资金拨款		四、器材		
7.自筹资金拨款		其中:待处理器材损失		
8.其他拨款		五、货币资金		
二、项目资本金		六、预付及应收款		
1.国家资本		七、有价证券		3.基建结余资金
2.法人资本		八、固定资产		
3.个人资本		固定资产原价		
三、项目资本公积金		减:累计折旧		
四、基建借款		固定资产净值		
其中:国债转贷		固定资产清理		
五、上级拨入投资借款		待处理固定资产损失		
六、企业债券资金				
七、待冲基建支出				
八、应付款				
九、未交款				
1.未交税金				
2.其他未交款				
十、上级拨入资金				
十一、留成收入				
合计		合计		

1）资金来源包括基建拨款、项目资本金、项目资本公积金、基建借款、上级拨入投资借款、企业债券资金、待冲基建支出、应付款和未交款及上级拨入资金和企业留成收入等。

①项目资本金是指经营性项目投资者按照国家有关项目资本金的规定，筹集并投入项目的非负债资金，在项目竣工后，相应转为生产经营企业的国家资本金、法人资本金、个人资本金及外商资本金。

②项目资本公积金是指经营性项目投资者实际缴付的出资额超过其资金的差额（包括发行股票的溢价净收入）、资产评估确认价值或合同协议约定的价值与原账面净值的差额、接受捐赠的财产、资本汇率折算差额，在项目建设期间作为资本公积金，项目建成交付使用并办理竣工决算后，转为生产经营企业的资本公积金。

③基建收入是指基建过程中形成的各项工程建设副产品变价净收入、负荷试车的试运行收入及其他收入，在表中它以实际销售收入扣除销售过程中所发生的费用和税后的实际纯收入填写。

2）表中"交付使用资产""预算拨款""自筹资金拨款""其他拨款""项目资本金""基建投资借款"和"其他借款"等项目是指自开工建设至竣工的累计数，上述有关指标应根据历年批复的年度基本建设财务决算和竣工年度的基本建设财务决算中资金平衡表相应项目的数字进行汇总填写。

3）表中其余项目费用办理竣工验收时的结余数，根据竣工年度财务决算中资金平衡表的有关项目期末数填写。

4）资金支出反映建设项目从开工准备到竣工全过程资金支出的情况，其内容包括基建支出、应收生产单位投资借款、库存器材、货币资金、有价证券和预付及应收款及拨付所属投资借款和库存固定资产等，资金支出总额应该等于资金来源总额。

5）基建结余资金可以按以下公式计算。

基建结余资金 = 基建拨款 + 项目资本金 + 项目资本公积金 + 基建投资借款 +
　　　　　　　企业债券基金 + 待冲基建支出 − 基本建设支出 −
　　　　　　　应收生产单位投资借款 　　　　　　　　　　　　　　　　　　(6.11)

（4）大、中型建设项目交付使用资产总表见表7.7。它反映建设项目建成后新增固定资产、流动资产、无形资产和其他资产价值的情况和价值，作为财产交接、检查投资计划完成情况和分析投资效果的依据。小型项目不编制交付使用资产总表，直接编制交付使用资产明细表，大、中型项目在编制交付使用资产总表的同时，还需要编制交付使用资产明细表，大、中型建设项目交付使用资产总表具体编制方法如下。

表7.7 大、中型建设项目交付使用资产总表

序号	单项工程项目名称	总计	固定资产				流动资产	无形资产	其他资产
			合计	建安工程	设备	其他			

交付单位：　　　　负责人：　　　　　接收单位：　　　　负责人：
盖　　章　　　　　年　月　日　　　盖　　章　　　　　年　月　日

1）表中各栏目数据根据交付使用明细表的固定资产、流动资产、无形资产和其他资产的各项相应项目的汇总数分别填写，表中总计栏的总计数应该与竣工财务决算表中的交付使用资产的金额一致。

2）表中第3栏、第4栏，第8、9、10栏的合计数，应该分别与竣工财务决算表交付使用的固定资产、流动资产、无形资产和其他资产的数据相符。

(5)建设项目交付使用资产明细表见表7.8。它反映交付使用的固定资产、流动资产、无形资产和其他资产及其价值的明细情况，是办理资产交接和接收单位登记资产账目的依据，也是使用单位建立资产明细账和登记新增资产价值的依据。大、中型和小型建设项目都需编制该表。编制时要做到齐全完整，数字准确，各栏目价值应该与会计账目中相应科目的数据保持一致，建设项目交付使用资产明细表具体编制方法如下。

表7.8 建设项目交付使用资产明细表

单项工程名称	建筑工程			设备、工具、器具、家具					流动资产		无形资产		其他资产	
	结构	面积/m²	价值/元	名称	规格型号	单位	数量	价值/元	设备安装费/元	名称	价值/元	名称	价值/元	名称	价值/元

1）表中"建筑工程"项目应按照单项工程名称填列其结构、面积和价值。其中"结构"按照钢结构、钢筋混凝土结构、混合结构等结构形式填写；面积则按照各项目实际完成面积填列；价值按照交付使用资产的实际价值填写。

2）表中"固定资产"部分要在逐项盘点后，根据盘点实际情况填写，工具、器具和家具等低值易耗品可以分类填写。

3）表中"流动资产""无形资产"和"其他资产"项目应根据建设单位实际交付的名称和价值分别填列。

（6）小型建设项目竣工财务决算总表见表7.9。由于小型建设项目内容比较简单，所以可将工程概况与财务情况合并编制一张竣工财务决算总表，该表主要反映小型建设项目的全部工程和财务情况。在具体编制时可参照大、中型建设项目概况表指标和大、中型建设项目竣工财务决算表相应指标内容填写。

表7.9 小型建设项目竣工财务决算总表

建设项目名称						建设地址		资金来源		资金运用	
初步设计概算批准文件								项目	金额/元	项目	金额/元
占地面积	计划	实际	总投资/万元	计划		实际		一、基建拨款其中:预算拨款		一、交付使用资产	
				固定资产	流动资金	固定资产	流动资金	二、项目资本金		二、待核销基建支出	
								三、项目资本公积金		三、非经营项目转出投资	
新增生产力	能力(效益)名称		设计			实际		四、基建借款		四、应收生产单位投资借款	
								五、上级拨入借款			
建设起止时间	计划		从 年 月开工至 年 月竣工					六、企业债券资金		五、拨付所属投资借款	
	实际		从 年 月开工至 年 月竣工					七、待冲基建资金		六、器材	
基建支出		项目		概算/元		实际/元		八、应付款		七、货币资金	
		建筑安装工程						九、未付款其中:未交基建收入 未交包干收入		八、预付及应收款	
		设备、工具、器具								九、有价证券	
		待摊投资 其中:建设单位管理费								十、原有固定资产	
		其他投资						十上级拨入资金			
		待核销基建支出						十一、留成收入			
		非经营性项目转出投资									
		合计						合计		合计	

3. 建设工程竣工图

建设工程竣工图是指真实地记录各种地上、地下建筑物、构筑物等情况的技术文件,是工程进行交工验收、维护、改建和扩建的依据,也是国家的重要技术档案。全国各建设、设计、施工单位和各主管部门都要认真地做好竣工图的编制工作。国家规定:各项新建、扩建和改建的基本建设工程,特别是基础、地下建筑、管线、结构、井巷、桥梁、隧道、港口、水坝及设备安装等隐蔽部位,都要编制竣工图。为确保竣工图质量,必须在施工过程中及时地做好隐蔽工程检查记录,整理好设计变更文件。编制竣工图的形式和深度,应该根据不同情况区别对待,其具体要求如下。

(1)凡按图竣工没有变动的,由承包人(包括总包和分包承包人,下同)在原施工图上加盖"竣工图"标志后,作为竣工图。

(2)凡在施工过程中,虽然有一般性设计变更,但是能将原施工图加以修改补充作为竣工图的,可不重新绘制,由承包人负责在原施工图(必须是新蓝图)上注明修改的部分,并且附以设计变更通知单和施工说明,加盖"竣工图"标志后,作为竣工图。

(3)凡结构形式、施工工艺、平面布置和项目改变及有其他重大改变,不宜再在原施工图上修改和补充时,应重新绘制改变后的竣工图。由原设计原因造成的,由设计单位负责重新绘制;由施工原因造成的,由承包人负责重新绘图;由其他原因造成的,由建设单位自行绘制或委托设计单位绘制。承包人负责在新图上加盖"竣工图"标志,并且附以有关记录和说明,作为竣工图。

(4)为了满足竣工验收和竣工决算需要,还应该绘制反映竣工程全部内容的工程设计平面示意图。

(5)若重大的改建和扩建工程项目涉及原有工程项目变更时,应将相关项目的竣工图资料统一整理归档,并且在原图案卷内增补必要的说明。

4. 工程造价对比分析

对控制工程造价所采取的措施、效果及其动态的变化需要进行认真地对比,总结经验教训。批准的概算是考核建设工程造价的依据。在分析时,可先对比整个项目的总概算,然后将建筑安装工程费、设备工器具费和其他工程费用逐一地与竣工决算表中所提供的实际数据和相关资料及批准的概算、预算指标、实际的工程造价进行对比分析,以确定竣工项目总造价是节约还是超支,并且在对比的基础上,总结先进经验,找出节约和超支的内容和原因,提出改进措施。在实际工作中,主要应分析以下内容。

(1)主要实物工程量。对于实物工程量出入较大的情况,必须查明原因。

(2)主要材料消耗量,考核主要材料消耗量,要按照竣工决算表中所列明的三大材料实际超概算的消耗量,查明是在工程的哪个环节超出量最大,进而查明超耗的原因。

(3)考核建设单位管理费、措施费和间接费的取费标准。建设单位管理费、措施费和间接费的取费标准应该按照国家和各地的有关规定,根据竣工决算报表中所列的建设单位管理费与概预算所列的建设单位管理费数额进行比较,依据规定查明多列或少列的费用项目,确定其节约超支的数额,并且查明原因。

【实 务】

◆工程竣工决算的编制

1. 竣工决算的编制依据

(1)经批准的可行性研究报告、投资估算书,初步设计或扩大初步设计,修正总概算及其批复文件。

(2)经批准的施工图设计其施工图预算书。

(3)设计交底或图纸会审会议纪要。

(4)设计变更记录、施工记录或施工签证单及其他施工发生的费用记录。

(5)招标控制价,承包合同和工程结算等有关资料。

(6)历年基建计划、历年财务决算及批复文件。

(7)设备、材料调价文件和调价记录。

(8)有关财务核算制度、办法和其他有关资料。

2. 竣工决算的编制要求

为了严格地执行建设项目竣工验收制度,正确地核定新增固定资产价值,考核分析投资效果,建立健全经济责任制,所有新建、扩建和改建等建设项目竣工后,都应该及时、完整、正确地编制好竣工决算,建设单位要做好以下工作。

(1)按照规定组织竣工验收,保证竣工决算的及时性。竣工结算是对建设工程的全面考核。所有的建设项目(或单项工程)按照批准的设计文件所规定的内容建成后,具备了投产和使用条件的,均应及时地组织验收。对于竣工验收中发现的问题,应及时地查明原因,采取措施加以解决,以保证建设项目按时交付使用和及时编制竣工决算。

(2)积累和整理竣工项目资料,保证竣工决算的完整性。所以,在建设过程中,建设单位必须随时地收集项目建设的各种资料,并且在竣工验收前,对各种资料进行系统地整理,分类立卷,为编制竣工决算提供完整的数据资料,为投产后加强固定资产管理提供依据。在工程竣工时,建设单位应该将各种基础资料与竣工决算一并移交给生产单位或使用单位。

(3)清理和核对各项账目,保证竣工决算的正确性。在工程竣工后,建设单位要认真地核实各项交付使用资产的建设成本;做好各项账务、物资及债权的清理结余工作,应偿还的及时地偿还,该收回的应及时地收回;对各种结余的材料、设备和施工机械工具等,要逐项清点核实,妥善保管,按照国家有关规定进行处理,不得任意侵占;对竣工后的结余资金,要按照规定上交财政部门或上级主管部门。在完成上述工作,核实了各项数字的基础上,正确地编制从年初起到竣工月份止的竣工年度财务决算,以便根据历年的财务决算和竣工年度财务决算进行整理汇总,编制建设项目决算。

按照规定竣工决算应在竣工项目办理验收交付手续后一个月内编好,并且上报主管部门,有关财务成本部分,还应该送经办行审查签证。主管部门和财政部门对报送的竣工决算审批后,建设单位即可办理决算调整和结束有关工作。

3. 竣工决算的编制步骤

(1)收集、整理和分析有关依据资料。在编制竣工决算文件之前,应该系统地整理所有的技术资料、工料结算的经济文件、施工图纸和各种变更与签证资料,并且分析它们的准确性。完整、齐全的资料,是准确而迅速地编制竣工决算的必要条件。

(2)清理各项财务、债务和结余物资。在收集、整理和分析有关资料中,要特别注意建设工程从筹建到竣工投产或使用的全部费用的各项账务,债权和债务的清理,做到工程完毕账目清晰,既要核对账目,还要查点库存实物的数量,做到账与物相等,账与账相符,对结余的各种材料、工器具和设备,要逐项地清点核实,妥善管理,并且按规定及时处理,收回资金。对各种往来款项要及时地进行全面清理,为编制竣工决算提供准确的数据和结果。

(3) 核实工程变动情况。重新核实各单位工程和单项工程造价,将竣工资料与原设计图纸进行查对和核实。必要时可实地测量,确认实际变更情况;根据经审定的承包人竣工结算等原始资料,按照有关规定对原概、预算进行增减调整,重新核定工程造价。

(4) 编制建设工程竣工决算说明。按照建设工程竣工决算说明的内容要求,根据编制依据材料填写在报表中的结果,编写文字说明。

(5) 填写竣工决算报表。按照建设工程决算表格中的内容,根据编制依据中的有关资料进行统计、计算各个项目和数量,并且将其结果填写到相应表格的栏目内,完成所有报表的填写。

(6) 做好工程造价对比分析。

(7) 清理和装订好竣工图。

(8) 上报主管部门审查、存档。

将上述编写的文字说明和填写的表格经核对无误装订成册,即为建设工程竣工决算文件。将其上报主管部门审查,并且把其中财务成本部分送交开户银行签证。竣工决算在上报主管部门的同时,抄送有关设计单位。大、中型建设项目的竣工决算还应该抄送财政部、建设银行总行和省、自治区、直辖市的财政局和建设银行分行各一份。建设工程竣工决算的文件,由建设单位负责组织人员编写,在竣工建设项目办理验收使用一个月之内完成。

参考文献

[1] 中华人民共和国住房和城乡建设部.(GB 50500—2008)建设工程工程量清单计价规范[S].北京:中国计划出版社,2008.

[2] 建设部标准定额研究所.《建设工程工程量清单计价规范 GB 50500——2008》宣贯辅导教材[M].北京:中国计划出版社,2008

[3] 中华人民共和国建设部.(GJD 101—95)全国统一建筑工程基础定额(土建工程)[S].北京:中国计划出版社,2002.

[4] 中华人民共和国建设部.(GJDGZ 101—95)全国统一建筑工程预算工程量计算规则(土建工程)[S].北京:中国计划出版社,2002.

[5] 中华人民共和国住房和城乡建设部.(GYD 901—2002)全国统一建筑装饰装修工程消耗量定额[S].北京:中国计划出版社,2005.

[6] 中华人民共和国建设部.(GB/T 50353—2005)建筑工程建筑面积计算规范[S].北京:中国计划出版社,2005.

[7] 姚继权,倪树楠.建筑构造与识图[M].北京:中国建材工业出版社,2010.

[8] 于榕庆.建筑工程计量与计价[M].北京:中国建材工业出版社,2010.

[9] 李蕙.例解建筑工程工程量清单计价[M].武汉:华中科技大学出版社,2010.

[10] 王朝霞.建筑工程定额与计价(第三版)[M].北京:中国电力出版社,2009.